한국과 조선

남북한 정통성 경쟁

한국과 조선

남북한 정통성 경쟁

초판 1쇄 발행 2024년 6월 21일

지은이 김병로

펴낸곳 서울대학교출판문화원
주소 08826 서울 관악구 관악로 1
도서주문 02-889-4424, 02-880-7995
홈페이지 www.snupress.com
페이스북 @snupress1947
인스타그램 @snupress
이메일 snubook@snu.ac.kr
출판등록 제15-3호

ISBN 978-89-521-3238-3 93340

이 연구는 2020년 대한민국 교육부와 한국연구재단의
지원을 받아 수행되었음(NRF-2020S1A6A4040825).

한국과 조선

남북한 정통성 경쟁

김병로 지음

서울대학교출판문화원

머리말

갓 박사학위를 받은 1991년 1월, 카네기위원회(Carnegie Council)의 초청으로 뉴욕 맨해튼에서 북한 관련 특강을 하며 유엔 주재 북한대사와 평양에서 온 북한 대표단을 만난 적이 있다. 이들과 대화와 토론을 하면서 한반도가 아닌 조선반도, 한민족이 아닌 조선민족이 존재함을 처음으로 실감하고 남북한이 아닌 한국과 조선이 존재함을 체감했다. 우리 민족은 한민족인가 조선민족인가, 한민족과 조선민족은 같은 것이 아닌가, 한민족과 조선민족은 정말 다른 실체인가, 한민족과 대한민국의 역사는 언제부터 시작되었는가, 이런 질문들이 끝없는 고민과 도전으로 다가왔다.

30여 년이 지난 오늘, 그 고민과 도전을 담은 『한국과 조선』을 발간하니 감개무량하다. "소설가는 평생 한 권의 소설을 쓴다"라는 1991년 노벨문학상 수상자 네이딘 고디머(N. Gordimer)의 말처럼, 학자도 평생 한 권의 책을 쓰는 것 같다. 여러 편의 글과 논문을 쓰지만 그 단편(piece)들은 결국 대작(masterpiece)을 구성하는 부분이기 때문이다. 이번에 출간한 『한국과 조선』은 바로 필자가 30년 동안 천착해 온 '투 코리아'의 결정판인 셈이다.

한국에서는 북녘에 존재하는 조선의 실체를 제대로 이해하기 어렵다. 북한과 남한이 여러 면에서 다르고 이질성이 심각하다고 알기는 하지만 조선이 한국과 얼마나 다른 역사와 세계관을 갖고 있는지 제대로 실감하지 못한다. 한국적 시각에 익숙해 있어 조선의 실체를 실감하기 어렵기 때문이다. 통일의 미래를 지칭하는 개념으로 '통일한국'이라는 말을 아무런 문제의식 없이 쓰는 것도 한국식이다. 한국과 조선이 통일을 한다면 간단히 생각해도 '통일한국'이 되기는 어렵다. '통일조선'이 되는 것도 물론 쉬운 일은 아니겠지만, 적어도 한국과 조선을 통일하려면 두 나라를 어떻게 통합할 것인가 생각해야 할 터인데, 한국과 조선의 정체성에 대한 진지한 고민과 성찰이 부족하다.

많은 한국인이 한국이 어디서 왔는지 망각한 채 살아간다. 반만년의 역사를 가진 단군의 자손으로 우리 역사를 배우다 보니 한국이 언제부터 시작되었는지 자각하지 못한다. 통일을 두고 조선과 경쟁하는 현실에서 적어도 대한민국이 언제, 어떻게 시작되었는지 아는 것은 중요하다. 주지하다시피, 한국과 한민족의 역사는 고종이 창제한 대한제국의 전통에서 시작됐다. 밖으로는 중국과 일본의 침략으로부터 나라를 지키고 안으로는 민족 에너지를 동원하여 나라를 새롭게 일으키고자 대한의 민족을 창제한 것이다. 비록 외교적 역량이 턱없이 부족하여 고종이 꿈꾸었던 대한의 나라가 좌절되고 식민의 나락으로 떨어지고 말았으나, 주종관계에 묶여 있던 조선에서 탈피하여 새로운 나라를 건설하고자 했던 고종의 열망과 비전은 분명했다.

그로부터 130년이 지난 오늘, 대한의 국력과 문화는 세계에 우뚝 솟아 있다. 경제성장과 민주화를 바탕으로 한민족을 통일 주체로 등장시키고 한류의 부흥과 세계화를 실현함으로써 대한의 우월성을 전 세계에 입증했다. 반면 조선의 국력은 공산주의 이념의 퇴조로 현저히 약화되었고, 핵군사력으로 만회하는 한편 민족 담론을 전면으로 소환하여 조선민족의 혈통적 우수성과 정통성이 '조선'으로 계승되고 있음을 주장하고 있다. 한국과 조선의 미래는 과연 어떻게 될 것인가.

세계의 여러 나라 가운데 종교 분파와 조상은 같으나 서로 다른 전통을 유지하는 경우가 있듯이, 한국과 조선도 단군조선의 뿌리에서 나왔으나 서로 다른 역사와 민족전통을 발전시켜 가고 있다. 해방 이후 분단국가로 출발하여 지난 약 80년 동안 국가 건설 과정에서 국가의 정치 이념과 경제제도가 달라졌을 뿐 아니라, 민족자원을 차별적으로 동원하여 민족 정체성도 달라졌다. 남한은 삼국통일을 이룬 신라와 화랑도 정신을 부각하고, 북한은 고구려의 기상과 계급적 영웅성을 부각함으로써 민족의 정통성이 각각 남쪽과 북쪽에 있음을 과시했다. 그 결과 한족과 맥족, 신라와 고구려로 민족전통의 해석이 완전히 달라졌다. 대외관계에서도 미국과 중국이 남북한에 각각 절대적 영향을 미침에 따라 정치적 환경이 달라져 남북한은 이제 완연히 다른 한국과 조선이라는 두 나라가 되었다.

미중 패권 경쟁이 심화되고 신냉전의 치열한 각축전이 전개되고 있는 오늘, 한국은 다시 열강의 요구와 마주하고 있다. 이번에는 조선마저 한국을 향해 '제1의 적대국', '불변의 주적'으로 규정하며 '대적 투쟁'을 선언하고 나섰다. 어떻게 해야 하나? 국가 경쟁력이 비대칭적인 상황에도 민족과 전통의 활용성을 둘러싼 조선과의 경쟁은 쉽게 끝나지 않을 것이며, 앞으로 수십 년 동안 치열한 정통성 경쟁이 진행될 것이다. 특히 통일국가의 정체성을 좌우하는 국호 결정에서는 사활을 건 투쟁이 예상된다. 열강의 요구에 대응해 나가려면 '대한조선'의 거대전략으로 코리아의 미래를 준비해야 한다. 여기에는 진통과 갈등이 따르기 마련이다. 이런 점에서 이질적인 문화와 전통이 만들어 내는 긴장과 갈등을 어떻게 창조적 에너지로 승화시키며 민족국가 건설을 추동할 것인가 하는 주제는 우리 시대에 해결해야 할 가장 중요한 과제 중 하나다.

이 책을 출간하기까지 많은 사람의 도움을 받았다. 먼저 연구를 지원해 준 한국연구재단에 깊이 감사드린다. 짧은 연구계획서를 제출했음에도 불구하고 좋은 평가와 격려로 연구비를 지원해 주어 이처럼 유익한 결실을 맺을 수 있었다. 또한 역사 전공자가 아닌 필자로서는 근대사 서술에 많은 어려움이 있었는데, 미흡했던 부분을 꼼꼼히 읽어주고 자료로 보완해 준 익명의 심사자에게 진심으로 감사드린다. 가까이에서 근대사와 관련 자료를 해석하고 평가하는 데 유익한 도움을 준 한모니까 교수에게도 고마움을 전한다.

지금은 고인이 된 필자의 박사학위 지도교수인 호르위츠(Irving L. Horowitz) 교수에게 깊은 감사를 드린다. 돌아보면 이 '투 코리아' 개념은 박사학위 논문을 쓰던 당시에 착안했던 내용인데, 제3세계 이론의 대가인 호르위츠 교수는 필자의 '투 코리아' 개념을 누구보다 적극적으로 지지해 주었으며 격려해 마지않았다. 늘 학자의 생명은 양심이라고 얘기하며 최대한 편견을 버리고 객관적으로 연구하기를 권했던 호르위츠 교수의 지도가 없었다면 오늘과 같은 결실을 맺지 못했을 것이다. 진심으로 깊은 감사의 마음을 전한다.

마지막으로 평생 연구를 이유로 가족과 함께 시간을 많이 보내지 못했음에도, 가까이에서 항상 지지하고 격려를 아끼지 않은 아내 현란과 딸 미진, 막 결혼하여 신혼을 보내고 있는 동진과 지희에게도 고마운 마음을 전한다. 책을 쓰느라 자주 찾아뵙지 못한 어머니께 항상 죄송하고 감사하며, 책 출간을 앞두고 황망하게 하늘나라로 가신 아버지께 그간의 사랑과 존경, 감사의 마음 형용할 길 없다.

이질 문화와의 공존과 소통은 언제나 긴장과 갈등을 야기하기 마련이다. 하지만 역사가 늘 그랬듯이 그 도전과 갈등에 어떻게 대응하며 통합해 나가느냐에 따라 새로운 창조와 도약의 기회가 놀랍게 펼쳐질 수 있을 것이다. 이번에 발간한 『한국과 조선』이 통일 미래를 여는 새로운 창조와 도약의 의미 있는 자산으로 활용될 수 있기를 바라며, 고종이 고민했던 대한과 조선의 민족 정통성에 대해 함께 생각하는 계기가 되기를 기대한다.

2024년 6월
시흥캠퍼스 연구실에서
김병로

차례

서장 투 코리아의 국가 건설

1. 책의 목적

이 책의 저술 목적은 분단 이후 남북한, 즉 한국과 조선의 민족국가(nation-state) 형성 과정에서 민족과 국가의 정통성 확립을 위해 경쟁 혹은 투쟁해 온 과정을 분석하는 것이다. 코리아반도의 남과 북에 형성된 한국과 조선의 민족·국가 정체성을 연구하는 것은 향후 통일 과정과 이후의 국가 건설 과정에서 사회통합과 국민통합 증진을 위해 준비해야 할 매우 중요하고도 긴요한 과제다. 분단 후 약 80년 동안 경쟁적으로 민족국가 건설을 추진한 결과 언어와 역사, 가치와 문화, 민족과 국민의식 등 모든 면에서 한국과 조선의 정체성이 달라져, 이 둘을 통합하기가 쉽지 않을 것이기 때문이다.

한국과 조선은 해방 이후 분단되어 불완전한 나라로 출발했으나, 시간이 흐를수록 국가의 성격이 강화되어 분단 후 약 80년이 지난 오늘의 시점에서는 완연한 두 개의 독립국가로 변모했다. 냉전기 한국과 조선은 법적으로 각기 국가의 형식을 갖추었으나 국민의식과 민족 정체성 측면에서는 명실상부한 근대 민족국가로 발전하지 못했다. 그 때문에 남(한국)과 북(조선)이 통일을 통해 통합국가를 성취해야만 근대 국민국가를 완성할 수 있다는 의식이 고조되었고, 통일은 근대 민족국가 완성을 위한 필연적·당위적 과제로 인식되었다.

하지만 한국과 조선의 국가성은 시간이 흐를수록 강화되어 민족의식과 국가의식이 달라졌고, 실제로 어떤 형태로 변화되었는지 진지하게 따져 보아야 할 필요가 생겨났다. 한국과 조선의 각기 사정은 조금씩 다르지만, 적어도 한국에서는 북조선을 '다른 나라'로 인식하는 사람이 대다수며, 북조선도 김정은 집권 이후에는 국가제일주의를 기치로 민족국가의 기틀을 다지고 있어 '다른 나라'라는 의식이 양쪽 모두에서 강화되고 있다. 한국과 조선이 서로를 바라보는 의식이 과거와 많이 달라졌고, 점점 한국민족주의와 조선민족주의로 분화되고 있는 듯 보인다.

우리는 남과 북으로 분단된 한반도 땅을 손쉽게 남한과 북한으로 구분하여 부른다. 우리가 살고 있는 한반도 남쪽을 남한으로, 북쪽 지역은 북한이라고 부르는 데 익숙하다. 그러나 중국 조선족 사회나 러시아 고려인 사회에서는 남한과 북한이라는 말보다 한국과 조선이라는 호칭을 더 많이 사용한다. 북한의 공식 국호가 조선민주주의인민공화국이고 남한의 국명은 대한민국이니, 그것을 줄여 조선과 한국이라는 명칭을 사용하기 때문이다. 그런데도 우리는 북한을 조선이라고 부르는 데 익숙하지 않다. 마찬가지로 북한에서도 우리를 남한이나 한국으로 부르지 않고 남조선으로 호명한다.

한국과 조선은 단지 국명만 다른 것이 아니다. 역사와 전통, 민족정서까지 다르다. 국호는 그 나라의 역사적 전통과 정치적 지향을 담고 있다. 남과 북은 지난 약 80년 동안 국호에 걸맞은 역사적·정치적 정통성 확보를 위해 치열한 경쟁을 해왔다. 특히 분단이라는 이데올로기 대결 상황에서 자기 체제를 중심으로 역사와 민족을 동원하고 정당화함으로써 역사와 민족 해석이 많이 달라졌다. 남한은 삼한과 신라 중심의 역사를, 북한은 부여와 고구려 중심의 역사를 각각 강조하는 경향으로 확연히 달라졌다. 냉전기에는 국제적으로 이데올로기 경쟁이 심화되던 터여서, 한국과 조선의 경쟁에서도 자본주의/공산주의 이념 대립이 압도함으로써 민족 정체성 대립이 잘 드러나지 않았다. 하지만 보이지 않게 고구려 중심으로 역사를 해석하는 조선(북한)과 신라 중심으로 우리 민족의 역사를 해석하는 한국(남한)이 첨예하게 대립함으로써 정통성 확보를 위한 치열한 경쟁과 투쟁이 내부적으로 진행되었다. 남과 북의 학자들이 '객관적으로' 연구를 진행했겠지만 남북 모두 정치체제와 이념적 지향을 벗어나기 어려운 존재론적 한계에 놓여 있었다.

세계적으로 사회주의 체제가 붕괴하던 시기에 북조선은 민족주의를 강조하기 시작하더니, 단군의 역사와 조선민족의 우월성을 부각함으로써 정통성 투쟁을 이어 오고 있다. 1989년 세계적 탈냉전 이후, 북조선은 보다 전면적으로 조선의 정통성을 부각하려는 목적으로 단군릉을 개건하고 '조선민족제일주의'를 앞세워 조선에 우리 민족의 뿌리가 있음을 공개적으로 주장하고 나섰다. 정치체제의 특성 때문에 김일성을 국부로 하는 '김일성민족'이라는 정치적 구호도 사용하고 '태양민족'으로 개념화하기도 하지만 이를 단군조선과 연결시키면서 조선의 정통성 확립을 시도하고 있다.

특히 통일 논의가 머지않은 미래에 대두할 가능성이 있는 오늘날, 한국과 조선의 정통성 경쟁은 매우 심각한 갈등과 위험 요인을 안고 있다. 경제력에 있어 북한은 남한의 50분의 1 정도로 남한에 경쟁 상대가 안 될 정도로 열악하다. 한반도 전역에서 생산된 GDP의 98%가 남(한국)에서 생산되는 반면, 북(조선)에서는 2%밖에 생산되지 않는 그야말로 엄청난 비대칭성이 존재한다. 그럼에도 북조선이 실질적 핵무기 보유국으로 인정되는 상황에서 북조선을 경제력만으로 과소평가할 수는 없다.

남과 북이 통일 문제를 직접 논의하는 단계에 이르면 통일국가의 국호를 두고 사활을 건 정체성 투쟁이 진행될 것으로 예상된다. 더욱이 북조선의 국력이 약해지는 가운데 이런 논의가 진행될 가능성이 높은데, 그렇게 되면 조선으로서는 더더욱 자신의 역사성과 민족 정통성을 주장하며 자존심을 건 투쟁을 전개할 것이 분명하다. 2000년 6·15남북정상회담 이후 비록 선언적이기는 하지만 통일 논의가 정부 차원에서 언급되었고, 2018년 두 차례의 남북정상회담에서도 통일 문제가 화두로 떠올랐다. 비핵화와 평화협정, 북미관계 정상화 등 안보·외교적 문제가 어느 정도 매듭지어지면 통일 논의가 진행될 터인데, 이 과정에서 민족과 국가 정체성 및 정통성 확립을 위한 국호 논쟁은 필연적으로 뒤따를 것이다.

통일 논의에서 남측의 연합제와 북측의 연방제 등 통일방식에 관한 논의는 부분적으로 진행되었으나, 통일국가의 명칭에 관해서는 아직 진지하게 논의되지 않고 있다. 남북대화에서도 나라의 공식 이름을 부르지 않고 남과 북으로 호칭하기로 합의하여 한국과 조선이라는 공식 국명의 사용이 금기시되어 있다. 국제적으로 두 국가로 오해받지 않도록 외교적 배려의 의미에서 남북이 두 국명의 공식화를 자제하고 있는데, 국호 문제는 그만큼 남북 모두에 정치적으로 민감한 주제다.

북조선은 통일국가의 명칭으로 한국이나 조선을 표기하는 대신 '고려(高麗)'를 대안으로 제시하며 통일코리아의 새로운 국가·민족 정체성을 제안한 바 있다. 현재의 '코리아(Korea)'라는 영어 표현이 고려를 뜻하는 '꼬레아(Corea)'에서 기원하기 때문에 더더욱 고려를 국호로 하여 통일국가의 위상을 높여야 한다고 주장한다. 이에 반해 한국은 통일국가의 명칭을 공개적으로 제안하지 않고 있다. 여기에는 대한민국이 갖는 세계적 위상과 프리미엄을 고려할 때 통일 이후에도 당연히 한국을 국호로 사용해야 한다는 의도가 깔려 있다.

국내 정치적 시각에서 보면, '고려'와 같이 제3의 국호를 대안으로 제시할 경우 대한민국의 국가 정체성 상실을 우려하는 국민이 많을 것으로 예상된다. 이에 자칫 국내에 정치적 갈등과 혼란이 야기될 우려도 있다. 정치 지도자들은 이러한 정치적 위험부담을 의식하여 통일국가의 명칭과 같은 민감한 사안에 대해 공개적으로 말하기 어려운 부분이 있을 수 있다. 하지만 그것이 혹 우리 민족의 정체성과 정통성을 진지하게 생각해 보지 않았기 때문이라면 심각한 문제다. 통일을 준비하고 코리아의 평화와 번영을 진지하게 고민한다면, 통일에 따르는 국가 건설 과정에서 국가와 민족 정체성을 어떻게 확립해 나갈 것인가는 지금부터 진지하게 논의하고 준비해야 할 사안이다. 이런 맥락에서 이 책은 분단 후 약 80년간 투 코리아의 민족국가 건설 경험을 살펴보고 (남)한국과 (북)조선이 전개해 온 민족과 국가의 정통성 경쟁을 분석·평가함으로써 미래 통일코리아의 정체성 확립과 사회통합에 기여하고자 한다.

2. 민족과 국가

종족, 민족, 국민

앞서 설명했듯이 한국과 조선이 함의하는 바는 민족과 국가의 정체성에 관한 것이다. 즉, 한반도에 들어선 한국과 조선이라는 두 국가의 네이션 빌딩(nation-building) 혹은 민족국가 건설(nation-state building)이 어떻게 진행되었는지 따져 보는 주제인 것이다. 근대 민족국가 혹은 국민국가 건설 과정에서 한국과 조선의 외연과 내포가 어떻게 변했는지 살펴보는 작업이기도 하다.

우리말의 '민족'은 영어의 Nation을 번역한 개념이다. Nation이 한국과 중국, 일본에 들어온 19세기 말에는 맥락에 따라 '국민'과 '민족'으로 다르게 번역되었고, 이후 100년 동안 그 의미가 복잡해지고 다양해졌다.[1] 민족은 자연적인 혈연적 공통성을 기초로 하면서도 언어·종교·경제·정치·역사적 전통 등을 중심으로 자발적으로 형성되며, 일정한 감정 내지 의식을 갖고 있는 집단이다. 이런 의미에서 민족은 종족과 국민 사이에 존재하는 개념으로 이해된다.

종족은 생물학적 개념인 인종보다 넓은 개념이며 민족보다는 좁은 개념으로 이해할 수 있다. 종족은 혈연을 중시한다는 점에서 인종과 유사하나 의식주 및 문화적 생활양식을 공유한다는 점에서는 민족과 유사하다. 민족 역시 오랫동안 혈연에 근거한 종족적 유대로 이해되어 왔다.[2] 원래 민족(nation)이란 말은 라틴어의 나티오(natio)에서 유래한 단어로, 어원상 혈통과 관련된다. 이러한 혈연 개념의 민족이 이에 기반한 국가의 형성과 함께 민족국가(nation-state) 혹은 국민국가로 발전하여 혈연적 의미보다는 국가적인 것(statehood)을 더 강조하는 경향으로 변화했다. 동양문화권이나 우리나라에서는 민족이 혈연에 근거한 종족 집단의 개념으로 간주되어, 한국인은 단군을 공동의 조상으로 둔 단일 종족공동체라는 생각이 널리 퍼져 있다.

이처럼 민족의 개념에는 에스닉 집단(the ethnic group)이라는 종족적 측면과 네이션(nation)이라는 국가적 성격이 동시에 내재해 있다. 종족의 측면에서 민족은 언어·지역·혈통·역사·경제를 공통으로 갖고 있는 실체이며 다분히 혈통을 공유하는 혈연공동체의 특성을 갖는다.

1 박명규, 「네이션과 민족: 개념사로 본 의미의 간격」, 『東方學志』 147집(2009), p. 31.

2 A. D. Smith, *The Ethnic Origins of Nations* (Hoboken: Blackwell Publishers, 1986); 박명규, 「네이션과 민족: 개념사로 본 의미의 간격」, p. 44.

반면 네이션으로서의 민족은 근대 정치체제가 발전하는 과정에서 정치공동체 의식을 갖는 집단으로 국민 혹은 민족국가와 연결하여 사용된다. 역사적으로 보면 하나의 종족이 근대 국가를 형성함으로써 정치의식을 형성하여 새로운 정치공동체로 확장하는 과정에서 그 의미가 변화·발전했다.

민족은 한국과 조선을 아우르는 넓은 개념이다. 이 책에서 한국과 조선을 민족이라고 말할 때도 단순히 민족의 차원만이 아니라 종족과 국민의 차원까지 포함한다. 민족은 한국과 조선의 구성원을 정치적으로 규정하는 '국민'과 다르고, 단순히 혈연과 혈통을 중시하는 '종족'과도 구별된다. '국민'과 달리 한국과 조선을 하나로 묶으려는 통일에의 집합적 의지가 내포되어 있는 개념이며, '종족'과 달리 하나의 국가공동체를 구성하려는 정치적 자결권을 강조한다. 이런 의미에서 민족은 "아직 국가를 형성하고 있지는 않으나, 독자적 민족국가를 형성하려는 강한 의지를 지닌 정치적 자결 단위로 간주된다."[3]

종족적인 특성을 담고 있는 민족은 일반적으로 널리 사용하는 개념이다. 한국민족주의는 특히 20세기 이래 식민주의를 위해 동원한 일본의 범아시아주의와 인종주의에 맞서 투쟁하는 가운데 근대성을 추구한 결과 '종족적 민족주의'로 발전했다.[4] 이승만의 일민주의나 북한의 주체사상이 모두 개인의 인격을 무시하는 전체주의 이데올로기로 기능할 수 있었던 배경에도 이러한 종족적 민족 관념이 있었다고 할 수 있다. 이러한 종족적 민족 관념이 한국민족주의의 동력이 되기도 하지만, 폐쇄적이며 근본주의적인 성격을 벗어나지 못하는 원인이 되기

3 박명규, 「네이션과 민족: 개념사로 본 의미의 간격」, p. 47.

4 Gi-Wook Shin and M. Robinson, *Colonial Modernity in Korea* (Cambridge: Harvard University Press, 1999), pp. 230-232.

도 한다.

국가적 요소를 담고 있는 민족은 대한민국이라는 국가공동체와 관련한 공동의 영역, 또는 국가공동체의 구성원 자격을 말한다. 대한민국 헌법 제2조에서 "대한민국의 주권은 국민에게 있다. 모든 권력은 국민으로부터 나온다"라고 할 때 그 국민은 바로 정치의식을 지닌 민족을 의미한다. 대한민국과 조선민주주의인민공화국의 줄임말로 한국과 조선을 사용할 경우에 이 명칭은 국가적 실체를 표방하는 나라 이름이기도 하면서 민족으로도 이해되는데, 이때의 민족은 정치의식을 지닌 국민을 의미한다.

민족을 국가와 종족 사이 어디쯤에 존재하는 것으로 인식하면, 남북관계에서 민족은 아직 국가를 형성하지 못한 종족 집단이며 독자적 민족국가를 형성하려는 과정에서 강한 의지를 지닌 정치적 자결 단위로 이해된다. 남과 북은 동일한 종족적 속성을 많은 부분 지니고 있으나, 민족국가를 구성하는 국민은 완전히 다른 실체인 것이다. 이렇게 보면 민족은 그야말로 상상의 공동체일 가능성이 크다. 왜냐하면 이때의 민족은 실재하는 것이 아니라 정치의식을 지닌 국민으로 발전하는 과정에서 동원되고 새롭게 구성된 것이기 때문이다. 이러한 관점에서 이 책은 한국과 조선이 에스닉(the ethnic)의 감정과 의식을 가진 민족공동체로 출발하여 점진적으로 정치의식을 지닌 국가, 즉 민족국가로 발전해 가는 과정을 다룬다.

민족국가

민족국가는 하나의 민족이 하나의 국가라는 정치적 단위를 이루고 살아가는 형태를 말한다. 국가의 경계는 주어진 영토 안에 거주하는 주민에 대해 배타적인 주권을 강제할 수 있는지에 따라 결정된다. 그 배타적인 주권이 국제적으로 얼마나 공인되느냐에 의해 국가의 경계가 달라질 수 있다. 국가의 성격과 범위는 국제법과 국제정치의 현실에서 공인받는 실력에 의해 정해진다.

민족국가는 통치기구 중심의 개념인 국가(state)와 그 국가를 구성하는 구성원 중심의 개념인 민족(nation)의 합성어로, 국가와 민족이라는 두 차원으로 되어 있다. 국가는 통치기구가 일정한 영토를 통제하고 방어하며 구성원들에게 물질적 복리를 제공하는 객관적인 개념이며, 민족은 구성원이 공통의 정체성을 토대로 하나의 집단으로 자각한 상태를 말하는 다분히 주관적인 개념이다. 민족을 정치적 의식을 가진 국가의 구성원으로 바라볼 때는 국민이라는 어휘로 번역하는 것이 더 적절하다.

민족국가가 언제 최초로 출현했는지에 관해서는 의견이 일치하지 않는다. 기원을 근대 프랑스와 영국에서 찾는 사람도 있고, 미국의 민주적 근대 국가에서 찾는 사람도 있다.[5] 그 이유는 민족국가의 구성 요소가 복합적으로 이루어져 있기 때문이다. 일반적으로 국가를 구성하는 국민, 주권, 영토라는 세 가지 조건을 염두에 둔다면, 민족국가도 세 가지 요소로 따져 볼 수 있다. 가장 중요한 것은 인구 대다수가 하나의 공동체에 속한다고 여기는 민족의식이 있는가, 그다음은 권위와 복종으로 구성되는 수직적 체계, 즉 정치통합이 이루어져 있는가, 세 번째는 영토가 분명한 경계로 획정되어 있는가다.

민족국가를 이루는 기본 개념인 '민족'이 언제 출현했는지는 논란의 여지가 있다. 한편에서는 민족이 고대부터 존재한 영속적인 집단이

5 O. Hintze, "The Emergence of the Democratic Nation-State," *The Development of the Modern State,* edited by H. Lubasz (New York: The MacMillan Company, 1964), p. 65.

며 근대국가는 이 민족에 기반하여 만들어졌다고 한다. 스미스(A. D. Smith)에 따르면 민족은 고대로부터 이어진 혈통으로서의 종족이며, 상징과 기억을 동원하여 전통과 종교 등 집단 정체성을 지속적으로 유지시켜 주는 역사적으로 연속된 실체다.[6] 반면, 홉스봄(E. Hobsbawm)과 앤더슨(B. Anderson) 등이 주장하는 근대주의 이론에서 민족이란 근대의 발명품이자 '상상의 공동체'이며 먼저 존재한 국가가 만든 이데올로기다.[7]

과거에는 한 국가를 구성하는 민족 구성원의 경계가 확연했으나 현대에 이를수록 민족 구성이 다양해져 민족국가를 통일적으로 규정하기가 쉽지 않다. 근대 민족국가가 형성될 당시에는 대개 혈통적으로 단일한 민족을 기반으로 국가를 건설했기 때문에 대체로 단일민족국가와 상통했다. 하지만 현대에 이르러 국가가 점차 다민족으로 이루어지면서 국가의 형태가 크게 달라졌다.

사회주의와 근대 민족국가 형성

공산주의와 사회주의는 민족 문제를 제대로 다루지 못했다. 그 이유는 역사 발전의 새로운 개념으로 포착한 '계급'이라는 관념에 집중했기 때문이다. 맑스(K. Marx)와 엥겔스(F. Engels)는 민족의 개념을 지극히 자본주의적인 것으로, 부르주아 계급이 지배 이데올로기로 동원한 개념에 불과한 것으로 치부했다. 『공산당 선언』에서 맑스와 엥겔스는 자본주의 발전 과정에서 지역 맹주들로 각기 분산되어 있던 생산수단을 더

6 A. D. Smith, *The Ethnic Origins of Nation*.

7 베네딕트 앤더슨, 윤형숙 역, 『상상의 공동체: 민족주의의 기원과 전파에 대한 성찰』(파주: 나남, 2003).

큰 중앙 단위로 집중시켜 소수의 부르주아 계급이 장악하기 위해 민족이라는 더 큰 단위의 관념을 발전시켰다고 주장한다.[8] 따라서 근대 민족은 국민적 시장권을 확립하고 봉건사회의 잔재를 일소하여 부르주아 국민국가가 형성되는 과정에서 탄생한 것이므로, 민족주의는 봉건적 지배층을 대신하여 국가권력을 장악하려는 부르주아 계급의 지배 이데올로기로 간주되었다.[9]

공산주의와 사회주의의 일차적 관심은 계급 문제였기 때문에 민족 문제를 중심 과제로 다루지 못했다. 공산주의 관점에서는 민족과 민족주의가 일반적인 개념이 아니라 자본주의 발달 과정에서 형성된 지극히 자본주의적인 개념으로 분석했다. 역사적으로 민족국가를 형성했던 시민혁명도 부르주아 계급이 민족을 동원하여 통합을 도모해 나갔다는 식으로 해석했다. 부르주아 혁명의 전형인 프랑스혁명도 민족통합 과정에서 부르주아 계급이 담당했던 역할을 부각시키며 민족을 정치적으로 동원한 개념으로 설명했다.

사회주의 이론은 부르주아 계급이 국가와 민족을 자신들의 이해관계를 위한 수단으로 활용해 결국 국가와 민족이 소멸할 것으로 예측했다. 따라서 사회를 국가나 민족 단위보다는 세계주의 시각으로 바라보았다. 사회주의 혁명 이후에는 사회생활의 국제화라는 역사의 객관적 추이에 조응하여 모든 노동자가 새로운 국제주의적 인류공동체를 지향했다. 이에, 공산주의 사회에서는 민족이 소멸하고 국제적 인류공동체가 실현될 것이라고 믿었다. 그 때문에 민족과 민족주의는 역사 발

8 K. Marx and F. Engels, "Manifesto of the Communist Party," *The Marx-Engels Reader*, edited by R. C. Tucker (New York: W. W. Norton & Company, 1978), p. 488.

9 임지현, 「사회주의 민족 이론과 소련의 민족문화 정책」, 『中蘇硏究』 제15권 1호 (1991), p. 66.

전의 법칙을 거스르는 시대착오적이며 복고적인 시도로 규정되었다.[10]

하지만 막상 러시아혁명과 같은 현실에 직면해서는 사회주의 이론을 그대로 적용하는 데 어려움이 많았다. 이러한 상황에서 레닌(V. Lenin)은 민족자결이라는 구호 아래 민족 문제를 현실 문제로 다루어, 민족해방운동으로 분출된 피억압 민족의 혁명적 에너지를 프롤레타리아 혁명에 끌어들이기 위해서는 민족자결권의 인정이 불가피함을 역설했다.[11] 현실 세계에서 사회주의 혁명을 수행하기 위해서는 민족자결이라는 관점을 도외시할 수 없었고, 따라서 고육지책으로 민족 이론을 포함시켜야 했다.

이러한 현실론에 입각하여 소련을 비롯한 공산주의 국가에서는 민족자결권과 민족어로 교육받을 권리, 민족어를 사용할 권리 등을 보장하며 민족 개념을 인정했다. 하지만 민족을 단위로 연방정부를 구성하는 등의 정치체제 형성에는 명확히 선을 그었다. 그 후 민족의 독자성이 조금씩 인정받은 가운데 1980년대에는 민족의식과 민족감정이 성장하여 사회주의하에서 민족은 합법칙적 규칙성이라는 주장도 나오고, 모든 민족과 민족체의 경제적·문화적 진보는 불가피한 현상이라는 주장도 나왔다. 마침내 1989년 9월 당중앙위원회 총회에서 채택한 소련공산당 민족 정책 강령은 "소련공산당은 민족문화의 독창성과 그 독특한 가치를 인정하는 데서 출발한다"라고 규정하기에 이르렀다.[12]

10 임지현, 「사회주의 민족 이론과 소련의 민족문화 정책」, p. 71.

11 M. Löwy, "Marxist and the National Question," *New Left Review* No. 96(1976), p. 96; 임지현, 「사회주의 민족 이론과 소련의 민족문화 정책」, p. 73에서 재인용.

12 「소련공산당 민족 정책 강령 초안」, 『中蘇硏究』 제13권 3호(1989); 임지현, 「사회주의 민족이론과 소련의 민족문화정책」, p. 84에서 재인용.

제3세계와 민족국가 형성

사회주의 세계의 근대 민족국가 형성 과정과 달리, 제3세계 국가들은 민족주의 이데올로기를 기치로 내세우며 민족국가 건설에 민족의식과 민족주의를 최대한 활용했다. 제국주의 식민통치에서 벗어나 법적으로 독립국가를 이룬 제3세계 나라들은 식민지 시기에 전개한 독립투쟁과 민족운동의 자원을 동원하여 민족국가의 정통성을 형성해 나갔다. 식민통치를 경험한 제3세계 나라들은 민족국가 수립을 시급한 과제로 인식했고, 특히 세계적 냉전체제의 구조 속에서 민족국가를 훨씬 빠르고 용이하게 추진할 수 있었다. 틸리(C. Tilly)는 이처럼 전격적이며 빠르게 진행된 제3세계의 민족국가 건설 과정이 '강제 집약적'으로 진행되었다고 분석하기도 한다.[13]

제3세계 민족국가는 정치적 독립을 빠르게 성취하며 독립국가를 선언했으나 자본주의 체제와의 실질적인 종속관계에서 벗어나지 못함으로써 경제적 저발전 상태가 지속되었다. 한국을 비롯한 대만, 홍콩, 싱가포르 등 아시아의 네 마리 용으로 불리는 급속 발전 국가가 없지는 않았으나, 제2차 세계대전 이후 독립한 제3세계의 상황은 대부분 경제의 저발전으로 민족국가 건설의 토대를 확립하지 못했다. 반면 사회주의 제3세계는 사회주의 이념을 추종하여 세계주의를 추구하면서도 식민통치 경험으로 인해 자주독립과 민족주의를 지향했고, 자본주의 세계체계와의 단절을 통해 자주적 발전을 모색함으로써 사회혁명과 민족주의를 동시에 동원하는 국가 건설을 추진했다.

한국과 조선은 식민지로부터 해방된 나라를 이끌어 갈 권력 구조

13 전상인, 「民族主義 形成과 展開過程에 관한 一考」, 『統一研究論叢』 제2권 1호(1993), p. 15.

와 체계를 구축하는 국가 건설을 추구했다. 국가 건설의 방향과 목표는 제3세계가 보편적으로 추구한 자주독립국가였고, 구체적으로는 정치체제의 우월성과 민족의 역사적 정통성을 확립하는 것이었다. 결국 한국과 조선은 자본주의/사회주의라는 분단체제로 출발했고, 이러한 국가 건설의 성격과 목적에 맞게 민족을 동원하고 정치화하는 작업을 경쟁적으로 진행했다.

3. 용어 설명과 분석틀

책 안에서 한국과 조선을 지칭하는 여러 용어를 사용하는데, 간략히 정리하면 다음과 같다. 한국 입장에서 분단된 두 국가를 부르는 호칭은 남한과 북한이다. 원래 한국의 남쪽과 북쪽을 나누어 부른다면 남한국과 북한국으로 불러야 옳을 텐데 남한국과 북한국 대신 남한과 북한을 국명으로 호칭한 것은 두 가지 의미를 담고 있다. 하나는 아직 남과 북을 국가로 받아들이기에 국민의식이 형성되지 않았기 때문일 것이고, 다른 하나는 '한국'으로는 한반도 전체를 포괄할 수 없다는 의식이 명백했기 때문일 것이다. '대한'이라는 민족의식으로는 코리아반도 전체를 아우를 수 있었으나, '한국'으로 나라 이름을 정할 당시 38선 이북을 한국의 북쪽으로 호명하는 것은 현실과 전혀 맞지 않았다. 민족 정체성은 대한의 민족 혹은 한민족으로 공감대가 형성되었다고 하더라도 '한국'은 북쪽을 포괄할 수 없다는 의식이 명백했기 때문이다.

북한 입장에서 분단된 두 나라를 부르는 호칭은 조선과 남조선이다. '조선'이라는 호칭은 한국과 달리 나라를 의미하는 '국(國)'이 붙어 있지 않기 때문에 민족과 나라를 포괄하는 의미로 사용할 수 있었다. 따라서 북한은 조선이라는 호칭으로 민족 전체와 영토 전체를 포괄하기가 수월하다. 이러한 편리성 때문에 북한은 조선이라는 용어로 코리아반도 전체를 호명하고, 휴전선 이북과 이남을 나누어 북조선·남조선으로 부르는 데 익숙하다.

이러한 호칭과 개념은 책 전체를 관통하며 계속 다루어 나갈 것이므로 더 길게 설명하지 않겠지만, 한국이 분단된 남과 북을 남한국·북한국으로 부르지 않고 남한·북한으로 호명한 것은 분단 초기에 한국의 국가성이 아직 단단하게 형성되지 않았기 때문인 것 같다. 남한과 북한이라는 표현은 국가성이 전혀 없는 것은 아니지만 민족성이 더 강하게 담겨 있는 개념이다. 물론 국가와 민족은 혼재되어 있으며 '한국'은 대한의 민족, 한민족, 한반도 등 전국을 포괄하는 국명으로도 사용되었으나, 한국의 국가 구성원들이 대한민국을 코리아반도 전체를 아우르는 개념으로 인식하지는 않았던 것 같다. 반면 '조선'은 해방되기 전까지 일제에 의해 반도 전체를 일컫는 용어로 사용되던 터여서 대체로 코리아 반도 전체를 지칭하는 용어로 인식되었다. 그뿐 아니라 '조선'은 나라 이름이기도 하지만 민족을 대변하는 개념이어서 민족과 국가를 아우르는 자연스러운 용어로 사용되었다.

따라서 이 책은 한국과 조선을 아우르는 용어로 필요에 따라 '코리아'라는 영어 명칭이나 '남북'이라는 지리적 용어를 사용한다. 코리아(Korea)는 사우스(South)코리아, 노스(North)코리아를 포괄하는 용어로 분단된 두 나라를 아울러 부를 때 사용한다. 코리아반도는 한반도 혹은 조선반도를 중립적으로 지칭하는 용어로 사용하며, 코리아민족 혹은 우리 민족, 남북민족이라는 용어는 남북 전체의 구성원을 아우르는 개념으로 사용한다.

한편, 이 책이 다루는 정통성은 정당성(legitimacy)과 같은 개념으로 사용하되 정당성에 역사와 전통을 더하여 형성되는 의미로 해석한다. 정당성은 "통치를 받는 사람에게 권력 지배를 승인하고 체제를 허용하게 하는 논리적이고 심리적인 관념이나 근거"라는 사전적 의미를 갖고 있다. 그런데 이 정당성이 역사와 전통에 근거하고 있다는 의미를 갖는 것이 정통성이다. 정통주의(orthodoxy)의 의미가 내포되어 있다. 정통주의는 종교에서 경전에 있는 신앙, 가르침, 이데올로기 등을 그대로 받아들이는 것을 말한다.[14] 정통이라는 말 자체가 앞엣것을 올바르게 이어받아 연결하는 것을 의미하므로 정치권력의 통치를 자발적으로 받아들이는 안정적인 지배 구조가 역사와 전통에 의해 형성됨을 의미한다.

베버(M. Weber)는 정당성이 전통과 법·제도, 개인적 카리스마라는 세 가지 원천으로 확보된다고 설명한다.[15] 전통적 정당성은 오랜 시일에 걸친 전통과 관습을 바탕으로 정당성을 확보하는 것을 말하고, 법적·합리적 정당성은 법과 제도에 대한 신뢰와 절차를 바탕으로 확보되는 정당성을 의미하며, 카리스마 정당성은 개인의 신성성과 영웅적 탁월함에 의한 자발적 복종으로 확보되는데, 주로 혁명과 같은 정치·사회적 격변기에 형성되며 이 정당성이 지속되려면 법과 제도로 일상화되어야 한다는 것이다.

따라서 한 국가의 정통성은 전통과 문화적 자원을 동원하여 정권을 정당화하고, 법과 제도를 확립하여 정권과 대중 간의 공감을 불러일으키고 국민들로부터 지지를 얻음으로써 확보되는 것으로 볼 수 있다. 이렇게 형성된 정통성은 지도자에게 지배를 정당화하고 효과적인 통제를 가능하게 하는 동시에 그들이 공동선을 위해 봉사하고 있다는 믿음을 준다.[16] 이런 점에서 권력자들은 정권 초기에 적극적으로 권력의

14 https://ko.wikipedia.org/wiki/정통주의.

15 Max Weber, *From Max Weber: Essays in Sociology*, edited and translated by H. H. Gerth and C. Wright Mills (London: Routledge, 1970), pp. 78-82.

16 D. H. Wrong, *Power: Its Forms, Bases and Uses* (New York: Harper and Row Publishers, 1979), p. 49; 조은희, 「남북한 정통성 만들기 역사와 비교」, 『통일

정통성 만들기에 집중한다. 대중과 소통할 수 있는 '기억 가능한' 역사와 전통을 복원하고 재창조하는 과정을 거쳐 정통성을 만들게 된다.[17]

이러한 논의를 달리 표현하면 민족국가의 정통성이 국가와 민족의 두 측면에서 형성된다고 할 수 있다. 먼저, 국가의 영역에서는 내부 체제의 제도와 이념을 확립하고 발전시켜 나감으로써 국가의 자긍심과 소속감을 강화하는 방식으로 정당성을 확보한다. 체제는 국가보다 좁은 의미로 일정한 정치 원리에 바탕을 둔 국가질서의 전체적인 경향을 말한다. 국가는 정치와 경제, 국방과 교육 등 지향하는 목표와 방향을 설정하고 경제성장과 사회발전을 통해 구성원들의 삶의 질을 높이며 사회의 구조적 갈등을 해소함으로써 통합을 도모해 나간다. 자본주의와 사회주의와 같은 경제체제를 비롯하여 자유민주주의, 인민민주주의, 사회민주주의 등 정치체제를 수립하거나 이러한 이념체제를 적절히 조합하는 여러 형태의 사회체제를 통해 국가의 내부 발전을 도모한다. 국가의 정체성은 또한 다른 국가와의 관계에서 규정되는 측면이 있으므로 국제사회에서의 협력과 위상 강화도 중요하다.

민족의 영역에서는 과거 역사와 민족문화유산을 근거로 구성원들이 지닌 전통적 자원을 동원하는 방식으로 정체성을 형성한다. 국가 구성원으로서 민족을 동원하여 규정하고 의식화함으로써 역사적 정통성과 민족 정체성을 확립해 나가는 과정을 말한다. 각 나라마다 지역적·역사적으로 형성된 민족의 경계와 전통을 동원하여 의미를 부여하고 자긍심을 고취함으로써 국민으로서 결속과 통합을 도모한다. 주로 교육과 문화 정책을 통해 민족주의 정서와 감정을 동원하고 활용해 나간다. 경제를 바탕으로 문화적 자원을 활용하여 소프트 파워를 어떻게 향

과 평화』 창간호(2009), p. 246.

17 조은희, 「남북한 정통성 만들기 역사와 비교」, p. 247.

상하는가 하는 문제가 민족국가의 정체성을 형성하는 데 중요하다.

남북한은 정통성 확보를 위해 국가적 차원에서 '항일전통'을 동원하고 민족의 영역에서는 '민족전통'을 동원한다. 항일전통과 민족전통은 그 자체로만 정통성이 확보되는 것이 아니라, 경제·사회·국방·교육·문화 등 국가의 제도와 그 성과로 보장되고 강화된다. 이 '제도적 정당성'은 국가와 민족의 정통성을 담보하고 확증하는 데 중요한 역할을 한다. 또한 분단의 경쟁적 구조에 놓여 있는 남북한은 정통성 확보를 위해 상대를 악마화하여 '그들'로 배제하는 '적대적 타자화'를 구사한다. 적대적 타자화를 통해 '그들'과 '우리'를 구분하고 그것을 더 적극적으로 '우리 정체성'의 창조와 강화로 연결한다. 항일전통과 민족전통, 제도적 정당성 등을 부각하거나 차별화함으로써 우리의 정체성 강화를 시도한다.

4. 책의 구성

이 책은 서장과 종장을 제외하고 총 4부 12장으로 이루어져 있다. 남북한의 국가 건설 경쟁 과정을 태동기, 냉전기, 탈냉전기, 통일기라는 네 시기로 구분하고 각 시기를 1부로 하여 총 4부로 구성했다. 제1부 태동기는 한국과 조선이 어디서, 어떻게 출발했는지 그 근원을 찾아 살펴보는 내용으로 '대한'과 '조선'이 근대 민족으로 분화하는 과정을 다룬다. 제1장에서는 한국과 조선의 명칭이 어디서 연유했는지 살펴보기 위해 조선에서 대한제국으로 나라 이름을 바꾼 고종 황제 집권 당시의 배경을 고찰한다. 제2장에서는 일제가 국호를 대한제국에서 다시 조선으로 변경하며 대한이라는 국호의 항일투쟁적 성격을 말살하려 했던 시도들을 알아본다. 또한 3·1운동 이후 수립된 대한민국 임시정부가 국호를 조선에서 다시 대한민국으로 바꾸어 고종이 추구했던 대한의 의미를 승계한 내용과 조선공화국과의 분열로 대한과 조선의 정체성 논쟁이 점화되는 과정을 살펴본다. 제3장은 남북분단과 단독정부 수립 시기 국호 채택 과정을 다룬다. 해방 이후 1948년 대한민국 정부 수립 당시 대한민국이라는 국명이 압도적 다수로 채택되고 북한은 조선이라는 국명을 사용함으로써, 대한과 조선이 코리아반도에서 민족과 국가 정통성 투쟁을 본격화한 내용을 논의한다.

제2부 냉전기는 한국과 조선이 남한과 북조선으로 나뉜 불완전한 국가 건설 과정에서 적대적 타자화와 자기 정체성 강화를 적극적으로 추진하던 시기를 다룬다. 제4장에서는 한국전쟁 이후 남북한 정부하에서 전후 경제건설과 항일운동을 자기 정체성으로 강화하는 동시에 반공과 반제를 동원하여 적대적 타자화를 적극적으로 시도한 과정을 알아본다. 제5장에서는 권위주의 체제로 전환한 남북한이 경제건설과 통일 논의로 경쟁하며 정당성을 부각하기 위해 신라와 고구려의 역사적 전통을 활용하는 민족자원 동원 전략을 시도한 과정을 살펴본다. 제6장은 남한이 경제발전과 민주화에 성공한 반면, 북한은 사회주의권의 붕괴로 남북한의 국가 경쟁이 종말을 고하고 민족 경쟁을 시작한 시기를 다룬다.

제3부에서는 탈냉전이라는 세계적 변화의 흐름 속에서 남북한이 한국과 조선으로 독자적인 민족국가 건설을 추진하던 시기를 고찰한다. 제7장은 탈냉전기 남북의 동시 유엔 가입과 남북기본합의서 체결 등으로 남북한의 국가성이 강화되어 한국과 조선이 두 개의 국가로 전환되는 과정을 다룬다. 제8장에서는 조선민족제일주의와 단군릉 개건을 필두로 북한이 민족 담론을 동원하여 대반격을 시도하는 내용을 알아본다. 특히 평양의 역사적 전통을 부각하며 민족 정통성이 조선에 있음을 주장하는 과정을 분석한다. 제9장에서는 한국의 경제성장과 문화

발전이 세계적 한류의 부흥을 가져와 한민족을 세계화하고 한류를 글로벌 문화로 조성해 가는 과정을 살핀다.

제4부에서는 앞으로 다가올 통일을 내다보며 남북한의 정체성이 어떻게 함께 만나고 변화해 나갈 것인지 논의한다. 제10장은 남북한에 국가와 민족 정체성이 어떻게 형성되어 있는지 다각도로 살펴본다. 이를 위해 서울대학교 통일평화연구원이 최근 17년간 축적한 통일의식 조사 자료를 근거로 사용한다. 제11장에서는 남북의 정치·경제·사회·문화의 정체성 차이가 통일 과정에서 어떤 갈등으로 전개될 것인지 고찰한다. 제12장은 남북한이 통일 과정에서 통일방식과 함께 가장 치열하게 논란이 될 국호 문제를 다룬다. 지난 시기에 남북한이 쌓아 온 국가와 민족의 정체성이 한국과 조선에 고스란히 투영되어 있을 것이므로 국호를 어떻게 통합해야 할 것인가를 논의한다. 종장에서는 한국과 조선으로 달라진 남북한이 서로의 경제와 사회, 민족과 문화자원을 어떻게 소통하고 협력하며 함께 동원해 나갈 수 있을지 논의하고 전망하는 것으로 마무리한다.

제1부

태동기, 대한과 조선

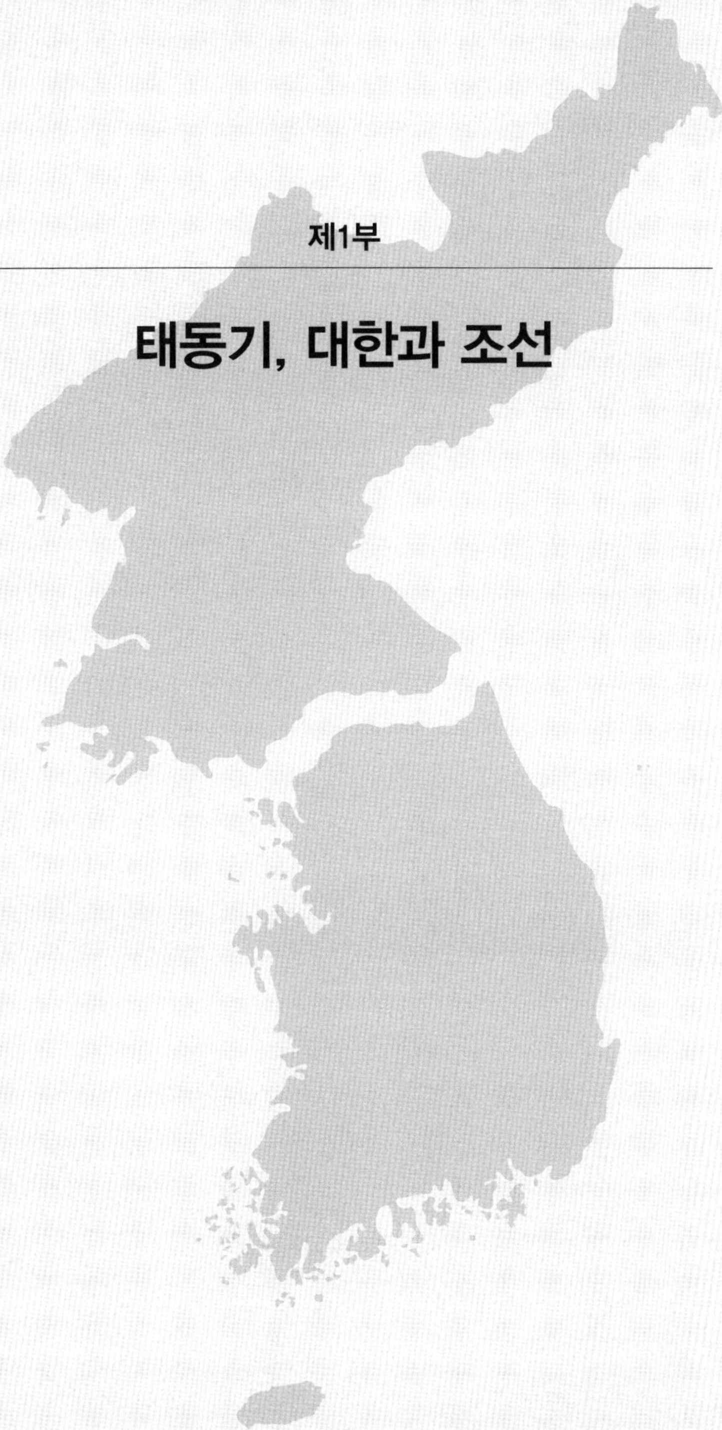

제1장

대한제국의 탄생

1. 조선에서 '대한'으로

우리는 종종 역사에서 국호를 바꾸거나 수도를 옮김으로써 과거와 단절하고 새로운 나라 건설의 의지를 천명하는 장면을 목격한다. 국호를 바꾸는 것은 결코 쉬운 일이 아니다. 중대한 결단을 내리지 않고는 단행하기 어렵다. 고려와 조선은 혁명을 통해 새로운 왕조를 세우고 기존의 질서와 완전히 단절하며 새로운 사회질서를 수립하려는 의도에서 국호를 바꾸었다. 안으로는 과거의 시대가 가고 새로운 세상이 도래했음을 알려 백성들을 단합하고자 했고, 밖으로는 주변국과의 관계를 재정립하면서 새로운 도약과 번영을 추구하는 계기로 삼고자 했다.

그렇다면 현재 우리가 사용하고 있는 대한민국이라는 국호는 언제, 어디서 연유한 것일까? 대한민국 국호의 연원은 그리 멀지 않은 대한제국(大韓帝國)에서 시작되었다. 조선의 26대 왕 고종(高宗)은 1897년 10월 12일 황제로 등극하고 대한제국이라는 새로운 국가를 선포했다. 우리나라의 민족 정체성과 국가 정체성을 상징하는 국호 '대한'은 이때부터 사용되기 시작했다. 그리고 1899년 8월 17일 대한제국의 헌법 격인 '대한국 국제'는 대한제국의 국호를 '대한국'으로 명명했다. '대한의 나라'라는 의미의 대한국은 1910년 8월 29일 한일강제병합으로 일제가 국호를 대한제국에서 조선으로 다시 변경하기까지 13년 동안 우리나라 국호로 대내외에서 사용되었다.

대한제국의 탄생을 앞둔 1860년부터 50년간 서구 열강의 한반도 진출이 거세지면서 코리아반도는 그야말로 풍전등화의 상황이었다. 프랑스와 미국, 일본 제국주의 열강의 침략이 거세지고 청나라는 지배의 끈을 놓지 않으려는 상황에서, 안으로는 민중의 개혁 요구와 왕실 및 양반 계급의 반발이 거세져 조선왕조는 진퇴양난의 기로에 서 있었다. 고종은 중국과 일본의 거센 요구에 대응하는 방편으로 러시아를 선택했다. 물론 적극적으로 선택한 것은 아니고, 파죽지세로 밀고 오는 일본의 위세 속에서 살아남기 위한 고육지책이었다. 러시아와 미국의 도움을 받아 나라를 일으킬 수 있는 근대화의 다른 길을 가보려는 의도였다.

1897년 2월, 고종이 러시아 공사관으로 피신한 '아관파천' 1년 만에 경운궁(지금의 덕수궁)으로 돌아오자 나라의 면모를 쇄신해야 한다는 여론이 비등했다. 그 방법의 하나로 중국이나 일본처럼 황제라는 칭호를 사용하여 조선의 국격을 높여야 한다는 여론이 조성되었다. 국가적 역량이 부족한 상태에서 단순히 왕을 황제로 이름을 바꾼다고 하여 국가의 힘이 달라질 리는 없었을 터이나, 청나라로부터 독립하고 자주국으로 발전하기를 바라는 민중의 열망은 고종을 압박했다. 이러한 움직임에 고종은 여러 번 거절하다가 1897년 10월 3일 마침내 이를 받아들였다.

고종은 국호와 국체를 바꾸기로 결정하기 전에 전현직 대신들을 불러 의견을 구했다. 이에 의정대신(오늘날의 국무총리) 심순택은 "우리나라는 기자의 옛날에 봉해진 조선이란 이름을 그대로 칭호로 삼았는데 애당초 합당한 것이 아니었습니다. 지금 나라는 오래되었으나 천명이 새로워졌으니 국호를 정하되 응당 전칙에 부합해야 합니다"라며 새 국호를 정할 것을 제의했다. 이어 중추원 의장을 지낸 조병세도 "천명이 새로워지고 온갖 제도도 다 새로워졌으니 국호도 역시 새로 정해야 할 것입니다. 지금부터 억만년 무궁할 터전이 실로 여기에 달려 있습니다"라고 했다. 이러한 의견을 듣고 고종은 조선 대신 '대한'을 새 국호로 제안했다.

> 우리나라는 곧 삼한(三韓)의 땅인데, 국초(國初)에 천명을 받고 하나의 나라로 통합되었다. 지금 국호를 '대한(大韓)'이라고 정한다고 해서 안 될 것이 없다. 또한 매번 각국의 문자를 보면 조선이라고 하지 않고 한(韓)이라 했다. 이는 아마 미리 징표를 보이고 오늘이 있기를 기다린 것이니, 세상에 공표하지 않아도 세상이 모두 다 '대한'이라는 칭호를 알고 있을 것이다.[1]

고종의 이러한 제의에 대해 심순택은 삼국 시대 이후 국호로 우리나라 고유의 것을 계승한 경우가 없었고, 특히 조선은 중국 기자의 칭호를 따른 것이어서 고종이 제안한 '대한'에 더 보탤 말이 없다며 동감을 표했다. 고종은 "국호가 이미 정해졌으니 환구단에 행할 고유제의 제문과 반조문에 모두 '대한'으로 쓰도록 하라"라고 명했다.[2] 이로써 '대한'의 국호가 시작되었다.

이에 고종은 1897년 10월 12일 황제로 등극하고 13일 '대한제국'의 새 국호를 선포했다. 고종은 자신이 황제에 오르고 국호를 바꾼 이

1 『고종실록』 36권, 고종 34년(1897) 10월 11일. 조선왕조실록은 국사편찬위원회 사이트(https://sillok.history.go.kr)를 참고했다.

2 『고종실록』 36권, 고종 34년(1897) 10월 11일.

유를 다음과 같이 설명했다.

> 짐은 생각건대, 단군(檀君)과 기자(箕子) 이후로 강토가 분리되어 각각 한 지역을 차지하고는 서로 패권을 다투어 오다가 고려(高麗) 때에 이르러서 마한(馬韓), 진한(辰韓), 변한(弁韓)을 통합했으니, 이것이 '삼한(三韓)'을 통합한 것이다.
>
> 우리 태조(太祖)가 왕위에 오른 초기에 국토 밖으로 영토를 더욱 넓혀 북쪽으로는 말갈(靺鞨)의 지경까지 이르러 상아, 가죽, 비단을 얻게 되었고, 남쪽으로는 탐라국(耽羅國)을 차지하여 귤, 유자, 해산물을 공납(貢納)으로 받게 되었다. 사천 리 강토에 하나의 통일된 왕업(王業)을 세웠으니, 예악(禮樂)과 법도는 당요(唐堯)와 우순(虞舜)을 이어받았고 국토는 공고히 다져져 우리 자손들에게 만대토록 길이 전할 반석 같은 터전을 남겨주었다. (…) 짐이 누차 사양하다가 끝내 사양할 수 없어서 올해 9월 17일 백악산(白嶽山)의 남쪽에서 천지(天地)에 고유제(告由祭)를 지내고 황제의 자리에 올랐다. 국호를 '대한(大韓)'으로 정하고 이해를 광무(光武) 원년(元年)으로 삼으며, 종묘(宗廟)와 사직(社稷)의 신위판(神位版)을 태사(太社)와 태직(太稷)으로 고쳐 썼다.[3]

이상에서 거론된 논지를 바탕으로 고종이 '대한제국'이라는 새 국호를 채택한 이유를 살펴보면 두 가지로 요약된다. 하나는 조선왕조의 영토가 과거 삼한을 모두 아우른다는 의미에서 '대한'이라는 명칭이 적절하다는 것이다. 마한·진한·변한의 땅을 고려가 통합했고 조선에 들어와서도 북쪽과 남쪽으로 더 넓혀 삼한을 모두 아울러 부를 명칭으로 '대한'이 정당성을 갖고 있다는 논리였다. 다른 하나는 주변 나라들이

3 『고종실록』 36권, 고종 34년(1897) 10월 13일.

우리나라를 이미 '조선'이라는 호칭 외에 '한'이라고도 불러 왔기 때문에 친숙한 명칭이어서 '대한'이라는 새 국호를 사용해도 대외적으로 무리가 없다는 이유였다.

그러나 고종이 굳이 국호를 '대한'으로 바꾸려고 한 데는 또 다른 중요한 의도가 있었다. 청나라의 간섭으로부터 벗어나야 한다는 생각이었다. 즉, 500년간 사용해 온 조선이라는 국호를 버린 데는 특히 중국과의 조공·책봉관계 청산이라는 의지가 담겨 있었다.[4] 서세동점으로 나라의 운명이 풍전등화의 위기에 놓여 있는 데다가, 청나라마저 열강의 침략에 속수무책인 상황에서 청나라의 영향권에서 벗어나 자주독립국으로 발전해야 한다고 생각하게 된 것이다. 대한제국 초대 의정대신인 심순택은 이 부분을 지적하며 중국에 대한 철저한 사대의식에서 나온 '조선'이라는 국호를 더 이상 사용해서는 안 된다고 주장했다.

근대 세계질서 속에서 자주국가로 새롭게 출발하려는 조선왕조에 가장 큰 문제는 오랫동안 종주국으로 인식되던 중국과의 관계를 재정립하는 것이었다. 새 시대를 향한 의지가 과거와의 과감한 단절에서 시작되었던 만큼, 아관파천으로 와신상담하던 고종은 새 시대를 열기 위해 중국·일본과의 단절을 결정했다. 따라서 '대한'으로의 국호 변경은 중국이나 일본에 의존하지 않고 발전된 서구의 문물을 도입하여 근대화를 추진해 보려는 고종의 강한 의지가 반영된 것이었다. 이런 점에서 '대한'은 조선왕조가 서구 중심의 근대 세계로 진입하면서 만들어낸 근대 국가의 코드였다.[5]

물론 고종이 새 국호를 결정하는 과정에서 모든 사람이 찬성한 것은 아니었다. 반대 의견도 만만치 않았다. 최익현, 유인석 등 위정척사

4 이태진, 『고종 시대의 재조명』(파주: 태학사, 2000), p. 38.

5 강응천, 『국호로 보는 분단의 역사』(파주: 동녘, 2019), pp. 156-159.

파 유생들과 윤치호 등 개화파 지식인들은 격렬히 반대했다. 유생들은 우리나라가 소중화 문명국가인데 황제 칭호는 망령되어 스스로 높이는 것이라며 반대했고, 개화파 지식인들은 주변 국가가 알아 주지도 않을 그런 일에 재정을 낭비하지 말고 국정 개선과 효율적인 운영으로 자주독립의 기초를 다지는 일이 더 시급하다며 반대했다.[6]

2. 제국: 자주와 근대화의 열망

19세기 말 조선은 확실히 중국의 속국이었다. 중국의 제후국이라는 이름으로 존재했으나, 엄격히 말하자면 황제가 다스리는 중국의 통치권하에 있는 나라였다. 고종이 명나라 황제가 정해 준 조선이라는 이름을 버리고 중국에 지배받지 않은 우리 민족의 고유한 정체성이 담긴 '대한'으로 국명을 바꾸면서 황제국이라고 선언한 이유는 바로 중국과 일본의 영향권으로부터 벗어나 자주적이고 독립적인 나라로 발전하려는 근대화의 열망 때문이었다.

제국(帝國, empire)이라 함은 황제가 국가 원수인 군주제 국가 혹은 다른 민족이나 국가를 지배하는 국가를 말한다. 역사적으로 서양에서는 근대 이전에 광대한 영토를 차지하고 그 안에서 다수의 민족이나 종족의 자치권을 부정하여 위계적·권위적으로 지배하는 국가를 지칭했다. 동아시아 지역에서는 '제국'이라는 용어보다 '천자국' 혹은 '제후국'이 사용되었는데, 그것은 서양에서 의미하는 것처럼 국가 원수의 권력이 특정 지역에 국한되는 것이 아니라 천하를 다스린다고 보았기 때

6 이성무, 『조선왕조사 제2권: 숙종에서 순종까지』(고양: 동방미디어, 1998), pp. 1194-1195.

문이다. 고종은 중국과 일본이 황제국 칭호를 사용하는 것에 대해 조선도 근대 국가로 발돋움하기 위해서는 황제국으로 변화를 도모해야 한다고 보았다. 비록 주권이 황제에게 귀속되는 전제국가의 형식을 가졌지만 그 의도는 확실했다.

고종이 이 시기에 탈중국을 시도한 것은 아편전쟁 이후 청나라가 외세의 침략에 의해 세력이 약해져 청국으로부터 벗어날 수 있는 기회라고 보았기 때문이다. 특히 중국에 조공을 바쳐 지속되는 기존의 정치에 대한 반대가 거세지면서 중국의 속박으로부터 벗어나려는 움직임이 형성되었다. 슈미드(A. Schmid)는 고종이 '한'을 선택한 이유가 역사적으로 중국의 지배를 전혀 받지 않은 한반도 남쪽 지역에 위치하여 중국으로부터 '독립'의 의미를 함축하고 있었기 때문이라고 평가한다.[7]

고종의 이러한 독립 시도는 또한 일본의 영향력을 차단하기 위한 특단의 대책이기도 했다. 고종은 1876년 강화도조약으로 일본으로부터 굴욕을 당한 이후 메이지의 근대화 움직임에 대해 면밀히 관찰했다. 고종은 메이지가 1860년 메이지 유신으로 막부체제를 종식하고 중앙집권체제의 강력한 근대화를 추진함으로써 국가 건설의 기틀을 다지는 변화를 목격하고 일본의 근대화에 기대를 걸기도 했다. 임오군란 직후 개화파의 주장을 받아들여 일본의 힘으로 청나라를 견제하려 했던 이유도 거기에 있었다. 하지만 명성황후를 살해하고 자신마저 신변을 보장할 수 없는 침탈을 가시화하던 일본에 대해 특단의 대책을 강구할 필요가 있었다.

대한제국의 선포가 탈중국·탈일본을 의도했다면 그 지향점은 어디였는가? 고종이 아관파천으로 러시아 공사관에 1년간 피신해 있다가 경복궁으로 돌아온 이후에 대한제국을 선포했다는 사실은 러시아

7 앙드레 슈미드, 정여울 역, 『제국 그 사이의 한국』(서울: 휴머니스트, 2007).

식 근대화를 추구했을 가능성을 암시한다. 고종은 또한 일본의 근대화 대신 미국에 기대를 걸었다.[8] 조선이 중국과 일본에 버금가는 근대 독립국가로 발돋움하려면 중국과 일본의 지배로부터 벗어나야 하고, 그러기 위해서는 멀리 있는 러시아와 미국 등 서양 세력을 동원해야 했다. 러시아와 미국을 끌어들여 가까이 있는 중국과 일본을 제어하려 했던 이이제이(以夷制夷) 전략이라 볼 수 있다.

하지만 당시 고종은 러시아와 미국을 끌어들여 활용할 역량이 없었다. 일본의 위협으로부터 벗어나기 위해 당장은 러시아의 보호가 필요했으나 러시아가 곧 일본과 협상하는 것을 보고 러시아에 의존하는 것도 대안이 되지 못한다는 것을 직감했다. 부친 대원군의 쇄국 정책과는 달랐지만 가까운 중국과 일본의 위협에서 벗어나기 위해 러시아와 미국이라는 서양 세력을 끌어들여야겠다고 생각하게 되었다. 독립협회와 만민공동회의 지지를 받으며 대한제국의 독자적인 근대화를 추구해 보려 했으나, 동학농민운동과 걷잡을 수 없이 분출하는 민중 세력의 요구를 수용하기에는 역량에 한계가 있었다. 독립협회가 1898년 만민공동회를 통해 '헌의 6조'라는 국정개혁안을 채택하자 고종도 처음에는 허락했으나, 이를 반대하는 세력이 독립협회가 공화정을 기도하고 있다는 음모론을 제기함으로써 결국 고종도 독립협회를 탄압하고 폭넓은 국민적 지지로 이어 가는 데 실패했다. 대한제국은 절대왕권을 행사하는 전제군주제였다 보니, 헌법에서 정한 제한된 권력으로 나라를 다스리는 입헌군주제로 발전하지 못했다. 그런 점에서 대한제국 출범은 의도는 좋았지만, 시대적 변화와 국민적 요구를 담아내기에 구상의 틀과 실행 역량이 턱없이 부족했다.

그럼에도 고종의 대한제국 선포는 근대 국가의 시작을 알리는 중

8 신명호, 『고종과 메이지의 시대』(고양: 역사의아침, 2014), p. 349.

요한 계기가 되었다. 고종은 열강의 움직임과 우리나라 내부에서 일어나는 중화사대주의, 문명개화론을 앞세운 친일사대주의, 반민족적인 친미사대 등을 물리치고 "옛것을 근본으로 새로운 것을 참작한다"라는 구본신참론에 입각한 근대화 개혁 노선을 견지했다. 자주독립국으로 도약하고자 하는 고종의 의지는 확고했다. 영은문을 헐고 자주독립국의 상징적 건축물인 독립문을 건축했으며, 군함을 구입하고 최초의 근대식 사관학교를 개설하는 등 부국강병한 근대 국가를 만들기 위해 다방면으로 노력을 기울였다. 고종의 국호 변경은 이러한 근대화 개혁의지가 담긴 결행이었다.

조선왕조가 종주국으로 인식되던 중국과의 관계를 재정립하고 근대 세계질서 속에서 자주국가로 새출발하기 위한 방편으로 국호 변경으로부터 민족 정체성을 새롭게 규정했다는 사실도 중요하다. 조선을 근대화해야 한다는 집념이 민족 정체성을 재규정하는 것으로 표출되었다는 것이다. 이처럼 고종은 명나라 황제가 정해 준 조선의 국호를 버리고 중국의 지배를 받지 않은 우리 민족의 정체성을 '대한'에서 찾으며 자주와 독립의 의지를 드러냈다.

우리 민족을 한민족으로 규정한 고종의 시도가 역사적 사실에 어느 정도 부합하는가 하는 문제는 논란의 여지가 없지 않으나, 의도만은 분명했다. 국호 측면에서 '조선=예속', '한=독립'으로 규정하고 조선과 다른 우리 민족의 고유한 정체성을 찾아 나선 것이다. 이처럼 '대한제국'은 범세계적인 대격변기에 자주독립과 민족국가를 수립하려는 간절한 열망을 담고 출발했다. 특히 중국 중심의 세계체제 속에서 조선조 유학자들의 소중화의식이 19세기까지 엄존했던 상황에 비추어 보면 "대한제국의 선포 자체는 그야말로 국가의식의 혁명적 전환이나 다름없었다."[9]

대한제국 선포 이후 대한이라는 국호가 널리 사용되고, 제한제국 헌법에서는 '대한의 나라'라는 뜻으로 국호를 '대한국'으로 명명했다. 대한국 국제는 1899년 8월 17일 공포된 대한제국의 근대적 헌법이다. 총 9조로 구성된 '대한국 국제'는 "대한국은 만국이 공인한 자주독립 제국"(제1조)이며, "전제정치"(제2조) 국가라고 규정했다. 대한제국의 정치체제를 설명하는 제2조를 제외하고 제1조부터 제9조까지 모든 조항에 '대한국'이라는 국명을 사용했다.

> 제1조 대한국은 세계 만국의 공인되온바 자주독립하온 제국(帝國)이니라.
> 제2조 대한제국의 정치는 이전으로 보면 500년 전래하시고 이후로 보면 만세에 걸쳐 불변하오실 전제정치이니라.[10]

대한제국의 국명은 대한제국으로 그대로 사용하기도 했으나 대한, 대한국, 한국 등의 명칭과 혼용했다. 한국(韓國)은 실제 대한을 간단하게 부르는 호칭으로 사용되었다. 최남선은 1946년 발간한 『조선상식문답』에서 대한이라는 말이 옛날의 삼한처럼 작은 한이 아니라 우리나라 전체를 일컫는 커다란 한이라는 의미를 갖고 있으며, 실제로 대한을 간단하게 부르는 말로 한국을 사용했다고 설명한다.[11] 이후 일제가 우리나라를 병합하여 조선으로 국호를 바꾸기 전 우리나라를 호명하는 이름으로 한국을 사용했는데, 그것은 대한국에서 '대' 자를 뺀 형태였다. 일본은 국호를 조선으로 변경한 이후에도 공식적으로는 조선이라고 불렀지만 지명이나 침략 대상으로 조선을 상정할 때는 '한'이라는 용어

9 이성무, 『조선왕조사 제2권: 숙종에서 순종까지』, p. 1192.
10 『한국민족문화대백과사전』, '대한국 국제', https://100.daum.net/encyclopedia/view/14XXE0014933.
11 최남선, 이영화 역, 『조선상식문답』(서울: 경인문화사, 2013), p. 7.

를 사용했다.

3. '대한'의 창제

고종은 우리 민족의 주류를 구성하는 민족을 한(韓)족으로 해석하고 대한을 창제했다. 사실 고종이 대한이라는 국호를 제정할 당시에는 한반도에 '민족'이라는 개념이 부재했고 '조선' 계승의식과 '한' 계승의식이 혼재했다. '민족'이라는 용어는 1900년 1월 12일 신문 기사에 처음 등장해 근대적 의미의 민족 개념은 1908년에야 자리 잡았다.[12] 이런 점에서 고종이 1897년 당시 우리 민족을 아우르는 개념으로 '한'을 제시한 것은 우리 민족의 역사 정체성이 정부에 의해 조선 계승의식에서 한 계승의식으로 바뀌는 결정적 계기가 되었다.[13]

조선왕조는 국호 자체가 의미하듯 시작부터 조선의 정통성을 뚜렷하게 내세웠으나 17세기 후반 명나라가 여진족 청나라에 멸망하는 큰 변화가 일어나면서 조선 정통성 의식이 흔들리고 삼한 정통성 의식이 새롭게 대두되었다. 단군조선은 영향력이 없었고 고구려도 반도에 늦게 들어와서 영향력이 없는 변방 국가에 지나지 않았다고 평가하며 삼한이 우리 역사공동체의 주류였다는 반도 중심의 사관이 형성되었다. 이른바 삼한 정통론에 입각한 한민족의 역사성에 대한 해석이었다.

그러나 18세기에 들어 이러한 인식에 대한 비판의식이 실학자들

12 구갑우, 「한반도 민족 개념의 분단사」, 구갑우·이하나·홍지석, 『한(조선)반도 개념의 분단사: 문학예술편 1』(서울: 사회평론아카데미, 2018), pp. 38-39.

13 박광용, 「우리나라 이름에 담긴 역사 계승의식: 한·조선·고려관」, 『역사비평』 통권21호(1993), p. 27.

사이에서 다시 등장했다. 당파에 따라 조금 다른 갈래를 보이기는 하나 실학파는 대체로 우리나라에 오래전부터 조선과 한국이 동시에 존재했다고 주장하며 삼한 정통론을 비판했다. 예컨대, 이익의 학통을 집대성한 정약용은 '한'의 호칭이 우리나라 토착 방언의 '크다'는 뜻이며, 조선이라는 국호 역시 한자어가 아니라 평양의 옛 이름에서 연유했고 단군이 즉위하면서 조선에 도읍을 정했기 때문에 국호가 조선으로 되었다고 주장했다.[14] 즉, 조선과 삼한의 정통성을 주장하는 논리는 양쪽 모두 과장된 측면이 있으며 두 민족이 함께 존재했다는 실용적 해석을 내린 것이다.

이처럼 조선과 삼한의 민족 정통성에 대한 경쟁적인 역사 해석이 지속되는 상황에서 고종은 한족 계승론으로 방향을 전환했다. 기록에 의하면 1897년 9월 29일 농상공부협판 권재형이 효종의 뜻을 받들어 청나라에 자주를 선언하는 황제를 칭할 것을 상소한 이후 삼한 계승론이 본격화되었다.[15] 여기에 나타난 역사 해석은 조선보다 고려의 정통성에 더 무게를 두고, 고려의 통일을 신라통일의 업적을 이어받는 의미를 지닌 삼한통일로 받아들여 '대일통'이라 부르며 대한제국에 정체성을 부여하고자 했다.

한족을 우리 민족의 근원으로 보는 입장은 『삼국유사』나 『고려사』, 『조선왕조실록』 등 역사에서 자주 등장한다. 김유신은 문무왕에게 "삼한이 한 집안이 되었고 백성은 두 마음이 없다"라고 했고, 고려 때도 우리 민족 전체를 부르는 이름으로 '삼한'이 사용되었음을 볼 수

14 「강역고(疆域考) 1, 삼한총고(三韓總考)와 마한고(馬韓考)」, 『여유당전서』 제6집 제1권; 박광용, 「우리나라 이름에 담긴 역사 계승의식: 한·조선·고려관」, p. 26에서 재인용.

15 박광용, 「우리나라 이름에 담긴 역사 계승의식: 한·조선·고려관」, p. 27.

있다.[16] 『고려사절요』에는 삼한이 188회, 『고려사』에는 약 234회 사용된 데서 잘 드러난다. 광개토대왕비에 나오는 한인(韓人)과 여러 사서는 신라에 의해 삼한통일이 이루어지고 통일삼한이 고려와 조선에 의해 계승된 뒤에도 삼한과 동한(東韓)이 사용되었음을 보여 준다. 이처럼 한족(韓族)은 삼한 시대에 여러 부족을 흡수하면서 마한·진한·변한으로 정립되었으나, 삼국 시대에 다시 고구려·백제·신라·가야로 나뉘어 대립하다가 신라에 의해 통합되어 통일을 이룬다.

또한 삼한의 정통성은 주변국이 우리 민족을 아우르는 개념으로 '한'을 호명한 사실에서도 확인된다. 고종이 "매번 각국의 문자를 보면 '조선'이라고 하지 않고 '한'이라 하였다"라며 "세상이 모두 다 '대한'이라는 칭호를 알고 있다"라고 말한 것은 중국이나 일본 등 주변국에서도 삼한 혹은 한을 우리나라를 호칭하는 의미로 자주 사용했음을 보여 준다. 중국의 여러 문서도 삼한 시대는 물론 이후 조선 시대에도 조선인을 종종 '한민' 또는 '한인'이라 불렀고, 일본도 마찬가지로 조선을 '한'으로, 조선인을 '한인'으로 부르는 경우가 왕왕 있었다. 삼국 간에는 서로 침략의 역사가 있으므로 동질감보다 적대감이 더 컸던 것이 사실이지만, 중국이나 일본 등 인접 국가의 관점에서는 삼국이 인종적·문화적·사회적으로 동질적인 국가들로 이해되었기 때문이다.[17]

고종이 삼한을 통합한 시점을 고려로 보는 것도 특이하다. 삼한을 마한·진한·변한으로만 보지 않고 우리나라 전체를 지칭하는 '커다란 한'으로 인식한 것이다. '대한'은 이런 점에서 마한·진한·변한의 삼한을 아우르는 의미를 갖고 있을 뿐 아니라 통일신라 이후 후삼국과 고

16 황태연, 『대한민국 국호의 유래와 민국의 의미』(파주: 청계, 2016), pp. 35-40.
17 노태돈, 「한국민족의 형성 시기에 대한 검토」, 『역사비평』 통권21호(1992), pp. 16-25.

려 시대의 삼한에 대한 인식까지 포함하는 의미를 갖는다. 즉, 고구려·백제·신라의 삼국 역시 '삼한'으로 통칭되었고 통일신라와 발해를 통합하여 통일국가를 이룬 고려의 민족을 염두에 둔 것이다.

오랫동안 대립하던 삼국이 하나가 되었다는 '삼한일통' 의식이 형성된 것은 신라와 당나라의 연합군이 백제와 고구려를 멸망시킨 후 그 영토를 놓고 당나라와 신라의 대결이 치열해지면서다. 이러한 상황에서 신라가 통합 정책을 펴기 위해 다각적인 노력을 기울였고 이 시기에 '삼한'이라는 용어도 마한·진한·변한이나 삼국을 가리키는 데서 벗어나 '우리나라'라는 의미로 사용되기에 이르렀다. 그러나 고구려·백제 유민의 통합에는 한계가 있었고 고려 시대에 들어서 비로소 '삼한일통' 의식이 강화되었다. 태조 왕건은 후삼국 재통합에 공로를 세운 신하들에게 '삼한공신'이라는 작위를 내리는 등 고려 시대 내내 '삼한'이라는 용어가 널리 사용되었다.[18] 삼한을 통합한 시점을 고려라고 본 고종의 해석은 이러한 역사적 맥락에 근거한다.

고종의 대한제국 선포는 민족에 대한 관심을 불러일으켰다는 점에서 우리 역사에서 중요한 전환의 계기가 되었다. 고종의 '대한'민족 제기는 특히 학자들에게 우리 민족의 근원을 다시금 생각하게 하고 민족의식을 각성하는 촉진제 역할을 했다. 앞서 설명한 대로 우리 민족이 마한·진한·변한의 삼한 시대를 거쳐 온 한민족이라는 의식이 있기는 했으나, 그것을 집대성하여 공론화한 것은 고종의 역할이 결정적이었다. 고종의 이러한 시도는 우리의 옛것을 민족전통으로 삼되, 진보에 장애가 되는 부분은 외래의 새것을 참조하면서 과감히 개혁한다는 구

18 남재철, 「漢文學을 통해 되돌아보는 三韓統一의 역사(I): 高麗 시대까지의 漢詩에 나타난 三韓과 三韓統一의 의미를 중심으로」, 『韓國漢文學研究』 76집(2019), p. 164.

본신참론의 입장에서 매우 긍정적으로 평가된다. 우리 민족이 과거에서부터 사용해 온 한을 되살려 개혁을 꾀했기 때문이다. 삼한통일 이후 비공식적으로 사용되어 온 우리 민족의 유구한 호칭이며 우리나라 땅을 가리키는 한(韓)을 대한(大韓)으로 재창제하여 공식 국호로 격상시킨 것이다. 이는 일반 서민층이 사용하던 우리말을 '훈민정음'으로 재창조하여 언문을 국문으로 격상시킨 세종대왕에 비견된다.[19]

고종의 대한제국 선언으로 한국이라는 국가의 정체성과 한국인이라는 근대 국가의 정체성 형성이 시작되었다는 점은 매우 중요하다.[20] 조선에서 대한으로 국호를 바꾸고 민족 정체성을 새로 창조한 것이다. 대한제국은 삼한 정통론에 입각한 국사책들을 국민 계몽의 차원에서 적극 유포함으로써 한민족의 정체성을 새롭게 부여했다. 우리나라의 역사를 단군 → 기자 → 마한 → 삼국 → 통일신라 → 고려로 해석함으로써 단군조선을 정통에 포함하기는 했으나 기본 정신에서는 조선보다 '한'의 의미와 정통성을 부각했다.

이 시기 언론 매체들은 '대한', '한국', '한'의 명칭을 사용하여 조선으로부터 달라진 새로운 나라, 새로운 체제에 대한 관심을 환기시켰다. 1904년 7월 영국인 베델(T. Bethell)이 창간한 『대한매일신보』는 대한제국 시기 '대한'의 새로운 의미를 부각했던 대표적인 신문이다. 1909년 5월 5일 논설에서는 창립자 베델이 "한국에 멀리 와서 한국 동포의 고통하는 것을 슬피 여기며 한국 동포의 성명을 보호하기를 도모하야 밥먹기는 잊을지언정 한국 동포는 감히 잊지 못하야……"라고 했고, "나는 죽지만 신보는 영원히 살게 해서 한국(韓國) 동포를 구하라"라는 유

19 황태연, 『대한민국 국호의 유래와 민국의 의미』, pp. 31-32.

20 김명섭, 「조선과 한국: 두 지정학적 관념의 연속과 분화」, 『한국정치연구』 제25집 1호(2016), p. 114.

언을 남겼다며 한국과 한국 동포 등의 용어를 보편적으로 사용했다.[21]

또한 1906년 3월 장지연, 윤치호, 남궁훈 등이 조직한 대한자강회(大韓自强會)와 이들이 발간한 『대한자강회월보』, 대한자강회가 해산된 후 결성된 대한협회(大韓協會)와 『대한협회회보』, 이것을 다시 일간지로 변경한 『대한민보(大韓民報)』 등도 대한으로의 시대적 변화를 이끄는 데 중요한 역할을 했다. 1907년 안창호와 양기탁 등이 창립한 대한신민회도 대한국이 전제군주국에서 벗어나 공화정을 지향해야 한다는 의견을 개진함으로써 대한국의 국가 정체성은 물론 대한의 민족 정체성을 환기시켰다.

그런가 하면 '한국'과 '한국인'이라는 용어를 유통시킨 데는 일본과 미국 등 해외 언론의 역할이 컸다. 일본 도쿄 유학생들이 발간한 『대한흥학보(大韓興學報)』, 1907년 하와이에서 발간된 『한인합성신보(韓人合成新報)』, 대한인국민회가 발간한 한글전용 신문 『신한민보(新韓民報)』 등 여러 언론도 새로 출범한 '대한'의 정체성을 논의하고 확산하는 공간으로 활용되었다. 이러한 신문들을 통해서 '조선' 대신 '한국', '조선인' 대신 '한국인'이라는 용어와 정체성이 대한제국 시기 국내외에서 확산되었다. 근대화를 열망하는 집권층의 선포에 독립협회를 중심으로 민족과 민중의 각성 운동이 시작되면서 넓게는 민족국가를 지향하는 흐름과 새로운 정체성이 '한국'이라는 국호를 중심으로 형성되었다.[22] 이처

21 『대한매일신보』(1990. 5. 5); 김명섭, 「조선과 한국: 두 지정학적 관념의 연속과 분화」, p.115에서 재인용.

22 1898년 10월 29일 서울 종로에서 열린 만민공동회에서 백정 박성춘(승동교회 장로)이 한 연설에서 "나는 대한의 가장 천한 사람이고 몰지몰각합니다. 그러나 충군애국의 뜻은 대강 알고 있습니다……"라는 대목에서 대한의식이 널리 퍼져 있었다는 단면을 볼 수 있다. 김명섭, 「조선과 한국: 두 지정학적 관념의 연속과 분화」, p. 115.

럼 한국이라는 국명은 고종이 대한제국을 선포한 1897년부터 일제가 한반도를 강제병합한 1910년까지 널리 확산되었다.

그럼에도 당시 한국이라는 국명과 대한의식이 어느 정도 광범위하게 확산되었는가에 대해서는 여전히 논쟁이 있다. 고종이 제시한 '대한'이 "단순하고 깊이 없는 짧은 생각에서 결정"된 것이라는 비판적 평가가 있고, 한(韓)의 사용은 대한제국과 관련 있는 관료 및 군인 출신과 밀접한 연계를 맺고 있었을 뿐 일반대중에게는 널리 통용되지 않았다는 주장도 있다.[23] 조선왕조의 국호를 개정하여 분위기를 쇄신하는 데 기여한 측면은 인정하지만, 학문적 고증이나 인민의 합의 없이 경솔하게 결정했다는 비난을 면하기 어렵다는 것이다.

대한제국의 평가에 대해서는 의견이 엇갈리고 학자마다 강조점이 다르지만 대한제국기에 정치공동체와 민족공동체에 대한 담론이 형성되었음은 충분히 짐작할 수 있다. 슈미드, 백동현, 김소영 등의 연구는 대한제국기에 근대 민족국가의식이 형성되어 있었음을 다룬다.[24] 송호근의 연구도 당시 '공론장 형성'에 주목하고, 야크(B. Yack)의 연구는 인민주권의 논리와 민족주의 사이 불가분의 관계를 다룬다. 특히 임상석이 조선학과 한국학을 구별하려는 시도는 바로 이 시대에 대한의 민족의식과 정치의식이 싹트고 있었음을 보여 준다.[25]

23 허열, 「건국 과정에서의 국호 논쟁에 대한 분석」, 『한국민족문화』 제24권 (2004), pp. 353-354, 365.

24 A. Schmid, *Korea Between Empires 1895-1919* (New York: Columbia University Press, 2002); 백동현, 『대한제국기 민족 담론과 국가구상』(서울: 고려대학교 민족문화연구원, 2010); 김소영, 「대한제국기 '국민'형성론과 통합론 연구」(고려대학교 박사학위 논문, 2010).

25 송호근, 『인민의 탄생: 공론장의 구조변동』(서울: 민음사, 2012); 송호근, 『시민의 탄생: 조선의 근대와 공론장의 지각변동』(서울: 민음사, 2011); B. Yack, *Nationalism and the Moral Psychology of Community* (Chicago: The University of

북조선의 대한제국 인식

북조선은 대한제국을 어떻게 평가하는가? 북조선의 공식 역사서인 『조선전사』에는 그 어디에도 고종의 대한제국 선포에 관한 내용이 없다. 『조선전사』는 1860년대부터 1926년까지를 근대로 구분하고 이를 13~15권에서 다룬다. 북조선은 이 시기 민족주의 운동을 '부르죠아 민족운동'으로 파악하고 이 운동이 애국적인 투쟁이고 반일 민족해방운동에 일정한 기여를 했다고 긍정적 평가를 내리면서도 이 운동을 주도한 상층의 계급적·사상적 제한 때문에 결집되지 못했다고 비판한다. 『조선전사』에는 고종에 관한 언급이나 대한제국으로 국호를 바꾼 사건 자체에 관한 언급이 없다. 북조선이 계급사관에 입각하여 왕조를 지배계급으로 보고 철저히 배격한 것을 알 수 있다. 그런 점에서 '대한'이라는 국호에도 전혀 관심을 기울이지 않고 평가하지 않는다. 근대와 관련하여 언급하는 지도층은 대원군 정도인데, 대원군의 봉건적 개혁과 쇄국 정책을 소개하면서 파탄된 것으로 평가한다.[26]

고종이 우리 민족의 근원을 삼한보다 더 큰 한, 즉 대한으로 본 것은 고려를 세운 민족까지 포섭하려는 의도라 할 수 있다. 고종이 삼한을 통일한 시기를 고려 시대로 보는 것도 이 때문이다. 이러한 고종의 견해는 북조선이 해석하는 역사와 비슷하다. 북조선은 우리나라 최초의 통일국가를 신라로 보지 않고 고려라고 주장한다. 앞서 설명했듯이 고종은 삼한을 마한·진한·변한만을 지칭하지 않고 고려의 통일왕조가

Chicago Press, 2012); 임상석, 「조선학/한국학의 통국가적 구성: 1910년대, 국역의 양상과 한문고전의 형성—최남선의 출판 활동을 중심으로」, 『사이間SAI』 8권(2010).

26 사회과학원 력사연구소, 『조선전사 13: 근대편1』(평양: 사회과학원 력사연구소, 1980); 손영종·박영해·김용간, 『조선통사(하)』(평양: 사회과학출판사, 1991).

포괄하는 더 큰 민족으로 한민족을 규정한다. 하지만 북한은 다른 맥락에서 신라의 통일을 비판하며 고려를 최초의 통일국가로 평가한다. 물론 신라의 통일 자체를 부정하는 것은 아니다. 김정일이 1960년 10월 발표했다는 「삼국통일 문제를 다시 검토할 데 대하여」라는 논문은 통일신라가 민족을 통합하지 못하고 단순히 영토를 통일하는 데 그쳤으며, 특히 외세를 끌어들여 통일했기 때문에 인정할 수 없다는 입장을 밝힌다.[27] 반면 고려에 대해서는 통일신라의 구성원과 고구려 유민이 세운 발해까지 포섭하여 통일을 실현했으므로 지역적으로나 민족적으로 의미 있는 최초의 통일국가로 해석한다.

4. 조선의 연원: 사대의 유산인가?

조선(朝鮮)이라는 국호는 고종이 대한제국으로 국명을 바꾸기 전까지 500년 동안 조선왕조가 사용했던 명칭이다. 조선 건국 시기 이성계는 국호를 고려에서 조선으로 바꾸면서 조선의 역사적·민족적 정체성을 세우고자 했다. 새 왕조를 꿈꾸는 혁명가들이 국호를 통해 왕조의 정체성과 정통성을 확보하려 했기 때문이다.

이성계는 왕위에 오른 직후 국정에 대한 강령 17개조를 발표하는 등 건국 후 제반 조치를 시행하는 과정에서 가장 시급한 현안으로 국호 개정을 추진했다.[28] 이성계는 중추원사 조림을 명에 파견하여 신정권의 수립을 알리는 한편 국호를 개정하겠다는 뜻을 전했다. 이에 명

27 조선로동당출판사, 『사상 리론의 영재』(평양: 조선로동당출판사, 1986), pp. 277-284.

28 박영규, 『한 권으로 읽는 조선왕조실록』(파주: 들녘, 1996), pp. 28-29.

태조는 신정권의 수립을 승인하면서 국호 개정에 대해서도 보고하도록 요청했다. 명으로부터 국호 개정이 승인되자 원로들과 백관을 한자리에 모아 국호를 의논한 결과 '조선'과 '화령'(이성계의 고향 이름)이라는 두 명칭이 정해졌다.[29] 조선은 단군조선, 기자조선 등 역사적인 맥을 잇는다는 의미에서, 화령은 이성계의 출생지라는 이유에서 채택되었을 것으로 추정한다. 이성계는 1392년 11월 한명회의 조부인 한상질을 명나라에 사신으로 보내 화령과 조선 중 하나로 국호를 선택해 줄 것은 요청했고, 이듬해 명나라는 '조선'으로 결정해 주었다.

하지만 조선이라는 국호의 결정과 관련하여 조선과 명의 입장은 조금 달랐다. 조선 측에서는 단군조선과 기자조선의 문화와 전통을 동시에 계승한다는 의도였지만, 명은 기자조선에 더 큰 무게를 두고 조선이라는 국호에 동의했던 것으로 보인다. 명 태조는 조선이라는 이름이 과거 은나라의 현인 '기자'가 조선으로 망명하여 이후 주나라가 '기자'를 조선의 제후에 봉했다는 『한서지리지』의 내용을 염두에 두고, 조선이라는 국호가 중국의 제후국임을 뜻한다고 보았다.[30] 조선 입장에서도 성리학을 지배 이념으로 하여 왕도정치의 구현과 중국과의 사대관계 유지를 이상적인 정치와 외교로 인식했을 것이고, 기자와 같은 중국의 현인이 고조선에 와서 백성을 교화한 일을 명예롭게 생각하여 조선이라는 국호를 긍정적으로 수용했을 가능성이 크다.

태조 이성계를 도와 조선왕조의 법적·제도적 기틀을 다진 정도전은 1394년 태조에게 올린 『조선경국전』에서 '조선'이란 국호에 대해 중

29 이성계의 고향은 화령인데, 화령은 조선 시대에 영흥으로 불리던 지역이다. 이 지역은 1952년 12월 북조선의 행정구역 개편에 따라 함경남도 금야군으로 변경되었다.

30 박영규, 『한 권으로 읽는 조선왕조실록』, p. 28.

국이 내려 준 아름다운 칭호이며 그 유래가 매우 오래된 것이라고 설명했다. 우리나라에 신라, 백제, 고구려, 고려 등 여러 국호가 있었으나 모두 중국의 칙명을 받지 않고 세워졌는데, '조선'이라고 호명된 단군, 기자, 위만 중 기자조선은 중국의 명을 받아 나라를 세웠으니 조선으로 국호를 정하자고 제의한 것이다.[31] 정도전은 조선이라는 국호의 가장 큰 의미를 중국으로부터 책봉받은 '기자'에서 유래한다는 사실에서 찾았다. 명나라 태조를 주나라 무왕에, 조선 태조를 기자에 각각 비유하면서 조선을 유교적 가르침으로 잘 다스려 동쪽의 주나라로 만들겠다고 다짐한 것이다. 조선이라는 국호가 중국에 대한 사대의식에서 나온 것이라는 비판은 바로 이 때문이다. 앞서 언급한 심순택의 발언, 즉 삼국 시대 이후 국호로 우리나라 고유의 것을 계승한 적이 없었고 특히 조선은 중국 기자의 칭호를 따른 것이라는 지적은 국호 조선이 담고 있는 사대주의 발상에 대한 비판인 것이다.

고종이 조선이라는 국호를 왜 바꾸어야 하는가를 강변한 이유도 바로 여기에 있다. 즉, 조선이라는 국호는 역성혁명을 일으킨 이성계가 명나라 황제에게 요청하여 받은 이름이기 때문에 굴욕적인 국호라는 것이다. 이성계는 조선이 단군조선과 기자조선의 문화와 전통을 잇는 정통성이 있다며 긍정적으로 해석했으나, 명나라는 조선을 당연히 기자조선의 맥을 잇는 것으로 해석했다. 맹자는 기자조선을 은나라의 현인 기자가 백성을 교화시켰다고 보았고, '명의 제후국'으로 간주했다. 이런 점에서 조선에 대한 고종의 비판은 명확했다.

고종과 대한제국 지도부의 역사 해석이 얼마나 객관적인지는 더 따져 보아야 하겠으나, 조선의 국호를 사대주의적인 명칭이라고만 생각하여 매도하는 것은 정당한 평가가 아닐 수 있다. 조선의 국호에 중

31 정도전, 한영우 역, 『조선경국전』(서울: 사단법인 올재, 2014), p. 38.

국을 향한 사대주의가 스며들어 있는 것은 사실이나, 사대주의가 지배했던 당시 정황에서 조선의 민족의식 자각은 대단히 의미 있는 전환적 계기라 할 수 있기 때문이다. 정도전의 설명에서 볼 수 있듯이, 조선은 단군조선으로 대표되는 고조선을 계승한 나라로 1만 리에 달하는 큰 나라이며 중국 최초의 나라인 하의 요순 시대에 건국된 나라로 자부심이 있었다. 그럼에도 단군조선을 자랑하지 않고 기자조선을 부각한 것은 명과의 외교관계를 고려했기 때문이다.[32]

따라서 '조선'이 오직 중국 사대주의에서 연원했다고 보는 것은 대한제국 주창자들의 정치적 해석이 강하게 내포된 시각이다. 조선의 연원에 대한 정설로 받아들여지는 최남선의 설명에 따르면, 조선의 명칭은 깊은 역사성을 갖고 있다.[33] 조선은 원래 대륙의 동방에 있는 땅을 가리키는 이름으로 그 땅에 사는 백성을 부르는 이름이 되고 나라 이름이 되었는데, 그것은 약 4,300년 전 단군이 처음 우리나라를 선포할 때 시작됐다. 고조선부터 쓰이던 국호가 600년 전 다시 쓰이게 되어 이미 고려말 식자들 사이에서는 고조선에 대한 인식이 있었다. 조선왕조의 사대적 성격을 고려하더라도 단군으로부터 시작된 조선의 정통성은 500년을 지나는 동안 우리 민족의 나라이며 그 국민인 조선인의 자부심을 상징하는 칭호로 굳어졌다. 그런 연유로 이성계가 위화도에서 회군하여 새 왕조를 건국한 후 한동안 고려라는 국호를 유지하다가 조선과 화령 중 하나로 바꾸기로 결정한 것이다.

조선은 우리나라 최초의 고대 국가로 역사적·민족적 정통성을 갖는 이름이다. 옛 조선의 국호를 이써 조선과 구별하기 위해 고조선으로

32 한영우, 『정도전 사상의 연구』(서울: 서울대학교 한국문화연구소, 1973), p. 145 참조.

33 이완범, 「국호 '대한민국'의 명명」, 『황해문화』 통권60호(2008), p. 50 참조.

이름을 붙인 것이지만, 고대국가 조선은 단군조선, 기자조선, 위만조선으로 존재하며 우리 민족의 시원을 열어 준다. 단군은 중국의 요임금과 같은 시대에 조선을 건국하여 통치하다가 기자가 조선에 봉해지자 다른 곳으로 옮겨 갔다. 위만은 연나라에서 나와 조선을 건국한 정치가로 인정된다. 이런 점에서 조선은 우리나라 역사에서 오랫동안 민족 정체성을 규정하는 호칭이었다. 사실 조선조 초기와 중기까지도 삼한의 역사의식보다 조선의 후예라는 역사의식이 더 강했다. 정도전의 주장처럼 삼한은 지역 분립성이 강하고 서로 침략을 자행한 동질성이 부족한 국가였던 반면, 조선은 단군과 기자, 위만이 연이어 사용한 만큼 그 역사적 유래가 오래되었다.

논의를 종합하면, 조선왕조에서 조선이라는 국호가 결정되는 과정은 다분히 사대·굴종적인 측면이 있으나, 조선의 역사성과 민족성을 소환하여 국가의 정체성을 확립하려는 노력이 있었음을 인정해야 할 것이다. 대한제국이 대한이라는 국호를 제정하면서 이성계의 '조선'을 중국이 내려 준 사대적인 국호라고 비판한 것이 일리가 없는 것은 아니나 그렇게 볼 수만은 없다. 조선왕조 개국 시기에는 명나라와의 관계에서 나라를 유지하기 위해 사대의 예를 다하며 출발했을 수 있다. 그래서 정도전은 조심스럽게 조선의 세 갈래 기원에 대해 설명하며 해석의 여지를 남겨 둔 것이다. 이런 점에서 우리는 조선이 단군까지 거슬러 올라가는 역사성을 가진 국호라는 점을 유의해서 보아야 한다.

건국 이후 조선의 역사성을 새롭게 정립하며 나라의 기틀을 공고히 하려 한 데서 조선왕조의 이러한 노력을 엿볼 수 있다. 조선왕조는 초기에 불교 억제 정책을 폈으나 건국 2년 만에 승려가 집필한 『삼국유사』를 편찬했는데, 최광식은 그 이유 중 하나로 『삼국유사』가 우리나라 역사의 시작점으로 '조선'이라는 명칭을 내세웠기 때문이라고 말한다.[34] 『삼국사기』와 비교하여 『삼국유사』는 조선의 정통성이 훨씬 오래된 것으로 보고 역사를 거슬러 올라간다. 『삼국사기』는 신라 건국부터 멸망까지 1,000년의 시간적 범위를 다룬 데 비해 『삼국유사』는 고조선부터 고려 건국까지 3,000년이 넘는 시간을 담았다. 『삼국유사』는 또한 고조선과 북부여, 동부여, 발해까지 공간적으로도 넓은 영토를 다루었다. 우리나라 역사의 출발점을 단군의 고조선으로 잡고 하늘과 연결시키며 우리 고유문화와 전통문화를 강조함으로써 조선의 정통성을 부각한 것이다. 조선의 역사적 시원을 거슬러 올라가 조선을 역사의 시발점으로 기술했다는 점에서 조선을 국호로 내세운 이씨 왕조로서는 이를 편찬하는 것이 더없이 소중하고 필요한 일이었다. 이러한 역사적 정당화 작업을 하기만 한다면 억불 정책을 거스르는 정도는 전혀 문제가 안 되었다.

이처럼 『삼국유사』가 조선이 지향하는 정책과 다른 불교 이야기를 많이 담고 있음에도 불구하고 출판을 단행한 것은 '조선'의 역사성을 새롭게 강조했기 때문이다. 새로운 왕조를 개창한 개국공신들은 『삼국유사』의 첫 번째 조목인 '고조선'조를 참고하여 국호를 '조선'으로 삼았다. 국호의 역사적 정당성을 부여하는 작업은 어떤 일보다 크고 중요했기 때문이다. 출범한 지 얼마 되지 않은 이씨 왕조로서는 조선에 정당성을 부여하는 일이 더더욱 필요했다. 이러한 과정을 통해 조선은 중국이 정해 준 국호이기는 하나 우리나라의 역사와 전통을 객관적으로 잘 반영한 국호임을 드러내고자 했다.

조선의 자주성과 역사적 정통성은 신채호에 의해 크게 부각되었다. 신채호는 1908년 『대한매일신보』에 연재한 「독사신론」에서 '한'의 역사의식 속에 반민족적인 임나일본부설의 영향이 들어 있음을 비판하고 부여족의 정통성을 주장했다.[35] 신채호는 우리 민족이 선비족, 부

34 최광식, 『'삼국유사' 읽기』(서울: 세창미디어, 2021), pp. 211-212.

여족, 지나족, 말갈족, 여진족, 토족 등 육종(六種)으로 구성되었다고 주장했다. 이 여섯 종족 가운데 부여족이 형질상으로나 정신상으로 신성 종족인 단군의 자손으로, 나머지 다섯 종족을 정복·흡수하여 동국민족의 지위에 올랐음을 지적하며 우리 민족은 부여족의 역사라고 정리했다.[36] 단군 → 부여 → 고구려로 이어지는 부여족이 강력한 정복국가를 건설하면서 외래족인 중국족, 선비족, 말갈족과 토착족인 한족, 예맥족을 복속, 동화시켰다는 것이다. 이러한 역사의식은 역사를 문화해석보다 사회진화론에 입각한 과학적 법칙성과 사회 구조 분석을 통해서 새롭게 평가해야 한다는 근대 민족주의 사학에 입각한 것으로, 기존의 조선 계승론을 새롭게 발전시킨 것으로 평가된다.

5. 대한과 조선: 민족의 재발견

대한제국의 선언은 대한민족을 재발견하고 대한민족의 정체성에 입각한 근대 민족국가 건설의지를 표방한 것이다. 앞서 설명했듯이 고종이 대한을 우리 민족의 새로운 정체성으로 확립하려 했던 이유는 민국(民國)을 건설하기 위한 변혁이었다. 대한제국 건설은 자주와 근대화를 위한 것이었고, 이를 위해서는 민국 건설이 필요함을 인식했다. '민국' 이념은 18세기 영·정조 이후 중요시된 소민(小民), 즉 백성 위주의 국가를 지향하는 것이었다.[37] 당시에는 위급한 정치 상황 때문에 대의정치

35 박광용, 「대단군민족주의의 전개와 양면성」, 『역사비평』 통권21호(1992), pp. 229-230.

36 신채호, 「동양주의에 대한 비평」, 최원식·백영서 편, 『동아시아인의 '동양' 인식: 19-20세기』(서울: 문학과지성사, 1997); 구갑우, 「한반도 민족 개념의 분단사」, pp. 41-42.

와 입헌군주제를 유보했으나 구본신참과 민국 건설의 신념은 분명했다.[38]

대한제국 건설을 자주와 근대화를 위한 시도로 본다면 이는 일본과 중국으로부터의 자주와 러시아와 미국과 같은 근대화를 지향한 것이었다. 일본과 중국(청)의 침략과 수탈로 크나큰 고통을 겪은 고종은 개화의 모델로 미국을 택하고, 러시아로부터 주변을 제압할 힘을 확보하고자 했다. 가까이에 있는 나라들은 언제든지 조선을 침략하여 노략질할 가능성이 높다고 보았기 때문이다. 차라리 멀리 있는 나라를 끌어들여 가까운 나라를 제압하는 편이 훨씬 낫다고 생각했다.[39]

고종은 미국과 러시아 등 서구 문물과 인사들을 접촉하며 미국식 근대화 모델을 꿈꾸었다. 1883년 9월 미국에 사절단을 보내 산업혁명 이후 발전된 기술을 들여오도록 했고, 정동 구락부에서는 커피가 유행했다. 미국과 수호통상조약을 맺어 다른 나라가 침략하면 도움(3조)을 받을 수 있도록 외교적 노력을 기울이기도 했다. 청일전쟁 발발로 일본이 조선을 침략했을 때 미국이 불개입 입장을 견지함으로써 고종의 꿈은 좌절되었으나, 그는 선진화된 미국식 근대화를 지향했다.

또한 고종은 러시아의 힘을 빌려 일본과 중국을 제압하려는 전략을 구상했다. 러시아는 일본과 가장 대립적인 나라였고 당시 러시아의 위상은 공사관 규모가 가장 클 정도로 대단했다. 고종은 러시아와 협력해 친일 관료를 척결했다. 그러나 러시아는 1896년 5월 일본과 로마노

37 정옥자, 「훼손된 국가 정통성 되살아났나」, 『동아일보』(2008. 4. 24).

38 이완범, 「국호 '대한민국'의 명명」, pp. 54-55.

39 〈KBS UHD 역사스페셜〉 제1회(2021. 10. 19), https://vod.kbs.co.kr/index.html?source=episode&sname=vod&stype=vod&program_code=T2021-0284&program_id=PS-2021103091-01-000&broadcast_complete_yn=Y&local_station_code=00&section_code=05.

프-야마가타 협정을 체결하고, 광산 채굴권, 채벌권 등을 가져갔으며 미국에도 운산광산 채굴권을 팔아 넘기는 등 이권을 챙기기 급급했다. 고종이 러시아 공사관에 머물다가 환궁을 결심한 이유도 바로 러시아의 내정간섭과 국권침탈에 대한 반발심리 때문이었다.[40]

결국 근대화의 지향점으로 기대했던 미국과 러시아 모두 실제적인 도움이 되지 못했다. 내부적으로는 필요한 개혁을 단행하는 조치를 할 수 있었으나, 대외적 협력을 견인하기에는 국가적 역량이 미흡했다. 당시 조선은 청국의 제후국 정도의 위상밖에 없었던 것이 사실이다. 하늘에 직접 제사를 지내면서 황제의 위용을 과시하며 중국과 대등하다는 것을 대외적으로 선언하고자 했으나 힘이 미치지 못했다. 고종이 청의 위상이 약화된 시기를 자주독립국 선언의 시점으로 택한 것을 보아도 당시 조선에는 근대 국가 건설의 역량이 없었음을 짐작할 수 있다.

이러한 상황에서 고종의 대한제국 선포는 중국과 일본, 러시아, 미국 등 주변국에 그다지 큰 반향을 일으키지 못했다. 일본, 중국, 미국, 독일, 영국, 러시아 등 모든 주변국이 조선의 자주독립국 선언을 반대했다. 중국에서는 청나라 초기(1616년)부터 모든 외교문서와 서적에서 '조선국', '조선국왕', '조선난민', '조선간민(墾民)' 등으로 호명해 왔기에, 대한제국으로 국호를 바꾼 이후 1898년 8월까지도 조선이라는 국호를 공식적으로 사용했다. '한국'이라는 국호가 정식으로 등장한 것은 1898년 11월 11일 서수명을 한국 주재 대사로 보냈다는 기록을 담은 『덕종실록』에서다.[41] 광무개혁 이후에도 청나라는 외교상으로는 한국

40 서영희 교수의 해석, 〈KBS HD 역사스페셜: 13년의 꿈, 대한제국〉(2006. 9. 22), https://www.youtube.com/watch?v=kys-OYREjBQ.

41 박창욱, 「중국에서는 한, 조선, 고려가 어떻게 사용되었나」, 『역사비평』 통권23호(1993), p. 51.

을 승인했으나 내부적으로는 종번(宗藩)관계를 계속 유지하려는 의도에서 조선이라 부르는 관행을 유지했다. 이후 청나라에 일본 등 자본주의 열강의 침략이 거세지자 이에 반대하며 약소민족의 해방과 자주독립을 지지한다는 의도에서 한국, 한국인, 한국교민 등으로 조선을 호명했다.[42]

청나라 지방에서는 고려라는 국호가 보편적으로 사용되었다. 조선이 대한제국으로 국호를 바꾼 이후에도 중앙과 달리 요동 지방 등에서는 고려 명칭을 사용했음을 흔히 볼 수 있다. 예를 들면, 명나라와 청나라 초기에 요동으로 이주해 온 조선인들의 집성촌이었던 곳에는 지금도 고려포, 고려툰 등의 지명이 남아 있는데, 이는 조선왕조 시기에 조선이나 조선인을 고려, 고려인으로 불렀음을 증명해 준다. 고려라는 명칭은 고구려인이 600년 이상 사용했고 후삼국을 통일하고 발해 유민을 포용한 왕건이 고구려의 계승자임을 과시하기 위해 사용한 국호로, 조선에 버금가는 오래된 국호이기 때문이다.

일본은 대한제국이라는 나라의 격을 인정하지 않았으며 한국을 일본의 한 지방으로 격하하기 위한 배격 의도를 드러냈다. 이 시기에 대체로 나라 이름으로는 고려와 조선이 사용되고, 지명이나 민족명 혹은 역사적 용어로 쓰일 때는 '한'이라는 말이 사용되는 경향이 있었다.[43] 메이지 유신 직후 부상한 이른바 '정한론'에서도 비슷한 현상을 볼 수 있다. 즉, 국호로는 조선을 쓰면서도 일본과 근접한 대륙으로서의 지명 혹은 침략 대상으로서의 조선을 상정할 때는 '한'이라는 용어를 사용했다. 그 후 고조선과 삼한에 대한 인식이 생겨나면서 한반도

42 박창욱, 「중국에서는 한, 조선, 고려가 어떻게 사용되었나」, p. 52.

43 강창일, 「일본에서는 한, 조선, 고려가 어떻게 사용되었나」, 『역사비평』 통권23호(1993), p. 63.

북쪽을 지칭할 때는 조선을, 남쪽을 지칭할 때는 한이라는 용어를 사용했다. 이러한 연유로 청일전쟁에서 중국과 일본이, 러일전쟁에서 러시아와 일본이 조선을 남북으로 분할하여 지배하자는 논의가 나왔다.[44]

정황을 종합하면 나라 밖으로 '대한'이나 '한(韓)'을 공식 국호로 선언했으나 지방에서나 일반대중은 그전부터 사용하던 조선과 고려라는 용어를 보편적으로 사용했다. 한자 문화권인 중국과 일본 등 주변 국가에서는 고려를 대신하여 주로 조선이 우리 민족의 나라이며 우리 민족과 국토의 깊은 상징으로 호명되었다. 반면, 한자 문화권이 아닌 러시아 연해주를 비롯한 지역에서는 고려가 더 빈번하게 사용되었다.

1897년 10월 12일 고종의 대한제국 선언으로 우리 민족의 역사적 정체성을 각성하는 계기가 마련되었다. 대한제국이 대한국으로 국명을 바꾸고 조선의 정체성을 비판하며 한의 정통성을 강조함으로써, 근대 민족국가 형성에 필수적인 민족 정체성의 각성이 일어났다. 한인과 조선인, 고려인이 재발견되고 근대 국가를 구성하는 새로운 민족으로 재구성되었다. 그 결과 한과 조선, 고려를 두고 우리 민족의 정체성이 어디에서 기원하는지 경쟁적 논의가 시작되었다. 이후 일제가 국호를 다시 조선으로 환원하고 임시정부가 그것을 대한으로 재환원하면서 민족 정체성의 규명에 대한 진지한 각성과 근대 민족국가 수립을 위한 치열한 경쟁이 시작되었다.

44 강창일, 「일본에서는 한, 조선, 고려가 어떻게 사용되었나」, p. 64.

제2장

조선으로, 다시 대한으로

1. 일제의 국호 변경과 '대한' 말살 정책

일제의 국호 변경

1897년 10월부터 13년간 사용되던 대한의 나라, 대한제국 명칭은 1910년 일제에 의해 조선으로 환원되었다. 초대 총독으로 부임한 데라우치 마사타케(寺內正毅)는 1910년 10월 1일 총독부 시무식에서 "이 땅의 판도는 오늘부터 대한제국이 아니라 '조선'이라 부른다. '한성'은 '경성'이라 한다. 저들은 '조선'보다 '대한제국'에 미련이 남아 있고, 경성보다 한성에 연연하며 대일본 제국의 신민(臣民)이라기보다 한민족(韓民族)이기를 원하지만 나를 믿고 지시대로 봉공하라"라고 훈시했다.[1] 이에 순종은 칙령(318호)으로 "한국의 국호를 고쳐 지금부터 조선이라 칭한다"라고 했다.

1910년 5월 30일 제3대 통감으로 임명된 데라우치는 비밀리에 구성된 병합준비위원회를 통해 7월 7일 21개조의 병합 실행방법 세목을

1 이완범, 「국호 '대한민국'의 명명」, p. 60.

수립하고 제1조에 "한국을 개칭하여 조선으로 할 것"을 명시하여 국호 대한의 말살과 조선 명칭의 복원을 강제했다. 총리대신 이완용은 1910년 8월 16일 낮 조중응을 대동하고 데라우치 통감의 관저를 방문하여 병합에 관한 예비 협의를 하는 과정에서 '대한국' 또는 '한국'의 국호와 왕칭을 보존해 줄 것을 요구했지만, 데라우치는 고종을 한국 왕이라고 부르게 될 경우 분쟁을 야기할 우려가 있고 대한제국의 '대한'을 그대로 두고서는 하나가 될 수 없다는 이유를 들어 거절했다.[2] 조중응이 국호 보존에 대해 재차 요구했으나 데라우치는 "한국이라는 국호는 청일전쟁 이후 일본이 권해서 붙인 이름에 지나지 않는다"라는 이유를 대며 거절했다.

1910년 8월 18일 국호는 '조선'으로 최종 승인되었으며, 메이지 43년 8월 29일 칙령 제318호에서 "한국의 국호는 개(改)하야 이금(爾今) 조선이라 칭함"이라는 일본 천황의 칙령과 함께 조선총독부 설치를 공포했다.[3] 9월 2일에는 "짐이 한국의 국호를 고쳐 조선이라 하는 건을 재가하여 이에 공포케 하노라"라는 메이지 일왕의 국호 개칭 칙령이 발표되었다. 일제는 대한제국의 명칭을 '남해도(南海道)'로 할 것도 고려했지만 대한제국에 의해 부정된 조선의 명칭을 되살렸다. 일제는 대한의 호칭은 강제로 금지하고 조선을 우리나라와 민족의 비칭 내지 그

2 小松緑(고마쓰 미토리), 『明治史實外交祕話』(東京: 中外商業新報社, 1927), pp. 462-463; 이선민, 『'대한민국' 국호의 탄생』(파주: 나남, 2013), p. 124에서 재인용.

3 국사편찬위원회, 「일본 천황의 합병조서, 한국 황제 및 황실에 대한 칭호, 한국 국호에 대한 칭호 등」, 『일제 침략하 한국 36년사 1』(서울: 국사편찬위원회, 1970); 김명섭, 「조선과 한국: 두 지정학적 관념의 연속과 분화」; 윤대원, 『데라우치 마사다케 통감의 강제병합 공작과 '한국병합'의 불법성』(서울: 소명출판, 2011), pp. 82-83; 윤병석, 『대한과 조선의 위상』(서울: 선인, 2011), pp. 25, 135.

들의 식민지 지명으로 사용하도록 강제하면서도 국호 개정이라는 법령을 활용한 것이다.

일제는 우리나라를 병합할 당시 국명을 대한에서 조선으로 바꾸었으나, 오늘날 대한민국의 약칭으로 사용하고 있는 한국이라는 국호를 일제가 먼저 사용했다는 사실이 매우 흥미롭다. 조중응의 거듭된 '대한' 국호 사용 요구에 데라우치 통감은 "한국이라는 국호는 청일전쟁 이후 일본이 권해서 붙인 이름에 지나지 않는다"라는 말로 거절했는데, 여기서 보는 바와 같이 이 시기 일본은 대한제국의 공식 명칭인 '대한국'을 '한국'으로 규정하고 있음을 알 수 있다.

해방 이후 남북으로 분단된 채 국호를 채택하는 과정에서 대한민국이 가장 많은 표를 얻었는데, 그 가운데 한국도 1표를 얻었다. 당시만 해도 대한민국과 한국은 다른 의미로 사용되었음을 짐작할 수 있다. 한국은 특히 '한일병합조약(한국 병합에 관한 조약)'을 연상케 하여 그 이미지가 복합적이다. 대한민국과 대한은 일제에 저항하는 의미가 강한 반면, 한국은 일제가 우리나라를 병합하면서 사용했던 이름인지라 항일이라는 관점에서 반일 정서가 조금 약하다. 대한민국 임시정부가 대한을 국호로 사용하면서 일제가 조선으로 바꾸어 놓은 국호를 대한민국으로 다시 돌려놓기는 했으나, 조선이 한일병합 당시 사용했던 한(韓)과 한국(韓國)의 호칭에 일제 식민지 정서가 묻어 있어 감정이 복잡하다.

조선에 대한 정서도 단순하지 않다. 조선은 대중적으로 공유하는 국명이고 역사성이 있는 국호이나, 일제가 대한을 조선으로 바꾸고 조선총독부를 설치하여 통치했으므로 조선이 항일에 대한 의지가 약하다는 이미지도 있다. 이런 점에서 일제 식민통치와 관련한 한국과 조선의 정체성을 어떻게 판단해야 할지는 간단하지 않다.

일제의 '대한' 말살 정책

일제는 언론·출판 및 사회정치 단체에 대해 대한(大韓) 말살 정책을 전개했다. 대한을 명칭으로 쓰던 모든 신문과 잡지, 단체들은 일제히 대한을 떼거나 다른 이름으로 바꾸게 했다. 『대한매일신보』는 『매일신보』로, 『대한민보』는 『민보』로, 『대한신문』은 『한양신문』으로 각각 변경하도록 했다. 그러고는 이를 거부하는 기관에서 발행하는 신문을 모두 판매 금지시켰다.[4] 그뿐만 아니라 1910년 이후 일본인이 운영하는 일본어 신문을 창간하여 조선이라는 명칭을 사용하도록 했다. 서울에서는 『조선신문』이, 대구에서는 『조선민보』가 새로 생겨나 조선이라는 국호를 확산하는 데 일조했다.[5] 일제는 모든 공론지와 공식문건, 단체 간판에서 대한을 일제히 삭제하고 지워 버렸다.

일본은 총독부의 명칭을 조선으로 할 것인지, 한이나 고려로 할 것인지 고민했다고 하는데, 결국 조선이라는 국호를 사용하기로 결정했다. 일제가 대한을 말살하고 조선을 선택한 이유는 당연히 독립국을 선언한 대한제국을 인정할 수 없었기 때문일 터이다. 특히 조선이 독립국이 아니라 중국의 속방이라고 주장하면서 한민족의 타율성과 부용성을 강조하기 위해 조선이라는 명칭을 사용했다. 다른 한편으로는 한반도의 북쪽과 만주까지 지배했던 고조선의 조선이라는 용어를 사용하는 것이 장차 일본이 만주 침략을 도모하는 데 유리하다고 생각했기 때문으로 해석된다.[6]

일제가 대한 명칭을 사용하지 못하도록 통제함으로써 일제 강점기

4 이완범, 「국호 '대한민국'의 명명」, p. 61.
5 김명섭, 「조선과 한국: 두 지정학적 관념의 연속과 분화」, p. 117.
6 강창일, 「일본에서는 한, 조선, 고려가 어떻게 사용되었나」, p. 64.

36년 동안 국호 사용은 대한 대 조선으로 극명하게 대립했다. 일제에 의해 대한, 신대한, 신한, 한국, 한 등의 용어가 엄격히 통제되었음에도 불구하고 일제에 반대하는 조선인민들에게 은밀히 사용되었고 1919년에는 3·1만세운동으로 억눌렸던 대한의 감정이 공개적으로 폭발했다. 일제가 대한의 명칭 사용을 억압한 만큼 '대한'이라는 명칭은 항일독립운동을 표상하는 상징적 언어가 되었다.

그렇지만 일제의 '대한' 사용 금지와 '조선' 사용 활성화로 일제 수난 시기 대한과 조선의 칭호는 공존했다. 이런 점에서 3·1운동 당시 우리 국민들이 '대한제국만세!'라고 불렀는지, 아니면 '조선인민만세!'라고 불렀는지 따져 보는 것은 매우 흥미롭다. 3·1운동에서 천명한 「기미독립선언서」는 '조선'이 독립국이며 '조선인'이 자주민임을 선언했다. 33인의 민족대표가 서명한 「독립선언서」에는 "오등은 자에 아 조선의 독립국임과 조선인의 자유민임을 선언하노라"라고 하여 우리나라를 조선, 우리 민족을 조선인으로 호명했다.

그러나 만주와 연해주 등 해외 동포 사회에서는 일제의 식민통치에 대항하는 의미로 대한의 명칭을 의미 있게 받아들였다. 이른바 '무오독립선언서'로 불리는 만주에서의 「대한독립선언서」에는 "아 대한은 완전한 자주독립과 신성한 평등 복리를 아 자손여민에 세세상전(世世相傳)키 위하여 자에 이족(異族) 전제의 학압(虐壓)을 해탈하고 대한민주의 자립을 선언하노라"라고 하여 대한을 강조했다. 또한 1910년대 해외 독립운동 기지로 저명한 연해주 블라디보스토크의 신한촌을 중심으로 결성된 대한국민의회가 1919년 3월 17일 선포한 '선언서'에는 "대한국민의회는 아 이천만 동포를 대표하야 천하만국에 독립을 선언하노라"라고 하여 대한의 광복을 천명했다.[7]

이와 같이 3·1운동의 「독립선언서」에는 대한과 조선을 편의에 따라 사용했고, 만세 시위에서도 '대한독립만세'와 '조선독립만세'가 혼칭

되었음을 알 수 있다. 하지만 일반대중의 열망을 결집한 3·1운동 「기미독립선언서」에서 민족 대표 33인이 나라와 민족의 이름을 조선으로 표방한 것은 일반대중에게 나라와 민족 전체를 호명하는 용어로 대한보다 조선이 설득력 있게 퍼져 있었음을 반영한 것이라고 볼 수 있다. 나라의 정치 지도자들이 의도적으로 사용했던 '대한'보다 일반민중은 여전히 '조선'과 '조선인'을 더 친근감 있게 널리 사용했다는 것이다.

정치 세력 및 세대별로 나눠 보면, 민족 세력과 중장년층에서는 대체로 대한을 선호하는 경향이 있었고 좌익 세력과 청년층에서는 조선이라는 국호를 사용하면서 대립·경쟁했다. 대한광복군 정부와 조선국민군 정부는 각각 대한과 조선의 명칭을 사용했다. 이상설, 이동휘, 이동녕, 이종호, 정재관 등의 주도로 조직된 대한광복군 정부는 대한제국의 애국계몽운동가와 항일의병들이 시베리아 연해주와 서북간도, 흑룡강 등에 망명한 지도급 인사들이 결성한 망명정부다. 반면, 조선국민군은 1903~1905년 하와이와 미주 본토 및 멕시코로 이주한 노동자 8,000여 명을 포함하여, 박용만을 비롯한 미주 지역 독립운동가들이 대조선국민군을 편성하여 구성한 정부다. 조선국민군은 1914년 6월 10일 하와이에 대조선국민군단 사관학교를 세우고 100~300명에 이르는 군인을 양성했으며, 광복할 조국을 '대조선'이라 호명하고 조선의 국가까지 제정했다.[8]

독립군 단체도 마찬가지로 대한과 조선을 경쟁적으로 사용했다. 대한민국 임시정부의 군대인 한국광복군의 활동이나 홍범도의 대한독립군은 대한을 국호로 내세웠다. 대한독립군은 3·1운동 직후 연해주와 남북 만주에 걸쳐 군대를 편성해, 1920년 6월 봉오동승첩 및 그해

7 윤병석, 『대한과 조선의 위상』, pp. 29-30.

8 윤병석, 『대한과 조선의 위상』, p. 27.

10월 청산리대첩과 같은 독립전쟁의 승전을 기록했다. 그런가 하면 조선혁명당의 당군인 조선혁명군과 조선의용대, 조선의용군 등은 조선을 국호로 내세웠다. 1929년 결성된 조선혁명군은 1938년까지 압록강 대안인 서간도를 중심으로 봉천과 길림 이남의 남만주에서 압록강을 넘나들며 활동했다. 1937년 조선의용대와 그를 이은 조선의용군은 중국 국민당 정부의 황포군관학교 출신 한인을 중심으로 조국광복전쟁의 수행을 목적으로 조직된 단체인데, 1938년 10월 김원봉을 사령관으로 임명한 이후 중국군 산하에서 항일전을 벌이다가 1942년 8월 그 주력이 한국광복군으로 합류했다.

이처럼 대한과 조선은 한일병합 이후에도 경쟁적으로 사용되었다. 국명을 붙인 이념 정당의 사례에서도 대한과 조선이 각각 사용되었다. 신한혁명당을 비롯하여 한인사회당, 조선혁명당, 신간회, 한국독립당, 조선공산당 등을 들 수 있다. 의열단 명칭에서도 김원봉을 단장으로 하는 조선의열단과 1930년대 김구의 주도하에 결성한 한인애국단이 각각 조선과 대한을 표방했다.

2. 대한민국 임시정부의 국호 계승

대한민국 임시정부는 우리나라의 국호를 조선에서 다시 대한으로 바꾸었다. 일제가 대한제국을 조선으로 변경한 것을 임시정부가 대한으로 되돌려 놓은 것이다. 그리고 제국을 민국으로 개정했다. 1919년 4월 11일 발표된 대한민국 임시헌장 제1조는 대한민국이 '민주공화제'임을 천명했다. 하지만 임시정부가 대한민국으로 국호를 결정하는 과정에서 '대한'을 계승해야 하는가, 아니면 청산해야 하는가를 두고 논란이 있었다.

임시정부 회의에서 대한민국이란 명칭을 제안한 사람은 독립운동가 신석우 의원이었다. 신석우의 제안에 여운형이 "대한이란 말은 조선왕조 말엽에 잠깐 쓰다 망한 이름이니 부활시킬 필요가 없다"라며 반대하자 신석우는 "대한으로 망했으니 대한으로 흥하자"라며 표결에 부치기로 하여 다수결로 '대한민국' 국호가 채택되었다.[9] 1919년 4월 10일에 진행된 상해 임시의정원 회의록은 국호 논의와 관련하여 "4월 11일 국호·관제·국무원에 관한 문제를 토의하자는 현순의 동의와 조소앙의 재청이 가결되야 토의에 입할새 선히 국호를 '대한민국'으로 칭하자는 신석우의 동의와 이영근의 재청이 가결되니라"라고 기록하고 있다.[10]

여운형과 여운홍의 회고를 보면 국호 논의가 긴 난상토론을 거쳤음을 알 수 있다. 정부 조직 문제와 함께 국호 제정 문제와 이조 왕가 처우 문제 등에 관한 구구한 논전이 전개되어 한동안 법석이었다. '대한민국'으로 하기로 낙착되었지만, 그렇게 결정되기까지 상당한 격론이 거듭되었다. 이 기록에 의하면 4월 11일 밤에 결정된 대한민국 외에도 조선공화국이나 고려공화국이 어떠냐는 의견이 있었다. 여운형은 대한민국 국호안에 대해 '대한'이 망한 나라 이름이라는 이유로 격하게 반대하며 대한제국의 청산을 주장했다.[11] 이런 점에서 여운형은 대한제국의 계승보다는 청산 노선을 주장했음을 알 수 있다.

대한제국 국호를 계승해야 하느냐, 청산해야 하느냐에 대한 의견은 임시정부 회의에서도 그렇고 사회적으로도 팽팽하게 맞섰다. 그 주

9 이완범, 「국호 '대한민국'의 명명」, p. 63.

10 국사편찬위원회 편, 『대한민국 임시정부 자료집 2: 임시의정원 Ⅰ』(과천: 국사편찬위원회, 2005), p. 17.

11 여운홍, 『夢陽 呂運亨』(서울: 靑厦閣, 1967), p. 41.

된 이유와 배경으로 황태연은 대한세대와 일제세대의 경험 차이를 말했다.[12] 임시정부 회의에서도 대한민국 국호를 신석우가 동의하고 이영근이 제정한 것으로 되어 있는데, 당시 신석우(1894~1953)는 25세 청년으로 대한제국기에 3~16세 소년이어서 대한민국의 국호안을 동의하는 데 필요한 역사적 체험과 기억이 없고, 이 동의에 재청한 이영근(1880~1922)의 요청에 의해 발의했을 가능성이 크다.

한편, 이 회의를 실질적으로 주도한 조소앙(1887~1958)도 처음에 조선공화국을 국호로 제시했다. 그가 기초한 조선공화국 4월 10일 자 소위 '가헌법'은 국호를 조선공화국으로 명기하고 제1조를 "조선공화국은 북미합중국의 정부를 방하여 민주정부를 채택함"이라고 했다.[13] 조소앙은「대한독립선언서」등에서 대한과 신한이라는 국호를 줄곧 사용했는데 '가헌법'에서 갑자기 조선공화국으로 국호를 바꾼 이유를 판단하기는 어렵지만, 대한제국기에 10대 소년이었고 20대에는 황실 유학생으로 일본에서 살았기 때문에 조선에 대한 선호가 있었을 것으로 본다. 이때 사용한 조선공화국은 이후 좌익계열에서 사용한 조선공화국과 의미가 다름은 물론이다. 그가 제의한 국호안 '조선공화국'은 임시의정원에서 격론과 표결에 의해 폐기되었다.

대체로 장년층은 고종의 대한제국 국호 변경의 의미를 기억하여 대한을 찬성한 반면, 청년층은 일본에 빼앗긴 대한 국호에 비판적이었다. 청년층이 국호 대한을 반대한 이유는 그들이 어렸기 때문에 대한제국과 고종 황제의 강력한 근대화 개혁추진 과정과 그 성과를 알지 못했고 대한제국과 고종 황제를 깎아내리는 일제의 교육·홍보에 음양으

12 황태연,『대한민국 국호의 유래와 민국의 의미』(서울: 청계, 2016), p. 57.

13 박명수,「윌슨의 민족자결주의가 대한민국 임시헌장에 미친 영향: 기독교적 민주주의 국가 건설」,『성경과 신학』91집(2019), p. 148.

로 노출되어 부지불식간에 동화된 결과일 가능성이 크다. 반면, 장년층은 고종의 그러한 근대화 개혁의지를 잘 알았고 일제에 빼앗긴 대한을 일본으로부터 다시 찾아 독립했다는 의의를 살려야 한다는 주장에 동의한 것이다.

항일독립의 표상 대한(大韓)

3·1운동을 전후해 많은 단체가 대부분 한(韓)의 명칭을 사용했다는 데서 대한이 갖는 항일운동의 상징성이 어떠한가 충분히 짐작할 수 있다. 대한민국 임시정부가 3·1운동 직후 탄생하여 대한이라는 정체성을 계승한 것도 바로 당시 분위기를 반영하며, 그 결과물로 형성된 것이라 할 수 있다. 당시 조선이 대한보다 더 많은 민중적 지지를 받고 있기는 했으나 그렇다고 대한이라는 명칭이 "잠깐 있다가 망한 나라" 정도로 폄훼할 수준은 아니었다. 1919년 시점에서 대한이라는 명칭은 이미 국민들 정서 속에 깊숙이 스며들어 간 상태였다.[14]

대한민국 임시정부는 일본으로부터의 독립의지를 표방하기 위해 대한이라는 국호를 견지했다. 임시정부가 국호를 대한으로 사용한 것은 일제가 대한을 말살하고 조선을 사용하도록 강요한 데 대한 반발의식이 컸다. 임시정부는 항일정신과 자주독립의 의지를 강조하는 의미에서 대한이라는 국호를 사용했다. 이러한 견지에서 조소앙은 해방 후 1945년 12월 7일 가진 성명에서 다음과 같이 발언했다.

우리가 대한이라는 용어에 애착을 가지고 사용하는 까닭은 한이란 자주

14 한인섭, 「대한민국은 민주공화제로 함: 대한민국 임시헌장(1919. 4. 11) 제정의 역사적 의의」, 『서울대학교 法學』 제50권 3호(2009), p. 176.

> 독립을 상징하는 문자인 까닭이다. 이것은 역사적 사실을 고찰하면 명백하거니와 자주독립의 기상을 표시하기 위하여 일본이 고의로 말살한 한이란 글자를 우리는 지켜 온 것이다.[15]

이런 점에서 대한민국 임시정부는 국호를 조선에서 대한으로 되돌려 대한제국의 정통성을 계승하고자 했으며, 특히 대한의 민족 정통성을 발전시켜 항일운동의 동력으로 동원하고자 했다. 조소앙과 여운형 등도 초기에 대한의 국호 사용을 반대했으나 나중에는 항일독립의지가 있다는 점에서 찬성했다. 하지만 임시정부의 대한제국 평가가 모두 긍정적인 것만은 물론 아니었다. 3·1운동 민족대표 33인 중 최린은 대한제국을 '악정'이라고 평가하며, 고종은 황실을 지키는 데만 급급하여 군대와 정부를 잘 관리하지 못했고 후에는 개혁을 추구한 민영익도 멀리할 정도로 실정이 크다고 비판했다. 이러한 비판에도 임시정부에서 "구황실을 우대함"으로 결론을 내린 것은 무능과 부패에도 불구하고 민중을 결집시키는 상징성이 있다는 점을 긍정적으로 평가했기 때문이다. 그 결과 대한이라는 국호는 대한제국 시기 정부의 근대화 추진과 민간의 애국계몽운동을 상징하는 용어가 되었으며, 일제의 탄압에 맞서 자주독립정신을 표출하려는 의지의 상징이 되었다.

3. 임시정부와 조선공화국의 분열

대한의 정통성을 유지하던 상해 임시정부는 1923년 국민대표대회 이후 대한을 주장하는 세력과 조선을 주장하는 세력으로 분열되고 말았

15 삼균학회 편, 『소앙선생문집(하)』(서울: 횃불사, 1979), p. 55.

다. 국민대표회의에서는 임시정부를 지지하는 개조파와 임시정부를 부정하는 창조파가 대립했다. 안창호를 중심으로 한 상해·만주 임시정부 대표들과 고려공산당 상해파는 임시정부의 개조를 주장한 데 반해, 박용만을 중심으로 한 북경 및 시베리아 단체들, 전로공산당 이르쿠츠크파는 창조론을 주장하여 팽팽하게 맞섰다. 공산계열 단체들 중에 고려공산당 상해파는 임시정부에 참여하자는 입장이었으나, 공산계열 중 젊은 층이 다수를 이루었던 전로공산당 이르쿠츠크파는 임시정부에 참여하지 말자는 입장을 거듭 주장하며 회의 참석을 거부하고 탈퇴했다.

국민대표대회 결렬 후 창조파는 1923년 6월 2일 윤해(尹海)를 의장으로, 신숙(申肅)을 부의장으로 하여 정부를 세우기 위한 헌법을 제정하고 조선공화국을 결성했다. 국무위원으로는 김규식, 지청천, 최동오, 여운형 등 30인을 선출하여 국무위원회를 구성하고 국호를 '조선공화국'으로 정하며 대한민국 임시정부를 부정했다.[16] 이에 김구는 대한민국 임시정부라는 국호와 헌법이 있는데 국호와 헌법을 다시 제정하는 것은 분명한 모반행위라 규정하고 국민대표대회를 즉시 해산시켰다. 조선공화국 임원단은 블라디보스토크로 이동했으나 소련 정부의 해체 명령에 따라 추방되어 뿔뿔이 흩어지고 말았다.

북조선은 공산정권 수립 후에 이 시기의 공산주의 운동을 평가하면서 조선공화국 단체가 국내에서도 환영받지 못했다고 신랄하게 비판했다. "민족주의자들 중 완고하고 반동적인 층은 중국 상해에 모여 이른바 《대한민국 임시정부》를 만들었는데 이것은 인민대중과 유리되어 있는 망명 집단에 지나지 않았으며 따라서 대중적 반일투쟁의 실제적 과정에 이렇다 할 작용을 미치지 못했다"라고 비판했다.[17] 또 "행세

16 『한국민족문화대백과사전』, http://100.daum.net/encyclopedia/view/14XXE0051925.

식 맑스주의자들도 고질화된 종파습성을 버리지 못하고 파벌 싸움을 계속 일삼고 있었다"라면서 혁명투쟁을 하지 않고 국제당의 승인을 받으러 다니는 데만 급급했다고 비판했다.[18] 『조선전사』는 상해 임시정부가 '부르죠아 민족운동' 상층분자들에 의해 만들어졌으며 정치적 야욕을 위한 파벌적 속성과 사대주의적 관점을 가지고 있었고, 인민수탈을 위한 책동이었다고 비판한다.[19] 상해 임시정부를 설명하는 부분의 소제목을 '민족운동 상층분자들의 해외에서의 매국배족운동'으로 달고 있는 것부터 이미 상해 임시정부의 정통성은 안중에도 없었음을 보여준다.

조선공화국이 상해 임시정부에서 떨어져 나감으로써 임시정부 안에서 대한민국과 조선공화국의 정체성이 확연하게 분리되었다. 조선공화국이 소련 공산당의 해체 명령에 의해 해산되어 임시정부로서는 결과적으로 큰 위협이 되지 않았으나, 임시정부는 지도력과 정치적 지향에 상당한 타격을 입었다. 상해 임시정부에 함께 참여하던 공산주의 계열 일부가 떨어져 나감으로써 임시정부의 통합적 성격은 약화되고 민족주의 일색의 운동이 진행되었다.

조선공화국 수립의 시도는 대한과 조선의 민족 정체성 차이만이 아니라 민국과 공화정의 정치체제 차이까지 부각시키고자 했다. 공산주의자들이 사용한 공화국은 사실 사회주의나 공산주의 개념이 아니라 보편적인 개념이었으며 민국(民國)과 차이가 없었다. 민국이라는 공식 국호는 1911년 중국의 쑨원(孫文)이 신해혁명으로 청을 무너뜨리고

17 김한길, 『현대 조선력사』(평양: 사회과학원 력사연구소, 1983), p. 14.

18 조선로동당 중앙위원회 당력사연구소, 『조선로당 당략사』(평양: 조선로동당출판사, 1979), p. 25.

19 사회과학원 력사연구소, 『조선전사 15』(평양: 과학백과사전출판사, 1980), pp. 217-224.

중화민국을 수립하면서 먼저 사용되었다. 쑨원은 "민국은 민의 나라입니다. 민을 위해 세워졌으므로 민이 곧 통치자입니다"라고 선언했다.[20] 여기서 민국은 1896년 독립협회가 Republic을 번역했던 민국과 같은 말이다.[21] 당시 Republic은 공화국(共和國)으로 더 널리 번역되었는데도 쑨원은 '민국'의 의미를 공화국보다 더 발전된 개념으로 간주했다. 공화정은 전제군주가 아닌 귀족이나 부르주아 계급의 통치를 인정한 반면, '민'은 귀족이나 부르주아가 아닌 일반대중을 의미하는 것이어서 공화정보다 한 단계 나아간 체제이기 때문이다. 하지만 민국과 공화국은 본질적으로 다르지 않았다. 실제로 당시 좌익과 우익이 지향하는 바가 별로 차이가 없었다. 민족혁명당이나 조선독립동맹과 같은 좌익 세력이나 김구의 한국국민당, 조소앙의 한국독립당, 지청천의 조선혁명당 등 우익 세력의 정강 정책은 정치적으로 민주공화국의 건설, 경제적으로 토지 및 중요 산업의 국유화로 거의 일치했다.[22]

상해 임시정부는 국호를 대한민국으로 정하여 쑨원이 의도한 바와 같은 '민국'의 의미를 명시적으로 담았다. 임시정부 헌법에 "대한민국은 민주공화제로 함"(제1조)이라고 선언하여 '민국'을 표방하고 그 안에 공화제의 의미를 담는 방식으로 처리했다. 반면 공산주의자들은 공화국의 의미가 민국과 다르지 않다 하더라도, 봉건적 전제군주제를 폐기하고 인민이 주인인 새로운 나라를 세워야 한다는 뜻에서 공화국을 표방했다. 임시정부가 '대한'과 '민국'을 선점했으니, 임시정부와 결별하고 그와 다른 새로운 정부를 수립하려는 공산주의자들은 차별화 전략으로 '조선'과 '공화국'을 선택했다.

20 강응천, 『국호로 보는 분단의 역사』, p. 30.
21 강응천, 『국호로 보는 분단의 역사』, p. 30.
22 강만길, 『조선민족혁명당과 통일전선』(파주: 창비, 2018), p. 31.

4. 공산주의 운동과 민족 정체성

'조선'이라는 국호는 1925년 4월 17일 국내에서 공산당이 조선의 명칭을 붙여 조선공산당을 결성함으로써 좌파적 정체성이 강화되었다. 코민테른은 고려공산당 상해파와 이르쿠츠크파 양 조직을 해체하고 1923년 2월 블라디보스토크에 코리아 공산주의 운동 전담 기관인 꼬르뷰로를 설치했다. 1924년 2월 코민테른 집행위원회는 통일된 조선공산당 결성을 목표로 조선 문제 결정서를 채택하고 조선공산당 조직을 준비했다. 박헌영의 화요회파와 김약수의 북풍회파는 코민테른의 고려국 요원으로 파견되었던 구 이르쿠츠크파 김재봉의 주도로 마침내 국내에서 첫 공산주의 단체인 조선공산당을 출범했다. 당 책임비서는 김재봉이 되었고 조직책은 조동훈이, 선전국은 김찬, 인사는 김약수 등이었다. 당의 산하기관으로 고려공산청년회가 발족되었는데, 박헌영이 책임비서가 되었으며 조직에 권오설, 선전에 신철수, 교육훈련에 김단야, 보안에 홍정식, 연락에 조봉암이 배정되었다.

조선공산당은 민족운동을 포섭하기 위해 민족주의 좌파와 연합하여 신간회를 결성했으나 일제의 탄압 및 내부 갈등으로 해체되고 말았다. 조선공산당은 프롤레타리아 계급 노선 강화를 기본 목표로 갖고 있어 타협적인 민족개량주의를 경계했다. 따라서 조선은 공산주의 운동과 연결되면서 민족 정체성보다는 이념적·계급적 정체성을 띠는 명칭으로 변했다. 민족계열 독립운동 세력이 대한을 국호로 사용한 데 비해, 좌익 독립운동 세력 고려공산당(1921), 조선공산당(1925), 고려공산청년회, 조선의열단(1919), 조선민족전선연맹, 조선의용대, 화북조선청년회 등에서는 고려나 조선을 국호로 사용했다.[23]

23 윤병석, 『대한과 조선의 위상』, pp. 32-35. 독립운동 세력 간의 국호 대립에 관

대한과 조선으로 명칭 사용이 나뉘진 이후 이 둘을 통합하려는 노력도 진행되었다. 1935년 조선의열단, 한국독립당, 신한독립당, 조선혁명당, 대한독립당 등은 좌우 합작으로 민족혁명당을 조직하는 과정에서 통합 정당의 명칭을 두고 묘책을 내놓기도 했다. 격렬한 논쟁을 통해 통합 명칭을 민족혁명당으로 하고, 내부적으로는 조선민족혁명당으로, 대외 명칭은 한국민족혁명당으로 하는 타협책이 나왔다.[24] 한국과 조선을 아우르기 위해 통합 명칭에서는 둘을 모두 사용하지 않는 것으로 하고 대외 명칭과 대내 명칭을 하나씩 나누어 쓰는 방법으로 절충안을 마련한 것이다. 그러나 좌파 세력은 민족혁명당을 김원봉의 의열단 중심으로 개편하고 이름을 조선민족혁명당으로 개칭했으며 이로써 좌우 합작은 붕괴되었다.

좌우 합작에서 흥미로운 대목은 대외 명칭을 한국으로, 대내 명칭을 조선으로 쓰는 방안을 논의했다는 점이다. 여기서 추론해 볼 수 있는 것은 한국은 대외 명칭에 더 적절하고 조선은 대내 명칭에 더 적합하다고 판단했다는 점이다. 대외적으로는 일제의 식민통치에 항거한다는 의미로 한국이라는 새 국가명을 사용하는 것이 의미가 있었을 것이고, 대내적으로는 일반대중의 결속력을 높여야 하므로 대중에게 더 알려진 조선이라는 이름을 사용하는 것이 더 적절하다고 보았을 것이다. 이러한 논의에서 일제 시기 한국과 조선의 국호를 두고 이념 논쟁이 심각했음을 충분히 짐작할 수 있다. 국호를 둘러싼 논쟁과 좌우 대결 속에서 해방 후 남북한이 대한민국과 조선민주주의인민공화국을 택하는 흐름은 이미 예정되었던 것이다.

공산주의·사회주의자들이 '한'을 택하지 않고 '조선'으로 경도된

하여는 허열, 「건국 과정에서의 국호 논쟁에 대한 분석」, pp. 353-355.

24 강만길, 『조선민족혁명당과 통일전선』, pp. 520-521.

이유는 앞서도 살펴보았듯이 민족주의자들에 비해 주로 청년들이었다는 점이 크게 작용했다.[25] 공산주의자들은 구한말 노장세대에 비해 대한제국과 직접적인 관련이 없었으며 봉건군주국인 대한제국의 계승보다 단절을 더 지향했다. 그들은 대개 1900년 전후 태어나 신교육을 받아, 민족주의자에 비해 신세대였으며 주로 20대 청년들이었다. 사회주의·공산주의 신사상을 접한 청년들은 노동자와 농민 등 일반대중을 상대로 한 반제·반봉건 민주주의 혁명과 사회주의 혁명을 지향했기 때문에 '한'과 같은 생소한 용어보다 대중에게 널리 통용되고 익숙한 '조선'을 선호했다.

공산주의 세력은 임시정부가 표방한 대한에 대항하여 조선을 역사적 정통성을 드러내는 명칭으로 사용하면서 정치 세력의 확장을 위한 차별화를 시도했다. 당시 공산주의 세력은 민족보다 계급에 더 관심을 기울인 나머지 조선의 민족성과 역사성보다 계급주의 관점에서 조선과 대한을 바라보았다. 민족주의 세력은 일본과의 관계에서 일본을 타자화함으로써 조선민족 혹은 대한민족의 역사적 위대함을 강조하기 위해 고구려의 광개토왕이나 을지문덕 같은 영웅을 소환하여 민족의 신성한 상징으로 국가 부재의 상실감을 극복하고자 했다. 하지만 공산주의 세력은 계급주의 관점에서 프롤레타리아 국제주의를 철학적 원리로 갖고 있었기 때문에 민족주의를 반동적인 것으로 규정했다. 당시 민족주의는 다분히 개인 중심, 개별 주체라는 관점을 가진 데 비해 프롤레타리아 계급주의는 민족을 전체주의 관점에서 보고 전체주의 논리로 민족을 동원했다. 민족론자들은 역사에서 을지문덕과 같은 개인을 역사의 영웅으로 부각한 데 비해 계급론자들은 민족을 하나의 거대한 유기체로 상정하여 전체로서 바라보았다.

25 허열, 「건국 과정에서의 국호 논쟁에 대한 분석」, pp. 353-354.

이런 점에서 공산주의·사회주의 세력이 조선이라는 명칭을 더 선호한 것은 조선의 역사성이나 민족의 정통성 때문이라기보다는 민족주의 세력이 주장하는 대한의 의미를 받아들일 수 없었기 때문이다. 그들에게 대한은 우리 민족의 기원도 아니고 항일의 표상도 아니며, 반동적인 부르주아 계급이 주장한 지극히 편협한 주장에 불과했다. 계급주의 관점에서 볼 때 대한제국이 새롭게 해석한 대한과 민족 정통성은 부르주아 민족주의자들의 항변에 지나지 않았다. 해방 후 북한이 역사에서 고종의 대한제국 선포를 언급하지 않은 것은 물론 이 시기 민족주의 운동을 부르주아 민족운동으로 폄훼한 데서 비롯된다고 할 수 있다.[26] 공산주의자들은 대한보다는 대중에게 오랫동안 알려진 조선을 우리 민족의 실체로 인식했으나, 당시 조선을 역사와 민족의 정통성과 관련지어 깊이 있게 생각해 보지는 못했다.

5. 대한과 조선의 분리

대한제국과 임시정부 기간 동안 국외 독립운동 단체나 국내 비밀 단체는 한(韓)이 포함되는 단체를 만들고 그것을 통해 한민족의 정통성을 형성하려고 노력했으나, 일반대중에게는 대한이 생소하고 수천 년 동

26 이교덕, 『『조선전사』 해제』(서울: 민족통일연구원, 1994), pp. 132-133. 북한은 1919년 3·1운동을 초기에는 독립운동으로 평가했으나 시간이 지나면서 인민봉기로 해석했다. 1958년 출간한 『조선민족해방투쟁사』에서는 '3·1운동' 또는 '3·1독립운동'이라는 용어를 사용했으나, 1961년 펴낸 『조선 근대혁명운동사』부터는 '3·1인민봉기'라는 용어를 사용했다. 이는 3·1운동 과정에서 33인의 '부르주아 민족주의자들'이 한 역할을 거부하고 3·1운동을 '인민들에 의한 봉기'라는 차원에서 이해하려는 데서 기인한다.

안 사용해 온 조선이라는 명칭이 더 익숙했다. 특히 일제가 항일의 표상으로 떠오른 대한의 사용을 억압하고 끊임없이 조선 명칭을 폄훼하는 식민지 상황에서 조선이 세력을 얻었다.

대한 혹은 한국의 전통은 1897년 조선왕조로부터 갈라져 대한제국을 출범함으로써 시작되었으며, 일제하 대한민국 임시정부가 수립되면서 정통성 논쟁이 재점화되었다. 근대 국가의 정체성을 규명하는 과정에서 우리 민족과 국가의 정통성을 어디서 찾을 것인가를 두고 경쟁과 논쟁이 진행된 것이다. 이때 임시정부는 사회주의 청년들을 통합하지 못하고 조선공화국과 갈라져 한국과 조선의 분화가 형성되었다. 조선은 수천 년 동안 우리 민족에게 널리 알려져 있어 익숙했기 때문에 사회주의·공산주의 진영에서 사용됐다. 대한은 고종과 임시정부가 주장하듯 자주독립정신을 상징하는 의미를 갖지만 상류층과 지식인들 사이에서 주로 공유되었다. 삼한과 한민족에 대한 적극적인 계몽에도 불구하고 대한과 한국은 대중에게 깊이 파고드는 데 한계가 있었다. 삼한의 역사성을 새롭게 구성하고 규정하는 데 충분한 시간이 없었을 뿐 아니라, 일제가 항일의지를 파괴하기 위해 그러한 노력을 방해했기 때문이다.

민족주의 계열에서도 조선 호칭을 동일하게 선호하는 경향이 있었다. 프롤레타리아 문학에 대응하여 전개된 민족주의 운동과 민족문학에서도 조선이 대세를 이룬 것이다. 1920년대 "조선으로 돌아가자!" "진정한 국민문학을 건설하자!" 구호로 대표되는 민족문학은 당시 형성되었던 조선주의를 반영한다. 이런 의미에서 조선주의는 조선민족정신의 발현, 문학 고전의 부활, 민족적 예술 형식의 창조, 외래 사조의 추종 배척 등이 중심 골자를 이루었다.[27] 따라서 이때의 민족 담론과

27 남원진, 「남/북한의 민족, 민족주의, 민족문학론 연구」, 『통일정책연구』 제15권

국민 담론은 복고주의, 계몽주의 등의 정신에 기반한 우파적 보수주의 성격을 지녔다.

시기적으로 보면, 대한과 한국의 명칭은 1900년 초까지도 중국에서 잘 사용되지 않았으며, 신해혁명 이후 정부와 지식인들 사이에서 먼저 사용되었다. 중국은 일제로부터 독립을 지지한다는 의미에서 공식적으로 한국이라 호명했고 중국 공산당 차원에서도 '한국로동군중', '재만한인', '한국동지' 등의 명칭을 사용했다. 중국 공산당은 조선총독부나 조선인민회 등과 의도적으로 대비되도록 한국 명칭을 사용하여 일제의 조선침략을 반대한다는 의지를 드러냈다.[28] 그러나 9·18사변 이후 일제가 동북을 강점하자 '한국인'이라는 용어가 통용할 수 없게 되어 조선인 또는 고려인으로 부르게 되었다. 그 결과 1930년대까지는 조선과 고려, 한이 혼용되었으며 조선이 더 많이 사용되었고, 1940년 이후에 이르러 『외교부 공보』에서도 '조선인의 정치적 동향', '조선 독립운동의 전망' 등으로 조선이 보편화되었다. 이때 조선은 국가적 함의보다 주로 지역적·민족적 함의를 담았다. 조선민족혁명당, 조선의열단, 조선민족전선연맹, 조선의용대 등 항일운동을 지지하는 곳에서도 조선을 사용했다.

1910년대~1920년대 중국 조선족들 사이에서 대한과 한국이라는 국호나 민족 명칭은 일부만 사용하고 민중은 사용하지 않았다. 만주 지역에 거주하는 조선족 다수는 이미 대한제국 이전에 대거 이주해 오거나 산간벽지에 살던 사람들이라서 대한제국의 변혁에 대해 잘 몰랐다. 더욱이 대한제국은 13년간 존속하다가 1910년에 다시 조선으로 고쳐 부르게 되어 국외에 있는 조선족들에게는 그다지 깊은 인상을 주지 못

1호(2006), p. 255.

28 박창욱, 「중국에서는 한, 조선, 고려가 어떻게 사용되었나」, p. 53.

했다.[29] 따라서 조선족들은 종전에 쓰던 조선, 조선인이라는 명칭을 계속 사용했다. 이때 조선은 식민지 조선이 아니라 고조선으로부터 시작하여 조선왕조 500년을 지나면서 단일민족으로 발전한 민족전통을 상징하는 명칭이었다.

1919년 상해에서 대한민국 임시정부가 건립된 이후 조선족 거주 지역의 수많은 반일 단체가 명칭에 대한이라는 국호를 달았다. 대한독립단, 대한서로군정서, 대한간도국민회, 대한청년연합회 등은 모두 대한제국을 광복하려 하거나 한국의 독립을 주장하며 나섰다. 1920년대 민족주의 계열의 반일 단체들은 대한독립군단, 대한의용군사부, 대한국민단, 대한통의부, 대한독립당 등의 명칭을 사용했다.

그러나 1920년대 맑스주의가 전파되면서 많은 청년이 공산주의 사상과 노동혁명 사상을 받아들여 좌익화되었는데, 이들 공산주의자들은 조선이란 민족 명칭을 사용했다. 조선공산당만주총국, 북만조선인청년동맹, 동만조선청년동맹, 조선학생연맹 등이다. 또 조선혁명, 조선민족민주혁명, 조선민족독립 등에서도 조선이라는 민족 칭호를 사용했다. 공산주의 계열에서는 노동민중을 기초로 하는 반제·반봉건 혁명과 사회주의 혁명을 주장했기 때문에, 민중에서 통용되는 민족 명칭을 채택하여 노동민중으로 하여금 혁명사상을 쉽게 받아들일 수 있도록 하기 위해 조선이라는 칭호를 썼다. 그뿐 아니라 대한과 한국을 과거 봉건 전제왕조와 자산 계급을 연상시키는 명칭으로 간주하여, 공산주의 계열에서는 1930년대에 이르러 대한 명칭 대신 조선혁명당, 조선혁명군 등 조선 명칭을 사용했고 조선, 조선사람, 조선민족, 남북조선 등의 명칭이 보편화되었다.

민족주의 계열의 단체들은 주로 임시정부를 위시하여 신한청년당,

29 박창욱, 「중국에서는 한, 조선, 고려가 어떻게 사용되었나」, p. 57.

대한충의열사단, 한국혁명당, 신한독립당, 한인애국단, 한국국민당, 한국광복운동단체연합회, 한국광복군, 한국청년회, 한국학생회 등 신한, 한국 등으로 명명했다. 하지만 좌파 민족주의 계열과 공산주의 단체들은 조선 명칭을 고집했다. 좌파 민족주의 계열은 조선의열단, 조선무정부주의자연맹, 조선민족혁명당, 조선혁명자동맹 등 조선 명칭을 사용함으로써 대한과 연계가 없다는 것을 표방했다. 또한 조선청년전위동맹, 조선민족해방동맹 등 공산주의 단체와 좌파 민족주의 단체, 공산계열이 연합하여 조직한 조선민족전선연맹과 조선의용대, 중공당의 영향하에 조직된 화북조선청년연합회, 조선의용군, 조선독립동맹 등은 모두 조선을 민족 명칭으로 사용했다.

제3장

분단체제하 정부 수립

1. 한국과 조선의 공간 분리

한국과 조선의 국가 형성은 일제 식민통치 유산과 38선 분단이라는 상황에서 시작되었다. 일제 식민통치에서 해방된 한반도는 미국과 소련에 의해 38선으로 분단되었고 남한과 북한 지역에서 미군과 소련의 군사 점령 통치가 실시되었다. 1945~1948년에 실시된 미소 군사 점령은 이후 한국과 조선의 국가 건설 방향과 성격을 규정하는 결정적인 요인이 되었다. 한국은 미국식 자유민주주의와 자본주의를, 조선은 소련식 인민민주주의와 사회주의를 채택함으로써 대립적이고 경쟁적인 국가 건설이 시작되었기 때문이다. 한국과 조선의 상반된 제도와 전략은 미소 군사 점령 통치라는 구조 속에서 당시 미국과 소련이 추구하는 이념과 제도를 답습할 수밖에 없었다.

한(조선)반도 분단이 자본주의와 공산주의 진영의 경쟁과 대립의 각축장이 된 역사적 배경은 당시 미국과 소련의 관계와 관련이 깊다. 1945년 8월 9일 소련군이 일본에 선전포고하며 참전하기 전까지는 한반도의 분단이 논의되지 않았다. 1943년 12월 카이로선언에서는 '조선'의 독립을 보장한다고 결의됐고, 1945년 7월에 개최된 포츠담선언에서는 한반도 문제가 공식적으로 논의되지 않았다. 그러나 딘 러스크(D. Rusk)는 포츠담회담에서 미소 실무자 간에 한반도 분단에 대한 묵시적인 양해가 있었던 것으로 회고했다.[1] 소련이 1945년 8월 9일 대일전 참전을 선언하고 한반도 영내로 진공하자 일본은 곧바로 항복 의사를 표시했고, 소련군 제25군이 파죽지세로 남하해 오는 것을 저지하기 위해 미국은 38도선 분할을 제시했다. 몇 차례 회의 끝에 최종적으로 8월 15일 미소 분계선으로 38도선이 확정되었다.

이로써 한국과 조선은 공간적으로 분리되었다. 미국·영국·소련 3국 외상은 1945년 12월 모스크바에서 회동하고 코리아를 5년간 신탁통치할 것을 합의했다. 이에 대해 북한은 모스크바 3상 회의 결정을 총체적으로 지지한 데 반해 남한은 반탁운동을 전개함으로써 정치적 혼란이 조성되었다. 이 문제를 해결하기 위해 두 차례 미소공동위원회가 개최되었으나 실패로 끝났고, 1947년 11월 열린 유엔 총회에서 유엔한국임시위원단을 구성하여 위원단의 감시 아래 남북한 총선거를 실시하기로 결의했다. 그러나 북조선을 점령하고 있던 소련군 사령관이 유엔위원단의 입북을 거절하여, 1948년 5월 10일 남한만의 선거가 치러졌고, 7월 17일 제정한 헌법 절차에 따라 이승만이 대통령으로 선출되었으며, 8월 15일에는 대한민국(한국)이 수립되었다. 북조선도 1948년 8월 25일 최고인민회의 선거를 치르고 이어 북조선 헌법을 채택했으며, 9월 9일에는 김일성을 수상으로 하는 조선민주주의인민공화국(조선) 수립을 선포함으로써 코리아의 분단은 체제의 분단으로 굳어졌다.

1948년 8월과 9월, 한국과 조선 정권이 각각 '정부'를 수립함으로써 체제와 제도를 정비하는 본격적인 국가 건설이 시작되었다. 체제의 건설은 남북한에 한국과 조선의 정치체제가 통치를 시작함으로써 형

1 「한반도의 38도선 분할」, 『국방일보』(2013. 4. 23).

성된 제도의 시행을 의미한다. 한국과 조선의 정치와 경제, 법, 문화 등 모든 부문에 미국과 소련의 제도를 이식함으로써 자본주의와 사회주의 국가 건설이 진행되었다. 한국과 조선으로 각각 단독정부가 수립된 뒤 국가와 민족의 정통성을 확보하기 위한 경쟁과 투쟁은 더 격화되었다.

미국과 소련의 지지를 얻어 정부를 수립한 한국과 조선의 정치 세력은 해방 이전 독립운동 과정과 밀접하게 연결되어 있었다. 북한 지역의 정치 세력이 연안파와 소련파, 국내파 등으로 나뉘어 있던 상황에서, 소련은 해방 직전 연해주에서 항일운동을 하던 김일성을 소련식 인민민주주의와 사회주의를 한반도에 실행할 수 있는 적임자로 간주했다. 마찬가지로 이승만은 미국 프린스턴 대학교 박사학위 소지자로, 미국에서 독립 활동을 한 경력과 상해 '임시정부'의 법통을 잇는 정치 세력으로서 정통성까지 갖추고 있어 미국식 자유민주주의와 자본주의를 한반도에 이식시킬 적합한 인물이었다. 사실 당시 이승만은 민족 세력보다 국민적 지지를 많이 받지 못했다. 1945년 12월 선구회라는 단체가 실시한 설문조사를 보면 이승만(20%)은 김구(18%)나 박헌영(17%)보다 약간 높은 국민적 지지를 받았으나 여운형(36%)보다는 크게 낮았다.[2] 또한 당시 한국의 사회적 분위기는 공산주의 7%, 사회주의 70%를 포함하여 77%가 좌익 이념을 선호해 미국의 적극적인 선택이 아니고서는 이승만의 집권이 쉽지 않았다.[3]

해방 공간에서 지배적인 여론은 분단이 아니었고, 좌우 합작을 통

2 전국역사교사모임, 『살아있는 한국사 교과서 2』(서울: 휴머니스트, 2002), p. 170.

3 1946년 8월 미군정청 여론국이 8,453명을 대상으로 실시한 여론조사에서는 자본주의 14%(1,189), 사회주의 70%(6,037), 공산주의 7%(574), 모른다 8%(653)로, 일반시민 77%가 좌익 이념을 선호한 것으로 나타났다. 「정치 자유를 요구, 계급 독재는 절대 반대, 군정청여론국조사」, 『동아일보』(1946. 8. 13).

한 중도적인 통일정부의 수립이었다. 조선건국준비위원회와 4당회담, 좌우합작위원회를 통해 통합 역량을 모으고자 했던 여운형, 민·공 좌우 합작 연립 노선을 추구한 조만식, 남북 합작에 입각한 민족통일국가를 수립하고자 했던 김규식, 중경 임시정부의 법통으로 민족통일정부의 수립을 위해 노력한 김구 등 많은 지도자들은 이데올로기보다 민족과 통일정부 수립을 중시했다. 그러나 소련의 지지를 받은 김일성 세력이 북조선을 장악하고 미국의 후원을 얻은 이승만이 1946년 6월 3일 단독정부 수립을 천명함으로써 연합 노선은 실행되지 못했다. 미군정은 한민당을 중심으로 '남조선과도입법위원회'를 구성했고, 북조선에서도 소련군의 후견하에 1946년 2월 16일 북조선인민위원회가 설립되었다. 북조선에서 민족 지도자로 김일성보다 지지가 우세했던 조만식은 강제연금을 당하고, 남한에서 여운형과 김구가 암살당하는 비극이 벌어져 중도적인 통일정부 수립이 실패하고 미국과 소련을 추종하는 남북 독자정부가 세워졌다.

한반도에 민족주의 세력을 비롯한 여러 정치·사회 세력이 존재했었음에도 불구하고 이승만과 김일성이 남북에서 권력을 장악하게 된 것은 미국과 소련이 그들을 선택했고 적극적으로 지원해 주었기 때문이다. 이데올로기 대립이 첨예했던 세계적 냉전 상황에서, 그리고 38선을 사이에 두고 마주하는 대립 공간에서 미국식 정치·경제제도와 소련식 제도를 가장 철저히 추종할 수 있는 '근본주의' 세력이 정치권력을 장악하게 된 것이다.

2. 한국 – 조선 정부 수립과 국호 대립

국호의 논란은 대한민국 정부 수립 과정에서 헌법 초안을 제정하는 시기에 재점화되었다. 헌법 초안인 조선임시약헌에는 "조선은 민주공화 정체임"(제1조), "조선의 주권은 국민 전체에 속함"(제2조)으로 조선이 제시되어 있었다. 이에 대해 1947년 7월 16일 열린 제2독회에서 원세훈 의원이 '조선'이라는 국호 사용을 반대하며 대한이나 한국도 반대한다고 주장했다. 대신 국호는 정식 국회에서 정해야 한다고 하자, 윤기섭 부의장 등은 조선은 국호가 아니라 법안의 이름에 지나지 않으니 국호가 정해지면 자연히 고치는 것이라고 답변함으로써 조선임시약헌이란 용어를 그대로 사용했다. 조선임시약헌이 찬성 31명, 반대 8명으로 통과되었는데, 여기서 보듯 당시 우리나라 국호는 대한보다 조선이 일반적으로 간주되었음을 짐작할 수 있다.

『조선일보』에 보도된 당시 국호의 선호도를 보면 대한민국보다 조선인민공화국이 대중의 인기를 훨씬 많이 받고 있었음을 알 수 있다. 1947년 7월 3일 조선신문기자회가 서울 시내 2,495명을 대상으로 우리나라 임시정부 국호에 관한 선호도 조사를 진행한 결과, '대한민국'이라는 응답은 약 24%, '조선인민공화국'이라는 응답은 약 70%로 조선의 선호가 압도적이었다.[4] 대한제국의 존립 기간이 짧았고 대한 명칭은 의식 있는 지도층을 중심으로 사용되어 일반민중에게 낯설었다. 반면 조선은 500여 년간 우리나라 국호였고 수천 년 동안 한반도 일대의 고유 칭호로 쓰였기 때문에 대중에게 더 친숙했다.[5]

사실 미국과 소련 군대도 모두 조선 혹은 남조선이라는 호칭을 사용했다. 1948년 4월 7일 공포된 남조선 주둔 미점령군 사령관 하지(J. R. Hodge) 명의의 '조선인민의 권리에 관한 포고'에서도 조선을 사용했고, 국제적으로 1948년 5·10선거를 지원했던 유엔코리아임시위원단

4 「조선신문기자회, 임시정부 政體에 대한 여론조사」, 『朝鮮日報』(1947. 7. 6).

5 강응천, 『국호로 보는 분단의 역사』, p. 21.

(UNTCOK, United Nations Temporary Commission on Korea)의 공식 명칭도 '유엔조선임시위원단'으로 Korea를 조선으로 명명했다.[6] 38선 이북을 통치한 소련 점령군의 문서에도 북조선인민위원회로 명시하고 있어 1948년 8월 14일 이전까지 남북 통치기구 모두 조선의 명칭을 사용했음을 알 수 있다.

대한민국 국호 확정의 정치적 결단

조선에 대한 대중적 선호가 우세한 가운데 대체로 당시 우익계열은 대한을, 좌익계열은 조선을, 중도파는 고려를 선호했다. 한민당을 중심으로 한 임시정부 수립 대책협의회는 '대한민국'을, 남로당을 중심으로 한 좌익 통일전선이었던 민주주의 민족전선은 '조선인민공화국'을, 여운형·김규식·안재홍 등 중도파가 주도한 시국대책협의회는 고려공화국을 각각 제안했다. 설의식·손진태와 같이 지식인층에서는 대한이나 조선보다 새한, 고려 등 제3의 대안을 선호했다.[7] 이로부터 항간에는 국호와 관련하여 남대한-북조선이라는 용어가 점점 굳어지고, 우익=대한, 좌익=조선, 중도=고려라는 등식이 성립하여 '좌조선 우대한'이란 말이 널리 회자되기에 이르렀다.

우익 세력은 국호가 아닌 민족이나 지명을 지칭할 때는 보통 조선

6 「국회의사속기록」 8호(1948. 6. 10), 국회전자도서관(http://dl.nanet.go.kr) 『국회의사속기록』 제1권, p. 113.

7 당시 설의식 같은 사람은 '신국가의 국호론'에서 대한과 조선, 고려가 왜 국호로 적합한가에 대한 논거를 비판적으로 요약·설명하면서 대안적 국호로 새한을 제시하기도 했다. 또한 고려를 주장한 사학자 손진태는 1947년 12월 16일 『서울신문』에 「국호와 민족적 전통: 조선, 한, 고려 등에 대하여」라는 글을 실었다. 이선민, 『'대한민국' 국호의 탄생』, pp. 64, 72, 76.

이라는 표현을 사용했다. "조선은 지역이 협소하고……"라든가 "조선의 적합한 민주주의적 주요 법안", 혹은 "조선은 원래 단일한 민족으로 우수한 조선어가 있으므로……" 등 우리나라와 우리 민족을 지칭하는 용어로 한국이 아니라 조선을 사용했다. 이러한 흐름을 반영하듯 헌법학자 유진오가 남조선 과도정부 사법부 법전편찬위원회에 제출한 헌법 초안에서도 조선인민공화국이 제안됐다.

그러나 제헌국회에서 헌법 기초위원들이 국호를 논의하는 가운데 '대한'이라는 국호가 제시되었고, 대한민국, 고려공화국, 조선민주공화국 등의 국호가 경쟁적으로 논의되었다. 치열한 논의 끝에 1948년 6월 3일 국회 헌법기초위원회는 국호에 관한 표결에서 '대한민국' 17표, '고려공화국' 7표, '조선공화국' 2표, '한국' 1표로 '대한민국' 안을 헌법 초안으로 확정했다.[8] 압도적 다수로 대한민국이 국호로 채택되고, 조선은 소수 의견이었다. 대한이 압도적으로 지지를 얻은 데는 독립운동가들이 의식적으로 사용했던 국호가 대한이므로 이 역사성을 잘 살려야 한다는 취지였다. 그러나 이러한 배경에는 대한민국을 국호로 주장한 이승만 대통령의 역할이 컸다. 이승만은 자신이 임시정부의 법통을 잇고 있다고 생각하여 대한민국이라는 국호 사용을 주장했으며 제헌헌법 제정 과정에서도 줄곧 그런 입장을 견지했다.

이에 대해 제헌의원이자 초대 농림부 장관으로 입각한 조봉암은 "지금 남조선에서는 대한민국의 법통을 계승할 아무 조건도 없다"라는 김구 선생의 발언을 상기하며 임시정부의 법통 승계를 위해 대한이라는 국호를 사용하는 데 반대 의사를 표명했다.[9] 이승만은 국호가 독립

8 조용중, 『미군정하의 한국 정치현장』(파주: 나남, 1990), p. 155.

9 「제헌국회속기록」 21호(1948. 6. 30), 국회전자도서관(http://dl.nanet.go.kr) 『국회의사속기록』 제1권, p. 316.

을 좌우하는 것도 아니며 국호 제정은 시간이 많이 걸리기 때문에, 우선 급한 헌법부터 통과시키고 국호는 추후 시간을 갖고 민간의 의사를 반영하여 법으로 정하자고 결론을 내렸다.[10] 그 결과 거수 표결에서 재석 188명 중 찬성 163표, 반대 2표로 '대한민국'이 압도적 다수로 최종 채택되었다.[11] 물론 이후 국호에 관한 추가 논의는 이루어지지 않았다. 이러한 과정을 거쳐 최종 확정되어 공포된 남한의 헌법은 다음과 같다.

> 제1조 대한민국은 민주공화국이다.
>
> 제2조 대한민국의 주권은 국민에게 있고 모든 권력은 국민으로부터 나온다.
>
> 제3조 대한민국의 국민되는 요건은 법률로써 정한다.
>
> 제4조 대한민국의 영토는 한반도와 그 부속도서로 한다.

이후 국호에 관한 논의가 더 이상 재론되지 않은 데는 여러 이유가 있겠지만, 북한이 조선을 국호로 공포한 배경이 중요하게 작용했다. 이승만 정부는 북한에 조선공화국이 수립되고 남북의 두 정부가 민족 정통성을 놓고 치열하게 경쟁하기 시작한 상황에서 상대의 국호가 널리 사용되는 것을 방치할 수 없었다. 이에 1948년 12월 1일 제정된 국가보안법에서 북한을 반국가 단체로 간주하여 조선이라는 국호의 사용을 금지했다. 또한 1950년 1월 이승만 정부는 국무원 고시 제7호로 '국호 및 일부 지명과 지도 색 사용에 관한 건'을 공포했는데, 대한민국 또는 약칭인 한국을 국호로 사용하되 조선은 사용하지 못한다고 했

10 「국회의사속기록」 22호(1948. 7. 1), 국회전자도서관(http://dl.nanet.go.kr) 『국회의사속기록』 제1권, pp. 330-331.

11 「국회의사속기록」 22호(1948. 7. 1), p. 332.

고, 지도의 색깔도 녹색으로 하고 지도에 붉은색을 사용하지 못한다고 했다.[12] 탈냉전 이후 남북교류협력법과 남북관계발전법 제정, 그리고 국가보안법의 제한적 적용 등으로 조선의 용어 사용 금지에 대한 법적 규제는 없어졌으나 관행과 규범은 여전히 남아 있다.

남한 입장에서는 1948년 출범한 대한민국이 한반도에서 국제연합(UN)의 인정을 받은 유일한 합법정부이자 국가이며, 북한이 수립한 조선공화국은 유엔의 승인을 받지 못한 불법 단체에 불과했다. 그 실체적 존재를 인정한다 하더라도 조선공화국은 국가가 아니라 공산주의자들이 세운 '정부'에 불과한 것으로 여겼다. 대한민국의 영토는 전 한반도이며, 국민은 공산주의자가 '불법적'으로 세운 조선공화국 정권을 제외한 한반도에 거주하는 전체 구성원으로 간주했다.

북조선의 국호 제정

한편, 북조선에서는 1948년 헌법 제정 과정에서 조선을 국호로 정하는 데 특별한 논쟁이나 이의가 없었다. 1948년 4월 28~29일에 개최된 북조선인민회의 특별회의에서 김두봉은 조선민주주의인민공화국 헌법 초안에 관해 보고했고, 만장일치로 통과되었다. 북조선 헌법 제1조에서 "우리나라는 조선민주주의인민공화국이다"라는 규정을 놓고 조선이라는 명칭에 아무런 이의가 제기되지 않았다. 이미 해방 이후 북한 지역에 만들어진 정당, 사회 단체, 행정기구가 대부분 조선이라는 이름을 사용하고 있었기 때문이다. 국호를 명문화하는 헌법 제정 과정에서 민주주의나 인민과 같은 정체를 규정하는 데는 상당한 논쟁이 있었으나 조선이라는 호칭에 대해서는 논란이 전혀 없었다.

12 김명섭, 「조선과 한국: 두 지정학적 관념의 연속과 분화」, p. 129.

1948년 9월 8일 최고인민회의 제1기 제1차 회의에서 채택된 북한 헌법은 다음과 같다.[13]

제1조 우리나라는 조선민주주의인민공화국이다.

제2조 조선민주주의인민공화국의 주권은 인민에게 있다. 주권은 인민의 최고 주권기관인 최고인민회의와 지방주권기관인 인민위원회를 근거로 하여 행사한다.

제3조 주권의 일체 대표기관은 리인민위원회로부터 최고인민위원회에 이르기까지 인민의 자유의사에 의하여 선거한다.

제103조 조선민주주의인민공화국의 수부는 서울시다.

북한은 조선공화국을 '나라'로 선언했다. 즉, 나라의 구성 요소인 영토·국민·주권으로 보면 조선이 전 한반도를 통치하는 유일한 합법적 정부이자 국가이며, 국민은 남조선에 수립된 '대한민국' 정권을 제외한 한반도에 거주하는 전체 구성원을 의미했다. 북한에서는 남한에 수립된 '대한민국'을 미제의 조종을 받은 정치권력자들이 수립한 '괴뢰정권'에 불과한 것으로 간주했다. 대한민국을 국가로 인정하지 않은 것은 물론 정부로서의 성격도 '괴뢰정권'으로 보았다.

북한의 『력사사전』에는 '남조선 괴뢰정권'으로 제목을 달고, "미제는 조선인민의 강력한 항의에 부딪치게 되자 낡은 식민지 통치방법으로써는 저들의 침략 정책을 실현할 수 없다는 것을 타산하고 제놈들의 흉악한 침략적 정체를 가리우려는 음흉한 목적으로부터 출발하여 괴뢰정권을 날조해 냈다. 이것은 결국 《미군정청》의 간판을 소위 《대한민국 정부》로 바꾸어 단 것이다"라며 남한 정부를 미군이 앞잡이로 세

13 장명봉 편, 『최신 북한법령집』(서울: 북한법연구회, 2006), p. 27.

운 '괴뢰정권'으로 규정했다.[14] 이후 김일성은 "《대한민국 정부》는 철두철미 미제의 지시에 따라 움직이는 괴뢰정부", "남조선의 소위 《대한민국 정부》는 미제국주의자들이 만들어 낸 괴뢰정권", "남조선의 이른바 《대한민국 정부》는 결코 남조선 인민을 대표할 수 없으며 그 어떤 자주권도 행사하지 못하는 허수아비 정권" 등의 표현을 하며 지속적으로 대한민국 정부의 실체를 인정하지 않는 태도를 취했다.[15]

북조선의 이러한 비판은 인민이나 민주주의와 같은 정체와 관련한 비판일 수는 있으나 그 안에 대한의 역사적 정통성을 인정하는 의식은 전혀 없다. 조선이 유일한 합법정부이며 우리 민족과 나라를 대표할 수 있는 국호로 간주했다. 북조선 입장에서 대한의 사용은 법적으로나 현실적으로 불가능했다. 대한민국이나 한국 정부에 관한 호명은 통일방안을 제안하는 자리에서 자신들의 조선민주주의인민공화국 정부와 병렬적으로 언급하는 정도에 그쳤다.

14 김일성, 「조선민주주의인민공화국은 우리 인민의 자유와 독립의 기치이며 사회주의, 공산주의 건설의 강력한 무기이다」(조선민주주의인민공화국 창건 스무돐 기념 경축대회에서 한 보고, 1968. 9. 7), 『김일성 저작집 22』(평양: 조선로동당출판사, 1983), p. 474.

15 "《대한민국 정부》는 철두철미 미제의 지시에 따라 움직이는 괴뢰정부로서 조작된 이래 미제의 식민지 예속화 정책을 충실히 집행하였으며 공공연히 매국배족행위를 일삼아왔다." 김일성, 「조국통일 민주주의 전선 결성에 대하여」(조선로동당 중앙위원회 제6차 회의에서 한 보고, 1949. 6. 11), 『김일성 저작집 5』(평양: 조선로동당출판사, 1980), p. 107; "남조선의 소위 《대한민국 정부》는 미제국주의자들이 만들어낸 괴뢰정권으로서 그들의 식민지 통치를 가리는 위장물이며 미국의 침략 정책을 충실히 집행하는 도구에 지나지 않는다." 김일성, 「현 정세와 우리 당의 과업」(조선로동당 대표자회에서 한 보고, 1966. 10. 5), 『김일성 저작집 20』(평양: 조선로동당출판사, 1982), p. 454; 김일성, 「조선민주주의인민공화국은 우리 인민의 자유와 독립의 기치이며 사회주의, 공산주의 건설의 강력한 무기이다」(조선민주주의인민공화국 창건 스무돐 기념 경축대회에서 한 보고, 1968. 9. 7), p. 473.

민주공화국 대 인민공화국

국가의 정치적 성격을 규정하는 통치 형태로 한국은 민주공화국을 선포했고, 조선은 인민공화국을 선언했다. 민주공화국과 인민공화국은 사실상 별 차이가 없다. 공화국의 영어 단어 Republic은 공화국으로도 번역되고 민국으로도 번역하기 때문에 둘 다 전제군주국인 왕국과 대비되는 정치체제로 함께 쓰인다. 그렇다면 민주와 인민은 어떤 차이가 있는가? 민주는 '민'이 주인이 된다는 의미인데, 이때의 민은 국민으로 해석할 수 있다. 그러면 국민과 인민의 차이로 나타난다. 국민과 인민은 한국과 조선, 민주공화국과 인민공화국의 정치체제를 구분해 주는 중요한 상징적 언어다. 한국에서는 국민을, 조선에서는 인민을 나라를 이루는 핵심 구성원으로 본다. 한국은 제헌헌법에 "모든 권력은 국민으로부터 나온다"라고 규정한 반면, 북조선은 "주권은 인민에게 있다"라고 하여, 한국과 조선이 각각 국민과 인민을 공화국의 핵심 구성원으로 간주한 것이다.

해방 정국에서 대체로 우익 세력은 국민 개념을 새롭게 부각하고 정치적 주체로 강조한 반면, 좌익 세력은 인민이라는 개념을 강조했다. 국민이라는 말이 근대적 개념이기는 하나 우리나라에 전혀 없었던 개념은 아니다. 과거 이성계도 사용한 적이 있고 조선왕조에서도 사용했다. 하지만 백성이나 인민이라는 말을 더 많이 썼고 일반대중이 보편적으로 사용하지는 않았다. 북한의 경우, 김일성의 첫 연설에서도 민족, 민중, 대중, 인민 등의 용어를 사용하지만 국민이라는 용어는 등장하지 않는다.[16]

16 김성보, 「남북국가 수립기 인민과 국민 개념의 분화」, 『한국사연구』 제144권 (2009), pp. 74-75.

남한이 인민 대신 국민이라는 말을 사용한 것은 북한이 인민이라는 용어를 주로 사용했기 때문이다. 조봉암 의원은 “주권이 국민에게 있고 모든 권력은 국민으로부터 나온다”라는 조항은 세계 공통의 ‘인민’이라는 말을 기피한 것이라 지적하고, “최근에 공산당 측에서 인민이란 문구를 잘 쓴다고 해서 일부러 인민이라는 정당히 써야 할 문구 쓰기를 기피하는 것은 대단히 섭섭한 일”이라며 비판했다.[17] 유진오도 처음에는 헌법 초안에 인민이라는 말을 썼다가 나중에 국민으로 바꾸면서 인민이라는 좋은 말을 공산주의자에게 빼앗겼다며 아쉬워했다.[18] 이후 인민이라는 말은 남한에서 잘 쓰이지 않았고, 한국전쟁 이후에는 이러한 회피 현상이 더욱 심화되었다.

북조선에서는 조선에 대한 민족 정체성을 강조하기보다 사회주의 국가 건설과 관련된 인민이 중시됨으로써 인민이라는 개념이 급속히 정치화되었다. 해방 직후 전국적으로 인민위원회 활동이 활발해지고 북조선이 조선인민공화국 명칭을 사용하자, 인민은 북한이 점유한 사회주의 용어로 치부되었다. 북한은 인민을 인민대중과 교차하여 사용했다. 인민을 “나라를 이루고 사회와 력사를 발전시켜 나가는 데서 주체로 되는 사람들”로 정의하며, 혁명 대상을 제외하고 노동자, 농민을 비롯한 각계각층의 모든 사람을 포함하는 것으로 이해했다. 인민대중은 “근로하는 사람들을 기본으로 하여 자주적 요구와 창조적 활동의

17 박명규, 「네이션과 민족: 개념사로 본 의미의 간격」, p. 108.

18 “인민이라는 말은 구대한제국 절대군주제하에서도 사용되던 말이고 미국 헌법에 있어서도 인민은 국가의 구성원으로서의 시민과 구별되고 있다. 국민은 국가의 구성원으로서의 인민을 의미하므로 국가 우월의 냄새를 풍기어 국가라 할지라도 함부로 침범할 수 없는 자유와 권리의 주체로서 사람을 표현하기에는 반드시 적절하지 못하다. 결국 우리는 좋은 단어 하나를 공산주의자에게 빼앗긴 셈이다.” 김성보, 「남북국가 수립기 인민과 국민 개념의 분화」, p. 84.

공통성으로 결합된 사회적 집단"이라고 정의했다.[19]

북한이 점유한 인민공화국은 박헌영 중심의 조선공산당 계열이 인민위원회를 장악하면서 그 용어의 사용이 시작되었다.[20] 여운형은 인민당과 공산당의 노선 차이를 설명하면서 "우리 인민당은 전 근로대중을 중심으로 하는 것은 물론이요, 진보적이요 양심적인 자본가나 지주까지도 포섭하고 제휴해서 광범한 혁명적 민족전선을 지어 현 단계에 적응한 가장 대중적인 정당"이라며 공산당보다 외연이 넓음을 강조했다.[21] 인민공화국 수립 시도는 실패했지만 당시 이 국호가 상징하는 바는 이후 적지 않은 영향을 미쳤다. 좌파 세력에서 인민공화국이라는 국호를 사용함으로써 우파 세력은 인민이라는 용어에 극도의 경계심과 거부감을 갖게 되었다. 1946년과 1947년에는 인민이라는 용어를 사용하는 여러 책자와 잡지가 간행되었다. 인민사가 간행한 『인민』, 헌문사가 간행한 『인민 비판』, 언문사가 간행한 『인민 예술』, 범장각이 간행한 『인민 과학』, 『민주 조선』 창간호에 실린 「인민과 국가에 대한 논설」 등 여러 곳에서 인민이라는 용어를 사용했다.

조선로동당 규약에는 "인민공화국의 건설을 위하여 전 조선적으로 주권을 인민의 정권인 인민위원회에 넘기도록 할 것"이라는 원칙이 포함되어 있다. 조선로동당 규약에 함께 등장하는 말로 근로대중, 민족 등이 있고 공민이라는 개념이 중요한 역할을 하기도 하지만, 주권의 주

19 과학백과사전출판사, 『조선말 대사전』(평양: 과학백과사전출판사, 2004), p. 1658.

20 서중석, 『한국 현대 민족운동연구: 해방 후 민족국가 건설운동과 통일전선』(고양: 역사비평사, 1992), pp. 216-230.

21 서중석, 「국내 독립운동 세력의 해방 후 국가 건설 방향: 여운형의 인민공화국, 인민당, 신탁통치 관련 문제를 중심으로」, 『대동문화연구』 56집(2006), pp. 303-304.

체로 인민이라는 말이 핵심적 개념을 차지한다. 정치체제의 성격을 규정짓는 개념인 '인민민주주의'를 표방하고 그것을 실행하는 기구도 '최고인민회의'다. 북한군도 인민군으로 지칭하고 북한 점령 지역에 인민위원회를 설치했다. 1948년 4월 28일 개최된 북조선인민회의 특별회의에서 상임위원회 의장 김두봉은 헌법 초안이 "진정한 인민주권의 원칙과 진정한 인민적 민주주의 원칙과 인민적 민주주의 인민공화국의 원칙을 기초로 한 것"이라고 보고했다.[22]

북한의 수부는 서울시

첫 헌법에서 북조선이 수도를 평양이 아닌 서울로 명시한 것은 남북 정통성 경쟁에서 대단히 중요한 의미를 지닌다. 북한이 국호를 조선으로 정하여 역사적 정통성을 어느 정도 확보한 측면을 갖고 있다 하더라도, 수백 년 동안 조선왕조의 수도로 자리 잡았던 서울이 대한민국의 영토에 포함되어 있다는 것은 역사성이나 정통성 측면에서 상당한 약점이다. 조선왕조에서 한양 혹은 한성이 500년 동안 나라의 중심으로 기능했기 때문이다.

수도는 16세기 이후 근대 민족국가가 성립하는 과정에서 만들어진 대표적인 국가기획의 일부다. 수도에는 한 나라의 역사와 민족에 관련된 상징적 공간과 의례가 집중되기 때문에 근대 국가의 수도 계획은 근대 국가가 지향하는 바를 상징적으로 장식하고 과시하는 중요한 기획이다.[23] 그만큼 근대 국가의 수도는 국가의 역사성을 바탕으로 국가의 지향과 민족주의의 상징을 담는다. 북한이 1948년 9월 조선공화국

22 김성보, 「남북국가 수립기 인민과 국민 개념의 분화」, p. 85.
23 전상인, 『북한, 도시로 읽다』(서울: 통일부 통일교육원, 2015), p. 28.

을 출범하면서 수도를 서울로 명시한 것도 당시 국가의 역사성과 정통성을 확보하는 데 수도 서울이 지닌 중요성을 인식했기 때문이다. 북한은 서울을 탈환하여 조선의 수도로 삼음으로써 국가 정통성을 확보하겠다는 의도에서 서울을 수도로 명시했던 것이다.

한국은 1948년 8월 헌법에 수도를 명시하지 않았는데, 이는 관습법적으로 서울을 수도로 인정한 것으로 볼 수 있다. 대한민국은 대한제국의 역사적 정통성을 잇는다는 점에서 시간적으로만 보면 조선에 비해 취약한 역사성을 갖고 있었으나, 수백 년 동안 수도로 기능했던 서울을 차지하고 있었기에 역사적 정통성을 갖고 있었다. 북한이 막 출범한 조선의 수도로 서울을 포기할 수 없었던 이유도 서울이 지닌 역사적 전통의 막중함을 알고 있었기 때문이다.

유엔 승인과 정통성 경쟁

한국이라는 국호가 조선에 비해 역사성과 전 국민적 지지 측면에서 열세를 만회할 수 있었던 또 하나의 이유는 바로 유엔으로부터 합법적으로 인정받았다는 점이다. 전 세계 국가 간 연합체로 국제사회의 공신력을 얻고 있던 유엔이 코리아의 국가 건설 과정에 개입했다는 사실은 한국과 조선의 국가 정통성 확보 차원에서 대단히 중요하다. 유엔은 1947년 11월 14일 자 유엔 총회 결의안에 따라 유엔코리아임시위원단을 창설하고 1949년 1월 코리아에서 활동을 시작했다. 유엔코리아임시위원단은 전 한반도를 총괄하는 선거를 추진하려 했으나 소련군 사령관의 거부로 전국적 총선거가 불가능하다고 판단해, 남한 단독 선거를 치르는 쪽으로 방향을 정했다.

찬반 논란 끝에 1948년 2월 26일 유엔 소총회는 미국이 제출한 남한 '단독 총선거안'을 찬성 31, 반대 2, 기권 11로 채택했다. 총회 결의

문의 골자는 "유엔코리아임시위원단이 접근할 수 있는 한반도 지역에서 결의 제2호에 서술된 계획을 실행하는 것이 동 위원단의 책임"이라는 것이었다.[24] 이에 따라 임시위원단 위원들은 유엔 총회 결의를 실행할 것을 만장일치로 결정하고, 위원단이 접근할 수 있는 남한 내에서만 선거를 실시하도록 했다. 남한만의 단독 선거 실시가 결정되자 소련과 우방 국가들에서 반대하는 목소리가 나왔고, 남한 사회 내 정치·사회 단체 사이에서도 심각한 분열이 일어났다. 그러나 선거 계획에 따라 남한 전 지역에서 5월 10일 총선거가 실시되어 198명의 제헌의원이 탄생했다. 유엔코리아임시위원단은 5월 25일 선거의 공정성과 합법성을 인정하는 결의안을 채택했다. 국회는 5월 31일 개원되었고 헌법 제정과 대통령 선출에 이어 1948년 8월 15일 대한민국 정부 수립이 선포되었다.

북한은 유엔코리아임시위원단이 남한에 한정하여 단독 선거를 실시하려는 결정에 격렬히 반대하며 미국의 야욕을 비난했다. 이때 북조선의 발언을 보면 남조선을 '국가'가 아닌 '정부'로 규정하는 모습을 볼 수 있다. 남북을 아우르는 통합된 나라를 건설해야 하는데 미제가 남한을 조종하여 '정부'를 세우려 한다고 비판하며, "미국과 조선의 반동분자들은 지금 《선거》라는 희극을 연출하여 미제국주의자들에게 추종하는 반동분자들로써 《정부》를 만들려고 합니다"라고 했다.[25]

24 국가기록원, '정부 수립과 유엔', https://theme.archives.go.kr/next/unKorea/establishment.do.

25 김일성, 「반동적 남조선 단독정부 선거를 반대하고 조선의 통일과 자주독립을 쟁취하기 위하여」(북조선 민전중앙위원회 제25차 회의에서 한 연설, 1948. 3. 9), 『김일성 저작집 4』(평양: 조선로동당출판사, 1979), p. 182.

3. 미국과 소련 모델: 이념적 대항체제

한국과 조선의 대립적인 정치체제는 정치와 경제를 포함한 사회 모든 영역에 큰 영향을 미치며 제도와 가치를 확산했다. 가장 두드러진 남과 북의 체제 차이는 자본주의 대 사회주의였으나 실제로는 미국 대 소련으로 표현하는 것이 옳을 것이다. 남북한 국가 건설 과정의 특징은 미국과 소련 군정이 한반도를 3년간 지배함으로써 미국식 모델과 소련식 모델로 국가 건설을 시작한 것이다. 한국이 추구한 자유민주주의와 자본주의는 미국식 정치·경제 이데올로기다. 정치적으로는 개인의 자유와 창의성을 바탕으로 하고, 경제적으로는 자본주의 시장경제를 통해 최대한 효율성을 확보하려는 이념이다. 반면, 조선이 추종한 소련식 인민민주주의와 사회주의는 계획경제를 통한 생산의 효율성을 추구하기 위해 정치적으로 공산당 독재를 허용하는 제도다. 보이지 않는 손에 의해 움직이는 자본주의 시장경제를 계획과 통제로 따라잡을 수 있다는 신념을 갖고, 그 목표를 실현하기 위해 정치적으로 강력한 독재를 실시하는 것이다. 이런 점에서 한국과 조선은 적어도 이념적으로는 자유와 독재, 시장과 계획이라는 완전히 상반된 국가 건설을 추구했다.

이념적 대항체제의 수립은 1948년 제정된 헌법에 선명하게 드러난다. 헌법 제정 과정에서 대립된 가장 큰 이슈는 민주주의의 정체성과 절차에 관한 문제였다. 조선은 '소비에트(인민위원회)의 원리'를 따라 인민의 완전한 의사표현과 구현을 목표로 상향적인 대표(인민위원) 선발과 그 대표로 구성되는 인민회의가 최종적인 인민주권을 대표한다고 상정했다. 반면 한국은 '의회의 원리'를 따라 인민을 공간적인 '지역'으로 분할하고 선거에 의해 대표를 선발하며, 선발된 대표가 국회를 구성한 후 국회에서 헌법 기초 위원을 선정하는 방식을 취했다. 즉, 조선은 소비에트식 직접 민주주의 원리를 따른 반면, 한국은 미국식 간접 민주주의 원리를 따랐다.[26] 조선의 소련 모방은 "소련의 승인과 지지하에 실현"되었고 "소련 대표 슈티코프(T. Shtykov)가 사전에 북한 지도부와 의견을 조율한 후 관련 제안서가 모스크바에서 심의되고 최고위 수준에서 재가를 받"는 방식으로 이루어졌다.[27] 한국의 미국 모방은 조선의 경우와 달리 헌법 제정 과정에 직접 개입하지는 않았지만, 미군정이 한국 내에서 진행된 논의 과정에 영향을 미치는 방식으로 진행되었다. 일례로 남조선 과도 입법 의원이 제출한 「조선임시약헌」이 미군정에 의해 거부되고 유진오안과 미군정청 법전편찬위원회안 등을 절충한 헌법 초안이 국회에 상정되었다.

한국과 조선의 이 같은 국가 건설의 원형은 헌법 맨 앞에 명시되어 있다. 한국은 '민주공화국'(헌법 제1조)으로서 자유민주주의와 사유재산권에 기반한 자본주의 제도를 명시한 반면, 조선은 '민주주의인민공화국'(헌법 제1조)으로서 생산수단과 토지, 대외무역 등을 국가나 협동 단체가 소유하도록 하는 사회주의 제도를 규정했다. 헌법체계상으로 한국은 미국 법보다 독일·프랑스 등 유럽 대륙 법을 차용한 것으로 보이나, 그 내용과 철학에서 미국식 자유민주주의와 자본주의를 충실히 따르고 있다. 반면 조선은 공산당 일당체제로 운영하는 소련식 사회주의를 답습하고 있어, 공산당 당규와 강령이 헌법이나 법률보다 사실상 우선적으로 효력을 갖는 체제를 택했다.

권력 구조의 구성에서도 조선은 주권이 '인민(people)'에 있다고 본 반면, 한국은 '국민(nation)'에 있다고 보았다.[28] 따라서 조선에서는 직접

26 서희경, 「남북한 헌법 제정 과정 비교: 1947-1948」, 이철순 외, 『남북한 정부 수립 과정 비교: 1945-1948』(고양: 인간사랑, 2010), p. 39.

27 와닌 유리 와실리비치, 「러시아 대외 정책문서 보관소 소장 해방 직후 한국관계 자료들」, 『역사비평』 통권26호(1994), p. 359.

28 박명규, 『국민·인민·시민: 개념사로 본 한국의 정치 주체』(서울: 소화, 2009),

민주주의 방식에 따라 인민주권을 대표하는 최고인민회의 상임위원회가 대내외적으로 국가를 대표하는 지위에 있는 반면, 한국에서는 간접민주주의 방식에 따라 국민의 주권 일부를 대표에게 양도하고 그 대표자가 위임받아 통치한다. 조선이 인민주권과 절대주의 원칙을 따른 반면, 한국은 국민주의와 상대주의 원칙을 따른 것이다. 한국과 조선의 헌법은 각각 분리되어 제정되었지만 서로를 의식하고 경쟁하면서 탄생한 쌍생아적 성격을 지니고 있다. 조선이 헌법 제정 과정에서 당시 한국이 추진하고 있던 「조선 임시약헌」에 민감하게 반응한 데서도 그런 성격이 나타났다. "우리 인민은 소위 남조선 입법 의원에서 채택한 조선임시약헌을 거부했다"라는 김두봉의 발언은 분단 초기 한국과 조선의 국가 정체성을 형성하는 데 긴밀한 상호 작용과 견제가 있었음을 보여 준다.[29]

자유민주주의 대 인민민주주의

민주주의는 정체를 규정하는 대표적 이념이다. 남북은 모두 민주주의를 정치체제의 기본 이념으로 추구했다. 하지만 미국의 자본주의와 소련의 사회주의를 받아들이는 과정에서 남한에서는 자유민주주의(liberal democracy)를, 북한에서는 인민민주주의(people's democracy)를 표방했다. 남한의 자본주의는 개인의 자유와 절차를 중시하는 자유민주주의를 기초로 하는 데 반해, 북한의 사회주의는 집단의 평등과 결과를 중시하는 인민민주주의 혹은 민주주의 중앙집권제(Democratic Centralism)를 기초로 했다.

pp. 104-121, 166-175.

29 서희경, 「남북한 헌법제정 과정 비교: 1947-1948」, p. 55.

남한 헌법이 추구하는 자유민주주의는 자유주의와 민주주의가 결합한 정치 형태를 말한다. 자유주의는 개인주의를 바탕으로 개인의 자유 존중을 근본 가치로 삼아 국가 권력의 간섭을 최소화한다는 정치 이념이다. 민주주의는 국가 권력의 창출과 통치 과정이 국민적 합의에 근거하여 정당성을 가져야 한다는 정치 이념을 말한다. 따라서 자유민주주의는 인간의 존엄성을 바탕으로 개인의 기본권이 보장되어야 하며, 법치주의와 적법 절차의 원리, 복수정당제를 기반으로 한다. 인민민주주의와 비교할 때 자유민주주의는 기회의 평등과 절차상의 민주주의를 중시하는 것이 다르다. 한국이 '자유민주주의'를 체제의 이념으로 도입한 이유는 북한의 공산주의자들이 민주주의라는 개념을 사용한 데 대응해야 할 필요성 때문에, 진짜 민주주의가 무엇인지 보여 주기 위해서였다. 이나미는 한국에서 '자유민주주의' 담론이 "공산주의자들이 스스로 민주주의를 참칭하는 데 대하여 개념의 혼동을 피하기 위해서" 쓰인 것으로 분석한다.[30] 이런 점에서 우리 역사에서 자유민주주의는 반공이라는 맥락에서 시작되었다고 할 수 있다.

북한이 추구하는 인민민주주의란 인구의 절대다수를 차지하는 근로인민대중의 의사를 결집한 정치 형태를 말한다. 민주주의와 중앙집권제를 결합한 개념이라고 하지만, 실제로는 민주주의의 핵심 개념인 '다수결' 원칙을 '절차의 민주성'보다 더 중시한다고 할 수 있다. 자본주의 내지 자유민주주의 체제에서는 '절차의 민주성'을 중시하는 반면, 인민민주주의 체제에서는 '결과의 민주성'을 중시하다 보니 '다수결'에 비중을 더 두는 경향이 있다. 독재와 강제성의 위험 요소가 있음에도 불구하고, 다수의 인민이 참여하여 결정하는 민주주의 중앙집권제가 더 민주적이라는 논리인 것이다. 그 때문에 절대다수 인민의 지지를 받

30 이나미, 『한국의 보수와 수구』(서울: 지성사, 2011), p. 149.

는 정당이 전체 국민을 통치해야 정당하다는 '민주적 중앙집권제', '프롤레타리아 독재'를 인민민주주의로 받아들이고 있다. 수령 독재를 실시하는 북한에서 프롤레타리아 독재는 맞지 않는 개념이므로, 해당 개념은 2013년 6월 '유일영도체계 확립을 위한 10대 원칙' 개정 과정에서 폐기되었다. 하지만 민주적 중앙집권제는 북한이 여전히 중시하는 정치규범이다.

북한에서 강조하는 민주주의 중앙집권제는 민주주의와 중앙집권제의 두 측면을 유기적으로 결합한 것이다. 민주주의는 당원대중이 직접 참여하여 운영하고, 당원대중의 의사에 따라 문제를 토의·결정하며 당원들의 창의성을 동원하여 풀어 나가는 것이다. 중앙집권제는 하급조직이 상급조직의 결정에 절대복종하는 체계를 말한다. 의견을 결정하는 과정에서는 민주적 토의가 가능하지만 일단 결정한 내용에 대해서는 당원과 하급 당조직은 수령과 당중앙, 상급 당조직에 무조건적으로 절대복종하는 규율을 의미한다. 민주주의와 중앙집권제를 결합하는 데서 중요한 것은 당의 중앙집권제를 확고히 견지하는 기초 위에서 당내 민주주의를 결합시키는 것이다.[31] 따라서 민주주의 중앙집권제를 실천하기 위해 당위원회의 집체적 지도를 강화하고 집체적으로 토의하여 사업 방향을 결정한다.

이런 점에서 국가정권은 당과 인민대중을 연결시키는 가장 포괄적인 '인전대'이며, 당의 노선과 정책의 집행자로 인식된다. 민주주의 중앙집권제를 조직과 활동의 기본 원칙으로 하는 것이다. 즉, 근로인민대중의 의사를 집대성하는 민주주의 원칙을 갖고 있지만, 조직체계의 규율을 세우고 사회를 통일적으로 지도하기 위해 상명하복의 군대식 통치방식을 정치규범으로 강조한다. 그러므로 대부분의 북한 사람

31 김민·한봉서, 『주체사상총서 9』(평양: 사회과학출판사, 1985), pp. 142-143.

은 다원주의를 정치적 혼란으로 인식하며, 경쟁 선거나 과열된 선거 유세 등 민주적 정치행위에 대해서도 전통 예절에 어긋나는 것으로 인식한다. 피선거권자도 자신이 스스로 선거에 출마하는 것이 아니라 당이나 인민위원회 등에서 추천하는 방식으로 진행된다. 따라서 선거는 선출이 아니라 추대 형식을 띤다. 국가로부터 자유로운 시민사회라는 관념은 상상하기 어렵고 국가와 사회가 통합된 형태, 즉 수령·당·대중의 유기체적 통일체 속에서 자신의 위치를 생각하는 경향이 강하다.

대항체제의 현장

남북한 국가 건설의 이념 대립은 군사력 건설 과정에서 가장 첨예하게 가시화되었다. 군사력은 한국과 조선의 이념 대립체제의 전초기지로, 사회의 다른 어떤 영역보다 빠른 속도로 증강되었다. 조선은 소련군 제25군의 지도하에 군사력 증강에 박차를 가하여, 1948년 10월 소련군이 철수할 무렵 4개 보병사단과 105개 기갑대대를 편성했다. 1949년 3월 17일에는 소련과 조소 군사비밀협정을, 3월 18일에는 중공과 상호방위조약을 체결하여 중국 공산군에 있던 조선군 2만 5,000명을 북한에 넘겨주었다. 그 결과 10개 사단 13만 병력이 38선에 배치되고, 10만 명의 예비군이 후방에 편성되었다. 한국에서는 1946년 1월 미군정 산하에 있던 국방경비대와 해안경비대가 1948년 8월 정부 수립으로 각각 육군과 해군으로 개편되었고, 1949년 4월에는 해병대, 10월에는 공군이 편성되어 약 8개 사단 10만 병력을 갖추었다. 그러나 장비가 빈약하여 북한의 군사력에는 비할 수 없었고, 4개 사단은 38도선에 배치하지 못하고 내부의 공산주의 활동 진압을 위해 후방에 배치되었다.

한국과 조선의 군대 창설 과정에서 미국과 소련의 정책 차이는 명확하게 드러났다. 미국은 한국에 치안유지를 위한 경비대 창설과 한국 내부의 전복 활동에 대처할 수 있는 무장력을 육성한 데 반해, 소련은 조선에 혁명 수출을 위한 정규군 창설과 혁명 수출기지 강화를 위한 무장력 육성에 치중했다.[32] 한국의 경비대 병력은 1948년 2월부터 대대적으로 확충되어 6월 말까지 6만 2,000명으로 증원되었고, 1949년 8월 중순에는 군병력이 10만 명을 돌파했다. 조선의 병력은 1949년 초반 4~5만 명, 8월에는 8만 명으로 증원되었으며 중국 인민해방군 내 조선인 병사 2만여 명이 입북하면서 9월에는 9만 7,000명으로 증강되었다. 치안을 담당하는 경찰 병력도 1949년 8월 당시 한국은 5만 명, 조선은 4만 1,000명으로 구성되었다. 이러한 군사력 증강은 무력분쟁으로 이어져 한국전쟁 이전인 1949년에 남북 간에 크고 작은 교전이 발생했다. 1948년까지는 남북 간 충돌에 경찰 병력이 주로 동원되었으나, 1949년부터는 정규군이 동원되어 대규모 사망자·부상자가 발생했고 1950년 6월에 전면 전쟁으로 발전됐다.

국가적 가치와 신념을 사회화하기 위한 교육도 실시했다. 한국의 학교 제도는 민주적이고 개방적인 미국식 제도를 도입했다. 교육 기회를 균등하게 보장한다는 원칙을 기본으로 개인의 능력을 차별 없이 최대한 개발한다는 점에서 구상된 것이었다. 하지만 의무교육 기간이 짧고 개인차를 반영하지 못하는 단선형 구조였으며 평생교육의 기회가 미비했다. 또 교육제도와 교육 과정에서 자유민주주의 이념이 강조되었다. 하지만 초창기의 이러한 열정은 몇 해가 지나지 않아 식어 버리고, 구태의연한 입시교육으로 환원되고 말았다는 비판도 있다.[33] 그럼에도 분단 초기 한국은 일본식 교육을 탈피하기 위해 듀이(J. Dewey)의

32 한용원, 「남북한 군대의 창설 과정 비교: 1945-1948」, 이철순 외, 『남북한 정부 수립 과정 비교 1945-1948』, p. 163.

33 오천석, 『외로운 성주』(서울: 광명출판사, 1975), p. 108.

교육 이론과 진보주의 교육 등 미국식 교육제도를 많은 부분 도입하는 등 변화를 추구했다.

남한에 미국식 자본주의 발전 모델이 들어선 배경에는 이승만의 개인적 요인도 작용했다. 김구를 비롯한 조선의 독립운동가들이 지리적으로 가까운 중국과 소련에 거주해 사회주의의 영향을 많이 받은 반면, 이승만은 독립운동을 하면서 주로 미국에 머물러 미국식 자유민주주의와 자본주의 경제를 새 나라의 체제로 삼는 데 호감을 갖게 되었다. 이승만은 미국 체류 경험을 통해 미국식 민주주의의 자유로움과 자본주의의 풍요로움을 생생하게 목격했고, 그 경험을 바탕으로 자유민주주의와 사유재산권 인정을 기반으로 하는 자본주의 경제를 남한 정권과 체제의 토대로 삼았다. 이러한 사상과 이념을 확산하기 위해 문맹퇴치와 교육개혁은 필수적이었으며, 농민이 대다수인 국민 삶의 기반을 다지기 위해 농지개혁도 필요했다.

반면, 조선은 공산주의 이념과 스탈린 방식의 교육 모델을 도입하며 소련식 교육제도를 적극 차용했다.[34] 소련의 방식을 모방하여 기본 학제로 복선형을 채택하고 공산주의적 인간을 키운다는 목적을 내세웠다. 러시아어를 제1외국어로 하고 소련으로 유학생을 파견하는 등 소련 모델을 학습하기 위한 교육지원을 적극 실시했다. 1946년 3월 23일 발표한 '20개조 정강'을 통해 조선의 정치·경제 전반에 걸쳐 일제 잔재를 청산하고 '전반적 의무교육제'를 추진했다. 초기 교육에서는 일제 황국신민을 위한 대표적 과목이던 '수신'이라는 명칭을 그대로 답습하는 등 제대로 정비되지 않아 혼란도 있었으나, 교육 과정 개편을 통

34 정근식, 「북한에서의 소련형 대학의 이식과 희석화」, 『소련형 대학의 형성과 해체: 북한의 대학을 이해하는 하나의 시각』(서울대학교 아시아연구소·통일평화연구원 공동주최 학술회의, 2016. 10. 28), pp. 124-126.

해 사회주의 교육을 진행했다. 1947년 단행한 2차 교육 과정에서는 '수신'을 '인민' 과목으로 교체하고, 대학에서는 '맑스-레닌주의 기본'을 가장 중요한 과목으로 설치했다.[35] 역사 과목이 1947년부터 '조선력사'로 달라졌으며, 1948년 9월 개편된 3차 교육 과정에는 '인민'과 '사회과학'이 폐지되고 '헌법'이 독립 과목으로 채택되었다.[36] 이러한 변화를 통해 북한에서는 소련의 사회주의 정치 이데올로기가 강화되었다. 특히 조선왕조에서 일본 식민지를 거쳐 스탈린주의로 곧바로 진입함으로써 서구식 근대화에 접촉할 기회 없이 조선왕조의 권위주의 전통문화의 특성이 강하게 드러났다. 따라서 소련보다 오히려 더 강력한 전체주의 제도가 실행되었다.[37]

독립운동과 항일혁명: 남북의 항일 정체성

한편, 남북한 모두 국가 정통성을 '항일'에서 찾았다. 남한은 이승만 정부부터 헌법 전문에 대한민국은 '3·1운동의 독립정신'을 계승하는 것으로 명시했다. 제헌헌법에서 "대한민국은 기미삼일운동으로 대한민국을 건립하여 세계에 선포한 위대한 독립정신을 계승하여"라고 표현하여 국가의 역사적 정통성을 기미년의 3·1운동에 두었다.[38] '3·1운동의 독립정신 계승'은 한국의 국가 정체성을 드러내는 중요한 가치로 간

35 신효숙, 『소련군정기 북한의 교육』(서울: 교육과학사, 2003), p. 186.

36 신효숙, 『소련군정기 북한의 교육』, p. 188.

37 C. K. Armstrong, *The North Korean Revolution 1945-1950* (Ithaca: Cornell University Press, 2003), p. 7; S. Kim, "Education in the Two Koreas: Analysis of Educational Policy Transfer"(Oxford University Ph.D. Dissertation, 2016).

38 조은희, 「남북한 박물관 건립을 통한 국가 정통성 확립」, 『북한연구학회보』 제13권 1호(2009), p. 308.

주되었고 이는 1987년 헌법까지 일관되게 유지되었다.

북조선도 마찬가지로 일제로부터 독립하고자 하는 항일혁명전통을 강조했다. 1948년 제헌헌법은 소유권과 제도에 관한 실무적인 내용으로 구성되어 있어 항일혁명에 관한 내용이 명시되지 않았다. 그러나 정부 수립 초기부터 항일혁명정신을 북조선 사회주의 체제의 전통이라고 여겨 이것이 보편적으로 강조되었다. 내부 권력투쟁이 진행되면서 1953년 9월부터 항일혁명 역사 중 김일성과 관련된 역사만 '혁명전통'으로 간주하는 변화가 있었고, 특히 무장투쟁에 관한 항일 역사를 통해 국가적 자긍심을 고취했다.

하지만 남과 북은 항일운동을 바라보는 관점이 조금 달랐다. 남한은 일제 시기 항일운동을 '독립운동'으로 규정하면서 독립운동을 항일 정체성으로 추구했다. 역시 상해 임시정부와 민족주의자들은 항일운동을 일제에 빼앗긴 나라를 다시 찾기 위한 '독립운동'으로 생각했다. 하지만 사회주의·공산주의자들은 단순히 독립만을 지향하는 것이 아니라, 이러한 운동이 제도 변혁과 함께 이루어져야 한다고 인식하여 '혁명'으로 규정했다. 제도 변혁을 실현하기 위해서는 민중의 각성이 필요하고, 각성된 민중에 의한 무장투쟁이 필요했다. 따라서 이러한 일련의 과정은 독립운동이 아니라 항일혁명이었다.

남북 항일정신의 또 다른 형태는 일제 잔재를 얼마나 청산했는가 하는 데서 찾는다. 남한은 대한민국 출범 당시 반민족행위특별조사위원회(반민특위)를 설치했으나, 친일파 청산보다 내부 단결과 반공 태세가 더 급하다고 생각하여 일제 잔재 청산에 실패했다. 반면 북한은 친일 부역자들에 대한 단죄나 재산권 몰수를 신속하게 진행했다.[39] 1948

39 박찬석, 「남북한 정통성 논쟁과 국가 정체성 교육」, 『도덕 윤리과 교육』 33호 (2011), pp. 74-77.

년 제헌헌법의 소유권 부분에서 "전 일본국가 일본인 또는 친일분자의 일체 소유는 국가의 소유다"(제5조), "전 일본 국가와 일본인의 소유 토지 및 조선인 지주의 소유 토지는 몰수한다"(제6조)라고 규정하여 일제 잔재 청산을 실질적으로 진행했다.

4. 대한민족주의와 조선민족주의의 출현

대한제국이 발명한 대한민족은 마한·진한·변한의 삼한은 물론이고 더 큰 범주에서 고구려·백제·신라 삼국을 구성한 우리 민족의 근원을 한(韓)민족으로 보는 관념이다. 대한민족주의는 우리 민족이 단군의 자손으로 수백 년 이상 공통의 혈연과 언어, 문화와 역사를 공유해 온 단일민족이라는 의식이다. 이러한 단일민족의식은 1948년 체제 갈등으로 인한 분단에도 불구하고 상당 기간 남한에서 공유되었다. 북조선도 마찬가지로 조선민족은 하나이며 혈통과 언어, 문화와 역사를 공유하는 하나의 민족으로 간주했다. 북조선에서는 조선민족의 해방투쟁과 계급사관에 초점을 맞추어 민족과 역사를 해석한 나머지 조선의 단군시원과 단일민족에 대한 시각이 크게 강조되지 않았으나, 우리 민족이 하나의 민족이라는 관점만은 뚜렷했다.

하지만 남과 북에서 동일하다고 상상한 구성원의 민족의식은 그 내용과 추구하는 바가 너무 달랐다. 남과 북은 서로 다른 정부 혹은 국가가 들어섰으나 그 구성원은 다르지 않다고 생각했다. 우리 민족을 단군으로부터 시작하여 혈통과 언어, 문화와 역사를 공유하는 같은 민족으로 인식했기 때문이다. 그 실체를 한민족으로 호명하든, 조선민족으로 부르든 상관없이 동일한 것으로 상상했다. 같은 민족이 다른 국가를 구성한 것일 뿐 구성원은 동일한 민족의식을 갖고 있을 것으로 여겼다.

서로 같은 민족이라는 가정하에 논리를 전개했으나 실제로는 동일하지 않았다. 남한과 북조선은 각기 자기 입장에서 한민족과 조선민족을 해석함으로써 이미 분열된 민족의식을 배태하고 있었다.

근대 국가 건설 과정에서 1948년 한국과 조선의 정부 수립을 국가 형성으로 보아야 하는가 하는 논란이 진보·보수 진영에서 뜨겁게 진행된 적이 있다. 진보 진영에서는 1919년 4월 11일 대한민국 임시정부의 법통을 잇는다는 대한민국 헌법 서문의 규정대로 임시정부의 법통을 이어 정상적인 정부를 출범한 시점을 1948년으로 보아야 한다고 주장했다. 반면 보수 진영에서는 1919년 임시정부의 선언은 국가의 3대 요소인 영토·국민·주권이 제대로 갖추어지지 않은 상징적인 것으로서, 1948년의 대한민국 출범 선포를 국가 수립의 시작으로 보아야 한다고 주장했다.

한국과 조선은 근대 국가 건설이라는 의욕적인 비전을 가지고 헌법을 제정하고 국가로서 출범했으나 그 내실은 불완전한 부분이 많다. 불완전성을 상징적으로 드러내는 것이 바로 헌법이다. 1948년 제정된 대한민국 헌법(제4조)은 "대한민국의 영토는 한반도와 그 부속 도서로 한다"라고 규정했는데, 실제로 통치가 미치지 못하는 한반도 전체를 대한민국의 영토로 설정하고 있어 명실상부한 국가 건설이라고 보기 어렵다. 북조선도 마찬가지다. 1948년의 헌법 제103조에서 "조선민주주의인민공화국의 수부는 서울시다"라고 명시했는데, 서울이 북조선의 통치권하에 있지 않음에도 남조선 전역을 조선공화국으로 선언한 것은 독자적인 근대 국가 건설로 보기 어렵기 때문이다. 이처럼 한국과 조선이 선포한 영토 조항이 사실상 헌법 현실과 맞지 않았다. 이런 문제만 보아도 한국과 조선이 분단국으로서 근대 민족국가의 불완전한 면모를 드러내고 있었음을 알 수 있다.

유엔과 국제사회도 한국과 조선이 코리아반도 전체를 통치하는 것으로 인정하지 않았다. 유엔과 미국은 일관되게 대한민국이 38선 이남 지역에서만 승인된 합법정부로 인정하며, 한국의 38선 이북 지역에 대한 법적 관할권은 현재까지도 전혀 인정하지 않고 있다.[40] 유엔은 남한에 대해 "유엔한국임시위원단이 감시 및 협의 가능했던 지역에 대해 유효한 통치와 관할권을 갖는 합법정부로 수립되었다"라고 선포했다.[41] 북조선은 유엔의 승인을 받지 않았기 때문에 38선 이남 지역을 북조선의 영토로 규정한 것은 국제적으로 전혀 인정받지 못하는 상황이었다.

한국과 조선의 정부 수립 대 국가 건설 논쟁은 2008년 정부 수립 60주년을 계기로 부각되었다. 정부 수립 60년이 지난 시점에서 돌아보면 모든 영역에서 국가 건설이 진행되었고, 민족 정체성과 정치의식, 경제와 사회, 문화와 교육, 국제적 지위 등에서 많은 발전이 이루어져 60년 전과 확연히 다른 국가로 변모했다. 하지만 한국과 조선으로 분단된 상황에서 전국적 범위를 목표로 헌법을 제정하고 국가와 민족 건설을 시작한 당시의 정황은 아직 민족국가의 면모를 제대로 갖추지 못했다고 보아야 할 것이다. 따라서 국가 건설의 시각에서 보면 1948년 한국과 조선의 출범은 정부의 수립이며 불완전한 국민국가의 건설로 보는 것이 타당하다.

1948년 대한민국과 조선민주주의인민공화국의 출범으로 자유민주주의와 결합한 대한민족주의, 인민민주주의와 결합한 조선민족주의

40 미국 의회조사국, 「북한의 국제적 승인에 관련된 법적 분석」, 『전략연구』 제4권 2호(1997), pp. 191-192; 박명림, 「한국의 국가 건설과 국민 형성의 역사적 이론적 고찰: 거시 역사적 해석과 미시 분석적 접근의 결합을 중심으로」, 서울대학교 통일연구소 편, 『민족공동체의 현실과 전망: 분단, 디아스포라, 정체성의 사회사』(시흥: 서울대학교 통일평화연구소, 2009), p. 34.

41 Y. H. Chyung, *The United Nations and the Korean Question*(Seoul: The U.N. Association of Korea, 1961), p. 8; 박명림, 「한국의 국가 건설과 국민 형성의 역사적 이론적 고찰」, p. 34에서 재인용.

로 분열되었다. 38선 이남에서 한국과 조선이라는 관념의 분화가 일반 대중 차원에서 명확해진 것은 1950년 1월 이범석 국무총리가 발표한 국무원 고시 제7호에 의해서였다. 이에 따르면 "우리나라의 정식 국호는 '대한민국'이나 사용의 편의상 '대한' 또는 '한국'이란 약칭을 쓸 수 있되, 북한 괴뢰정권과의 확연한 구별을 짓기 위하여 '조선'은 사용하지 못한다"라고 했다.[42] 대한 또는 한국은 이미 대한제국이 주창한 삼한 혹은 대한의 계승과 대한민국 임시정부 및 유엔의 승인을 받은 용어로 받아들여졌으며, 조선반도 대신 한반도 등의 용어가 38선 이남에서 보편적으로 정착되었다.

한편, 조선은 유엔의 승인을 받지 못했으나 지정학적 근접성을 기반으로 소련, 몽골, 중화인민공화국 및 동유럽 공산 국가들과 긴밀한 국제관계를 수립했다.[43] 1948년 9월 9일 조선 정부가 수립된 이후 조선은 국가교육을 통해 단군조선이 세운 조선, 1392년 이성계가 세운 조선, 그리고 일제강점기의 조선으로 이어지는 '조선'의 역사적·민족적 정통성을 계승한다는 관념이 형성되었다. 그렇지만 한국과 마찬가지로 당시 조선은 인민민주주의와 사회주의라는 정치의식에 압도되어 민족의 역사성과 정체성에 대해서는 많은 관심을 두지 못했다.

5. 민족 위에 국가

해방 정국에서 미군정청 문교부의 요청으로 진단학회가 편찬한『국사교본』은 분단 초기 국가 건설이 본격화되지 않은 상태에서 한민족의

42 이선민,『'대한민국' 국호의 탄생』, pp. 45-46.
43 김명섭,「조선과 한국: 두 지정학적 관념의 연속과 분화」, p. 130.

기원과 통일신라에 대해 어떻게 기술했는지 파악할 수 있는 좋은 자료다. 이에 따르면 한민족은 민족의 모태가 되는 예·맥족이 총 3단계를 거쳐 중국 북방에서 한반도로 이동해 왔다.[44] 이러한 설명은 1957년 제1차 교육 과정이 발표된 후 작성된 교과서 내용에도 그대로 이어진다. 즉, 예·맥족은 몽고족·만주족·터키족과 같이 아시아 북방 계통에 속하는 종족으로, 중국의 북쪽을 거쳐 여러 집단으로 나뉘어 따뜻한 동방으로 나와 백두산을 중심으로 만주 일대와 한반도에 생활의 터전을 잡게 된 것으로 설명한다.[45] 고조선은 전조선과 후조선, 위만조선으로, 고조선 말기에는 부여와 진국이 공존한 것으로 분석한다.

신라의 삼국통일과 통일신라에 대한 평가는 현재와 크게 다르지 않다. 이 교재에 '대신라'라는 용어가 등장한다. 이 용어는 대체로 신라가 발해와 함께 남북국 시대를 연 것을 긍정하는 의미로 사용하는데, 이 교재에서는 그런 의미라기보다 그냥 통일신라를 지칭한다. 대신라 용어는 북조선이 주장하는 후신라 혹은 후기신라라는 용어와 궤를 같이하는 것인데, 북조선 학자들은 신라의 통일을 부정하고 발해사를 강조하기 위해 후기신라라는 용어를 사용한다.[46] 『국사교본』은 기본적으로 신라의 삼국통일을 인정하고 신라가 고구려와 백제를 통합한 것으로 서술한다. 일제강점기의 시대 구분과 역사 해석을 답습하는 부분이 있기는 하지만, 조선인의 타율성과 종속성을 전제로 기술한 일제강점기 교과서와 달리 한민족의 자주성과 우수성을 강조함으로써 서술 논

44 조영광, 「해방 후 첫 관인 교과서 『국사교본』의 한국 고대사 서술 분석」, 『한국민족문화』 제70권, p. 205.

45 김상기, 『우리나라 역사』(서울: 장왕사, 1959), p. 4.

46 박시형, 「발해사 연구를 위하여」, 『력사과학』 1호(1962); 사회과학원 력사연구소 편, 『조선전사 5: 중세편 발해 및 후기신라사』(평양: 과학백과사전출판사, 1979).

조가 완전히 달라졌다.[47]

해방 정국에서 북조선은 일제강점기 공산주의 운동이 지니고 있던 역사인식을 공유했으며, 역사적 정체성을 체계적으로 정리하지 않은 채 "쏘련을 향하여 배우자"라는 구호를 제창하며 유물론과 맑스주의에 입각한 역사 해석을 했다. 체계적인 역사 정리는 북조선 정부가 들어선 이후에 시작되었다. 북조선은 1948년 10월 2일 '내각 결정 11호'에 의해 '조선력사편찬위원회'를 조직해, 혁명의 정당성을 확보하는 역사 정리를 시작했다. 1949년 1월 14일 자 '내각지시 8호'는 력사편찬위원회의 기본 과제로 식민사관의 극복, 유물사관의 역사법칙에 따른 서술, 사회적 생산기구의 성격과 생성·발전 및 전변관계를 과학적으로 규명할 것을 제시했다.[48]

이러한 이론적 기조하에 국사학계에서는 '민족해방투쟁사'가 중점적으로 연구되었다. 이는 북조선 정권이 "도대체 이 나라가 어떻게 찾은 나라인가, 이 나라를 되찾기 위해서 우리들이 얼마나 피 흘려 싸워왔는가 하는 것을 강조"하고자 한 대목에 잘 나타난다.[49] 이러한 노력의 결과물이 바로 1949년 발간된 『조선민족해방투쟁사』다. 당시 김일성 세력은 건국·건당·건군사업을 주도했으나, 역사학계는 김일성 계열과 일정한 거리가 있는 좌익 인텔리들이 주도하고 있었다.[50] 따라서 맑스-레닌주의 관점에서 서술되기는 했으나 체계적이지 못했다. 이 도서가 이후 "당내에 발호한 종파분자들의 사상적 해독이 끼친 영향의

47 조영광, 「해방 후 첫 관인 교과서 『국사교본』의 한국고대사 서술 분석」, p. 216.

48 이교덕, 『『조선전사』 해제』, pp. 15-16.

49 「좌담: 북한에서는 우리 역사를 어떻게 보는가」, 『역사비평』 통권5호(1988), p. 10.

50 도진순, 「1920년대 민족해방운동사 인식의 추이와 쟁점」, 안병우·도진순 편, 『북한의 한국사 인식 Ⅱ』(서울: 한길사, 1990), pp. 210-211.

결과"라는 혹독한 비판을 받은 것을 보면 현재 북조선의 사회주의 인식과 달리 북조선 초기에는 사회주의 일반의 보편적인 시각에서 역사 서술이 이루어진 것으로 평가된다.[51]

이러한 분위기가 상당 기간 북조선 역사학계에 흐르고 있었음을 북조선도 인정한다. 북조선은 1960년까지도 각종 역사 교재의 편찬에서 맑스-레닌주의의 고전과 소련학계의 연구성과를 받아들이는 데 주력했다. 『쏘련공산당 력사』와 『레닌주의 제 문제』 등의 번역서가 북조선 학계를 계몽했고 "외국 역사에 대한 교과서의 편찬사업은 거의 대부분 쏘련 교과서들에 의거하여" 편찬되었다.[52] 하지만 김일성이 사상사업에서 주체 문제를 제기한 이후 새로운 연구 경향이 형성되었고, 김일성 중심의 항일운동이 주류로 등장했다. 북조선은 김일성 중심의 항일운동을 정리하면서 우리나라에 3·1운동을 계기로 맑스-레닌주의 사상이 전파되었고 1925년 조선공산당이 창건되었으나, 일제의 탄압으로 1928년에 명맥이 끊어져 1930년대 공산주의 운동이 방향을 잡지 못했다고 주장한다. 그런 상황에서 김일성이 1936년 조국광복회 10대 강령을 제시해 항일무장투쟁을 이끌어 갔다는 것이다.[53]

이러한 역사 해석은 전적으로 이데올로기 분단이라는 정치적 현실 때문에 가능했다. 단독정부 수립으로 출발한 남한과 북조선은 역사적 민족 정통성에 기반하여 국가의 정당성을 피력했으나, 정치 이념에 가려져 민족 정체성이 제대로 부각되지 못했다. 다분히 대립적이며 배

51 정용욱, 「남북한 역사학계의 민족해방운동사 인식의 특징」, 정용욱 외, 『남북한 역사인식 비교 강의(근현대편)』(서울: 일송정, 1989), p. 26.

52 김석형, 「8·15해방 후 조선 력사학계가 걸어온 길」, 『력사과학』 6호(1960); 이병천, 『북한학계의 한국 근대사 논쟁』(서울: 창작과비평사, 1989), p. 273.

53 김석형, 「8·15해방 후 조선 력사학계가 걸어온 길」; 이병천, 『북한학계의 한국 근대사 논쟁』, pp. 269-294.

타적 경쟁을 추구한 분단 상황의 한계라 할 수 있다. 남한은 한민족에 대한 대중적 지지가 낮은 상황에서 민족 문제의 부각이 필요했고, 대한제국이 재발견한 '대한'민족의 전통과 정당성에 의존했다. 반면, 북조선은 조선민족에 대한 역사성과 대중적 지지가 있었으나, 사회주의 이념을 앞세워 민족 문제를 그다지 부각하지 않았다.

사실 북조선 안에 민족주의 정서가 없는 것은 아니었다. 식민통치를 경험한 제3세계 국가들처럼 남한과 북조선에도 민족주의는 기본 정신으로 작용했다. 자본주의와 사회주의를 막론하고 민족을 단위로 해방과 독립운동을 전개한 제3세계 나라들의 일반적인 특성을 담고 있었기 때문이다. 북조선의 항일운동역사에서 사회주의와 프롤레타리아 계급운동이 민족주의와 대립하며 투쟁을 전개한 측면은 있으나, 일제에 맞서 독립투쟁을 하는 과정에서 민족과 민족주의는 기본적인 투쟁자원으로 동원되었다. 제국주의 국가들이 세계적 규모의 자본축적을 계속하기 위해 국제주의를 선호한 반면, 제3세계 국가들은 민족 단위의 독립국가를 선호했다. 사회주의가 국제주의를 기치로 내걸며 민족을 소홀히 한 측면은 있으나, 스탈린 시대에 와서는 민족국가를 강조했고 실제로 사회주의 제3세계에서 제국주의에 저항하는 민족의식이 형성되었다. 이는 중국, 베트남, 유고슬라비아, 쿠바 등에서 사회주의가 저항적 민족주의와 실천적으로 융합된 데서 여실히 증명되었다.

이러한 사회 저변의 흐름과 달리 남한과 북조선 정부는 정치 이데올로기를 전면에 내세워 국가 정체성을 확립하고자 했다. 남한은 공산주의 정권에 반대하는 반공사상을 주요한 정치적 목표로 앞세웠고, 북조선은 자본주의와 제국주의에 반대하는 반봉건·반제사상을 전면에 내걸었다. 대한민족주의의 출발은 반공이고 조선민족주의의 출발은 반제·반봉건이었다. 정치와 이념, 국가가 민족을 압도하여, 민족과 역사로서의 대한이나 조선은 더 이상 설 곳이 없었다.

남북에 분열된 두 나라가 수립된 이후에는 국호에 대해 논의하는 것 자체가 금기시되었다. 이남의 보수 일간지 『조선일보』가 조선이라는 명칭을 사용하고 있음에도 북조선의 국명과 관련해서 조선을 언급하는 것은 금지되었고 언론에서도 전혀 다루지 못했다. 국호는 물론 국기와 국가도 접할 수 없었다. 이북에서도 마찬가지였다. 이남 지역을 대한민국이라고 부르지 않고 남조선으로 호명하며 정치적 실체를 인정하지 않았다. 이념 대립에 지배된 한국과 조선의 민족의식은 한국전쟁을 거치며 더욱 적대적 체제로 발전했다.

제2부

냉전기, 남한과 북조선

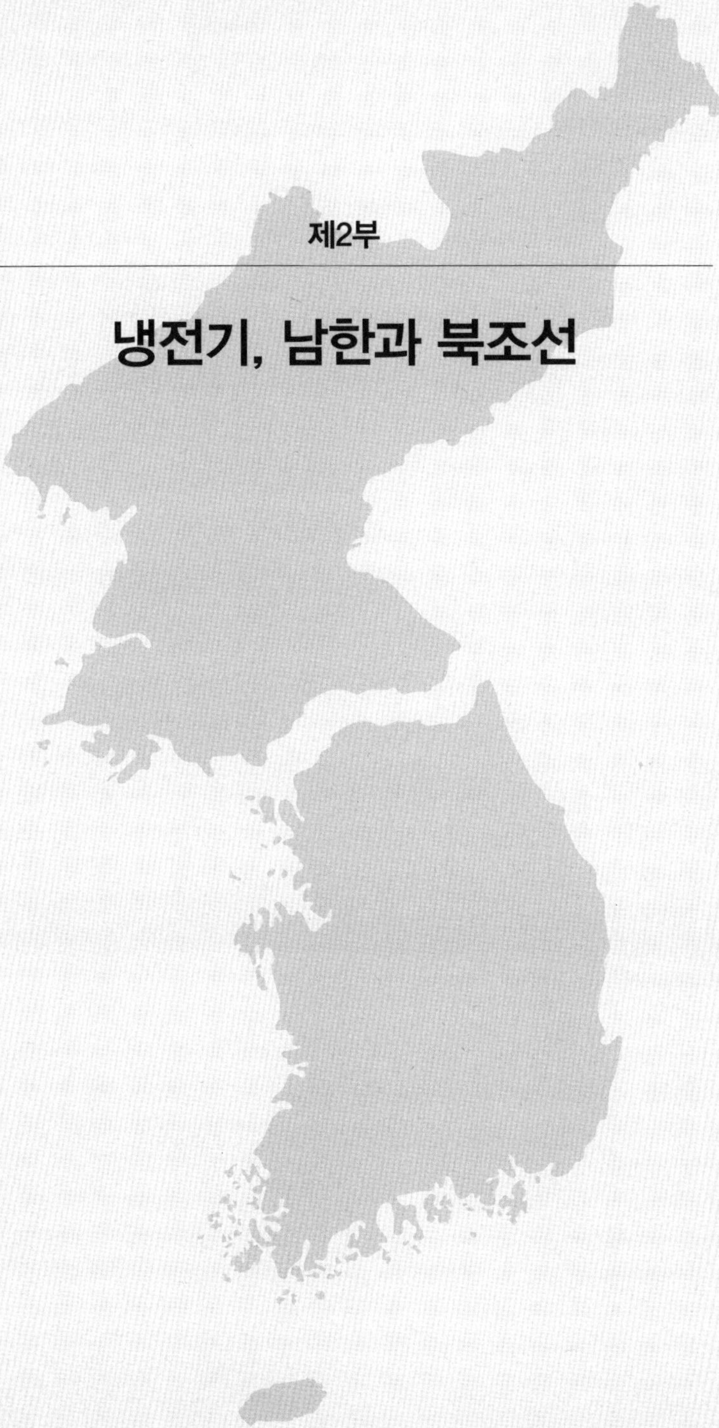

제4장

한국전쟁과 적대적 국가 경쟁

1. 대결적 군사정권 등장

한국전쟁의 효과: 경제재건 필요성

1950년 6월 25일 북한군의 기습적인 남침으로 발발한 코리아전쟁은 3년 동안 지속되면서 남과 북의 국가 건설 과정에 엄청난 충격을 주었다. 조선의 전면 공격으로 일시에 점령당한 한국은 미국과 유엔 연합군의 도움으로 한반도를 거의 탈환했으나, 중국 인민군의 개입으로 전세가 다시 역전되어 원래의 분단 상태로 되돌려졌다. 한국에서는 6·25 전쟁으로, 조선에서는 조국 해방전쟁으로 부르는 한국전쟁은 남북 간 내전으로 촉발되었으나 미국과 소련, 중국이 참전한 국제전 성격을 띤다.[1] 제2차 세계대전 이후 자유민주 진영과 공산 진영이 대립한 끝에, 세계 냉전 갈등이 폭발하여 발생한 첫 전쟁이었다. 전쟁은 3년간 이어졌고, 1953년 7월 27일 유엔군 측과 공산군 측은 오랜 논의를 거쳐 휴

1 박태균, 『한국전쟁』(서울: 책과함께, 2005).

전협정을 체결했다.[2] 협정에는 유엔군 측 대표로 당시 유엔군 총사령관이던 마크 클라크(M. Clark)가, 공산군 측 대표로는 중공인민지원군 사령관 펑더화이(彭德懷)가 참여했고, 조선인민군 최고사령관 김일성이 서명했다. 이승만 대통령은 통일을 주장하며 끝까지 서명을 거부하여 정전협정은 한국을 제외한 미국과 중국, 조선의 3국 대표가 서명했다.

한국전쟁은 남북한에 심대한 피해를 주었을 뿐 아니라 사회 모든 분야에 전면적인 변화를 초래했다. 분단으로 산업 구조의 불균형이 발생하여 남북한 모두 심각한 타격을 입은 데다, 남아 있던 시설과 가옥이 폭격으로 파괴되어 한반도는 사회·경제적 기반이 완전히 붕괴되었다. 1949년 한 해 국민 총생산에 맞먹는 재산상의 피해가 발생하여 국민 총생산은 14% 감소하고 농업 생산은 27% 감소했다. 휴전 직후 집을 잃고 거리에서 방황하는 전재민의 수가 200만여 명에 이르렀고, 굶주림에 직면한 사람은 전체 인구의 20~25%나 되었다.

더 심각한 것은 인적 피해였다. 수많은 인명 피해가 발생하고 부상자들이 속출하여 경제를 복구해야 할 인적자원이 부족했다. 남한의 인적 피해 규모는 군인과 민간인을 포함하여 사망자와 실종자가 대략 85만 2,000명, 부상자는 약 111만 5,000명으로 평가된다.[3] 당시 남한의 인구가 2,000만 명이었으니 전쟁으로 인한 인적 손실은 전체 인구의 4.2%에 해당하는 큰 규모였다. 피해는 북한 지역도 마찬가지였다. 전

2 휴전협정의 공식 명칭은 '유엔군 총사령관을 일방으로 하고 조선인민군 최고사령관 및 중국인민지원군 사령원을 다른 일방으로 하는 한국 군사정전에 관한 협정(Ageement between the Commander-in-Chief, United Nations Command, on the one hand, and the Supreme Commander of the Korean People's Army and the Commander of the Chinese People's volunteers, on the other hand, concering a military armistice in Korea)'이다.

3 유완식·김태서, 『북한 30년사』(서울: 현대경제일보사, 1975), pp. 137-138; 전쟁기념사업회, 『한국전쟁사 제1권: 요약통사』(서울: 행림출판사, 1990), p. 480.

쟁으로 북조선의 광업 생산력은 80% 감소했고 공업 생산력은 60%, 농업 생산력은 78% 감소했다. 사망자도 120~130만 명으로 남한보다 더 큰 손실을 입었다.[4]

한국전쟁은 남북한 국가 건설의 방향과 추동력에 막대한 영향을 끼쳤다. 포터(B. Porter)가 잘 지적한 바와 같이 전쟁은 사회 조직을 생성하기도 하고 해체하기도 하며 재구성하기도 한다.[5] 전쟁은 중앙집권화와 관료주의 및 조세 확장을 촉진함으로써 정부 조직의 성장 계기를 부여하며, 강력한 지도력을 발휘할 기회를 제공함으로써 정치 지도력을 공고하게 한다. 그러나 그와 반대로 전쟁을 통해 국가 조직과 재정이 파괴되고 그 후유증으로 혁명이 발생하는 등 사회 해체의 결과를 맞기도 한다. 대체로 전쟁은 구성원을 사회화하며 국가의 대중적 기반을 구축하는 등 사회 통합의 효과를 만들어 낸다. 나아가 계급 간 차이를 무너뜨리면서 사회 평준화를 촉진하고 개혁을 촉발하는 사회 재구성 효과도 있다.

한국전쟁은 남한의 반공주의와 북조선의 반제주의를 강화하며, 두 국가는 민족 정체성보다 상호 간 적대적 정체성을 더 강화하는 경향으로 발전했다. 전쟁 경험으로 남한과 북조선은 반공과 반제로 터득한 상호 배제와 대립적인 태도 및 성향을 국가와 체제 안에 장착했다.

4 김병로, 「한국전쟁의 인적 손실과 북한 계급정책의 변화」, 『통일정책연구』 제9권 1호(2000), pp. 219-242. 북한은 2014년 11월 「자체인권보고서」를 통해 한국전쟁 시기에 북한 주민 123만 명이 목숨을 잃었다고 밝혔다. 조선인권연구협회, 『조선인권연구협회 보고서』(2014. 9. 13), p. 76.

5 B. D. Porter, *War and the Rise of the State: The Military Foundations of Modern Politics* (Florence: The Free Press, 1994), pp. 11-20.

남북 군사정권과 체제 경쟁

1960년대 남북한은 군사정권이 들어섬으로써 물리적 대립과 충돌을 겪는다. 남한에는 박정희 군사정부가 들어서고 북조선에는 '빨치산' 군사정부가 들어서 격렬한 대치 국면을 맞는다. 1960년대 남북관계의 상황 변화는 남한으로부터 시작되었다. 1961년 5월 16일 박정희 군사정권은 5·16군사정변을 일으키고 그것을 혁명으로 정의하며 그 목적으로 반공과 경제발전을 내걸었다. 군사혁명위원회가 발표한 6개 항의 혁명공약을 보면 북한 공산주의에 대응하고 북한을 뒤엎을 수 있는 역량 구축을 혁명의 명분으로 앞세웠다. 혁명공약의 제1항은 "반공을 국시의 제1의로 삼고 지금까지 형식과 구호에만 그쳤던 반공의 태세를 재정비, 강화함으로써 외침의 위기에 대비"한다는 것이었고, 제5항에는 "북한 공산 세력을 뒤엎을 수 있는 국가의 실력을 배양함으로써 민족적 숙원인 국토통일을 이룩한다"라고 천명했다.[6] '5·16혁명'의 중요한 명분을 "반공과 공산 세력 축출"에 둔 것이다.

반공을 혁명공약으로 내건 군사정권은 반공체제를 재정비·강화하는 작업에 착수했다. 좌익사범 혐의로 2,000여 명을 체포하고 1961년 7월 3일 반공법을 제정·공포했다. 반공법은 국가보안법과 겹치는 부분이 많았으나, 공산주의 활동에 관한 처벌 위주로 되어 있어 국가보안법에 대한 특별법 성격을 띠었다. 또한 5·16군사정변 이전에 체포·구속된 사람들에 대하여 반공법을 소급 적용함으로써 사법체계의 원칙인 소급 입법 금지 원칙을 훼손했다. 이러한 법률적 문제에도 불구하고 반

6 양영식, 『통일 정책론: 이승만 정부로부터 김영삼 정부까지』(서울: 박영사, 1997), p. 150.

공법은 5·16군사정권의 반공주의를 실행하는 강력한 수단이 되었다.[7]

5·16군사정변은 즉각 북한에 영향을 주어 남북관계는 새로운 국면으로 접어든다. 북조선은 박정희 군사정권의 집권에 대해 미국이 남한을 앞세워 북한을 군사적으로 압박하려는 기도로 판단하고 적극적인 군사 대항체제를 구축했다. 아울러 남한의 군사정변을 심각한 군사적 위협으로 간주하고 두 달 후인 7월 소련 및 중국에 군사적 도움을 요청했다. 1953년에 체결된 '한미 상호 방위조약'(1954년 발효)을 주시하던 북조선은 남한의 군사정권 등장에 위협을 느끼자 소련 및 중국과 일종의 방위조약을 체결하고자 한 것이다. 1961년 7월 6일 김일성은 소련을 방문하여 '조소(朝蘇) 우호협력 및 상호 원조에 관한 조약'을 체결하는 한편, 11일에는 중국을 방문하여 '중조(中朝) 우호협조 및 상호 원조에 관한 조약'을 체결했다. 이처럼 한국전쟁 후 '한미 상호 방위조약' 체결에도 중국이나 소련과 군사동맹 문제를 논의하지 않던 북조선이 5·16군사정변 직후 중국 및 소련과 정치군사 동맹조약을 체결한 것은 남한에서 발생한 군사정변을 심각한 위협으로 인식했다는 방증이 된다. 이 조약은 일방이 폐기 의사를 표시하지 않는 한 5년마다 자동으로 연장되도록 되어 현재까지도 유지되고 있다.[8]

북조선의 이러한 군사적 위기의식은 1961년 9월에 개최된 조선로동당 4차대회에서 김일성과 함께 무장투쟁했던 이른바 빨치산 군부 세력이 대거 정치 전면에 나서는 계기를 제공했다. 김일성 세력은 1956년 8월 종파사건으로 당내 권력을 장악하기는 했으나 정치 전면에 공

7 반공법은 1980년 12월 31일 신군부 세력이 주도한 국가보위입법회의에서 폐지되고 그 내용의 일부는 국가보안법으로 통합되었다.

8 김병로, 『북한, 조선으로 다시 읽다: 북녘에 실재하는 감춰진 사회의 심층분석』(서울: 서울대학교출판문화원, 2016), p. 134; 김병로·전재성·박인휘, 『한국형 발전 모델의 대외관계사』(고양: 인간사랑, 2018).

개적으로 나서지는 않았다. 그러나 남한의 군사정권 등장이 이들에게 좋은 명분을 제공했다. 1961년 9월 18일 소집된 당중앙위원회에 새로 충원된 위원과 선출된 간부의 비중이 기존 30%에서 80%로 늘어난 데서 그 단면을 알 수 있다.[9] 김일성 세력은 남한의 군사정권에 대항하는 강력한 정치체제를 구축하려면 북조선에서도 군사 경험을 가진 사람들이 정치 일선에 나서야 한다는 논리를 내세웠다. 이에 정치 전면에 나서지 않던 빨치산 세력들이 남한의 5·16군사정변을 계기로 최고인민회의 대의원으로, 당과 정부의 각 기관으로 진출했다. 이렇게 남한 군사정권에 대항하는 또 다른 '군사정권'이 북조선에 구축되었다.[10]

남한에 1961년 군사정부가 들어선 시기와 맞물려 북조선에서도 김일성 빨치산 '군사정권'이 들어선 점은 매우 흥미롭다. 정치·군사 영역에서 남북 간 분단효과가 작용한 셈이다. 북조선의 '군사정권'은 1960년대 후반 남한과 미국에 대해 공세적 무력도발을 강행함으로써 한반도의 안보 불안을 심각하게 고조시켰다. 또한 남북한 군사정권 모두 1960년대 후반 권위주의 체제로 이행하여 1970년대 초 각각 유신체제와 유일체제를 구축하는 결과를 낳았다. 이런 점에서 1960년대 형성된 남북한 군사정부는 냉전기 남북관계를 이해하는 핵심 고리라 할 수 있다.

9 전현준 외, 『北韓의 權力엘리트 硏究』(서울: 민족통일연구원, 1992), pp. 34-42; 서동만, 『북조선 사회주의 체제 성립사 1946-1961』(서울: 선인, 2005), pp. 788-800.

10 김병로, 「분단체제와 분단효과: 남북관계의 상호작용 방식과 영향 분석」, 『통일문제연구』 제25권 1호(2013), p. 229.

2. 경제건설 전략 경쟁

‘선건설 후통일’

한국전쟁 이후 남북한의 국가 경쟁은 경제건설로 완전히 전환되었다. 전쟁으로 폐허가 된 나라를 일으키기 위해 경제건설에 주력하지 않으면 안 되는 상황이었다. 어느 쪽이 먼저 파괴된 산업시설을 복구하며 경제부흥을 일으키는지가 체제의 정당성을 증명하는 관건이었다. 북조선은 전쟁 이후 천리마 운동과 협동농장화 등 전 인민을 동원하는 경제건설을 시작했다. 전쟁으로 파괴된 물적 토대를 재건하는 데는 이러한 주민동원 정책이 큰 성과를 거두었다.

5·16군사정변으로 들어선 박정희 군사정권은 ‘경제개발 5개년 계획’을 추진했다. ‘군사혁명’의 명분을 ‘반공’과 ‘경제발전’에 두었던 박정희 정부에서 경제개발은 정권의 사활이 걸린 문제였다. 이른바 ‘선건설 후통일’로 대변되는 경제건설 우선 추진은 박정희 정부가 추구한 국가 운영 방향이었다. “통일의 길은 경제건설과 민주역량의 배양으로 우리의 경제, 우리의 민주주의가 북한으로 넘쳐흐를 때 그것이 곧 통일이다”라는 연설은 ‘선건설 후통일’ 정책을 그대로 보여 준다.[11]

‘선건설 후통일’ 의지는 김일성과의 경쟁에서 이겨야 한다는 박정희의 개인적 신념에서도 연유했다. 박정희의 개인적 경험에서도 김일성은 강력한 경쟁자였기 때문이다. 일제강점기 만주군관학교를 졸업한 박정희는 당시 중국의 동북 지역에서 활동하던 김일성에 대해 익히 들어 왔고 일제의 공산주의자 토벌에도 참여한 바 있다. 이에 두 사람은

11 국토통일원, 『남북대화백서』(서울: 국토통일원, 1988), p. 453; 양영식, 『통일정책론: 이승만 정부로부터 김영삼 정부까지』, p. 152.

서로 적이자 경쟁자였다.

박정희 대통령은 1965년 미국 방문을 계기로 베트남 파병을 시작하고 조국 근대화 정책을 추진하면서 반공 정책도 가속화했는데, 그 배경에는 공산권 확장에 대한 위협인식이 깔려 있었다. 1968년의 연설을 보면 "그들은 드디어 평화의 가면을 벗어 던지고, 무력 통일을 위한 침략 정책을 노골적인 행동으로 옮기고 있습니다. 이제 우리는 도탄에 빠진 북한동포를 영농 적위대란 이름 밑에 군사 훈련에 동원해 왔고 전 북한 천지를 병영화하고, 병기 공장화하는 등 전쟁 준비에 광분해 왔던 북한 괴뢰가, 이 땅에서 월남에서와 같은 '게릴라'전을 획책하고 또다시 무력 남침을 도모하고 있다는 엄연한 현실을 똑바로 보고, 이를 분쇄할 수 있는 실력 배양에 힘써야 할 중차대한 시점에 처해 있습니다. 이러한 현실 속에서 우리는 지난날처럼 점심은 평양에서 먹고, 저녁은 신의주에서 먹을 수 있다는 막연한 호언장담으로 귀중한 시간을 허송할 수 없습니다. 또한 적이 들이닥쳤을 때 불리하면 한강 남쪽으로 넘어가고 뿔뿔이 살 길만을 찾아 피난길로만 달리려는 생각도 버려야 합니다"라고 말했다.[12]

남한이 지속적으로 '5개년 계획'을 추진한 것이 일본의 영향을 받은 것인지, 북한의 영향을 받은 것인지 확실하지 않지만, 북한과 체제 경쟁을 하던 당시 상황에서 경제개발에 대한 시급성만큼은 북한에 자극을 받았을 가능성이 크다. 전후 천리마 운동으로 급성장한 북한의 경제를 따라잡고 앞서기 위해서는 북한보다 더 빨리 경제성장을 이룩해야 한다는 조급함이 없었을 리 없다. 적어도 북조선에서는 남한이 북조

12 박정희 대통령, 「6·25동란 제18주년에 즈음한 담화문」(1968. 6. 25); 전재성, 「분단 70년의 국제환경, 대내구조, 남북 관계의 조명」, 『통일정책연구』 제24권 1호(2015), p. 11에서 재인용.

선의 경제개발 계획을 모방한 것으로 이해했다. 김일성은 1961년 9월 4차당대회에서 남한이 북조선을 모방하여 '경제개발 5개년 계획'을 추진하려 하고 있지만 이는 무모한 발상이라고 일축했다.[13] 당시는 남북간 비밀리에 상호 접촉이 진행되던 때여서 북조선의 경제성장 관련 정보를 충분히 접할 수 있었다.

주체와 추격: 남북한 발전전략 경쟁

전쟁 직후 남한은 미국의 원조로 내수 지향적인 소비 혹은 농광산물 수출 위주의 시장경제체제 도입을 시도했으나 실현하지 못했고 미국 행정부와 심각한 갈등만을 초래했다.[14] 그 이유는 이미 일본의 수출 중심 공업화로 인한 발전에 매료되었고, 전쟁 이후 군사적 증강의 필요성을 더욱 실감하여 공업 위주의 발전을 추구하고자 했기 때문이다. 1950년대는 냉전이 세계적으로 거부할 수 없는 정치사상적 조류였다. 이러한 냉전체제 상황에서 국가 발전이란 국력의 신장을 의미했고, 그것은 곧 군사력 증대, 공업화와 동일시되었다. 특히 전쟁을 경험한 남북한은 군사력 증대야말로 국가 발전이라는 사실을 더욱 실감했다. 군사 대결의 조건 속에서 북조선 사회주의 체제는 물론 남한 자본주의 체제도 경제발전 원리로서 서구식 소비주의(consumerism)에 반대했다.

박정희 정부 시기 남한은 일본의 발전전략을 차용하여 내수 중심이 아닌 수출주도형 발전전략으로 전환했다. 일본이 구사했던 발전전

13 김일성, 「조선로동당 제4차 대회에서 한 중앙위원회 사업총화보고」(1961. 9. 11), 『김일성 저작집 15』(평양: 조선로동당출판사, 1981), p. 631.

14 D. C. Cole and N. L. Princeton, *Korean Development: The Interplay of Politics and Economics* (Cambridge: Harvard University Press, 1971), pp. 209-210.

략을 그대로 답습하되 '더 빨리 더 값싸게' 한다는 전략으로, 일본이 30년 걸려서 했던 경제발전을 남한은 10년에 할 수 있도록 속도전으로 따라잡는다는 것이었다. 특히 박정희 정부는 제조업이 압도적 비중을 차지하는 공업화 위주의 수출주도형 발전을 추진했다.[15] 일본을 따라잡기 위한 추격전략을 실행하기 위해 일련의 경제개발 5개년 계획을 세우고, 1965년에는 일본과 국교를 정상화했으며, 1966년에는 외자도입법을 제정하여 외국 자본과 기술을 적극적으로 이용하면서 일본의 발전방식을 더욱 차용했다. 수출 패턴, 현시비교우위(RCA) 패턴, 기술유입과 제품의 집중화 등 경제발전의 모든 분야에서 일본의 전략을 그대로 따라 했다.[16]

이처럼 국민들의 요구가 우선 경제발전에 있는 상황에서 박정희 정부는 정권의 정당성을 확보하고 물적 기반을 강화하고자 정부 주도의 자본주의를 발전시켜 나갔다.[17] 그 결과 제1차 경제개발 5개년 계획이 마무리된 1966년 국민총생산(GNP)은 연간 8.5%의 높은 성장률을 달성했으며, 1인당 GNP는 122.5달러로 1960년에 비해 40.8% 증가했다. 제2차 경제개발 5개년 계획 기간(1967~1971년)에는 식량자급, 수출증대, 철강·화학공업의 기계화에 주력하여 연평균 9.6%의 경제성장을 이룩했고, 1인당 GNP는 1962년 239달러에서 437달러로 2배 이상 증가했다.[18] 수출주도형 발전전략으로 1960년대에 1.8%, 1970년대에는 4.2%의 추가 경제성장을 이루었다.[19]

15 Hyun-Chin Lim, *Dependent Development in Korea 1963-1979* (Seoul: Seoul National University Press, 1985), p. 52.

16 P. A. Petri, "Korea's Export Niche: Origins and Prospects," *World Development* Vol. 16 No. 1 (1988), pp. 54-58.

17 김인걸 외, 『한국 현대사 강의』(파주: 돌베개, 1998), p. 297.

18 김성환 외, 『1960년대』(서울: 거름, 1984), pp. 282-285.

박정희 정부 초기의 외연적 성장에서 벗어나 중공업 건설 위주의 내포적 성장으로 도약하려는 야심찬 계획이 좌절되고, 남한이 수출주도형 산업화 전략으로 선회한 배경에는 미국의 개입과 요청이 있었다.[20] 미국 정부의 정책 목표 가운데 하나는 일본의 자본과 한국의 저임금 노동력을 결합시켜 한국의 경제발전을 추진하는 것이었다. 따라서 미국은 한일관계 진전을 바탕으로 한 수출지향형 공업화를 선호했다. 그렇다고 미국의 압력이 그대로 반영된 것은 아니었다. 미국의 중소기업 중심의 수출 정책 요구에도 불구하고, 박정희 정부는 대기업 위주의 정책을 관철시켰다. 한일관계 정상화와 한국군의 베트남 파병 등 미국의 요구를 적극 수용해 왔기에 가능한 것이었다.[21]

한편 일본의 전략이 남한에 호소력을 지녔던 이유는 남한의 정치·경제 지도자들 대부분이 일제강점기의 관료들로, 일본어에 익숙했고 식민지 통치하 일본의 발전 정책, 즉 메이지 유신으로 인한 경제부흥을 잘 알고 있었기 때문이다. 일본을 모방하겠다는 의지는 제2공화국의 장기적인 경제발전 계획 수립을 가능케 했으며 박정희의 등장으로 더욱 박차를 가했다. 특히 박정희는 일제강점기 일본이 세운 만주군관학교에서 군사교육을 받아 일본에 호감을 갖고 있었으며, 그의 메이지 유신에 대한 남다른 관심은 일본의 경제 정책을 모방하는 데 결정적인 요소가 되었다.[22]

19 A. Michell, *From a Developing to a Newly Industrialized Country: The Republic of Korea, 1961-82* (Geneva: International Labour Office, 1988), pp. 30, 32.

20 기미야 다다시, 『박정희 정부의 선택: 1960년대 수출지향형 공업화와 냉전체제』(서울: 후마니타스, 2008) pp. 122-187 참조.

21 박태균, 『원형과 변용: 한국 경제개발계획의 기원』(서울: 서울대학교출판부, 2007), pp. 330-344.

22 Young-Whan Kihl, *Politics and Policies in Divided Korea: Regimes in Contest* (Bounder: Westview Press, 1984), p. 122.

북조선의 국가 발전전략은 제3세계 발전론과 종속 이론의 연장선에 존재한다. 제3세계 국가들은 식민지 지배에서 해방되어 새로운 국가 건설을 시작하면서 자본주의 국가들과 다른 전략을 선택했다. 자본주의 국가들이 선진국들과 긴밀한 교류와 협력을 통해 선진국을 따라잡기 위한 추격형 발전전략을 추구한 반면, 제3세계는 자본주의 선진국과 교류를 단절하고 내부자원 동원 위주의 자립적 발전전략을 추진했다. 이런 자립적 국가 발전전략은 마침내 1967년 12월 16일 최고인민회의 제4기 1차 회의에서 정치에서의 자주, 경제에서의 자립, 국방에서의 자위, 사상에서의 주체라는 북조선 정부 정강의 발표로 이어졌다.[23] 이 자주-자립-자위-주체의 정부 정강은 북조선 사회주의 혁명의 가장 높은 수준의 목표로, 현재까지도 변함없이 견지되고 있다.

주체전략의 핵심은 '경제-국방건설 병진 노선'과 '농업-경공업 동시 발전'이다. 경제-국방 병진 노선은 전쟁을 대비하되 전시체제가 장기화할 것에 대비하여 경제건설과 군사건설을 동시에 진행하고, 특히 경제건설을 군사적 관점에서 추진한다는 정책이다. 북조선은 경제와 국방건설의 병진 노선과 농업과 경공업 동시 발전 실현을 위한 구체적인 전략으로 군(郡)을 기본 단위로 한 국가 발전을 구상했다. 이러한 기본 개념을 바탕으로 1964년 김정일은 북조선 발전전략에서 '군 단위'의 독특성을 발전시켜 대학 졸업 논문을 완성했다.[24] 북조선에서는 이러한 발전 구상이 경제적 측면에서 군의 역할을 강조한 맑스의 이론을

23 김일성, 「국가 활동의 모든 분야에서 자주 · 자립 · 자위의 혁명정신을 더욱 철저히 구현하자」(조선민주주의공화국 최고인민회의 제4기 제1차 회의에서 발표한 조선민주주의인민공화국 정부 정강, 1967. 12. 16), 『김일성 저작집 21』(평양: 조선로동당출판사, 1983), pp. 481-548.

24 김정일, 「사회주의 건설에서 군의 지위와 역할」, 『근로자』 3월호(1985), pp. 3-27.

전쟁 가능성이 상존하는 한반도라는 특수한 상황에 창조적으로 접목시킨 이론이라고 설명한다. 이러한 발전전략으로 전국 200여 개의 시·군·구역을 기본 단위로 한 지역자립체제가 확립되었다.[25]

이 시기 제3세계의 국가 발전전략은 국제적으로 뜨거운 쟁점이었다. 세계 자본주의 체제의 속성상 선진국이 제3세계를 착취하고 억압하는 구조여서 그 체제 안에 있는 국가는 발전할 수 없다는 논리가 팽배했다. 세계 자본주의 체제와 단절하고 독립적인 체제를 구축해야만 국가의 발전이 가능하다는 종속 이론의 주장이 꽤 설득력을 얻었기 때문이다. 북조선은 세계 자본주의와의 관계를 단절하고 자력갱생에 의한 주체 발전전략을 추구했으며, 남한은 세계 자본주의와 관계를 밀착해 선진국의 경험을 따라잡는 방식의 추격발전전략을 선택했다. 이처럼 남북한의 대비되는 국가 발전전략은 당시 두 나라에 있어서는 가보지 않은 길을 가야 하는 쉽지 않은 선택이었으며, 성공과 실패에 국가의 정당성이 달려 있는 중요한 결정이었다.

주체사상 노선과 남조선 무력혁명

전쟁 이후 북조선은 '주체사상'을 국가 이념으로 발전시켜 줄곧 정체성의 기반으로 삼고 있다. 1955년 12월 28일, 김일성은 당 선전선동 일군들 앞에서 한 "사상사업에서 교조주의와 형식주의를 퇴치하고 주체를 확립할 데 대하여"라는 연설에서 처음으로 '주체'라는 구호를 들고 나왔다. 주체 구호를 이야기한 것은 중국과 소련 사이에서 줄타기 외교로 이익을 극대화하려는 외교전략 측면이 없지는 않으나, 사회 내부적으로 사대주의를 비판하며 주체성을 확립할 필요가 더 컸기 때문이다. 사

25 김병로, 『북한의 지역자립체제』(서울: 통일연구원, 1999), p. 139 참조.

상에서 주체를 확립해야 한다는 신념은 1950년대와 1960년대에 대외 자주성의 원칙과 혁명적 군중 노선을 강조하는 것으로 시작되었다. 이 시기에 주체사상은 자주성에 기초한 사회주의 발전전략과도 상통하는 의미로 사용되었다. 식민통치를 겪은 제3세계 국가들과 같이 북조선은 비동맹 노선을 추구하며 자주외교, 자립 경제, 자위국방 등 국가 발전 전략 원칙을 초기 주체사상의 핵심 노선으로 확립했다.

그 배경에는 1961년 9월 구축된 '빨치산 군사정권'이 있었다. 이 군사정권은 북조선을 군사 중심 체제로 완전히 바꾸었다. 북조선이 전시 대비체제를 강화한 데는 1962년 10월에 발생한 쿠바 미사일 위기와 미소 간 군사적 대립 격화가 어느 정도 작용했으나, 이 상황을 해석하고 이끌어 간 주체 세력이 더 주요하게 작용했다. 국제 정세나 한반도 정세를 안보 중심적으로 해석하고 국가 운영제도를 군사체제로 바꾸어 놓은 주체는 바로 4차 당대회 이후 등장한 빨치산 군부 세력이었다. 이 빨치산 군부세력은 1962년 12월 당중앙위원회 제4기 5차 전원회의에서 '4대 군사 노선'을 천명하고 전시 대비체제를 다시 강화했다. 새로 충원된 빨치산 '군부 세력'은 국방에서의 자위 원칙을 천명하고 이를 실현하기 위한 군사전략으로 전민의 무장화, 전 국토의 요새화, 전군의 간부화, 장비의 현대화라는 4대 군사 노선을 추진했다.

1966년 10월 개최된 제2차 당대표자회에서는 남한의 군사력 증강이 5·16군사정변 이후 지속되어 왔다는 점에 주목하며 북조선의 군사 중시 전략의 타당성을 강조했다.[26] 대내적으로 4대 군사 노선과 경

26 "남조선에 대한 미제의 식민지 예속화 정책에서 기본으로 되고 있는 것은 남조선을 미국의 군사 침략기지로, 군사적 부속물로 만드는 것입니다. (…) 미제국주의자들은 남조선에 수만 명의 미군과 추종국가 군대를 배치하고 있으며 60여 만에 달하는 방대한 괴뢰군을 유지하고 있습니다. 그들은 아세아에 대한 《원조》 총액의 40%를 남조선에 투입하고 그 80% 이상을 군사 장비의 공급과

제-국방 병진 노선을 천명하며 적극 추진하는 한편, 군사비도 대폭 증가했다. 1960년대 초반 1~3%에 불과하던 국방비 예산이 1964년부터 10.0%로 늘어나더니 1967년에 30.4%로 대폭 상승했다.[27] 이러한 군사력 증강을 바탕으로 대남과 대외 부문에서 실질적인 무력혁명과 군사적 대응을 집중적으로 전개했다. 1960년대 후반 북조선이 전개한 수많은 무장 활동, 예컨대 청와대 습격 사건이나 울진·삼척 무장공비 침투 사건, 푸에블로호 납치 사건, 미국의 EC-121정찰기 격추 사건 등이 모두 이 시기에 전개되었다.[28] 이러한 대내 무력증강과 대남 및 대외 무장공격 활동은 정치 일선에 들어선 빨치산 군부 세력에 의해 전면적이고 실질적으로 추진되었다.

북조선의 이러한 군사적 움직임은 박정희 군사정부로 하여금 더 적극적인 대결과 대립체제를 유지하도록 만들었다. 북조선의 각종 군사적 도발이 이 시기에 집중적으로 발생한 것은 우연이 아니다. 1960년대에 남북 간 물리적·군사적 공격과 살상이 광범위하게 진행된 이유는 남북한에 실질적인 군사정부가 들어서면서 본격적인 체제 경쟁이 시작되었기 때문이다. 경제성장을 바탕으로 국가 건설을 추구하는 자본주의/사회주의 체제 경쟁이 시작되었던 것이다.

괴뢰군 유지비에 충당하고 있습니다. (…) 전술적 핵무기와 유도무기 등 대량 살륙무기들이 계속 남조선에 실려 오고 도처에서 군사시설들이 확장되고 있으며 남조선 전역에 걸쳐《전시태세》가 강화되고 있습니다. (…)《군사정변》이후 남조선 괴뢰정부 예산에서 군사비 지출은 2배 이상으로 장성했으며 군사적 의의를 가지는 일련의 산업 부문들에 대한 투자가 증대되고 있습니다." 김일성, 「현 정세와 우리 당의 과업」(조선로동당 대표자회에서 한 보고, 1966. 10. 5), pp. 449-450.

27 김진환, 「남북 군사관계 60년」, 이화여자대학교 통일학연구원 편, 『남북관계사: 갈등과 화해의 60년』(서울: 이화여자대학교출판부, 2009), p. 155.

28 임종일, 『연표로 보는 제3공화국』(서울: 영언문화사, 1993), p. 87; 김성환·김정원, 『1960년대』, p. 393.

3. 일본과 중국의 개입

한반도의 분단과 전쟁을 거치면서 대립적인 제도 및 정책들이 남북한에서 동시에 시도되었다. 앞서 살펴보았듯이 1945년 8월 15일 남한이 대한민국 정부 수립을 공포한 지 3주 만에 북한은 9월 9일 조선민주주의인민공화국을 선포했다. 분단 직후 남북한의 토지개혁 시행 과정에서도 이러한 '분단효과'가 작용했다. 1946년 3월부터 북조선이 토지개혁을 실시하자 남한도 1947~1949년 농지개혁을 시행했다. 남한이 농지개혁법과 같은 진보적인 법안과 사회개혁 정책을 시행한 것은 북조선에서 토지개혁이 이미 진행되고 있었기 때문이다. 한국전쟁 중에 시행했던 남한의 농지개혁도 북한이 남한 점령 기간에 실시했던 인민위원회의 사회주의적 토지개혁 경험 때문에 쉽게 추진할 수 있었다. 이처럼 남북한은 초기 제도와 정권 수립 과정에서 비슷한 제도와 정책을 경쟁적으로 채택하고 시행했다.

1960년대 남한과 북조선의 국가 정체성 형성 과정에서 흥미로운 변화는 일본과 중국의 영향이 확대되었다는 점이다. 일본으로부터 36년 식민통치의 치욕적 역사를 경험한 한국으로서는 일본과의 협력이 쉽지 않았다. 그러나 한국전쟁이 발발하자 일본은 한반도에 관여할 기회가 생겼다. 미국은 아시아에서 중국의 역할을 기대했으나 중국이 공산화됨으로써 일본의 협력이 필요했다. 더구나 1950년 10월, 중공군의 개입으로 전황이 악화되자 일본의 도움이 절대적으로 필요했다. 한국이 일본의 협력을 바라지 않았기 때문에 일본이 직접 개입하지는 않았으나, 미일 간 협력 채널을 활용하여 일본은 유엔군을 지원한다는 명분으로 한국전쟁에 간접적으로 개입했다.[29]

29 이종판, 「한국전쟁 당시 일본의 역할에 관한 연구: 일본의 대미협력 활동을 중

미국은 1960년대 들어 새로운 동아시아 전략의 일환으로 한일 국교정상화 문제를 강력히 제기하고 나섰다. 당시 박정희 군사정부는 미국의 원조가 대폭 삭감된 상황에서 경제개발 계획에 따른 대규모 투자 재원 확보가 필요했다.[30] 따라서 1965년 6월 22일 '한일 기본 조약'을 체결하고 일본으로부터 식민지 배상금을 경제협력 자금의 형식으로 받기 위해 1966년 '외자도입법'을 제정했다. 이로써 한·미·일은 중국과 소련, 북조선을 저지하는 대공산 삼각동맹을 형성했다.

북조선에 대한 중국의 개입은 보다 직접적이었다. 중국의 마오쩌둥(毛澤東)은 1950년 10월 한국전쟁에 참전하기 전부터 김일성·스탈린과 함께 전쟁 개전 과정에 개입해 병력을 지원했다. 또한 중국은 1950년 10월 전쟁 참여 후부터 1953년 7월 휴전에 이르기까지 한국전쟁의 전개 과정과 종결에 결정적인 영향을 끼쳤다. 한국전쟁에 참전한 중국 인민지원군의 규모는 정확하게 파악되지는 않으나 연인원 60만 명 이상으로 추정한다. 30만 명씩 3교대로 전투에 투입하여 연인원 100만 명에 이른다는 주장도 있다. 휴전 이후 중국 군대는 철수를 결정했으나 일부는 1958년까지 북한에 주둔했다. 이 중 중국 조선족들의 역할이 매우 컸다. 1950년 6월 25일 한국전쟁이 발발하자 중국 조선족들은 '항미원조 보가위국(抗美援朝 保家衛國)'이라는 기치 아래 전쟁에 적극적으로 참가했다. 하얼빈·흑룡강성과 연변 지역의 조선족은 한국전쟁을 위해 당시 화폐 가격으로 3억 5,700만 위안과 97억 9,000만 위안을 각각 헌납하기도 했다.[31] 결과적으로 국공내전 과정에서 중공계열로 참전한

심으로」(한양대학교 박사학위 논문, 2007).

30 김삼웅, 『한 권으로 보는 해방 후 정치사 100장면』(서울: 가람기획, 1999), p. 163.

31 김병호·오상순, 「중국 내에서의 조선족 사회의 위치」, 김강일·허명철, 『문화우세와 발전전략』(옌지: 연변인민출판사, 2001), pp. 76-77.

조선족 병사 6만 3,000명 중 전사한 3,500명과 중상자를 제외한 거의 대부분이 북한에 들어와 한국전쟁에 참여했다. 특히 국공내전에 참가한 조선인민해방군 출신의 병사들은 1949~1950년에 걸쳐 부대 단위로 집중적으로 입북하여 조선인민군의 핵심 전력을 구성했다.[32]

특히 북조선은 1957년부터 시작된 중국의 '대약진 운동'에 지대한 영향을 받았다. 북조선은 중국의 대약진 운동을 차용하여 1958년 6월 '천리마 운동'을 시작했으며 곳곳에서 중국을 따라 했다.[33] 농업에서 중국의 '인민공사', 공업에서 '대형, 중형, 소형 결합방식', 생산노동과 교육을 결합한 교육방침, 중국의 '공동식사'제도를 모방한 '공동식당', 민병조직 '적위대' 등 여러 분야에서 중국을 배울 것을 강조했다. 김일성은 1958년 8월 대표단을 중국에 파견하면서 "열심히 공부하고 꼼꼼히 연구하여 배운 경험을 조선에 가지고 와서 조선의 5개년 계획을 앞당겨 완성"하도록 지시했다.[34]

물론 북조선이 중국의 발전 모델을 따라 배우기 시작한 배경에는 중국의 전폭적인 경제지원이 있었다. 폴란드·헝가리 사건으로 북한과 소련의 관계가 소원해지고 사회주의 우호국들의 원조가 감소한 상황에서 중국은 적극적인 대북 경제지원에 나섰다. 중국은 1959~1962년 북조선과 무역협정에 서명하고 석탄, 면화, 타이어, 정련주석, 압연강제, 망간철 등 주요 물자를 북한에 제공했다.[35] 물론 소련도 북조선을

32 조한범 외, 『해외 자료로 본 북한체제의 형성과 발전』(서울: 선인, 2006), p. 249.

33 션즈화, 김동길·김민철·김규범 역, 『최후의 천조: 모택동·김일성 시대의 중국과 북한』(서울: 선인, 2017), p. 587.

34 션즈화, 김동길·김민철·김규범 역, 『최후의 천조: 모택동·김일성 시대의 중국과 북한』, p. 590.

35 션즈화, 김동길·김민철·김규범 역, 『최후의 천조: 모택동·김일성 시대의 중국과 북한』, pp. 598-604.

잡기 위해 적지 않은 원조를 제공해 주었다. 하지만 김일성은 이미 대대적인 '중국 배우기'를 추진했고, 마오쩌둥도 이를 높이 평가하여 북조선에 적극적인 원조와 지원을 제공했다.

북조선이 중국의 발전 모델에 영향을 받은 또 다른 요인은 김일성의 개인적 배경과 관련이 있다. 김일성은 초등학교 시절 중국에서 몇 년을 보낸 적이 있고 중학교 때는 길림에서 거주했으며, 1940년에 연해주로 건너가기 전까지 주로 중국에서 독립운동을 전개했다. 이러한 배경 때문에 김일성은 대화가 가능할 정도로 중국어에 익숙했으며, 자유로운 의사소통을 기반으로 중국과 긴밀한 접촉을 유지했다. 1955년 12월 김일성이 '주체'에 대해 처음 언급할 당시에도 소련의 방식을 그대로 모방하는 행태를 비판하며 중국의 '정풍운동'이나 '5·4학생운동' 등을 본받아야 한다는 점을 강조했다.[36] 이러한 여러 정황 때문에 김일성은 소련보다 중국식 국가 발전에 더 관심을 갖게 되었다.

결국 분단 초기 미국과 소련의 국가 모델을 이식했던 남한과 북조선은 한국전쟁을 계기로 한반도에 세력을 확장한 일본과 중국의 영향을 받아 아시아 모델로 변형된다. 역사적 경험 때문에 관계가 좋지 않았던 일본과 중국이 한국전쟁을 계기로 한반도에 들어오고 남북한과 긴밀한 교류를 시작하면서 군사적·경제적 관계가 형성된 것이다. 미국과 소련의 서구식 국가 발전 모델로 출발한 남북한이 한국전쟁을 통해 일본 및 중국과 접촉하고, 1960년대를 거치면서 일본과 중국의 발전 경험을 흡수하여 새로운 발전전략을 추구함으로써 남북한의 국가 발전 모델은 이 시기에 서구식에서 아시아식 모델로 진화되었다.

36 김병로, 『김일성 저작 해제』(서울: 민족통일연구원, 1993), p. 53.

4. 반공과 반제

반공주의

한국전쟁은 한국과 조선 사이에 극도로 적대적인 대립체제를 태동시킴으로써 국가 건설 과정에 중대한 영향을 미쳤다. 자본주의와 사회주의라는 이념적 대항체제로 국가의 형태를 갖춘 한국과 조선은 전쟁 이후 적대적 타자화와 자기 정체성 강화라는 두 방향으로 국가 건설을 추진해 나갔다. 전쟁을 통해 안전과 안보에 대한 불안감을 키웠고, 불안한 상황에서 생존방식의 집단적 학습은 강도 높게 이루어졌다. 안전과 안보에 대한 불안감은 두려움으로, 그 두려움은 상대에 대한 증오와 복수심으로 이어져 상대를 철저히 배제하는 흑백 논리와 적대의식을 강화했다. 광복 이후 1945년 8월 38선 획정으로 공간적 분단이 초래되고, 1948년 남북 정부의 수립으로 체제의 분단이 이루어졌으며, 1950~1953년까지 3년간 치열한 전쟁으로 심리적 분단이 고착됨으로써 적대적 분단체제가 형성된 것이다.

'반공주의'는 이러한 적대적 분단체제를 견인하는 주된 동력이었다. 정권 초기부터 '반공' 이념을 표출했던 이승만 정권은 국민들의 전쟁 경험을 동원하여 반공주의를 확산해 나갔다. 공산주의를 잔인한 체제, 비인간적 체제로 부각하고 반공 태세를 요구함으로써 공산주의와 대립·경쟁체제로 세워진 대한민국의 국가 정체성과 지지 기반을 확대했다.

그러한 반공주의는 전쟁 이후 '국가보안법'을 실행하는 과정에서 더욱 위력을 떨쳤다. 1948년 12월 1일 제정된 국가보안법은 좌익 정치세력을 불법화하고 '북진통일론'의 명분으로 활용되었다. 국가보안법 제2조는 북한을 '반국가 단체'로 규정하고 북한에 동조하는 활동을 처벌하도록 했다. 즉, 북한을 국가로 인정하지 않고 "정부를 참칭하는 반국가 단체"로 간주함으로써 철저한 대립체제를 유지했다. 이러한 대결적 분단체제에서 이승만 정부는 노골적인 반공주의를 앞세워 남한의 자기 정체성을 강화하며, 반공주의를 정치적 지지 기반을 구축하는 데 매우 효율적인 도구로 활용했다. 노골적인 반공주의는 권위주의 정권을 용인하고 친일파 미청산의 명분을 제공함으로써 항일독립의 정체성을 약화하는 원인이 되기도 했다. 그에 따라 '반공'은 미국식 제도의 대의명분으로 내세웠던 자유민주주의를 압도하는 가치가 되었고, 남한에는 냉전 반공주의가 강력하게 자리 잡게 되었다.[37]

이승만 정부는 전쟁 후 공산 세력에 실질적으로 대응하기 위해 군사력 증강을 추진했다. 북한의 위협에 대응하기 위한 병력을 동원하고 전쟁에 대비한 화력 증강을 위해, 더 적극적으로 북한 공산주의를 무력으로 무너뜨리고 '북진통일'을 실현하기 위해 군사력 건설을 추진했다. 그 결과 전쟁 이전 약 10만을 유지했던 군병력이 전쟁 직후 약 60만으로 증가하고 1957년 10월에는 72만으로 늘어났다.[38]

남한의 군사력 증강에는 미국의 지원이 결정적 역할을 했다. 1953년 7월 휴전협정 서명 당사자에서 볼 수 있듯이 한국전쟁의 대결 주체는 남북 양자가 아니라 북조선과 중국, 유엔을 대표한 미국이었다. 이승만 정부는 전쟁 발발 이후 1950년 7월 14일 국군 작전지휘권을 미군에 이양했기 때문이다.[39] 미국은 태평양사령부 창설과 극동군사령

37 이나미, 『한국의 보수와 수구』, pp. 217-259.

38 국방군사연구소, 『건군 50년사』(서울: 국방군사연구소, 1998), pp. 161-162; 김진환, 「남북 군사관계 60년」, p. 154.

39 1948년 8월 24일 이승만 정부는 미군 철수 완료 시기까지 미국에 한국군의 작전지휘권을 이양했다가 1949년 6월 29일 미군 철수 완료로 작전지휘권을 회복했다. 그러나 전쟁이 발발하자 1950년 7월 14일 서신을 통해 맥아더 유엔군사

부 해체, 이에 따른 유엔군사령부의 서울 이전으로 1957년 7월 1일 주한미군사령부를 창설하여 남한의 군사력을 지원했다. 반면 북조선은 1954년 9월부터 1958년 10월까지 중국 인민군이 철수함으로써 군사 부문에서 독자적 결정을 할 수 있는 여지를 마련했다.

전쟁 이후 북한과의 관계는 철저히 적대적으로 변화했다. 상호 대화를 단절한 것은 물론 북한의 외교적 고립을 추진하고 내부 혼란을 시도하는 등 불신과 적대관계를 강화했다. 이를 위해 이승만 정부는 다양한 방식의 반공 집회를 동원했다. 한국전쟁이 진행 중이던 1950년 12월 16일 남한 정부는 '국민방위군 설치법'을 제정하고 그에 따라 12월 17일 '제2국민병 소집령'을 내려 17세 이상, 40세 미만의 장정으로 조직된 제2국민군을 조직했다.

박정희 군사정부는 이승만 정부보다 더 조직적으로 '반공주의' 이념을 이용했다. 5·16군사정변으로 정권을 잡은 박정희 군사정부는 반공주의를 군사정변의 목적 중 하나로 내걸고 공산주의에 동조하는 세력을 척결하기 위한 일련의 작업을 단행했다. 그중 대표적인 사례가 인민혁명당 사건이다.[40] 이는 1974년 4월 인민혁명당을 민청학련 사건의 배후로 지목하며 간첩 사건을 조작하는 사태다.

북조선의 무력도발이 점증하던 1960년대 후반에는 보다 적극적이고 조직적으로 반공사상을 주입했다. 울진·삼척 무장공비 침투 사건에서 "나는 공산당이 싫어요"라고 외치며 저항했다는 현장발 기사가 특종으로 보도되었고, 이승복의 이야기는 1969년 국정교과서 '바른 생활'에 실릴 정도였다. 1969년 이수근 간첩 사건과 같은 이슈를 만들어 공

령관에게 작전지휘권을 다시 이양했다. 김진환, 「남북 군사관계 60년」, p. 151.

40 『두산백과』, '인민혁명당 사건', http://terms.naver.com/entry.nhn?docId=1136220&cid=40942&categoryId=31778.

산주의 침투에 대한 경각심을 높이고 반정부 세력을 압박하는 정책을 전개하기도 했다. 1968년 1·21청와대 기습 등 일련의 무력도발 사건이 발생하자 같은 해 4월 1일 250만 명 규모로 지역을 방위하기 위한 향토 예비군을 창설했으며 5월 29일 '향토 예비군 설치법'(법률 2017호)을 개정·시행했다. 또한 북한의 군사적 공세에 보다 적극적으로 대응하기 위해 1968년 10월 정예 장교 육성을 목적으로 하는 육군3사관학교를 창설했으며, 북한의 청와대 습격 사건에 대한 보복 및 대응 차원에서 '북파 공작원'을 양성하는 등 더 공세적인 대북 침투 활동을 시작했다.[41]

반제 · 반미주의

북조선도 마찬가지로 한국전쟁으로 엄청난 충격을 받고 이전과 완전히 다른 방식의 국가 건설을 시작했다. 가장 큰 변화는 전쟁으로부터 나라를 지키기 위한 전방위체제를 구축한 것이다. 1962년 12월 개최된 로동당 4기 5차 전원회의에서 '4대 군사 노선'을 천명하고 군사력 강화에 치중하기 시작했다. 이러한 군사 중시 관점은 지속적으로 정책에 반영되어 1966년 10월 개최된 제2차 당대표자대회에서는 경제건설과 국방건설을 동시에 병행하는 이른바 '경제-국방 병진 노선'을 공식화했다.[42] 전쟁을 대비하되 전시 체제가 장기화될 것에 대비하여 경제건설과 군사건설을 동시에 추진할 필요성을 느낀 것이다. 그 결과 매우 독

41 조성곤, 「표지 이야기: 북파 공작원 실종·사망 7726명!」, 『한겨레21』 269호(1999); 이정훈 「남북 첩보전쟁 반세기」, 『공작: 한국의 스파이전쟁 50년』(서울: 동아일보사); 김진환, 「남북 군사관계 60년」, p. 153.

42 김병로, 『북한, 조선으로 다시 읽다: 북녘에 실재하는 감춰진 사회의 심층분석』, p. 41.

특한 시·군 단위의 자력갱생체제가 형성되었다.[43]

전쟁의 혹독한 피해를 받은 북조선은 전쟁 경험을 바탕으로 주민들에게 미국과 남조선에 대한 적개심을 학습시키는 등 주민들을 반미주의에 적극 동원했다. 일례로 전쟁 때 미국이 자행했다는 신천 학살사건을 '미제의 학살만행'으로 규정하고 통계를 제시하며 미제국주의의 비인간적인 측면과 범죄적 행위를 드러내는 데 반미주의 학습의 초점을 맞추었다.[44] 『조선전사』에서는 객관적인 피해 규모 자체를 규명하기보다 학살의 잔인함과 비인간적 측면을 폭로함으로써 미제국주의의 잔인성을 각인시켰고, 이를 사회주의 체제를 지켜 나가기 위한 사상교양 수단으로 활용했다.

여기서 반미주의는 직접적으로는 미국을 겨냥했으나 남조선을 미제의 하수인으로 보았기 때문에 곧 남조선에 대한 적대감정으로 이어졌다. 결과적으로 반미주의는 남조선을 적대시하는 정책으로 귀결됐다. 김일성은 남조선을 "미제와 리승만 역도"로 규정하고 이들의 전쟁정책과 식민지 약탈 정책으로 남조선의 경제가 파탄되고 심각한 위기에 빠져들었다고 비판했다. 특히 이승만 정부에 대해 "남조선에서 리승만 도당이《애국주의》의 간판 밑에 어떻게 근로인민을 기만하며 그들을 억압 착취하며 나라의 자주권을 송두리채 팔아먹고 있는가"를 잘 알고 있다며 비난의 수위를 높였다.[45]

43 김병로, 『북한의 지역자립체제』, p. 4 참조.

44 북조선의 공식발표에 의하면 미군은 북조선 지역에 진군한 후 50여 일 동안 총 17만 2,000여 명의 인민을 학살했다. 사회과학원 력사연구소, 『조선전사 26』(평양: 과학백과사전출판사, 1981), pp. 129-130.

45 김일성, 「사회주의 진영의 통일과 국제 공산주의 운동의 새로운 단계」(조선로동당 중앙위원회 확대전원회의에서 한 보고, 1957. 12. 5), 『김일성 저작집 11』(평양: 조선로동당출판사, 1981), p. 410.

북조선에 형성된 반미·반제의식의 특징은 감정이나 정서로만 존재하는 것이 아니라, 계급 정책에 의해 사회 구조로 형성되었다는 점이다. 한국전쟁 사망자가 120~130만 명, 부상자가 170만명 정도로 전쟁 피해자가 주민의 다수를 차지하는 상황에서 북조선은 그들에게 '전사자·피살자' 성분을 부여하고 이른바 '북조선식 보훈 정책'으로 국가적 혜택을 제공했다. 한국전쟁과 관련하여 전쟁 가담 정도와 성격, 피해자, 월남자 등 구체적인 가족 성분을 '3계층 51개 부류'로 분류한 것이다.[46] 전사자·피살자 가족은 상류 핵심 군중, 부상자 가족들은 기본계층, 월남자 가족들은 동요 계층으로 구분되었다. 한국전쟁의 피해 정도에 따라 북조선의 사회 구조가 재편되었다는 사실은 북조선의 국가 정체성을 이해하는 데 매우 중요하다. 식량난과 정세의 불안 속에서도 북조선 체제 유지의 보루가 되었기 때문이다.

전쟁 경험은 한국과 조선에 반공주의와 반북의식, 반제주의와 반미의식을 고착화함으로써 적대적 국가 건설을 추동한 주요한 동력으로 작용했고, 이는 분단체제 안에서 사회 모든 분야로 확산되었다. 이로써 남북한은 독립적인 두 체제로 작동하지 못하고, 정치·군사·경제·문화 각 분야에서 상호 의존하는 하나의 체계, 즉 분단체제로 발전했다. 하나가 둘로 나뉜 불완전한 분단국가로, 상호 공존·대립하는 체제로 발전하여 지리적, 정치적, 심리적 대립·경쟁체제를 고착시켰다. 이러한 분단체제에서 반공과 반미는 남북한의 관계와 정책을 추진하는 기조가 되었다.

46 통일부, 『통일부 30년사: 평화·화해·협력의 발자취 1969-1999』(서울: 통일부, 1999), p. 419.

5. 배타적 민족주의

남한의 반공민족주의

한국전쟁을 계기로 남한과 북조선은 상대에 대한 배제와 적대의식을 강화했으며, 반공주의와 반제주의를 국가 건설에 적극 동원했다. 특히 1960년대 후반에는 김신조 일행의 1·21청와대습격사건 등이 일어나며 북한으로부터 일련의 무력도발이 자행되었고 국내적 불안이 고조되었다. 이처럼 정국이 불안정한 상황에서 5·16군사정변으로 정권을 장악하여 국민적 지지 기반이 약했던 박정희 정부는 역사와 민족을 동원하여 국민 정체성을 형성해 나갔다. 1968년에 공포한 '국민교육헌장'이 대표적인 사례다. 모든 행사에 국민의례와 국기에 대한 경례, 애국가 제창, 국민교육헌장 낭독이 관례화되었고, 이러한 방식을 통해 국가의식을 형성해 나갔다.[47] 국민을 국가에 속한 것으로 보고, 충성과 의무 차원을 부각시키면서 반공과 애국 애족을 윤리 도덕의 덕목으로 교육했다.

박정희 정부는 1969년 9월 4일 교육 과정 부분 개편을 통해 국민적 단합을 더욱 강조했다. "단결과 노력으로 줄기찬 분발이 계속되었던 시대에는 국가의 번성과 찬란한 민족문화가 개화를 보았으나, 분열과 상쟁이 거듭된 시대에는 국난을 자초하여 국권마저 유린당하는 치욕이 담겼던 것"을 깨달아야 함을 역사의 교훈으로 이야기했다.[48] 박정희 정부는 외세에 저항했던 역사를 통해 국민들에게 자신을 희생하여

47 문동석, 「초등 역사 교과서에 나타난 민족주의에 대한 비판적 고찰」, 『사회과교육』 제42권 1호(2003), p. 91.

48 김한종, 『역사왜곡과 우리의 역사교육』(서울: 책세상, 2001), pp. 105-108.

나라를 지켜야 한다는 의식을 심었고, 그것은 곧 북한의 침략으로부터 나라를 지켜야 한다는 반공의식으로 이어졌다. '국적 있는 교육'을 강조하며 반공과 반북의식을 정치권력에의 순응으로 유도해 나갔다. 동족상잔의 전쟁을 경험한 상황에서 반공의식을 동원한 국민의식 형성과 국가 건설은 자연스러운 결과였다.

한국과 조선의 정부 수립 이후 남과 북에서는 상대 측 국호를 부정하거나 폄훼하는 규범이 형성되었고, 이는 점차 두 국가의 국호가 비대칭적으로 굳어지도록 했다. 분단 초기에는 특히 상대 국호를 '괴뢰정부', '꼭두각시' 등으로 부르며 비난으로 일관했다. 정치적으로나 이념적으로 남과 북은 조선과 한국을 절대 용납할 수 없었고 인정하지 않았다. 북조선은 '대한민국'을 미제 식민지로 각인시켰고, 남한은 북한을 공산당 괴뢰도당이라며 조선을 공산당과 연결시키며 배제했다. 조선왕조와 관련된 부분에 한해서만 조선을 표기했고 사회주의·공산주의와 관련된 북한을 지칭하는 '조선'의 표현은 금기시했다.

한국전쟁을 거치면서 한국 사회의 지배적 민족주의 담론이었던 단일민족주의는 반공민족주의와 대한민국 민족주의로 분화되는 계기를 맞았다.[49] 여기서 말하는 '반공민족주의'는 북한의 '빨갱이'와 '공산도당'을 '우리'의 범주에서 배제하고, 남한에 거주하는 국민과 북한의 '애국동포'만을 '우리 대한민국'의 범주에 포섭하는 개념이다. 반공민족주의는 남북한에 거주하는 모든 한민족을 '우리 대한민국'의 범주에 포괄하는 단일민족주의로부터 북한 공산주의자를 배제하는 의식이며, 북한의 일천만 동포를 모두 배제하고 남한의 이천만 국민만으로 한민족

49 Bumsoo Kim, "Are North Korean Compatriots "Korean"? The Trifurcation of Ethnic Nationalism in South Korea during the Syngman Rhee Era(1948-60)," *Journal of Korean Studies* Vol. 24 No. 1 (2019), pp. 149-171.

을 구성하는 대한민국 민족주의와도 구분된다. 이런 점에서 반공민족주의는 단일민족주의와 대한민국 민족주의 중간에 존재하는 민족주의 유형으로 분류한다.

'반공민족주의'는 이승만의 '북진통일' 구호에서 가장 적나라하게 표현된다. 북한의 동포는 민족으로 포용하여 통일을 함께할 대상이지만, 공산정권을 수립한 정권은 인정하지 않아 조선의 국가 정통성도 인정하지 않는 입장이다. 국가보안법이 활성화되어 북한을 국가나 정부가 아닌 '반국가 단체'로 규정했으니 북한의 국가성을 전혀 인정하지 않은 것이다. 대한민국을 유엔이 승인한 한반도의 유일한 합법정부로 정당화하는 사람들은 북한의 국가적 실체를 당연히 인정하지 않는다. 이승만 정부가 공식적으로 이북의 사회주의 체제를 '조선'으로 호명하지 못하게 했으니, 남한 사람들에게 그들은 한국의 일부인 '북한'으로 인식되었고 북한의 공산정권은 소련 공산당의 괴뢰, 꼭두각시로 인식되었다.

남한은 반공민족주의로 상대에 대한 적대적 타자화를 통해 그들과 우리를 구분하고 우리만의 국민의식을 확보하려는 노력을 진행했다. 휴전선 이북의 북한 사람을 동포로 부르며 같은 민족이라 생각하면서도, 정치 영역으로 들어가면 북한에 우리와 다른 정치적 실체가 존재한다고 생각했다. 특히 공산정권의 핵심 집단에 대해서는 우리 민족과 전혀 다른 인종으로 간주하는 배타성이 자리 잡았다. 국가적 차원에서 추진한 반공민족주의가 일반 주민들 사이에 어느 정도 형성되어 있었는지 파악하기는 쉽지 않지만, 남과 북 모두에 이러한 의식이 널리 퍼져 있었던 것으로 판단된다.

남한은 반공이라는 적대적 타자화의 방법만이 아니라 3·1운동과 독립운동 정신의 계승이라는 '항일'의 가치를 국가 정체성의 핵심 요소로 강조하는 노력을 기울였다. 이승만은 임시정부의 정통성을 강조하지 않은 대신 3·1운동과 독립운동 정신의 계승을 강조했다. 박정희는 한국전쟁 이후의 군인으로서 이순신 장군의 나라에 대한 충성을 부각하며 국가 정체성을 만들어 갔다. 특히 충무공 이순신과 같은 애국적 인물을 부각시키는 자기 정체성 강화를 진행했다.

그럼에도 공세적으로 북한 주민을 흡수하고 공산정권을 배제하려는 반공민족주의가 국민들에게 얼마나 내면화되었을지 정확히 판단하기는 어렵다. 정부 당국은 반공주의의 사회적 동원과 교육 등 정치·사회화 기재를 통해 대한민국의 국민의식을 형성하려 했으나, 실제 주민들은 그러지 못했다. 북한에 거주하는 주민들을 같은 민족으로 포섭하려면 역사와 민족자원을 전면적으로 동원해야 했는데, 경제건설과 반공주의에 집중한 나머지 역사와 민족자원을 제대로 동원할 여유가 없었기 때문이다. 그 결과 많은 사람들이 우리나라를 대한민국이나 한국으로 부르기보다 남한으로 호명하는 경향이 컸다.

북조선의 반제민족주의

북조선은 전쟁 이후 반제민족주의로 적대적 타자화를 진행하며 국가의 정체성 형성을 시도해 나갔다. 남조선 정권에 대해서는 "군사파쑈도당"이나 '반동' 또는 '적'으로 규정하며 일관되게 배제했다. "미제와 박정희 군사파쑈도당이 떠드는《남침 위협》은 거짓말이다"라거나 "남조선 군사파쑈도당이 미제와 일본 군국주의자에게 나라를 팔아먹고 나라를 둘로 갈라놓으려 한다"라고 신랄하게 비판했다.[50] "우리가 맞서고 있는 적은 남조선 반동들과 함께 미국의 반동들과 일본의 반동들"

50 김일성, 「총련지부와 분회를 강화하며 각계각층 군중과의 사업을 잘할 데 대하여」(1977. 9. 12), 『김일성 저작집 32』(평양: 조선로동당출판사, 1986), p. 448.

이라며, 남조선의 혁명 역량을 강화하여 사회주의 혁명의 전국적 승리를 이룩해야 한다고 주장했다.[51]

한편, 북조선이 조선과 조선민족의 범주를 어디까지로 인식했는가 하는 문제도 중요하다. 남한이 전쟁을 계기로 반공주의 이념을 앞세워 공산주의에 동조하는 세력을 한민족에서 제외했듯이 북조선도 유사한 양상을 보였다. 한국전쟁 이전에는 1, 2차 당대회나 당규약에 전국적 범위에서 공산사회를 건설한다는 내용을 명시하지 않았으나,[52] 전쟁 이후에는 한반도 전체를 포섭하려는 목표를 분명히 했다. 1956년 4월에 열린 3차 당대회에서 맑스-레닌주의를 당 활동의 최고 지침으로 삼는다고 규정(제1장)하면서 "당면 목적은 전국적 범위에서 반제·반봉건적 민주개혁의 과업을 완수하는 데 있으며, 최종 목적은 공산주의 사회를 건설하는 데 있다"라고 명시하여 조선의 범위를 코리아반도 전체로 확장한 것이다.

북조선에는 적대적 경쟁체제 속에서 상대에 대한 비난과 폄훼로 남조선을 배제하면서 북조선이 전 한반도를 대표한다고 간주하고 남조선 인민을 모두 조선민족으로 포용하는 인식이 형성되었다. 이는 분단 초기에 북조선이 빠른 경제발전으로 사회주의 대표 국가로 위상이 높아졌고 이에 대단한 자부심을 갖고 있었기 때문이다. 특히 김일성은 1980년대에 통일방안을 논의하면서 자유 왕래를 제안할 정도로 자신

51 김일성, 「우리나라의 정세와 재일본 조선 청년동맹의 과업에 대하여」(1974. 9. 24), 『김일성 저작집 29』(평양: 조선로동당출판사, 1985), p. 467.

52 당의 이념을 명시하지 않은 채 독립국가 건설과 인민대중의 정치·경제·문화생활 수준의 향상을 당의 목표로 제시하고 있다. 조선로동당 1차 대회에서 채택한 당규약에는 당의 목적을 "조선 근로대중의 리익의 대표자이며 옹호자로서 조선 근로대중의 민주주의적 자유를 보장할 수 있는 부강한 민주주의적 조선 독립국가 건설과 근로대중의 정치 · 경제 · 문화생활 수준의 향상을 목적함"(제2조)으로 명시되어 있다. 이와 같은 목표는 2차 대회에서도 그대로 유지되었다.

감을 가졌다. 남과 북을 자유롭게 돌아다녀 보면 남북 주민이 모두 북조선을 선택할 것이라고 생각했다.

남조선 혁명에 대한 의지는 통일의지로 이어졌다. 남한이 '선건설 후통일' 기조로 경제발전을 우선으로 추구하면서 통일을 뒤로 미뤄 둔 것과 달리, 북한은 통일 구호를 기치로 내걸고 남조선 혁명에 더 비중을 두는 정책을 전개했다. 김일성이 "공화국 북반부에서 사회주의 건설을 잘하는 것만으로는 조국의 통일을 이룰 수 없습니다. 남조선 인민들의 민주주의 운동이 발전하여야 남조선의 민주주의 력량과 북반부의 사회주의 력량이 단합하여 조국통일 위업을 성과적으로 이룩할 수 있습니다"라고 강조한 데서도 엿볼 수 있다.[53]

그런가 하면 '항일혁명전통'을 강조함으로써 국가 정체성 강화를 시도하기도 했다. 전쟁을 거치면서 소련을 맹목적으로 추종하던 관점이 달라지자 북한에서는 항일혁명전통을 수립하려는 노력이 진행되었다. 그 배경에는 중국이 한국전쟁에 조선지원군으로 참전함으로써 전쟁 이후 중국의 영향력이 커진 것이 있다. 김일성이 주체 문제를 제기한 것도 중국을 염두에 두었음을 알 수 있다.[54] 1953년 9월부터 '항일혁명전통' 복원이 시작되었고 1956년부터 공식적으로 언급되었다.[55] 혁명전통의 상징으로 1955년 6월 4일 보천보에 김일성 동상이 세워졌고, 김일성과 관련한 여러 상징물을 만든 뒤 1960년에는 김일성 광장에 조선혁명박물관을 지어 '혁명전통'의 내용을 채워 나갔다. 북조선이

53 김일성, 「우리나라의 정세와 재일본 조선 청년동맹의 과업에 대하여」(1974. 9. 24), p. 466.

54 김병로, 『김일성 저작 해제』, pp. 53-54; 김일성, 「사상사업에서 교조주의와 형식주의를 퇴치하고 주체를 확립할 데 대하여」(1955. 12. 28), 『김일성 저작집 9』(평양: 조선로동당출판사, 1980), p. 478.

55 조은희, 「남북한 정통성 만들기 역사와 비교」, pp. 250, 264.

추진한 '항일혁명전통' 확립 작업은 남한이 진행한 3·1운동 독립운동 정신의 계승과 비교할 수 없을 정도로 강도 높았다. 북조선의 대표적 역사서인 『조선민족해방투쟁사』의 1949년 판에서는 김일성의 항일무장투쟁만이 아니라 '조선독립동맹'과 같은 역할도 높이 평가했으나,[56] 1958년 판에서는 조선독립동맹이나 조선의용군의 활동은 일체 언급되지 않고 김일성과 관련된 내용만 언급되었다. 이는 이 시기 북조선에서 이미 김일성을 중심으로 한 '항일무장투쟁'이 유일한 혁명전통으로 확립되었음을 의미한다.[57]

또한 전 한반도 구성원을 포섭하기 위해 '민족문화전통' 수립도 강조했다.[58] 1952년 10월 '과학원'을 창설하고 그 산하에 기존의 '조선력사연구소'를 흡수하는 한편, 고고학 및 민속학연구소, 경제법학연구소 등을 새로 설립하면서 역사연구를 추진했다. 력사연구소 안에는 고대 및 중세사 연구실, 근세 및 최근세사 연구실, 근대 및 현대사 연구실을 설치했다.[59] 이 시기 북조선에서 역사연구가 본격적으로 시작되었는데, 1955년부터 1967년까지 간행된 학술지 『력사과학』을 통해 고조선의 위치와 문화, 삼국 시기 사회·경제 구성의 성격, 노예 소유자 사회 시기, 봉건 시대 토지소유의 관계, 부르주아 민족운동 등의 문제를 포함한 열띤 논쟁을 전개했다.

1960년대는 주체사관이 빠른 속도로 정립되어 가는 시기이기도 했다. 북한은 1950년대에 언급되었던 민족 개념을 삭제하고 신라의 삼

56 정창현, 「항일무장투쟁사 연구」, 정용욱 외, 『남북한 역사인식 비교 강의: 근현대사편』(서울: 일송정, 1989), p. 247.

57 이교덕, 『『조선전사』 해제』, p. 142.

58 류승주, 「북한의 민족문화전통과 항일혁명전통 수립(1945~1967)」(한양대학교 박사학위 논문, 2022).

59 이교덕, 『『조선전사』 해제』, p. 20.

국통일을 '신라와 발해의 발전'으로 수정하면서 발해를 신라와 동등한 지위에 올려놓았다. 1947년에는 매우 간단하게 언급했던 우리 민족의 기원에 대해 단일민족이 예·맥·한과 같은 세 종족으로 갈라졌음을 설명하며 혈통에 기초한 단일민족론을 주장하기도 했다.[60] 하지만 단군과 고조선의 역사성은 인정하지 않는 입장이었다. 1960년에 발간한 『조선력사 설화집』에는 고조선을 '단군 설화'로 소개하고, 1990년대 초까지 단군을 역사에 실재하지 않은 신화로 보았다.[61]

이 시기까지는 계급주의 관점이 압도적이어서 민족성이나 민족주의가 전면에 드러나지 않았다. 신라보다 고구려의 역사에 비중을 두어 해석하고, 고구려의 유민이 세운 발해의 역사를 강조하는 대신 신라에 대해서는 평가절하했다. 남조선과의 적대적 경쟁 체제하에서 남조선이 신라와 삼한에 비중을 두며 한민족의 정통성을 주장하는 데 대해 반론을 펴기 위한 것이었다. 북쪽 지역에서 발흥한 고구려와 발해의 역사를 강조함으로써 역사의 정통성이 북쪽 지역에 있음을 정당화하기 위한 정책적 의도가 깔려 있었다고 할 수 있다. 그럼에도 당시 고조선과 신라, 고구려를 향한 북한의 역사 해석에서는 계급주의 시각이 강하게 나타났다.

60 1947년 『조선민족해방투쟁사』에 잠깐 언급한 내용을 1962년에 발간한 『조선통사(상)』에서는 상세히 설명한다. 이교덕, 『『조선전사』 해제』, p. 74.

61 리갑기 편저, 『조선력사 설화집』(평양: 국립문학예술서적출판사, 1960), pp. 11-18; 전대준·최인철, 『조선단대사(고조선사)』(평양: 과학백과사전출판사, 2010), p. 25.

제5장 권위주의 국가 건설과 민족자원 동원

1. 유신체제와 유일체제

1972년 남북한의 헌법개정과 권위주의 정권의 등장으로 독재체제를 공고히 하기 위한 국가 건설이 대대적으로 진행되었다. 남한에는 유신체제가, 북조선에는 수령유일체제가 수립되었고, 각 정권은 국가의 정당성을 강화하기 위한 정체성 확립을 진행했다. 1960년대 후반부터 시작된 남과 북의 독재화는 각각 1972년 10월과 12월 헌법개정으로 이어졌다. 남한에서는 '한국적 민주주의'를 표방하는 유신체제가 들어서고 북조선에서는 '우리식'과 '수령론'을 강조하는 유일체제가 들어서, 남북한에 권위주의 정권이 동시에 등장했다.

남한에서는 5·16군사정변으로 군사정권이 수립된 후 상명하복의 권위주의 정치체제가 발전했으며, 정권의 정당성을 위해 민족성이 동원됐다. 유신체제가 내걸었던 한국적 민주주의에서 '한국적'이라는 말은 한국의 특수성과 한민족의 독특성을 강조한 것으로, 민족과 전통을 동원하여 정권의 정당성을 높이는 국가 건설을 추진함을 뜻한다. 이와 비슷하게 북조선에서도 1960년대 초 정치 전면에 등장한 빨치산 세력이 1967년부터 유일사상 확립을 위한 사회·정치 변화를 추진하여,

1972년 헌법개정과 1974년 2월 김일성주의를 완성했다. 수령론과 김일성주의를 주장하는 북조선의 정당화 논리도 '우리식' 사회주의로, 한국적 민주주의와 완전히 닮은꼴이다. 여기서 '우리식'은 북조선의 고유하고 독창적인 정치제도로서 수령론과 김일성주의를 정당화하는 논리를 일컫는다고 할 수 있다.

남한의 유신체제가 북한의 유일체제와 같은 시기에 등장했다는 점은 매우 흥미롭다. 5·16군사정변으로 권력을 장악한 군사정권은 1960년대 말 북한의 무력도발과 1970년대 초 남북대화 상황을 활용하여 권위주의 체제를 구상했다. 1972년 12월 27일 남북한은 같은 날 최고지도자의 권력을 대폭 강화하는 권위주의 체제로의 헌법개정을 단행했다. 비슷한 시기에 유신체제와 유일체제가 등장한 데는 물론 데탕트의 국제 정세와 미중관계의 변화가 중요한 영향을 미쳤으나 남북한의 주도적인 측면도 있었다. 즉, 미국과 중국의 권유로 남북대화가 시작되었으나, 남북한은 한반도의 운명이 미국과 중국에 의해 일방적으로 결정되는 데 우려했다. 이에 남북한은 데탕트 국제 정세를 '위기' 상황으로 규정하고, 이를 스스로 극복한다는 명분으로 최고지도자에게 권력을 집중시키는 국가 통제를 강화한 것이다.[1] 남북한의 개정헌법이 같은 날 공포된 것은 확실히 우연이 아니며, 남북한이 같은 날 공포하기로 모의했거나 늦게 헌법개정에 착수한 북조선이 일부러 남한의 헌법 공포일에 맞추었을 가능성이 있다.[2] 이 시기에 남북한이 서로 어떤 방식으로 정보를 주고받았으며 어떻게 이러한 동시적 변화가 가능했는가를 정확히 알 길은 없으나, 양 정부가 고급 정보를 바탕으로 서로 대응하고 학습하는 상호 작용이 있었을 것으로 생각된다.[3]

1 홍석률, 『분단의 히스테리』(파주: 창비, 2012), p. 249.

2 홍석률, 『분단의 히스테리』, p. 283.

남한의 유신헌법은 1972년 10월 17일 선포되어 11월 22일 국민투표로 확정된 후 12월 27일에 공포되었으며, 북조선도 12월 27일 남한과 같은 날에 사회주의 헌법을 발표했다. 앞서 살펴보았듯이 1960년대 남북 간에 발생한 무력도발과 안보위기는 매우 실제적인 것이었다. 북조선의 군사정권은 1967년부터 국방비 지출을 대폭 늘리고 남조선 사회주의 혁명을 적극화하며 실제적인 무력도발을 수차례 감행했다. 이에 박정희 정부는 정권을 공고화할 필요가 있었고, 그것은 대통령과 주석에게 절대권력을 부여하는 헌법개정의 결과로 나타났다.

보다 근원적으로, 1972년 권위주의 체제로의 전환은 1960년대 초반 남북한에 들어선 군사정권에 기인했다. 남북한에 들어선 군사정권은 그 속성상 상명하복과 지휘관에 대한 절대복종 및 충성 등 군사적 통치방식을 선호했다. 자연스럽게 지도자는 영원히 모셔야 할 '각하'와 '수령'이 되었고, 바로 이러한 속성 때문에 남북한 모두 1970년 권위주의 체제로 전환되었다.

유신체제: 안보위기에 대한 정치 군사적 대응

1972년 10월 17일 박정희 대통령은 "급변하는 국제 정세와 남북관계, 그리고 국내 정치 상황"에 효과적이고 능동적으로 대처하기 위해 일대 개혁이 필요하다며, 이를 위해 2개월간 헌법 일부의 효력을 중시시키는 비상조치의 실행을 골자로 하는 '대통령 특별선언'을 발표했다. 유신체제의 서막이었다. 구체적인 조치로는 국회를 해산하고 정당 및 정치 활동을 금지하며 비상국무회의가 헌법 기능을 담당하도록 하는 것

3 김병로, 「북한체제와 분단효과: 남북관계의 상호작용 방식과 영향 분석」, pp. 77-112.

이었다. 결국 헌법이 정지되고 대통령과 비상국무회의가 모든 것을 장악했다. 비상계엄령이 선포되어 모든 정치집회가 금지되었다. 특별선언이 발표된 지 열흘 만인 10월 27일 비상국무회의는 새로운 헌법개정안을 의결했다. 이 개정안은 11월 21일 국민투표에 부쳐졌으며 국민투표에서 91.1%의 투표율과 91%의 찬성으로 '유신헌법'이 탄생했다. 유신헌법에 근거하여 박정희는 12월 23일 장충체육관에서 제8대 대통령으로 선출되었고 12월 27일 대통령 취임식과 더불어 유신체제라 불리는 강력한 독재체제가 공식 출범했다.[4]

1970년대 남한의 권위주의 체제 등장을 정치·경제 맥락에서 설명하기도 한다. 1970년대 중공업으로의 경제발전 심화를 위해 정치와 사회의 안정이 필요했다는 설명인데, 이는 군사적인 이유 못지않게 남북한에 권위주의적인 정부가 들어서게 된 또 다른 이유를 제공한다.[5] 하지만 북조선과의 비교 시각에서 조명하면 보다 포괄적인 설명이 가능해진다. 1971년부터 시작된 남북적십자회담과 남북조절위원회 등 남북접촉과 교류는 남한의 정치·경제 변화에 새로운 변수로 떠올랐다. 이러한 변화된 환경에서 상대 체제에 대응하고 상대를 압도하기 위해서는 강력한 리더십이 필요했다. 새마을 운동이라는 대중동원을 통해 경제발전을 이룩하는 데도 북한 사회주의 정권과 같은 강력한 지도력이 필요했다. 북조선도 남한식 외자도입 정책을 채택하여 지속적인 발전을 추구하려면 자본주의 사상의 침투를 막아야 했고, 그러기 위해 이전보다 더욱 강력한 지도력과 사회안정이 필요했다.

4 임영태, 『대한민국 50년사: 유신정부에서 국민의 정부 탄생까지』(파주: 들녘, 1999), p. 22.

5 한상진 편저, 『제3세계 정치체제와 관료적 권위주의: 종속적 발전에 따른 정치사회변동』(파주: 한울, 1984).

남한에 권위주의 체제가 등장한 것의 보다 직접적인 동기는 북한 경제가 한국전쟁 이후 빠른 속도로 성장하는 데 대한 초조감이었다. 북한은 1954년부터 인민 경제 복구발전 계획을 수립하여, 제1차 7개년 계획이 끝난 1970년에는 공업생산이 1946년의 71배 이상 증대했으며 공업 성장률은 연 19.1%에 달했다. 특히 기계제작공업이 획기적으로 발전하여 1969년에는 기계설비의 국내 자급률이 98.2%에 달했다. 농촌의 경우에도 농업 협동화를 통해 제도적 기반을 다졌고 1970년에는 수리체계가 확립되어 인민생활이 크게 개선되었다. 남한 정부는 이에 적지 않은 도전을 받았다. 북한의 경제발전 수준을 따라잡으려면 북한과 같이 국가가 강력히 주도하여 경제발전의 성과를 단기간에 보여 주어야 한다는 조급함이 있었다.

유신체제로의 전환은 북한과의 경제·군사적 경쟁이 자아낸 분단효과의 대표적인 사례로 간주된다. 1960년대 북한에 군사정권이 들어선 후 남한도 유신체제를 구상했다. 특히 북한 군사정권이 수령유일체제를 구축하며 공세적 대남정책을 추진한 데 적지 않은 위협을 느꼈다. 이 과정에서 남북은 상대의 행동을 지켜본 뒤 그에 대응하는 차원에서 정책을 집행했으며, 남북 간에 분단효과가 유감없이 발휘되었다. 남북한의 상호 교류 과정에서 상대의 체제를 경쟁적으로 모방하는 계기가 형성된 것이다.

군대식 명령체계와 수령유일체제

북조선에 들어선 빨치산 군사정권은 군대식 통치방식을 명령체계에 준용했고 일사불란한 지휘체계를 선호했다. 상급자의 명령에 절대복종하는 지휘체계를 정치 현장에 적용했고 한반도와 같이 항시적 전쟁의 위험을 안고 있는 환경에서 더더욱 필요한 통치방식으로 받아들였다.

하지만 군사정권의 통치는 필연적으로 정치적 독재 요소들을 불러올 수밖에 없었다. 군대조직의 속성상 지도자에 대해 절대적인 복종과 충성을 강조하다 보니 지도자를 '영원한 수령'과 '영원한 각하'로 모셔야 한다는 분위기가 자연스럽게 나타날 수밖에 없었다.

결국 북조선은 1967년부터 북한의 지도자를 '영원한 수령'으로 모시기 위한 유일사상체계 확립 작업에 착수하여 1974년 2월에 종결했다. 수령에 절대적으로 충성해야 한다는 수령론이 확립되고 이를 실천하기 위한 지침으로 '10대 원칙'이 선포되었다. 당연한 논리의 귀결이겠지만 이 시기에 이론화된 수령론은 군부정권이 군사적 위기를 명분으로 일사불란한 통치체계를 합리화한 권위적 독재 이론에 다름 아니다. 60년대와 70년대를 걸쳐 군부정권이 지도자와 국민의 관계를 '수령과 전사'라는 군사적 상하관계로 환원하면서 북조선의 지도력은 일사불란한 단일 지도체제를 갖춘 지도자상, 즉 수령이어야 한다는 전투적·군사적 리더십이 자리 잡게 되었다.

남북한이 같은 시기에 권위주의 체제로 전환하는 과정에는 1971년부터 시작된 남북적십자회담과 남북조절위원회 등 남북접촉과 교류의 영향도 크게 작용했다. 남북한은 1971~1973년에 분단 이후 처음으로 상대 국가를 방문해 발전상과 현실을 눈으로 목격할 수 있었다. 상호 교류 과정에서 남북한은 상대의 체제를 경쟁적으로 학습하는 기회를 갖게 되었다. 아울러 앞서 설명한 대로 남북한이 1972년 12월 27일 같은 날 비슷한 종류의 헌법개정을 단행했다는 사실은 남북한이 서로에 대한 고급 정보를 바탕으로 대응체제를 갖추게 되었음을 보여 준다.

2. 7·4남북공동성명과 평양으로 수도 변경

7·4남북공동성명

박정희 대통령은 1970년 8월 15일 광복절 경축사를 통해 한반도에 항구적인 평화를 구축하고 이를 바탕으로 조국의 평화통일 기반을 쌓아 올리기 위한 '평화통일 구상'을 내외에 선언하며 남북한 간 선의의 경쟁을 촉구했다. 그 배경에는 미국의 닉슨 행정부가 1969년 7월 25일 괌에서 발표한 이른바 '닉슨 독트린(Nixon Doctrine)'이 있었다. 닉슨 독트린은 미국이 동맹국들에 핵우산 및 군사·경제원조를 제공하는 것을 약속하는 대신, 핵공격 외 방위는 당사국이 책임지도록 한 것이다. 한국의 안보는 한국이 독자적으로 책임져야 한다는 닉슨 독트린과 국제적 데탕트 분위기 속에서 한국도 보다 적극적으로 북한과의 관계를 개선할 필요가 생겼다. 한반도 버전의 데탕트 무드가 조성된 것이다.

'8·15선언'에 따라 1971년 8월 12일 대한적십자사는 북한적십자사에 인도적 차원의 남북적십자회담을 제의했고, 8월 14일 북한이 이를 수락함으로써 본격적인 남북대화가 시작되었다. 분단 이후 남북한이 처음으로 대화 기회를 갖게 된 것이다. 1954년 제네바 정치회담과 1963년 스위스 로잔과 홍콩에서 남북 체육인의 접촉이 있었지만, 서로의 체제를 적대시하던 시기여서 남북 간에 진지한 대화나 접촉을 갖지 못했다. 그러나 1971년에는 미중, 미소 간 화해를 계기로 형성된 데탕트 무드를 타고 분단 후 최초로 남북 적십자 간 접촉이 진행됐다. 박정희 대통령은 남북대화를 인도적 차원에 국한시킬 것이 아니라 정치적 차원에서도 추진할 필요가 있다는 판단 아래 1972년 5월 2일 이후락 중앙정보부장을 평양에 비밀리에 파견하여 김일성, 김영주 등과 일련의 회담을 갖게 했으며, 그 결과 '7·4남북공동성명'이 발표되었다.[6]

1972년 7월 4일 발표된 '7·4남북공동성명'은 남북관계의 역사에 전환점을 이룬다. 분단 이후 처음으로 남북한이 대화를 시작함으로써 관계가 개선된 것이다. 남북관계가 대결에서 대화로 전환되었고, 잠시나마 안보위기가 감소했다. 남북한은 '조국통일 원칙'에 합의하면서 한반도 긴장완화와 화해를 주도했다. 7·4남북공동성명에서 천명한 '통일 3원칙'은 자주·평화·민족대단결로 그 내용은 다음과 같다. 첫째, 통일은 외세에 의존하거나 외세의 간섭을 받음이 없이 자주적으로 해결하여야 한다. 둘째, 통일은 서로 상대방을 반대하는 무력행사에 의거하지 않고 평화적인 방법으로 실현해야 한다. 셋째, 사상과 이념, 제도의 차이를 초월하여 우선 하나의 민족으로서 민족적 대단결을 도모하여야 한다. 전쟁과 무력대결로 갈등이 극에 달했던 당시 상황에서 남북한이 통일 3원칙을 천명하며 화해 무드를 조성한 것은 그야말로 획기적이었다. 2023년 현재까지도 남북한 모두 통일의 대원칙으로 간주할 만큼 그 역사적 중요성과 의미가 크다.

7·4남북공동성명은 분단 이후 적대적 대결로 일관했던 남과 북의 국가 건설 과정에 일대 변화를 가져왔다. 남한과 북조선이 적대적 타자화로 일관하며 자기 체제 중심의 독자적인 국가 건설을 추구하던 상황에서 남북 접촉은 남북한의 통일과 통합적 국가 건설의 가능성을 구체적으로 성찰하는 계기가 되었다. 비록 짧은 대화와 교류의 경험이었으나, 이를 계기로 통일을 염두에 둔 국가 정통성 확보 경쟁이 더 치열해졌다. 그중 하나는 남북한이 서로 상대의 발전전략을 차용한 것이었다. 남북 상호 교류를 통해 상대방의 발전 성과를 목격하고 서로의 장점을 채택함으로써 새로운 단계로 변화와 도약을 시도한 것이다.

그러나 남북대화는 1973년 6월 23일 박정희 대통령이 발표한 '평

6 통일부, 『통일부 30년사: 평화·화해·협력의 발자취 1969-1999』, p. 108.

화통일 외교 정책'을 계기로 교착 상태에 빠졌다. 북조선이 박 대통령이 제의한 남북한 동시 유엔 가입을 한반도 분단을 영구화하는 조치라고 비난하며 반발했기 때문이다. 그러던 중 1976년 8월 18일 판문점에서 북한 군인이 미군을 살해하는 이른바 '판문점 도끼살인 사건'이 발생하여 남북 간 군사적 긴장은 최고조로 상승했다. 미국은 이에 대한 무력보복 계획을 수립하고 데프콘3을 발동하는 등 남한과 미국이 준전시 체제에 돌입했고, 북조선도 이에 맞서 준전시체제인 폭풍1호를 발동하여 전군 완전무장에 돌입하는 등 한반도의 무력충돌 가능성이 고조되었다. 이 사건은 전쟁 일보 직전까지 가는 일촉즉발의 상황을 연출했지만, 북조선이 유감을 표명하는 선에서 마무리하여 더 이상의 무력충돌로 비화되지는 않았다.

서울에서 평양으로 수도 변경

북조선은 1972년 12월 헌법을 개정하면서 수도를 서울에서 평양으로 변경했다. 1948년 제정한 헌법에서는 북조선의 수도를 서울로 규정했다. 통치 이념을 주체사상으로 명시하고 북반부와 전국적 범위에서 추구해야 할 목표도 개정 사회주의 헌법에 명문화했다.

> 제4조 조선민주주의인민공화국은 맑스-레닌주의를 우리나라의 현실에 창조적으로 적용한 조선로동당의 주체사상을 자기 활동의 지도적 지침으로 삼는다.
>
> 제5조 조선민주주의인민공화국은 북반부에서 사회주의의 완전한 승리를 이룩하며 전국적 범위에서 외세를 물리치고 민주주의적 기초 우에서 조국을 평화적으로 통일하며 완전한 민족적 독립을 달성하기 위하여 투쟁한다.

제149조 조선민주주의인민공화국의 수도는 평양이다.

1972년 12월 개정한 헌법에서 북조선이 수도를 서울에서 평양으로 변경한 것은 국가 정체성의 큰 변화라 할 수 있다. 북조선이 국명을 조선으로 결정하며 역사적 정통성을 확보한 듯했으나 수백 년 동안 조선왕조의 수도였던 서울(한양)을 차지할 수 없었던 것은 정통성 경쟁에서 치명적인 약점이었다. 코리아반도를 38선으로 분할한 시점에 이미 그러한 문제는 내포되어 있었다. 즉, 서울을 포함한 38선 이남 지역이 역사적 정통성을 갖고 있었던 것이다.

1972년 북조선이 서울을 포기하고 평양으로 수도를 결정한 배경에는 당시 시점에서 현실적으로 남한과 통일을 추진하여 하나의 나라를 이룩할 수 없다는 실상을 직시했기 때문이다. 한국전쟁을 통해 코리아반도를 통일해 보겠다는 전략이 실패로 돌아간 데다 1960년대 후반 전면적으로 전개한 남조선 무력혁명도 성과를 거두지 못했다. 그러는 사이 국제 정세가 미중 데탕트로 전환되어, 한반도에서도 대화와 교류로 남북 문제를 풀어가야 하는 상황으로 바뀌었다. 무엇보다 이러한 흐름을 타고 진행한 남북대화와 교류 과정에서 남한의 발전에 큰 충격을 받았다. 그러한 정세를 반영하여 1972년 7월 4일 '남북공동성명'을 대내외에 알리고 자주, 평화, 민족대단결의 원칙으로 평화통일을 추구하자는 선언을 했다.

북조선은 한국전쟁 이후 1950년대 전후 복구 과정에서 이미 서울 탈환을 포기하고 평양에 대한 역사성과 정통성을 강조하기 시작했다. 김일성은 1958년 담화에서 평양을 "조선인민의 심장이며 사회주의 조국의 수도이며 우리 혁명의 발원지"로 규정한 바 있다.[7] 평양의 우선

7 김일성, 「건설의 질을 높이기 위하여」(평양시 건설자회의에서 한 연설, 1958.

복구를 주장한 김일성은 평양에는 "당중앙위원회와 공화국 정부가 자리 잡고 있어서 자주독립국가 건설의 모든 로선과 방침이 세워지고 인민의 건국위업을 위한 투쟁이 조직령도"되고 있기 때문이라는 이유를 들었다.[8] 북조선임시인민위원회는 1948년 정부 수립 시 조선의 수도를 서울로 정하면서 평양은 '민주기지'의 중심 도시라는 의미에서 '민주수도'로 설정했는데, 정전협정 이후 더 이상 서울을 수도로 상정할 수 없게 되자 평양이 가지는 위상을 북조선의 수도로 높이고 중앙광장을 김일성광장으로 바꾸면서 이전과 전혀 다른 상징 공간으로 만들었다.[9]

국가 건설의 관점에서 1972년은 남과 북이 분단 이후 전국적 범위에서 통일된 국가 건설을 포기하고, 휴전선 이남과 이북에 독자적인 국가 건설을 목표로 선회하는 전환점이 되었다. 남과 북 모두 휴전선 이남과 이북에 먼저 강력한 체제와 국가를 건설한 후 통일을 추진하겠다는 전략을 취한 것이다. 남한은 '선건설 후통일' 목표를 공개적으로 내걸었고, 북한도 내부적으로 수도를 평양으로 변경하고 수령체제를 공고히 하는 방향으로 노력을 집중했다.

3. 남북 상호 발전전략 차용

한국전쟁 이후 남북한은 경제발전과 사회적 자원, 상징을 동원하여 경쟁적으로 국가 건설을 진행했다. 북한은 전후 3년이라는 짧은 시간에

12. 25), 『김일성 저작집 12』(평양: 조선로동당출판사, 1981), p. 622.

8 조동호, 「경제: 서울보다 경제력 집중이 심한 도시, 평양」, 조동호 편, 『평양이 서울에게 서울이 평양에게』(서울: 동아시아연구원, 2013), p. 63.

9 김태윤, 「전후 복구 시기 '수도' 평양의 탄생과 상징 공간의 조성(1953~1956)」, 『도시연구: 역사·사회·문화』 29호(2022), pp. 124-125.

전쟁 피해를 거의 복구했으며, 5개년 계획을 수립하고 '천리마 운동'을 일으켜 5개년 계획을 1년 앞당긴 1960년에 목표를 완수했다. 1960년대에는 장기 개발전략인 제1차 7개년 계획을 추진하여 이른바 '대동강의 기적'이라 불리는 눈부신 성과를 거두었다. 그러나 남한은 국민을 결속하는 데 실패하고 정치 불안이 지속되어 기본적인 의식주도 해결하지 못하는 상황이었다. 따라서 5·16군사정권은 혁명공약을 내걸어 북한의 천리마 운동과 경쟁을 선언했다.[10] 박정희 대통령의 경제개발 5개년 계획의 성공적 추진은 북한을 추격하는 계기가 되었으며, 새마을 운동은 이 연장선상에서 추진한 남한의 북한 추격전략이었다. 그 배경에는 박정희 대통령의 개인적 이유도 작용했다. 박정희 대통령은 1940년대 만주육군사관학교를 졸업하고 간도특설부대 소대장으로 항일빨치산 토벌에 나선 경력이 있으며, 김일성은 그때 바로 동북항일연군 제1로군 제2방면군 군장으로 활약했던 것이다.[11] 이런 점에서 박정희 대통령은 경제개발을 추진하고 새마을 운동을 진행하는 후발 주자로서 김일성을 의식하지 않을 수 없었다.

1970년대 남북한은 처음으로 왕래와 교류를 함으로써 상호 학습효과가 극대화되었다. 남북한은 1971~1973년 분단 이후 처음으로 상호 방문하면서 발전상을 직접 목격할 수 있었다. 남북교류를 통해 남한과 북한이 얼마나 많은 충격을 받았는가는 여러 대화와 기록을 통해 충분히 알 수 있다. 남한 대표단이 평양을 방문할 당시 북한은 이미 농촌 지역에 '문화주택'을 건설하여 농촌의 초가집이 대부분 3~4가족이

10 우상렬, 「조선의 '천리마 운동'과 한국의 '새마을 운동' 비교연구시론: 중국의 '대약진 운동'을 곁들여」, 『통일인문학논총』 55집(2013), p. 253.

11 김선호, 『조선인민군: 북한 무력의 형성과 유일체제의 기원』(서울: 한양대학교 출판부, 2020), pp. 63-72.

거주하는 공동주택으로 개조되었다. 북한 대표단도 마찬가지로 서울에 차량이 많은 점에 놀라움을 표시했다. 북한의 한 기자가 "전국의 차량을 서울로 수배해 올리느라 고생이 많았겠다"라고 말을 건네자, 우리 측 대표단이 "여기 있는 건물들도 전국에서 모두 수배하여 올려놓았다"라고 응수한 일화가 있을 정도다. 남북한의 접촉이 전무한 상태에서 처음으로 상대의 발전상을 직접 목격함으로써 서로 적지 않은 충격을 받았음을 짐작할 수 있다.

한국형 발전 모델의 성공 요인 중 하나로 꼽히는 '새마을 운동'은 바로 이 남북대화를 준비하는 시점에 시작되었다. 새마을 운동은 1970년 4월 22일 박정희 대통령이 주재한 장관회의에서 농촌의 수재민들을 구제하고 농촌을 재건할 대책 마련을 지시하면서 시작된 것으로 기록된다. 같은 해 5월 6일 새마을 운동 추진방안이 마련되고, 이후 전국적 사업으로 확대되었다. 농어촌의 환경정비사업을 첫 단계로 실시하여 지붕개량, 주택개량, 농토개량, 마을도로 확충, 하천정비, 전기화 사업 등에서 가시적인 성과를 거두었다. 농어촌의 소득증대를 위해 많은 노력을 기울였고, 10대 구심사업을 중심으로 도시 새마을 운동을 전개했으며 전국적으로 720만 명이 동원되었다. 제3세계에서는 농촌을 동원하는 것이 정치적 안정과 경제발전을 동시에 달성하는 효과적인 방법이라는 헌팅턴의 주장처럼, 새마을 운동은 농촌 경제의 성장과 소득분배에 커다란 성과를 가져왔을 뿐 아니라 농촌의 지지 기반을 확보하는 소기의 정치적 목적도 달성했다.[12]

북조선은 남북회담을 통해 남한이 1965년 일본과 한일협정을 맺고 1966년 외자도입법을 제정하면서 일본으로부터 경제지원을 받아

12 S. P. Huntington, *Political Order in Changing Societies* (New Haven: Yale University Press, 1968), pp. 433-446.

빠른 시일에 경제를 성장시켰음을 접했다. 남한의 급속 성장을 예상치 못했던 북한은 남북회담 과정에서 그 발전상을 알고 큰 충격을 받았다. 남한의 발전상을 분석한 결과 외국의 자본과 기술도입 때문이라고 결론 내린 북조선은 1973년부터 서방 국가들로부터 비료공장, 화학공장 등 각종 플랜트를 비롯한 현대적 기술도입을 추진하고 교역확대를 시도했다.[13]

그러나 불행하게도 1974년 중동 오일 쇼크로 인한 세계적 경제불황과 1975년 대가뭄으로 북한의 외자도입 정책은 대실패로 끝났다. 결국 들여온 차관을 갚지 못해 1976년 이후 현재까지 서방 세계로부터 지불유예라는 선고를 받고 국가부도 상태로 남아 있다.[14] 이에 대해 김일성은 "우리나라에서 자본주의 경제위기의 영향을 좀 받았다고 하면, 그것은 일부 기계 설비를 다른 나라에서 사다 쓰다 보니 세계적으로 원유 값이 올라갔을 때 기계설비 값이 올라 그 영향을 좀 받았을 뿐입니다"라고 하여 서구 자본과 기술도입을 통해 경제발전을 시도했던 1970년대 초 외자도입 정책의 실패를 시인한 바 있다. 처음 시도한 개방 정책의 실패로 북조선은 "원유를 많이 쓰는 공업을 발전시키지 않고 자체 공급이 가능한 원료에 의존하는 공업을 발전"시켜 나가기로 하는 등 정책 노선을 다시 폐쇄적인 자급자족 방향으로 변경했다.[15]

13 김병로, 「남북한 사회 경제 발전 모델의 비교(Ⅱ)」, 『北韓硏究』 제3권 2호(1992), pp. 194-207.

14 그로 인해 영국의 모건 그렌펠(Morgan Grenfell)로부터 중기 차관 2억 5,000만 달러, ANZ은행으로부터 단기 차관 6억 5,000만 달러, 일본에 갚아야 할 채무 등 총 100억 달러에 달하는 채무가 발생했다. *Far Eastern Economic Review*(Hong Kong, 1988), p. 88.

15 김일성, 「국가 활동의 모든 분야에서 자주 · 자립 · 자위의 혁명정신을 더욱 철저히 구현하자」(조선민주주의공화국 최고인민회의 제4기 제1차 회의에서 발표한 조선민주주의인민공화국 정부 정강, 1967. 12. 16), p. 100.

4. 정체성 차별화를 위한 경쟁적 동원

군사화와 사회적 동원

박정희 정권은 1971년 12월 6일 "북괴의 남침 야욕"에 대비한다는 안보 논리를 내세워 국가비상사태를 선언하고, 이듬해 유신체제 선언과 함께 시민사회를 적극 동원했다. 그 일환으로 1960년에 폐지되었던 '학도호국단'을 다시 들여왔다. 학도호국단은 1949년 3월 8일 발족되었다가 1960년 5월 해체되었는데, 1·21청와대 습격 사건이 발생하자 1969년 1월 10일 학생 군사훈련 세부 계획이 시달되어 1969년 3월 고등학생 및 대학생을 대상으로 재개된 군사훈련 단체다.[16] 1970년 7월 28일부터는 여고생과 교육대학 여학생을 대상으로 구급법과 간호학 위주의 군사훈련을 실시하고, 유신체제가 성립된 후 1975년 5월 21일에는 '학도호국단 설치령' 통과를 계기로 학생 군사교육을 강화했다. 1975년 10월 1일에는 대학의 일반 군사교육도 강화되어 일반 군사교육의 전 과정 이수가 졸업 조건이 되었다. 학도호국단은 1985년에 폐지되기까지 권위주의 정권의 군사적 동원기구로 사용되었다.

남한의 이러한 움직임은 북조선에도 영향을 주어 1970년 고등중학교 고학년을 대상으로 '붉은청년근위대' 결성을 촉발했다. 북조선은 1962년 4대 군사 노선을 제창한 이래 군사훈련을 강화해 왔는데, 1970년에 그 대상을 고등중학교 학생으로 확대한 것이다. 1969년 1월 남한에서 '학생 군사훈련 세부 계획'이 발표되자 북조선에서는 "당과 김일성의 명령지시 관철에 근위대 결사대가 되자"라는 구호 아래 각종 단체들이 결의문을 작성하여 김일성에게 전달했다. 그 결과 1969년 4월

16 이종석, 『분단 시대의 통일학』(파주: 한울아카데미, 1998), p. 204.

김일성의 지시로 학생조직인 붉은청년근위대 준비가 착수되어 1970년 4월 창설되었다. 1976년부터는 야영훈련소에 입소하여 정규군과 함께 집단 군사훈련을 2주 동안 실시하는 등 군사훈련을 강화했다.

북조선은 또한 1974년 2월 '당의 유일사상체계 확립의 10대 원칙'을 발표하며 생활총화를 시작했다. 매주 1~2회 생활총화를 실시하여 한 주간 자신의 잘못과 다른 사람의 잘못을 성원들 앞에서 공개 비판하도록 했다. 이를 통해 정치사상적 단련을 진행하고 당성·혁명성을 강화하고자 했다. 1974년부터 북조선의 인민반 생활총화가 전국적으로 시작되자 남한은 이에 대응하는 제도 구축을 목적으로 1976년 5월 반상회 모임을 전면적으로 부활시켰다. 반상회는 1917년 일본이 조선을 통제하기 위해 도입한 조직이었다. 1977년 내무부 발표에 따르면 반상회는 1976년 한 해 동안 전국 25만 8,821개 반에 설치, 매달 평균 579만 1,600가구가 참석(참석률 85.8%)했고, 반상회를 통해 접수된 총 42만 2,000건의 민원 중 28만 9,000건이 시책에 반영되어 68.5%가 해결되었다. 반상회는 행정 지시사항을 전달하고 주민건의로 받은 민원을 처리하는 등의 역할도 했지만, 정부 시책을 홍보하거나 '보안 사범 색출 및 선도 기능'도 담당했다. 군사정권이 유신체제에 협력하도록 홍보하고 북한에 동조하는 세력을 차단하기 위한 조치로 반상회 제도를 활용한 것이다.

남한에서 이러한 사회적 동원은 가시적인 조직을 결성하는 데 그치지 않고 문화 정책을 통해서도 진행되었다. 1971년 3월부터 극장에서 의무적으로 애국가를 틀도록 하고, 1978년 10월부터는 매일 오후 6시 정각에 국기 하강식을 거행하며 애국가가 나오는 동안 전 국민이 국기를 향해 경례하도록 조치를 취했다. 언어 사용에서도 이념적 색채가 담긴 용어는 의도적으로 사용하지 않도록 했다. 평화나 민족, 자주 같은 언어가 남북한 간에 경쟁적 혹은 대립적으로 사용되어 왔는데,

7·4남북공동선언에서 자주·평화·민족단결의 원칙을 천명했음에도 불구하고 남한은 자주, 평화, 민족이라는 언어 사용을 의도적으로 피했다. 북조선이 '평화통일'을 주장하며 평화라는 용어를 선점하자, 남한은 이를 북한의 '평화공세'라며 '평화'라는 용어를 냉전기에 사용하지 않았다. 자주와 민족이라는 언어 사용에 있어서도 북조선이 적극적인 데 비해 남한은 회피하는 태도로 임했다.[17] 통일 구호도 북조선은 국가의 통일을 강조한다는 점에서 '조국통일'을, 남한은 국가의 통일보다 실질적인 민족의 통일을 이루자는 의미에서 '민족통일'을 강조했다. 언어 사용의 차이는 남북한이 처한 국제환경과 근대화의 차이 때문에 발생한 것도 있겠으나, 남북한 정부가 의도적으로 상대방이 사용하는 언어를 회피하도록 함으로써 주민들을 사상적으로 통제해 만들어진 것이었다.

국가 상징 동원

남북한은 또한 한국전쟁 희생자들을 국가 상징으로 동원하는 정책을 추진했다. 남한에서는 전몰장병을 추모하는 국군묘지를 확장하여 북한 공산주의를 반대하는 반공의 상징 공간으로 발전시켰다. 한국전쟁을 전후로 전국에 산재해 있던 전사자의 묘를 한곳으로 모아 1957년 국군묘지를 조성했고, 1965년 3월에는 수용 범위와 규모를 대폭 확대하여 국립묘지로 승격했다. 1996년 6월 국립현충원으로 명칭을 변경함으로써 국가와 민족 정체성에서 반공이 차지하는 위상이 강화되었다.

그뿐 아니라 '항일운동'을 상징하는 독립기념관을 건립하여 항일

17 『겨레말 큰사전』을 집필한 남북한 언어학자들에 의하면 남북한 언어는 약 23%가 뜻이 완전히 달라졌고 22%는 용어가 달라졌다. 하지만 모두 의미를 짐작할 수 있는 것이고, 나머지 55%는 동일하다고 한다.

전통을 계승함으로써 정권의 정당성을 구축하고 국가 정체성을 확립하는 사업을 기획·추진했다. 1974년에는 독립기념관 건립 프로젝트를 심도 있게 준비했다. 당시 이 사업은 "천년 역사를 통해 우리 민족이 이룩한 역사적 위업을 선양하여 민족의 위대성을 실증하고 민족적 긍지와 투철한 국가관을 바탕으로 한 민족의 무한한 발전의지와 역량을 함양하기 위함"이라고 밝혔다.[18] 1974년 당시 북조선에서는 김정일이 대내적으로 후계자로 지목되었고 한국의 독립기념관과 같은 조선혁명박물관이 평양 만수대에 새롭게 개건·확장되었다.[19] 따라서 박정희 정부가 북조선의 이러한 움직임에 영향을 받았을 가능성도 있다. 하지만 독립기념관 건립사업은 독자적인 건물이 아니라 10개 상설관 중 하나로 되어 있었으며, 이 계획안은 실제로 실행되지 못하다가 1987년 8월 15일 독립기념관으로 개관되었다.

북조선은 1974년 4월 24일 대대적인 확장공사를 통해 조선혁명박물관을 개관했다. 1948년 8월 국립중앙해방투쟁박물관으로 시작한 공간을 1960년 8월 재개관을 거쳐 확장한 것이다. 조선혁명박물관이 개관한 1974년은 김일성 유일체제가 완성된 이후 항일투쟁이나 사회주의 건설 내용이 모두 김일성의 혁명역사로 채워진 시점이었다. 1975년 10월에는 혁명렬사릉을 건립하여 김책, 최용건, 최현, 오진우 등 항일혁명가 140여 명을 반신상으로 안치했으며 1986년 9월 완공한 애국렬사릉에는 사회주의 건설에 기여한 인사 약 350위를 안장했다.[20] 조선혁명박물관과 혁명렬사릉, 애국렬사릉은 현재까지도 북조선의 '혁명

18 독립기념관 20년사 편찬위원회 편, 『독립기념관 20년사』(천안: 독립기념관, 2007), p. 49.

19 조은희, 「남북한 박물관 건립을 통한 국가 정통성 확립」, p. 315.

20 고지수, 「북의 국립현충원 혁명렬사릉과 애국렬사릉」, 『민족21』 통권16호 (2002), p. 137.

전통'을 상징하는 성지로 자리 잡고 있으며, 혁명전적지와 혁명사적관, '김일성-김정일주의 연구실'과 함께 국가의 혁명전통과 정체성을 교양하는 교육장이 되고 있다.

남과 북의 다른 점은 이 상징 공간에서 기념하는 사람의 규모와 성격이다. 남한에서는 국립현충원이 특정 사람들만을 위한 장소가 아니라, 순국선열과 국가 지도자를 포함하여 한국전쟁 때 사망한 군인 등 모두 18만여 분이 모셔져 있어 그 규모가 북조선에 비해 월등히 크다. 반면 북조선은 소수만을 대상으로 열사릉을 조성함으로써 상징 공간이 대중적이기보다는 엘리트주의 성격을 띤다. 한국전쟁보다 항일혁명전통을 훨씬 중요하게 여기고, 특히 김일성과 관련된 사람들 위주로 국가 상징을 만들려다 보니 소수를 대상으로 한 순국열사 기념 공간을 조성한 것이다. 이처럼 항일과 애국의 상징적 공간 조성에서도 남북이 크게 대비된다.

5. 주체적 민족사관의 분열적 해석

신라의 삼국통일과 역사적 정통성 부각: 한국민족주의의 주체적 재구성

권위주의 시기인 1970년대에 남북한은 민족 담론을 적극 동원하여 불안한 정권의 정당성을 보완하는 데 활용했다. 북조선에서 권위주의 수령체제를 확립하기 위해 주민동원이 진행되는 동안 남한에서는 대중적 기반을 확대하기 위해 새마을 운동을 전개하고 민족 정체성을 강화하기 위한 역사 재해석을 단행하며 '한국'민족주의를 발전시켰다. 한국적 전통과 고유한 역사를 찾아가는 노력이 진행되어, 결국 정통성의 뿌리 찾기는 신라로 귀결되었다. 삼국을 통일한 신라는 한반도 남쪽에 존재하여 휴전선 이남에 있는 한국에 정통성을 부여해 주었다. 남한은 대한제국의 전통과 대한민국 임시정부의 법통을 잇는 정부로서 이제 삼국을 통일한 신라의 정신과 유산을 계승하는 정통성 있는 나라로 부각되었다.

1972년 10월 유신 이후 남한 정부는 역사적 정당성과 정통성 확립을 위한 방법의 하나로 국사교육을 강화했다. 이 시기 국사교육의 핵심은 민족사의 주체성과 대한민국의 정통성 및 민족사관의 확립이었으며, 국가 건설 전반에서 '민족' 담론의 강조가 더 확연해졌다.[21] 1970년대 초반에 실시된 제3차 교육 과정 개편으로 '국적 있는 교육'과 '주체적 민족사관'을 정립하며 한민족의 정통성과 국가 정통성이 대한민국에 있음을 부각하고자 했다. 주체적 민족사관은 주변 정세의 변화 속에서도 흔들림 없이 우리 민족의 전통과 국가의 자주성을 떳떳이 지키며 이를 발전시켜 나가기 위한 민족주체사상의 확립을 의미한다고 정의했다. 이 주체사관의 목적은 '북괴'의 남침 야욕을 저지하고 조국통일에 대비한 민족주체 세력을 형성해 나가는 것으로 규정되었다.[22]

박정희 정부는 1970년대 초 체제유지와 국민총화를 목적으로 하는 민족 정체성 확립을 전면적으로 추진했으며 그 일환으로 전통문화 보존·발굴을 적극적으로 진행했다.[23] 권위주의 정권의 정통성을 확보하고 국민을 효과적으로 동원하기 위해 관 주도의 민족 정체성 확립을

21 제3차 교육 과정 국사 교과서 내용. 1970년대에는 역사교육의 중요성을 감안하여 초등학교에서도 '사회' 과목이 아닌 '국사'로 명칭을 바꾸었으며 1980년대에 다시 '사회'로 환원되었다.

22 문동석, 「초등 역사 교과서에 나타난 민족주의에 대한 비판적 고찰」, p. 92.

23 채효영, 「박정희 정권의 민족 정체성과 민족 기록화 사업: 《구국위업편》, 《전승편》을 중심으로」, 『동아시아 문화와 예술』 통권8호(2010), pp. 68-92.

시도하면서 문화예술을 적극 활용했다. 이를 위해 1967년부터 1970년 후반까지 민족 기록화 사업을 대대적으로 추진했다.

박정희는 새로운 정권의 정당성을 확보하고 국민통합을 도모할 수 있는 가장 뛰어난 자원으로 '민족'을 동원했다.[24] 민족과 전통은 국가 건설 과정에서 새롭게 구성되고 창조되는 경우가 많은데, 박정희 정부에서도 전통과 민족이 재구성되었다. 민족을 재구성하려면 역사와 문화유산을 선택적으로 활용해야 한다. 국가를 가장 강조하면서도 그것을 민족 정체성과 연결시켜 민족 정체성으로부터 국가적 자긍심을 갖도록 접근하는 방법이다. 박정희는 "민족의식이 없는 사람들에게 자유민주주의는 항상 잘못 해석되고 또 잘 소화되지 않는 법이다. 따라서 우리는 자주와 자립의 민족의식을 가진 연후에야 올바른 민주주의를 가질 수 있다"라고 주장했다.[25] 이는 권위주의 정권이 민족이라는 보다 상위 개념을 동원하여 국가적 정당성이 취약하다는 점을 회피하려는 전략이었다. 1970년대에 등장한 유신체제는 한국적 민주주의를 표방했는데, 여기서 한국적이라는 말의 의미는 한민족의 독특한 특성으로 해석할 수 있다. 따라서 한국적 민주주의는 한민족이 가질 수 있는 독창적인 민주주의 정도로 받아들여졌고, 이는 결국 민족을 정치에 동원한 결과가 되었다.

유신 권위주의 체제하에서 정권의 정당성을 주장하기 위한 논리로 '한국적 민주주의'를 내세웠는데, 이는 한국의 지리적·역사적·문화적 특수성 등 전통문화를 강조하는 방법으로 정권의 정당성을 홍보함

24 김동노, 「박정희 시대 전통의 재창조와 통치체제의 확립」, 『동방학지』 150호(2010), pp. 319-353.

25 박정희, 『조국 근대화의 지표: 박정희 대통령 주요 연설문집』(서울: 고려서책, 1967), p. 40.

으로써 독재정권에 대한 비판을 비켜 가려는 시도였다.[26] '민족전통의 계승과 발전'이라는 명제하에 '한국적'이라는 용어로 전통문화를 재해석한 것이다. 통일신라를 황금 시대로 상정하고 신라 화랑도나 충무공 이순신을 부각했으며, 태권도나 부채춤 등을 새로 고안하기도 했다. 특히 '화랑'을 신라 왕실과 국민을 위해 죽음을 불사한 멸사봉공 집단으로 묘사함으로써 나라를 위하고 공산주의 박멸을 위해 기꺼이 전장으로 나설 국민의 이상형을 신라 화랑과 그 정신에서 찾았다.[27]

민족자원의 구성은 전통과 역사를 동원하여 한민족의 독창성과 긍지를 높이는 방식으로 진행되었고, 특히 삼국통일을 이룩한 신라의 역사가 부각되었다. 박정희 정부는 삼국통일 위업을 달성한 신라의 역사와 정통성을 부각함으로써 민족과 역사의 정통성이 남쪽에 있음을 과시하여 대한민국의 국가와 민족 정통성을 입증하고자 했다. 따라서 박정희 정부는 고구려나 발해와 같은 북쪽 지역의 역사를 상대적으로 덜 강조하는 경향이 있었다.

남한의 대표적인 역사 개설서 『한국사신론』은 신라의 통일이 불완전할지라도 중대한 역사적 의의를 지닌다고 평가했다. 무엇보다 독립된 기반 위에서 한국 민족의 토대를 마련했기 때문이다. 비록 통일신라가 발해와 함께 남북국의 형세를 이루었고 두 나라가 서로 날카롭게 대립했지만, 결국 통일신라의 영토와 주민, 그들이 이루어 놓은 사회와 문화가 한국사의 주류를 형성했다고 본 것이다. 이런 의미에서 통일신라를 커다란 민족사적 의의를 지닌 나라로 평가했다.[28]

26 김종균, 「독재정권기의 민족주의와 디자인에서의 '한국성'」, 『디자인학연구』 제19권 5호(2006), p. 141.

27 김종균, 「독재정권기의 민족주의와 디자인에서의 '한국성'」, pp. 141-142.

28 이기백, 『한국사신론』(서울: 일조각, 1999).

『한국사신론』은 신라의 통일이 영토적으로 불완전하며 북쪽에 고구려의 유민들이 세운 발해가 있었기 때문에 완전한 통일이 아니었음을 인정한다. 그러나 북쪽의 발해는 거란족에 의해 멸망되어 역사 무대에서 완전히 사라졌지만, 신라는 계속 남아 이후 후삼국을 거쳐 고려, 조선으로 이어지면서 그 역사적 전통을 계승했다는 점에서 신라의 통일은 민족사적 의의가 크다고 강조한다.[29] 북한이 아무리 고구려를 계승하고 발해를 이었다고 주장하더라도 한민족 전통문화의 뿌리는 신라에서 고려, 조선으로 이어졌기 때문에 신라를 계승한 한국이 역사적 의의를 충분히 지니는 것으로 본다.

한민족의 역사 해석은 정치적으로 활용되는 공간에 들어가 신라의 역사적 정통성을 훨씬 강력히 주장하는 형태로 나타났다. 신라의 역사가 급부상한 데는 1970년대 박정희 정부의 역할이 컸다. 1970년대는 박정희 대통령이 '주체적 사관으로의 전환'을 하던 시기였다. 1960년대에는 근대화를 통해 우리의 역사를 타파해야 할 인습으로 생각했으나, 1970년대 들어 우리 민족의 역사적 유산을 자랑스럽게 여기고 민족문화의 전통을 계승, 발전시켜야 할 대상으로 인식하기 시작했다.[30] 남북한의 체제 경쟁에서 승리하기 위해 민족과 전통의 동원이 필요했기 때문이다. 당시 북한이 김일성 유일사상체계를 구축하는 과정에서 계급주의 사관을 넘어 '주체사관'으로 역사를 재해석하고 있었기에, 그러한 정국의 영향을 받았을 가능성도 있다.

박정희 대통령은 신라를 국력이 충실하고 문화 전성기를 이룬 나

29 정두희, 「『조선통사』를 통해 본 북한의 역사인식」, 『서강인문논총』 3호(1994), p. 202.

30 최광승, 「박정희의 경주고도 개발사업」, 『한국학』 제35권 1호(2012), pp. 183-214.

라로 평가하며 화랑정신을 자주와 민주, 통일과 평화를 상징하는 우리의 민족정신으로 격상시켰다.[31] 특히 화랑도는 인간 수양 면에서뿐 아니라 정치 면에서도 민주정신으로 조국과 민족을 위해 강직하고 관대하며 과감한 기풍을 길러 주고, 군사 면에서도 정서와 인격을 아울러 함양하는 문무겸전을 지향한다며 극찬했다.[32] 이처럼 박정희 정부는 신라에 의한 삼국통일을 강조하고 화랑도 정신을 계승하여 정권의 정당성 기반을 만들고자 했다. 권위주의 유신체제를 준비하던 박정희 정부는 새로운 역사 만들기 작업이 필요했고, 신라의 삼국통일과 화랑도 정신은 이를 뒷받침할 수 있는 민족적·역사적 자산이 충분하다고 판단했다. 박정희 대통령은 통일신라 시대를 우리 역사를 통틀어 국가와 민족이 크게 중흥을 이룬 시기 중 하나로 평가하고, 1976년에 직접 작사 작곡한 것으로 알려진 노래 〈나의 조국〉에 "삼국통일을 이룩한 화랑의 옛 정신을 오늘에 이어받아 새마을 정신으로"라는 내용을 담아 화랑과 새마을 정신을 연결하기도 했다. 이런 취지에서 신라 문화에 대한 자긍심을 고취하고 국민들에게 통일의지를 주입하기 위해 삼국통일에 기여한 인물들을 기리는 사당인 통일전을 세우고 성역화했다.[33]

또한 박정희 정부는 유신체제의 비민주적 취약성을 극복하고 지배 동의를 얻기 위한 방편으로 '애국적 국민 생산 프로젝트'를 추진했다.[34] 1973년 5월 경주에 화랑교육원을 설립하여 국가에 대한 국민의 충성심을 동원하고 국가와 국민을 연결하는 정치 프로젝트를 진행했다. 신라의 화랑도를 민족통일의 원동력과 총화단결의 상징적 존재로

31 박정희, 『민족의 저력』(서울: 광명출판사, 1971), p. 12.

32 박정희, 『민족의 저력』, pp. 14-15.

33 최광승, 「박정희의 경주고도 개발사업」, pp. 204-207.

34 최광승, 「유신체제기 박정희 정권의 애국적 국민 생산 프로젝트: 화랑도와 화랑교육원을 중심으로」, 『한국학연구』 제33권 33호(2014), pp. 237-275.

높게 평가하며, 정치선전과 교육을 통해 개인보다 국가와 민족을 위해 희생할 수 있는 '애국적 국민'을 주조하는 데 주력했다. 이후 한국 사회는 이러한 신라 중심의 역사 해석에 압도적인 영향을 받아 이 방향으로 역사를 강조했다. 이는 북한과의 대결 상황에서 북한이 신라 역사를 폄훼하며 고구려 역사를 부각하는 데 대응하는 강력한 묘책이기도 했다.

박정희 정부는 군사정부의 취약한 정당성을 보완하기 위해 국가 주도로 정통성 만들기에 주력했다. 3·1운동의 항일정신을 계승하는 한편, 북한과의 체제 경쟁에서 정권의 정통성을 획득하기 위해 전통문화유산에 대한 재조명을 시작했다. 이때부터 민족문화는 경제발전의 정신적 원동력으로 간주되며 경제개발과 동일한 비중으로 발굴되었다.[35] 특히 삼국통일의 위업을 기념하는 프로젝트로 경주의 통일전과 경주고분 개발사업을 대대적으로 진행했다.[36] 박정희 정부도 민족주체사관이라는 북한과 유사한 이념을 표방하고, 그것을 삼국통일과 임진왜란에서 찾았다. 특히 박정희 정권이 신라 문화권을 중시해서 추진된 경주고분 개발은 북한이 고구려에서 역사의 황금 시대를 찾았던 것과 비교된다.[37] 이러한 노력의 이면에는 남북한의 치열한 체제 경쟁 속에서 민족사의 정통성이 고구려 역사전통을 강조하는 김일성 정권에 있지 않고, 민족의 중흥을 이룬 신라의 역사전통을 계승한 박정희 정권에 있음을 내세우려는 의도가 숨어 있었다.[38]

35 조은희, 「남북한 박물관 건립을 통한 국가 정통성 확립」, p. 255.
36 최광승, 「박정희의 경주고도 개발사업」, pp. 204-207.
37 조은희, 「남북한 박물관 건립을 통한 국가 정통성 확립」, p. 258.
38 권오헌, 「역사적 인물의 영웅화와 기념의 문화정치: 1960~1970년대를 중심으로」(고려대학교 박사학위 논문, 2010), p. 99; 최광승, 「박정희의 경주고도 개발사업」, pp. 204-205.

고구려의 역사적 의의 부각: 조선민족주의의 주체적 재구성

1960년대까지 북조선은 외형적으로 민족을 배격하면서도 실제로는 제3세계 비동맹 국가들이 추구하는 저항적 민족주의 노선을 따랐다. 사회주의 이념에 입각하여 국제주의를 추구하면서도 식민통치로부터 해방을 이룩한 제3세계 국가들이 공통적으로 지닌 민족해방과 독립의 가치를 소중히 여겼고, 그런 맥락에서 민족주의를 완전히 배격하지 않았다. 오히려 실질적으로는 민족주의 요소를 적절히 동원했다. "민족적 형식에 사회주의 내용을 담는다"라는 북조선의 구호가 말해 주듯, 사회주의 계급론을 강조하되 민족과 전통의 요소를 최대한 활용했다.

그러나 1970년대 수령유일체제의 등장으로 주체사관이 확립됨에 따라 주체의 관점이 강화되었고, 민족 해석에도 계급주의 시각이 뚜렷이 반영되었다. 1967년부터 시작된 유일사상체계 확립운동으로 민족보다 계급주의 이론이 더 철저히 적용되었고, 그러한 시각에서 김일성 외의 역사적 인물을 재해석했다. 예를 들면 1963년에 출간된 『조선의 명인(하)』에서는 이순신의 애국심과 업적이 국가와 인민의 역사에 크게 기여했다고 평가했으나,[39] 1977년에 출간된 『조선통사(상)』에서는 이순신에 대한 영웅주의적 찬양을 제거했다. 이순신이 지주 계급이었고 봉건왕권에 충성하는 계급적 한계를 벗어나지 못했다며 계급주의

39 "7년간이나 끌던 임진조국전쟁은 장군이 최후를 마치면서까지 지휘한 로량해전의 대승리로써 그 막을 닫았다. 그때로부터 350여 년의 세월이 지났건만 목숨바쳐 기울어지는 나라의 운명을 떠받든 리순신 장군의 숭고한 애국심과 그 높은 업적은 인민들 속에 길이길이 전해지고 있으며 조국과 인민의 력사에 찬연히 빛나고 있다." 김일성종합대학 력사연구소 편, 『조선의 명인(하)』(평양: 조선청년사, 1963), p. 19.

관점에서 신랄하게 비판했다.[40]

북조선에서는 주체사관과 계급론에 입각하여 민족을 재해석하는 과정에서 신라의 삼국통일에 대한 비판이 집중적으로 제기되었다. 조선민족에 대한 주체적 해석을 내리는 과정에서 신라를 평가절하하는 대신 고구려의 역사적 의미를 부각했다. 1970년대 수령체제의 확립으로 주체사관이 확고해짐에 따라 조선민족주의가 이전과 달라졌고, 신라에 대한 평가도 변하게 된 것이다. 신라사 전반에서 신라 통치 계급에 대해 부정적인 시각을 보일 뿐 아니라, 신라가 삼국통일 과정에서 추진한 수·당 세력과의 연합을 민족적 배신행위로 규정하며 격렬하게 비판했다. 삼국관계에서도 신의 없는 군사행동을 반복했다며 비난했다.

삼국 중에서는 백제와 신라보다 고구려의 역사성과 활동을 부각했다. 고구려의 대외관계와 외침에 대비한 국방력 강화 내용에서 고구려인의 애국투쟁정신과 진취적이고 상무적인 기풍을 높이 평가했다.[41] 특히 고구려는 고조선에 속한 하나의 소국으로 존재하다가 한(漢)에 의해 고조선이 멸망한 후 고조선 유민을 규합하여 우리나라 역사상 최초의 봉건국가를 수립했다고 주장했다. 또 부여와 병존하던 '구려국'의 존재를 상정하고 이 구려국에서 주몽을 중심으로 건국한 나라가 고구려라고 주장함으로써 고구려의 정통성을 부각했다.[42]

나아가 고구려는 백제와 신라와의 관계에서 통일지향적인 정책

40 "리순신이 그때 나라를 지켜 잘 싸웠지만 그는 량반지주 계급이였고 무관이였으므로 어디까지나 봉건왕권에 충성하며 량반지주 계급을 위하여 싸웠다. 리순신이 그때에 지키려고 한 나라는 진정한 인민의 국가가 아니라 봉건통치배들의 리익을 위한 국가였다. 그렇기 때문에 리순신을 비롯한 당시 이름 있는 명장들의 애국심은 계급적 및 시대적 제한성에서 벗어날 수 없었다." 사회과학출판사, 『조선통사(상)』(평양: 사회과학출판사, 1977), p. 465.

41 이교덕, 『『조선전사』 해제』, p. 66.

42 이교덕, 『『조선전사』 해제』, p. 71.

을 폈다고 주장하며, 고구려의 평양천도와 남진 정책을 삼국통일의 원대한 이상을 실현하기 위한 의지의 소산이라고 높이 평가했다. 북조선이 이처럼 고구려의 삼국통일의지를 강조한 것은 고구려를 삼국관계의 주도자로 인식하고 이를 부각하려는 의도가 컸다.[43] 고구려의 통일의지를 강조하는 기조는 1991년에 출간된 『조선전사 3』의 개정판에서 더욱 뚜렷이 나타난다. 고구려의 역사에 1979년 판의 2배 분량을 할애하고 더 상세하게 다룬 데서 여실히 볼 수 있다.

그런가 하면 1970년대 북조선은 발해사에도 관심을 집중하면서 조선의 역사 계승이 고조선에서 고구려로, 고구려에서 발해로 이어졌다는 사실을 새롭게 정립했다. 신라의 통일은 남부 통일에 불과하고 국토 북부의 역사는 발해의 건국으로 이야기할 수 있다며, 이 시기를 발해와 신라 두 나라가 남북으로 병립한 '후기신라' 시대로 상정한다. 물론 이러한 역사인식을 북조선이 처음 제기한 것은 아니다. 조선 후기 대표 실학자인 안정복은 『동사강목(東史綱目)』에서 발해의 역사를 신라사와 더불어 서술하며 '남북국 시대론'을 주장함으로써 김정호, 신채호로 대표되는 새로운 역사인식의 지평을 열었다.

이와 같이 남북한은 민족적 근원과 정통성을 염두에 두고 역사를 각기 다르게 서술했다. 북조선은 민족주의에 입각하여 해석한 기존의 역사를 계급사관의 관점에서 비판하며 김일성 수령을 중심으로 해석하되, 우리 민족의 고대사를 북쪽 지역 중심으로 해석함으로써 주체사관에 입각하여 조선민족주의를 새롭게 재구성했다. 특히 삼국 시대 역사인식이 상당한 폭의 변화를 보인 데서 그 복선을 깔고 있음을 추론할 수 있다. 북조선의 역사 해석은 당연히 북쪽 지역의 역사적 정통성

43 전호태, 「삼국 시대에 대한 인식」, 안병우·도진순 편, 『북한의 한국사 인식 I』(서울: 한길사, 1990), p. 124.

을 부각함으로써 조선민족주의를 선점하려는 의도를 강하게 내포하고 있다. 권위주의 시기에 남한에서는 신라 중심으로, 북조선에서는 고구려 중심으로 역사를 해석하는 노력이 진행됨으로써 남과 북에 두 개의 민족주의, 즉 한국민족주의와 조선민족주의의 실체가 선명하게 드러났다.

제6장

국가 경쟁의 종말과 민족 경쟁의 시작

1. 민주화와 신경쟁 체제

1987년 6월 항쟁과 한국의 민주화

1980년대는 남북한 모두 권력의 세대교체가 이루어져 남북에 신정권이 수립되고, 북조선이 공세적으로 대남 제의를 해온 시기다. 박정희 대통령의 사망으로 남한에 신군부가 등장한 것은 북조선에 김정일 신세대의 출범을 시작하는 명분과 계기를 제공했다. 이에 북조선은 남한의 신군부 등장에 대응하여 새로운 세대인 김정일을 공식적으로 정치무대에 등장시켰다. 1981년 5월 최고인민회의 대의원에 출마한 김정일은 1982년 주체사상에 관한 논문 발표를 시작으로 본격적인 정치 활동을 시작했다. 남한에서는 88서울올림픽 개최를 위해 국민적 동원이 진행되는 한편, 1987년 민주화 운동이 분출되어 민주체제로의 전환점을 맞았다. 반면, 북조선 사회는 민주화를 경험하지 못한 상태에서 유럽 사회주의 체제가 붕괴함에 따라 극도로 위축되었다.

남한에서 10·26사태와 12·12군사반란을 거쳐 제5공화국이 등장하는 사이 북조선은 1980년 10월 제6차 당대회를 치르며 새로운 남북관계를 요구했다. 남한에 '고려민주연방공화국 창립방안'을 제시하며 적극적으로 공존과 평화를 주장하고 나섰다. 남한도 이에 대응하여 1981년 1월 12일 새해 국정연설을 통해 남북 정상의 상호 방문을 제의하고, 이듬해인 1982년 1월 22일 대통령 국정연설을 통해 '민족 민주화합 통일방안'을 제의했으며 2월 1일에는 통일원 장관이 대북성명 형식으로 20개의 시범 실천사업을 제시했다.[1] 북한은 남한의 제의를 거부하고 1982년 2월 10일 돌연 '남북 정치인 100인 연합회의'를 들고 나왔다. 남한이 제의한 '민족 민주화합 통일방안'을 분열론이라고 비난하면서 남한 정부 당국을 배제한 채 '남북 정치인 연합회의'를 소집하자고 주장했다.[2]

경제적 측면에서 열세와 침체가 지속되자 북조선은 남한의 신군부에 대한 적극적인 도발을 시도했다. 1981년 9월 30일 88서울올림픽 개최가 확정된 후 북조선은 올림픽 개최를 방해하기 위해 노골적으로 납치와 테러를 감행했다. 1983년 10월 9일 미얀마의 수도 양곤 소재 아웅산 묘역에서 북한 공작원에 의해 한국 정부의 각료와 수행원 17명이 사망하는 참사가 발생했고, 1987년 11월 29일에는 북조선 공작원 김현희 등에 의해 미얀마 해역 상공에서 대한항공 858기가 폭파된 이른바 칼기 폭파 사건이 발생했다. 북조선의 반인륜적 행위를 응징하기 위해 미국 정부는 1988년 1월 21일 북조선을 테러 국가로 규정하여 미국 비자 발급 규제를 강화하고 1987년 3월에 허용했던 북조선 외교관 접촉 지침도 철회했다.

다른 한편으로 북조선은 1984년 3월에 LA올림픽 단일 팀 결성을 제의하는가 하면, 9월에는 남한에서 발생한 수해에 대한 구호품을 보냄

1 양영식, 『통일 정책론: 이승만 정부로부터 김영삼 정부까지』, pp. 189-198.

2 양영식, 『통일 정책론: 이승만 정부로부터 김영삼 정부까지』, p. 201.

으로써 남북 간 화해 무드를 조성하였다. 1984년 11월에는 판문점에서 남북 경제회담이 시작되어 1985년 5차 회담까지 진행되었고, 1985년 8월 국회회담을 위한 실무접촉이 시작되어 1990년 1월까지 열차례 대화가 진행되었다. 하지만 팀스피리트 한미연합 군사훈련 문제로 중단되었다. 남북 간에 발전 문제를 함께 논의하고 합의서를 작성한 이 시기의 경험은 이후 남북 경제교류 진행 과정에서 귀중하게 활용되었다.

1980년 5·18민주화 운동은 남북관계는 물론 한국 사회의 민주화 과정에 결정적인 영향을 미쳤다. 남한의 신군부는 5·18민주화 운동을 북한과 연결시키며 공안 정국을 조성했다. 분출하는 민주주의 세력을 진압하는 명분을 북한의 위협에서 찾은 것이다. 5·18민주화 운동을 북한 혹은 북한을 추종하는 세력이 개입하여 일으킨 것으로 간주하고, 그 배후 세력을 "불순한 정치적 목적을 달성하기 위하여 학생 소요 사태를 배후 조종해 온 김대중"으로 결론 내렸다. 1970년대 유신헌법 제정 이후 긴급조치를 시행한 것도 북한의 위협을 근거로 했다. 이러한 모든 행위를 북한과 이념적으로 대치하고 있는 남북관계 상황으로 합리화했다. 1960년대 후반에 집중된 무력도발처럼 북조선의 실제적 위협이 없었던 것은 아니지만, 유신체제 이후 대부분의 탄압은 북조선의 실제적 위협 때문이 아니라 그것을 명분으로 반대 세력을 제거하기 위한 것이었다.

1987년에 분출한 6월 민주 항쟁은 한국의 정치·사회 역사에 민주주의 가치를 실현한 가장 획기적인 사건으로 기록된다. 해당 사건은 해방 후 지속되어 왔던 독재정치 시대를 마감하고 대한민국을 민주화의 거대한 역사적 전환으로 이끌었다. 대한민국은 건립 이후 '민주주의'를 국가 이념으로 내걸었으나 형식만 갖추었을 뿐 선진 민주주의를 수용할 역량이 부족했다. 이에 국민들은 이승만 정부의 독재와 3·15부정선거에 저항하며 민주화를 요구했고, 민주사회를 염원하며 반민주적인 정부를 상대로 반독재 항거에 나섰다. 반독재 항거는 1960년 4·19혁명을 거쳐 1970년대의 반유신 민주화 운동, 1980년 5·18민주화 운동, 1987년 6월 민주 항쟁으로 이어져 한국 사회의 민주적 변화와 발전을 추동해 왔다.[3] 1960년 4·19혁명으로 시작된 한국의 민주화 운동이 1987년 6월 민주 항쟁으로 정점을 이루고, 이후 한국 사회는 민주사회로 전환되었다. 그만큼 1987년의 6월 민주 항쟁은 대한민국의 국가 건설에서 민주주의 이념과 가치를 역사와 사회 안에 실현한 의미 있는 사건이었다.

한국 사회는 1987년 6월 민주 항쟁으로 '87년 체제'라고 부르는 개헌을 통해 국민의 직접 선거로 대통령을 뽑는 전면적인 변화를 이루었고, 정치는 물론 사회 전반에 자유화와 민주화의 변화가 시작되었다. 한국 사회에서 1987년의 6월 민주 항쟁은 인권운동, 노동운동, 환경운동 등으로 이어지면서 시민사회의 자율적 공간을 폭발적으로 성장시켰다. 그 전까지는 한국 사회에 반공 이념과 사상통제, 경제성장의 요구가 지배적으로 작용하여, 민주화와 인권 논의는 상대적으로 배제되는 경향이 있었다. 더구나 1970년대 유신체제 등장으로 언론통제와 집회·결사의 자유를 제한하는 각종 조치들이 만들어지자 자유와 인권이 더욱 억압되었다. 하지만 1987년 이후에는 민주화 운동을 비롯하여 경제·환경·인권·사회 분야의 시민조직이 결성되었고, 6월 민주 항쟁은 한국 사회에서 민주주의 가치를 확산시키는 데 크게 공헌했다.

남북한 신정권은 개혁과 개방을 앞세우며 정통성 경쟁을 추구했으며, 88서울올림픽과 1989년 세계청년학생축전 등을 통해 국제사회에서 치열한 경쟁을 시도했다. 1970년대까지는 남북한에서 군사 권위

3 안병욱, 「한국 민주화 운동에 대한 평가와 인식의 전환을 위하여」, 『역사와 현실』 77호(2010), p. 18.

주의 체제가 유사하게 유지되었으나 1980년 이후 매우 상이한 결말로 이어졌다. 1980년 남한에서는 전두환 정권이 들어서 경제자유화와 민주화 운동의 분출, 사회·문화 개방으로 경제발전의 도약을 이루었고, 88서울올림픽의 성공적인 개최로 국력이 월등히 신장되어 국제적 지위가 눈에 띄게 향상되었다.

김정일 신정권의 '자유화' 정책

1980년 10월 6차 당대회를 계기로 대중에 공개된 김정일은 북조선의 실질적인 후계자로 부상했다. 정치 전면에 등장한 김정일은 가장 먼저 신경제 정책을 발표했다. 1984년 2월 〈인민생활을 더욱 향상시킬데 대하여〉라는 담화에서 경공업과 농업을 획기적으로 발전시켜 주민들의 생활수준을 향상시키겠다는 야심찬 계획을 발표했다. '경공업 혁명'을 기치로 내걸고 대내적으로 1984년 '8·3인민 소비품 증산운동'을 벌여 터밭과 장마당을 활성화하는 등 주민 개개인의 물질적 인센티브를 부여하는 제도적 장치를 마련했다. 이를 위해 도시의 구역과 읍, 농촌의 군 단위에 각각 1개씩 200여 개 이상의 직매점이 설치되었고, 해마다 이를 위한 공장과 작업반이 1,500여 군데씩 늘어났다.[4] 또한 국영기업소에서 독립채산제의 확대·실시를 결정하고 이듬해 추진한 연합기업소에서 대대적으로 추진했다.[5] 이는 중공업 위주의 정책 기조를

4 Hy-Sang Lee, "North Korea's Closed Economy: The Hidden Opening," *Asian Survey* Vol. 28 No. 12(1988), p. 1268; 조선중앙통신사, 『조선중앙년감 1991』(평양: 조선중앙통신사, 1991), p. 176.

5 1984년 당에서 「독립채산제에 관한 규정」이 수정되었으며 김일성은 이를 전 산업 부문에 확대·실시하는 지침을 하달했다. 김일성, 「독립채산제를 바로 실시하는 데서 나서는 몇 가지 문제에 대하여」(정무원 상무회의에서 한 연설,

유지하면서 경공업 및 생활 소비품 생산을 증대시키기 위한 제도적 조치였다.

대외적으로는 외채의 위험부담 없이 동구 사회주의권과 서방권의 자본을 유치하기 위해 1984년 9월 합영법을 채택하는 등 경제 정책의 변화를 시도했다. 김정일을 비롯한 북한 정책 지도부는 1984년 1월 강성산을 총리로 기용하고 제한적인 개혁·개방을 단행했다.[6] 1984년 1월 개최된 최고인민회의에서 경제의 대외개방 정책 노선을 결정하고, 대외 경제협력 대상으로 사회주의 제국과 제3세계 외에 북한에 우호적인 서구 자본주의 국가와 경제교류 증진을 결정했다.[7] 1984년 9월 최고인민회의 명의로 합영법을 제정하고 다양한 분야에서 외국 투자 유치를 위해 노력했다. 이 합영법은 중국의 중외합자경영기업법을 모방한 것으로 중국의 성공적인 경제개방 정책을 원용했다. 합영법의 제정과 시행은 북조선의 폐쇄적인 체제에 변화를 가져온 획기적인 조치였다.

그러나 합영사업의 규모와 진행이 부진했고 '8·3인민 소비품 증산

1984. 11. 13), 『김일성 저작집 38』(평양: 조선로동당출판사, 1992), pp. 346-362.

6 개혁이란 경제 부문에서의 국가 중심적이고 불균형적인 구조의 개선을 의미한다. 즉, 국가 통제의 경제 영역을 해제하고 개인이 사적 이익을 추구할 수 있는 소위 '자본주의적' 요소 도입을 제도화하는 것으로 볼 수 있다. 개방은 외부 세계에 대한 정보통제, 자본주의권과의 무역교류 기피 등 폐쇄성에서 벗어나 정보접촉의 자유를 허용하고 자본주의 국가들과 교류협력을 강화해 나가는 것을 의미한다. 개혁·개방은 공통적으로 개인의 자유를 추구한다는 점에서 '자유화'의 과정으로 부를 수 있다.

7 「조선로동당 중앙위원회 제6기 제9차 전원회의에 관한 보도」, 『로동신문』(1984. 7. 10); 김일성, 「남남협조와 대외 경제사업을 강화하며 무역사업을 더욱 발전시킬 데 대하여」(조선민주주의 인민공화국 최고인민회의 결정, 1984. 1. 26), 『김일성 저작집 38』(평양: 조선로동당출판사, 1992), pp. 214-231. 1984년 6월과 7월 김일성의 소련과 동유럽 국가 방문 후 무역확대의 필요성이 재천명되었다. 「동유럽 방문 후 무역확대 필요성 재천명」, 『로동신문』(1984. 7. 10).

운동'도 양적 측면에서만 성과를 올렸을 뿐, 정부의 가격통제와 원료조달의 한계로 어려움을 겪었다. 더욱이 여가이용 제한이라는 문제점 때문에 합영법은 소위 '자본주의적 방식'을 도입한 근본적인 개혁이라기보다 부족한 소비재를 생산하기 위한 대중동원 수단에 머물렀다. 독립채산제 역시 효율성 제고라는 최초의 목표와 달리 낭비현상을 없애고 절약제도를 강화하는 수단으로 전락했다.[8] 터밭과 농민시장 활성화의 경우 곡물류와 공산품 거래를 금지하고 거래 물품을 채소류와 가내수공업 제품으로 한정하는 한편, 가격도 제한하여 불법거래 및 암거래 등의 부작용을 초래했다. 획기적인 자유화 정책에도 불구하고 경제건설의 동력 생성으로 이어지지 못했다.

2. 1민족 – 1국가 – 2체제 – 2정부

남북에서 새로운 세대가 정치 전면에 등장한 시기에 북조선은 '연방제' 카드를 다시 내밀면서 통일 논의에 적극적인 모습을 보였다. 1980년 10월 10일 조선로동당 6차 대회에서 기존에 제안했던 연방제 통일방안을 구체화하여 '고려민주연방공화국' 창립방안을 제시했다. 북조선이 제시한 고려연방제는 1960년 8월 14일 '남북연방제'와 1973년 6월 23일 '고려연방공화국' 창립방안의 연장선상에서 제안한 것으로, 1민족-1국가-2체제-2정부의 형식을 띤 연방제로 통일을 시작하자는 것

8 김일성, 「사회주의 경제의 몇 가지 리론 문제에 관하여」(1969. 3. 1), 『김일성 저작집 23』(평양: 조선로동당출판사, 1983), p. 459; 주용설, 「기업관리의 합리화와 경영 활동에 대한 과학적 분석」, 『근로자』(1991. 9), p. 70; 리경제, 「독립채산제를 바로 실시하는 것은 공장, 기업소들에서 재정관리를 개선하기 위한 중요 방도」, 『근로자』(1991. 8), pp. 59-64.

이었다. 남한의 입장은 1민족-2국가-2체제-2정부였다. 실제로 남북이 1민족으로 존재하는지 판단하기 어려운 상황에서 상상된 공동체로서 하나의 민족이 존재한다고 가정하면, 다음 문제는 남북의 국가가 어떻게 하나로 존재할 수 있느냐 하는 것이었다. 남한은 남북이 두 국가로 나뉜 현실을 인정하여 2국가의식을 갖고 있었다.

북조선이 제의한 고려민주연방공화국 창립방안은 남과 북에 현존하는 사상과 제도를 그대로 두고 각각 자치제를 실시하되, 중앙에 연방상설위원회를 구성하여 각 지역의 정부를 관리하는 형태로 통일국가를 이룩하자는 구상이었다. 연방상설위원회를 관장하는 최고 기구는 남북 대표들과 해외동포로 구성된 최고민족연방회의로 하자는 제안도 했다. 또 국호는 고려민주연방공화국으로 하고, 외교적으로는 동맹이나 특정 진영에 가담하지 않는 중립국가 노선을 제의했다.

북조선은 고려연방제에서 매우 구체적인 조건들을 제시했다. 내용은 크게 자주적 평화통일을 이루기 위한 선결 조건, 연방정부의 구성 및 운영 원칙, 연방정부의 10대 시정 방침 등 세 부분으로 구성되어 있었다. 먼저, 자주적 평화통일을 이루기 위한 선결 조건으로는 남한에서의 군사통치 청산과 민주화, 미국과의 평화협정 체결과 미군 철수를 통한 긴장상태 완화 및 전쟁위험 제거, 미국의 '두 개 조선' 책동 저지와 남한의 내정에 대한 미국의 간섭 종식 등을 제시했다. 새로 집권한 남한 군사정부의 교체와 미군 철수 등을 선결 조건으로 내건 것을 보면 당시 북조선의 제안은 남한 정부를 상대로 했다기보다 독재정부를 타도하고 민주정부 수립을 요구하는 통일전선의 차원이었다고 볼 수 있다. 남한의 정세가 불안정하다고 판단한 북조선이 연방제 통일 담론으로 남한의 민주화 운동을 적극적으로 추동하려는 전술적 제안이었다.

연방제를 실현하기 위한 선결 조건을 제외하면 구체적인 방안으로 제시한 10대 시정 방침은 상당히 실용적이었다. 10대 시정 방침으로는 ① 자주성 견지, ② 민주주의 실시 및 민족대단결 도모, ③ 남북의 경제적 합작과 교류 실시 및 민족 경제의 자립적 발전, ④ 과학·문화·교육 분야에서의 교류와 협조, ⑤ 전국적 범위에서 교통·체신 수단의 자유로운 이동, ⑥ 전체 인민의 생활안정과 복리증진, ⑦ 군사적 대치 상태 해소와 민족연합군 조직, ⑧ 해외 동포들의 민족적 권리와 이익 옹호·보호, ⑨ 두 지역 정부의 대외 활동 통일적 조절, ⑩ 평화 애호적인 대외 정책 실시 등이었다.

고려민주연방공화국 창립방안을 제안한 것은 남한을 포함하는 코리아 전역에서 통일을 추동하는 동력이 민족단합이라고 보았기 때문이다. 계급과 사회주의 혁명보다 민족과 통일을 우선하는 이러한 인식은 이전의 유물사관과 확실히 달랐다. 유물사관에서는 민족을 자본주의 시대의 역사적 산물로 보았으나, 민족대단결과 민족단합의 논리에서는 민족을 사상과 이념의 상위 개념으로 설정했다. 물론 연방제의 조건으로 남한의 민주화 등을 주장한 것을 보면 남한의 민주혁명을 통해 사회주의 정권 수립을 의도했을 가능성이 있어, 이러한 민족주의 접근이 사회주의와 계급 노선을 완전히 포기했다고 볼 수는 없다. 하지만 민족대단결과 최고민족연방회의 등의 제안에서 민족동원의 필요성은 잘 표현되어 있다.

이 시기에 제안된 고려연방제는 1991년 김일성이 신년사에서 '느슨한 형태의 연방제'를 제시하면서 달라졌다. 1991년 신년사에서 김일성은 남과 북에 서로 다른 두 제도가 존재하는 상황에서 "누가 누구를 먹거나 먹히우지 않는" 형태로 연방제를 시작하자며 수정된 연방제를 제안했다. 수정된 연방제와 비교하면, 1980년에 북한이 제안한 '고려민주연방공화국' 창립방안은 체제에 대한 자신감에서 나온 매우 공세적인 제안이었다. 이처럼 공세적인 제안이 나온 것은 북조선이 흡수통합에 자신감을 갖고 있었기 때문이다. 남한이 2국가 정책을 견지한 데 대해 북조선은 일관되게 1국가 정책을 주장한 데서 그러한 관점을 엿볼 수 있다.

민족과 국가에 대한 남북한의 생각은 남한의 1민족-2국가, 북한의 1민족-1국가 정책에 명확히 드러난다. 민족에 대해서는 남북 모두 하나의 민족으로 존재한다는 생각을 갖고 있었다. 물론 더 깊이 따져 보면 남북이 하나의 민족이라고 주장하던 한민족과 조선민족이 이미 상당히 분열되던 시기여서 실제 민족의식은 완연히 달랐다. 설령 하나의 민족이라는 막연한 관념을 갖고 있었다 하더라도 국가에 대한 생각은 확실히 달랐다. 남한은 2국가 정책을 갖고 있었으니 북한을 국가적 실체로 인정했다고 볼 수 있다. 이승만 정부에서는 북한을 국가로 인정하지 않았고 박정희 정부 초기에도 그러한 경향이 유지되었으나, 권위주의 정부로 전환된 1970~1980년대에는 북한을 국가적 실체로 받아들였다고 보는 것이 옳다.

북조선은 고려연방제 제안을 통해 남한의 국가적 실체와 사상, 제도를 인정하여 남한의 국가성을 존중한 것처럼 보인다. 하지만 1국가를 포기하지 않고 남북이 하나의 국가라는 주장을 견지한 채 연방제를 제안하는 것은 북조선이 남한의 국가성을 인정하지 않았음을 보여 준다. 오히려 민족 담론으로 남한을 압도하여 북조선의 정통성을 과시하려는 목적이 컸다.

북조선은 1980년 10월 6차 당대회에서 김정일을 대중에 공개하며 새로운 정통성 만들기를 이어 갔다. 김정일은 최고인민회의 대의원에 출마하여 대중적 지지를 얻기 위한 우상화 작업을 했다. 김정일의 업적을 소환하여 카리스마 부여 작업을 진행하는 동시에 인민의 생활수준 향상을 목표로 한 신경제 정책을 발표하여 대중적 지지 확보를 시도했다. 김일성 집권 시기에 김일성 항일 1세대를 중심으로 국가 정통성을 구축했던 '항일혁명전통'은 김정일에게 직접 적용되지 않으므로 그것을 '계승'하는 것으로 정당화하고, 새로운 지도자의 권위를 세울 수 있는 새로운 담론이 필요했다. 이에 기존의 혁명전통을 선군전통으로 재해석하여 선군 담론으로 '계승'하고, 다른 한편으로는 경제침체로 점증하는 국가 정통성 위기를 민족 담론으로 돌파하고자 조선민족제일주의 구호를 들고나왔다.[9]

이에 대응하여 한국은 내부적으로 1987년 개정헌법 전문에 대한민국 임시정부의 법통을 이어받았음을 명시하여 '항일' 정통성을 부각했다. "유구한 역사와 전통에 빛나는 우리 대한민국은 3·1운동으로 건립된 대한민국 임시정부의 법통과 불의에 항거한 4·19의 민주 이념을 계승하고, 조국의 민주개혁과 평화적 통일의 사명에 입각하여"라고 하여, 3·1독립운동과 항일독립 정신에 기반하여 수립된 대한민국 임시정부의 법적 전통을 이어받은 국가의 정통성을 확인했다. 일제의 잔재를 청산하지 못한 면에서 항일 정체성이 다소 취약한 부분은 있었으나 경제발전과 민주화의 진척을 통해 국가의 정당성을 높이는 한편, '대한'이 초기에 구상했던 한민족 담론으로 국가 정통성을 확장시켜 나갔다.

3. 국가 경쟁의 종말과 민족의 소환

국가 경쟁의 종말

남한의 신군부 정권은 정당성 확보를 위해 개방 정책과 자유화 정책을 적극 동원했다. 은행 등 금융기관의 자유화를 시행하고 유학 자유화와 남녀공학 실시 등 교육에서의 자유화를 실시했다. 북조선에서 김정일

9 조은희, 「남북한 정통성 만들기 역사와 비교」, p. 272.

신정권이 들어서 경제와 교육에서 부분적인 자유화를 단행한 것과 비슷하게 남한에서도 군사정부의 취약한 정당성을 보완하기 위한 목적으로 자유화와 개방을 추진했다. 특히 88서울올림픽이 결정된 1981년 9월부터는 세계적 이목을 끌 뿐 아니라 국가 발전에서 중요한 도약의 계기가 될 수 있는 올림픽이라는 큰 행사를 준비해야 했다. 올림픽 경기를 준비하기 위해 한국의 전통과 역사, 민족유산을 발굴하고 세계에 내놓아야 했다. 이런 점에서 88서울올림픽은 한국민족주의가 한 단계 상승하는 결정적인 계기가 되었다. 국가의 동원 기재가 상당 부분 작동했음에도 전 국민적 결속이 자발성을 띤 측면도 있었다. 세계인들 앞에 한국의 발전 성과와 성숙한 시민의식을 보여 주어야 한다는 점에서 전 국민의 열기가 높았다.

한국의 국가적 변화에 북조선도 성급하게 89세계청년학생축전을 기획하여 진행했다. 북조선이 국제사회에 대외개방을 과시하며 국가적 위상을 제고하고자 한 것이었으나 서울에서 개최된 88서울올림픽에 대응하기 위해 급하게 기획된 측면이 강했다. 북조선을 서방 세계에 알리는 좋은 기회가 되기는 했으나 88서울올림픽만큼 효과가 크지 못했다. 사회주의 국가들이 경제침체와 정치적 문제로 정당성을 상실하던 시기여서 북조선의 기획은 성공하기 어려운 환경이었다. 그나마 그간에 극도의 폐쇄성을 유지하고 있었기에, 대외개방을 통해 관심을 집중시키는 데는 성공했다. 하지만 북조선의 경제발전과 문화를 국가적 자산으로 동원하여 민족적 자긍심을 고취하지는 못해 민족유산을 부각하는 데 실패했다. 따라서 북조선은 사회주의권 붕괴 이후 문화와 전통, 민족의 가치를 새롭게 자각하고 단군의 역사와 조선민족제일주의 구호를 앞세워 반격함으로써 문화적으로 도전했다.

1980년대는 남북한이 추진해 온 대항적 경제발전전략의 운명이 완전히 교차하는 시기였다. 북조선의 '주체'발전전략은 분단 초기와 전후 복구 시기 대중동원 방법으로 외연적 성장(extensive growth)에 성공함으로써 자본주의 세계체제와 단절하고 자립하여 국가 발전을 추진하는 성공적인 모델로 각광받았다. 하지만 1970년대 이후 내포적 성장(intensive growth)에 진입하는 데 실패하여, 주민의 기본 생활도 충족시키지 못하는 비효율성이 심각하게 드러났다. 더욱이 유일사상체계와 같은 통치 구조의 경직성 때문에 1980년대 이후에는 실패한 모델로 간주되며 국제사회의 관심에서 멀어졌다.

대조적으로 남한은 자본주의 세계체제에 적극 편입하여 국가 발전을 도모했으며, 특히 일본을 따라잡기 위한 '추격'발전전략을 채택했다. 1960년대부터 경공업 위주의 수출주도형 산업화 전략을 시작하여 1970년대에는 중화학 공업으로 발전하는 내포적 성장에 성공했고, 아시아의 '네 마리 용'이라는 명칭을 얻었다. 1970년대에는 대중동원 방법까지 접목시킴으로써 성공적인 발전 모델로 떠올랐다. 초기에 비판적이었던 종속 이론가들까지 1980년대 한국의 발전을 성공한 모델로 호평한 것은 주지의 사실이다. 한국의 이러한 '추격'발전전략은 기본적으로 북조선의 '주체'발전전략에 대응하는 경쟁적 성격을 지니고 있었다.[10]

남북한이 채택한 추격과 주체의 발전전략은 매우 대조적이었다. 크게는 자본주의와 사회주의라는 이념이 지향하는 바가 달랐고, 세계자본주의 체제와 어떤 관계를 맺으며 경제발전을 추진해야 하는가 하는 제3세계 맥락의 이념 지향이 달랐다. 발전의 개념을 비롯해 발전을 추동하는 노동과 계급에 대한 관점이나 체제를 구성하는 정치·경제·사회·군사를 보는 시각도 달랐다.[11] 그러한 세계관의 차이는 자본과

10 박효종, 「남북한체제의 경쟁적 현대화」, 이용필 편저, 『남북분단과 사상적 갈등』(고양: 인간사랑, 1991), pp. 217-307.

노동을 해석하는 이론에서부터 구체적인 정책까지 상반되게 나타나는 결과를 낳았다. 일반적으로 자본주의에서는 경제발전에 있어 서비스와 소비재의 생산이 강조되는 반면, 사회주의에서는 생산재 특히 중공업 생산과 농업의 강조로 나타난다.[12] 사회주의는 개인과 시장의 합리성을 비판하며 '계획'을 통해 자본주의 제도의 소모적인 측면과 모순된 구조를 해소한다는 목표를 세웠지만, 현실과 목표의 괴리가 컸다.[13]

이러한 차별적 발전전략으로 인해 남북한의 사회 구조도 완전히 달라졌다. 남한은 1960년 1차 산업 인구가 66%로 국민의 대다수가 농민이었던 전통사회에서 인구의 80% 이상이 공업과 서비스 분야에서 일하고 국민의 20%만이 농업에 종사하는 산업사회로 변화했다. 도시 인구는 1960년 28%에서 1986년 66%로 크게 증가했다. 북조선도 1950년대와 1960년대에 국가 주도로 급속한 공업화를 추진한 결과 40%가 넘는 국민이 공업 분야에 종사하는 산업사회로 변모했다. 그러나 북조선은 농업·수산업·과수업 등 1차 산업 인구가 40%(1960년 62% → 1988년 43%)나 되는 전근대적 사회가 병존하고, 평양을 제외한 다른 도시들은 빈곤에서 벗어나지 못했다. 특히 사회주의 체제의 이념에 근거하여 대부분의 서비스 산업을 사회발전 지표에서 제외함으로써 산업화의 진척에도 불구하고 국민들의 문화생활 수준은 정체되었다. 남북한의 경제적 격차가 커지면서 전화, 컴퓨터 등 전자통신 매체와 각종 스포츠, 자동차, 편의시설 등 문화생활 면에서 차이가 현저하게 벌어졌다.

11 I. L. Horowitz, *Three Worlds of Development* (Oxford: Oxford University Press, 1972).

12 I. L. Horowitz, *Three Worlds of Development*, pp. 63-71.

13 A. Przeworski, *Democracy and the Market: Political and Economic Reforms in Eastern Europe and Latin America* (Cambridge: Cambridge University Press, 1991), pp. 100-135.

민족의 소환

남북한 신권위주의 정권이 추진한 경제건설의 성과가 완전히 엇갈리자, 뒷전으로 밀렸던 민족 담론이 소환되었다. 남북 간 이유는 달랐지만 모두 민족을 꺼내 들었다. 남한은 1980년대 아시아의 네 마리 용으로 각광받으며 한국적 발전 모델에 대한 세계적 관심이 높아져 한국적 전통과 문화자원 동원이 필요했고, 88서울올림픽 준비 과정에서 한국을 세계에 알리기 위해서도 전통문화 발굴이 필요했다. 북조선으로서는 사회주의 경제전략이 완전 실패로 돌아가고 동유럽 사회주의 국가들이 흔들리는 상황에서 계급 노선에 의한 국가 발전을 더 이상 주장할 수 없었다. 계급 노선의 정당성이 급격히 상실되자 민족 노선으로 전환하여 민족자원을 동원한 체제 정당성 확보방안을 강구했다.

일반적으로 식민지 경험을 한 국가에서 민족 담론은 자신의 역사와 전통에 대한 식민 담론의 규정을 해체하고, 민족 발전을 저해하는 외적 세력에 대한 타자의 규정을 발전시키는 것을 전제로 한다. 이 기준에 의해 자신의 역사와 전통을 긍정적으로 의미화하고, 타자의 실체는 부정적으로 의미화하는 담론전략을 취한다. 남한과 북조선의 경우 한반도 외부에 대해서는 그런 방식을 취하는 것이 보통이나, 한반도 안에서 민족 담론은 통일 논의에서 상대방을 선점하기 위한 목적이 크다. 북조선이 이 시기에 특별히 민족을 강조한 것은 내부 단합 목적과 남한에 대한 통일 담론을 선점하기 위한 복합적인 목적을 갖고 있었다.

남한은 문화적으로 군사정권이라는 이미지를 벗기 위해 독립기념관과 항일유적 복원사업을 활발하게 진행했고, 이를 통해 한국의 문화적 주체성과 주체사상을 고취하고자 했다.[14] 북조선이 사용한 주체사

14 한국문화예술진흥원 편, 『문화예술 진흥백서 1981-1985』(서울: 한국문화예술

상과 주체성, 주체적 민족사관 등의 어휘를 1980년대 남한에서 사용했다는 것이 인상적이다. 1980년대에 이르면 박정희 정부에서 집중적으로 추진했던 신라 문화권 개발 외에 백제 문화권과 중원 문화권 개발을 통해 역사의 지역적 편향을 극복하는 시도가 이루어졌다.[15] 반공적 요소가 이전보다 축소되고 민족의 상징적 인물로 이순신 장군을 대신하여 세종대왕을 내세우는 변화가 일어났다.[16] 박정희 정권에서 가장 빈번하게 등장한 충무공이나 화랑, 신라금관, 파고다 공원 등의 소재는 사라지고 민속춤, 탈, 불교 등 좀 더 폭넓은 동양적 소재들로 확대되었다. 하지만 박정희 정부가 구축해 놓은 신라 중심 역사 해석의 바탕 위에 문화와 스포츠 등 정통성의 상징을 덧입히는 작업은 지속되었다.

1980년대에는 1950년대와 1960년대에 비해 남한과 북조선 사이 국민의 경계가 확연하게 달라졌으나 민족의식에서는 아직 단일민족의식을 유지했다. 남과 북이 단군의 자손이라는 단일민족의식에 근거하여 발전한 민족주의를 이른바 '단일민족주의'로 부른다면, 이 시기까지 단일민족주의는 모호한 상태로 유지되었다.[17] 북한 주민을 여전히 동포·동족으로 부르며 같은 민족의식을 피력하지만 '우리나라'의 범주에는 북한을 배제했다. 이러한 의식은 우리를 스스로 '남한'으로 불렀던 관행에서 여실히 드러난다. 당시 의식 속에는 휴전선 이남을 남한으로 부르고 '우리'의 범주에는 남한만 포함되는 것으로 인식했다. 북한 주민을 국민 정체성을 공유하는 '우리 국민'의 일원으로 명시적으로 지칭

진흥원, 1985), p. 114.

15 오명석, 「1960~70년대의 문화 정책과 민족문화 담론」, 『비교문화연구』 4호(1998), pp. 128-130.

16 김종균, 「독재정권기의 민족주의와 디자인에서의 '한국성'」, p. 147.

17 김범수, 「북한 주민은 '우리 국민'인가?」, 『통일과 평화』 제11집 2호(2019), p. 317.

한 신문 사설은 전무했다.[18]

1980년대 후반에는 민족이 더 강조되면서 민족의 남북공동체성이 더욱 부각되었다. 특히 1988년 '7·7선언'으로 북한과의 협력이 강조되면서 "북한은 이제 적이 아니다", "북의 주민은 같은 민족이다", "우리와 더불어 잘 살아야 할 우리 민족의 일부다"라는 표현을 했고 민족공동체 차원에서 북한을 수용하려는 기류가 형성되었다. 북한 주민에 대해서도 '겨레'와 '동포'를 넘어 '국민'이라는 표현이 간헐적으로 등장하며 남북민족의 공동체성을 강조했다. 김영삼 정부에서는 "어느 동맹국도 민족보다 더 나을 수는 없다"라는 발언으로 민족의식을 한껏 고취했다. 하지만 이러한 변화에도 불구하고 북한에 대한 배제의식은 크게 달라지지 않았다.[19]

사실 이 시기 민족 담론의 소환은 남한보다 북조선에 더 절실히 필요했다. 1980년대 북조선에서 민족에 대한 새로운 평가가 이루어진 것도 바로 이런 이유 때문이다. 민족을 계급주의 관점에서 해석하던 1970년대까지의 관행이 사라지고 민족을 보편적 관점에서 해석하는 새로운 시각이 생겨났다. 즉, 조선민족을 혈통과 언어, 영토와 문화의 공통성에 기초하여 역사적으로 형성된 사회생활 단위로 해석한 것이다.[20] 특히 '조선민족은 한 핏줄을 이어받으면서 하나의 문화와 언어를 가지고 수천 년 동안 같은 지역에서 살아온 단일민족'이라는 김일성의 발언으로 민족에 대한 평가가 달라졌다.[21]

1985년은 민족주의에 대한 북조선의 인식이 반전을 보인 시기였

18 김범수, 「북한 주민은 '우리 국민'인가?」, p. 313.

19 김범수, 「북한 주민은 '우리 국민'인가?」, p. 336.

20 사회과학원 철학연구소, 『철학사전』(평양: 사회과학출판사, 1985), p. 246.

21 김일성, 「주체사상을 구현하기 위한 조선 인민의 투쟁에 대하여」(1983. 6. 30), 『김일성 저작집 38』(평양: 조선로동당출판사, 1992), p. 105.

다. 그해 출간된 『철학사전』에서 북조선은 민족주의에 대해 "전민족적 리익을 내세우면서 자기 민족 내의 부르조아지의 리해관계를 합리화하는 사상"이며 "결국 계급적 모순을 은폐하고 로동 계급이 자기의 근본 리익을 위하여 투쟁할 수 없게 하며 다른 나라에 대한 침략과 략탈을 합리화하는 데 복무"하는 것이라고 정의한 바 있다.[22] 그러나 같은 해 김정일의 교시를 인용하며 민족과 민족주의를 해설하는 출판물이 대거 쏟아졌는데, 이때부터 민족에 대한 개념이 수정되고 민족국가의 역할이 적극적으로 인식되기 시작했다.[23] 이들은 민족의 징표를 정의하는 기준으로 계급적 입장을 완화하는 대신, 혈연과 언어의 중요성을 크게 부각시켰다. 예컨대 "사람들로 하여금 민족으로 결합하는 공통성에는 여러 가지가 있지만 기본적인 것은 피줄·언어·지역의 공통성이며, 그 가운데서도 가장 중요한 것은 피줄과 언어의 공통성"이라는 새로운 해석을 내놓았다.[24] 또한 "자주성을 위한 인민대중의 투쟁은 민족국가 단위로 진행되며 인민대중의 운명도 민족 및 국가적 범위에서 개척되여 나간다"라는 입장에서 "국경이 있고 민족의 구별이 있으며 사람들이 민족국가를 단위로 하여 살아가는 한 인민대중의 운명은 나라와 민족의 운명과 떼어 놓고 생각할 수 없다"라며 민족의 중요성을 부각했다.[25] 사회주의 체제에 문제가 발생하던 1980년대에 계급주의를 약화시키고 혈통주의에 입각한 민족 담론을 적극적으로 끌어들이기

22 사회과학원 철학연구소, 『철학사전』, pp. 252-253.

23 전상인, 『북한 민족주의 연구』(서울: 민족통일연구원, 1994), p. 103.

24 리규린, 「친애하는 지도자 김정일 동지께서 독창적으로 밝히신 민족의 개념에 대한 리해」, 『사회과학』 2호(1986), p. 6; 리규린, 「정론: 민족의 징표」, 『남조선 문제』(1985. 10), p. 14; 최길산, 「우리 당의 밝힌 민족 문제에 관한 리론」, 『남조선 문제』(1986. 2).

25 전상인, 『북한 민족주의 연구』, p. 104.

시작한 것이다.

민족을 계급적 시각에서만 해석하는 관행에서 벗어나 민족 자체에 관심을 갖고 민족에 집단 심리도 존재한다고 주장했다. 민족 심리는 "일정한 민족에게 고유한 심리적 특성, 일정한 민족성원들이 피줄과 언어, 문화생활의 공통성을 가지고 한 령토 안에서 오랜 기간 살아오는 과정에 력사적으로 형성되고 공고화된 집단 심리이다. 매개 민족 성원들에게는 생활감정과 재능, 의지적 품성과 성격 등에서 공통적인 심리적 특성이 있다"라고 했다.[26]

냉전기 민족은 남북한이 국민 정체성을 형성하기 위해 동원한 주요한 이념적 지표였다. 이른바 '민족사 다시쓰기' 작업을 통해 지배체제를 정당화하는 작업을 진행했다.[27] 단군신화나 고구려의 역사, 민중운동 등이 '위대한 과거'로 되살아나면서 민족사를 정당성을 가진 역사로 재구성했다. 특히 남북한은 해방 후 '광개토왕비문'을 둘러싼 논쟁이나 발해사 연구에서 민족 정통성을 장악하기 위해 투쟁을 벌였다. 그러는 한편 남북한 모두 발해를 우리 민족의 국가로 간주함으로써 남북의 발해사 연구에서는 분단 상황 극복이라는 현실적 과제가 신라·발해 병립 시대에 투영되어 통일과 통합의 전망이 제시되었다. 이러한 민족사 다시쓰기 작업으로 과거를 재발견하고 현재를 재구성하여 민족 정통성 확보를 추구해 나갔다. 위대한 민족사의 발견과 다시쓰기 작업은 민족 정통성 확보와 이를 통한 국가주의 강화를 위한 것이었다.[28]

남과 북에 한국민족주의와 조선민족주의가 분화, 발전함으로써 민족의 경계와 국가의 범주는 확연하게 구분되었다. 일반적인 의미에서

26 사회과학원 철학연구소, 『철학사전』, p. 249.

27 남원진, 「남/북한의 민족, 민족주의, 민족문학론 연구」, p. 251.

28 남원진, 「남/북한의 민족, 민족주의, 민족문학론 연구」, p. 252.

민족주의가 문화적 단위인 민족의 경계와 정치적 단위인 국가의 경계를 일치시키려는 운동이라면, 남과 북에서는 민족주의 운동이 이미 휴전선 이남과 이북으로, 한국과 조선의 실제적 경계를 중심으로 분리, 분화되어 진행되었다고 보아야 한다. 이처럼 달라진 현실에도 불구하고 한국과 조선은 1980년대까지 국가적 경계를 여전히 전국적 범주로 설정했고, 민족의 범위도 코리아 민족 전체를 아우르는 '하나의 민족'임을 거듭 주장했다.

4. 한족과 맥족: 코리아 종족의 기원

1980년대 말 북조선은 우리 민족의 계보를 거슬러 올라가는 연구를 집중적으로 실시하여 그 기원을 밝히고 규정하는 단계에 이르렀다. 남한은 우리 민족의 기원을 비교언어학적 접근으로 하는 데 비해 북조선은 형질인류학으로 접근했다. 사실 형질인류학은 자료가 부족하여 실제 연구가 어려움에도 불구하고 북조선은 조선민족의 형질이 독자성을 띤다고 주장하며 과학적 분석 근거를 제시했다.[29] 이 집단을 '조선 옛 류형 사람'이라고 불렀다.[30] 민족에 대한 이 같은 관심과 연구는 1970년대 주체사상의 전일화와 함께 민족문화유산과 애국전통을 강조하는 것에서 시작해, 1980년대에 이르러 이러한 경향이 더욱 강해졌다.[31]

북조선은 민족의 기원과 고조선 연구를 통해 우리 민족의 조상이

29 이교덕, 『『조선전사』 해제』, p. 51; 권오영, 「원시 시대의 인식체계」, 안병우·도진순 편, 『북한의 한국사 인식 I』(파주: 한길사, 1990), p. 59.

30 한창균, 「북한의 구석기 문화연구 30년」, 김정배 편, 『북한의 고대사연구와 성과』(서울: 대륙연구소, 1994), pp. 27-28.

31 이교덕, 『『조선전사』 해제』, p. 52.

단일민족에서 왔다고 주장하면서 한 종족이 예(濊)·맥(貊)·한(韓)족 세 개의 종족 집단으로 나뉘었다고 말했다. 그리고 "고조선의 주민은 예족과 맥족을 기본으로 하여 이루어졌다"라고 썼다.[32] 또한 "부여는 맥족이 세운 나라"로 맥족이 중심이 되어 예족을 흡수하여 부여를 세운 것으로 해석했다.[33] 반면 진(辰)국은 삼한(마한, 진한, 변한)족이 세운 나라로 보는데, 삼한족도 예족이나 맥족과 언어·문화가 같은 민족으로 한반도의 중부 이남 지역에 거주한 것으로 보았다.[34] 삼한족 중에서도 마한의 귀족들이 삼한 소국들을 통합하여 진국을 세웠다는 것이다.

북조선의 민족사 연구에 따라 우리나라 첫 고대 국가인 고조선과 부여, 진국을 세운 민족은 크게 보면 맥족(예맥족)과 한족으로 나뉨을 알 수 있다. 북조선은 고조선의 주류인 맥족이 예족을 흡수하여 북쪽 지방에서 부여를 건국하고, 그 정통성이 고구려, 발해, 고려로 이어진 것으로 보았다. 한족은 서남쪽으로 내려와 진국을 건설하고 마한을 본거지로 진한과 변한을 통치한 것으로 설명했다.[35] 냉전기의 치열한 국가 건설 경쟁 속에서 자기 중심적 역사 해석을 통해 코리아 종족의 기원은 북쪽의 맥족과 남쪽의 한족으로 확연하게 분리되었다.

이 시기에 민족에 대한 소환은 '조선' 국호의 정통성을 주장하는 쪽으로 초점이 옮겨진다. 북조선은 조선의 정통성을 주장했다. 북한이

32 손영종·박영해·김용간, 『조선통사(상)』(평양: 과학백과사전종합출판사, 1991), p. 37.

33 손영종·박영해·김용간, 『조선통사(상)』, p. 42.

34 손영종·박영해·김용간, 『조선통사(상)』, pp. 40-43. 구려국은 압록강 중류 일대를 중심으로 한 지역에 고구려보다 앞서 존재한 고대국가였다. 구려국의 중심지는 환인 부근이었다.

35 사회과학원 력사연구소, 『조선전사 2: 고대편』(평양: 과학백과사전종합출판사, 1991), pp. 10-13, 129-134, 180-182; 손영종·박영해·김용간, 『조선통사(상)』, pp. 33-43.

가장 먼저 내세운 역사가 조선인데, 단군이 우리나라를 최초로 세울 때 그 이름을 조선이라 명명했다며 조선이 우리나라 국호의 정통이라고 주장했다. "고조선의 원래의 국호는《조선》인데 후세의 조선과 구별하기 위하여《옛날의 조선》이라는 의미에서《고조선》이라고 불러왔다. 고조선의 건국신화인 단군신화에 의하면 기원전 24세기에《단군왕검》이《조선》이라는 나라를 세운 것으로 되어 있다"라며 조선의 '국호'에 대해 소개했다.[36] 북한은『조선통사』를 통해 기원전 7세기에 중국 사람이 쓴 책『관자』(권23 규모 제78, 경중갑 제80)에도 조선이라는 국호가 전해지고 있음을 지적하기도 했다.[37] '조선' 국호에 대한 역사적 정통성을 부각하여 경제적으로 흔들리는 사회주의 조선에 대한 주민들의 지지를 확보하고자 한 것이다.

북조선은 또한 1994년 10월 고조선을 건국한 단군의 왕릉을 복원하면서 우리 민족의 시원이 '조선'에 있음을 상기하고 그 정통성을 부각했다. 특히 단군의 네 아들, 부루, 부우, 부소, 부여의 행적을 소개했는데, 이는 북한이 단군의 역사화를 통해 민족과 국가의 정통성 경쟁에서 우위를 점유하려는 시도라 할 수 있다. 해방 이후 남북한은 각각 신라와 고구려 역사를 강조함으로써 서로 자기 쪽이 우리 민족 정통성을 이어 오고 있다며 주장하고 있다. 좁디좁은 한반도 땅에 한민족이 북방계와 남방계 민족으로 갈라지고, 역사도 북쪽 중심의 역사와 남쪽 위주의 역사로 분열되는 불행한 상황에 이르렀다.

36 손영종·박영해·김용간,『조선통사(상)』, p. 36.

37 손영종·박영해·김용간,『조선통사(상)』, p. 36.

5. 신라 대 고구려: 민족 정체성 분화

권위주의 정권 구축기에 남북에서 진행된 민족에 대한 역사 해석은 한국과 조선의 국가 정체성 강화에 결정적 역할을 했다. 적대적 타자화로 일관하던 남한과 북조선이 정체성 강화의 필요성을 인식하고 역사와 민족을 동원한 것이다. 특히 자국의 역사성과 민족 정통성을 부각하기 위해 각기 신라와 고구려의 역사를 강조하는 방식으로 정당화 작업을 전개했다.

남한은 우리 민족의 근원을 한민족으로 규정하고 그 바탕 위에서 신라 중심의 역사를 전개했다. 한국은 고종이 대한제국을 선포할 때 '한'이 삼한에 기원을 두고 있다고 명시했으므로 마한·진한·변한 등 삼한에 대한 강조와 삼한 정통론과 같은 역사 해석에 의존했다. 고조선의 정통성이 남쪽의 마한으로 이어진다고 주장하는 삼한 정통론은 남한이 활용할 수 있는 절호의 자원이었다. 따라서 대한민국의 역사를 한민족의 역사로 규정하고 삼한과 신라의 통일을 기반으로 발전한 것으로 해석했다. 신라는 한반도 최초의 통일국가로 간주되고, 고구려나 발해와 같이 북쪽 지역에서 발흥했던 역사는 상대적으로 소홀히 하는 경향이 있었다. 탈냉전 이후에는 그에 대한 반성으로 고구려와 발해 등 우리나라 역사를 객관적으로 연구하려는 노력을 기울이고 있으나, 전반적으로 고구려보다는 신라의 역사가 민족 정체성을 규명하는 자원으로 많이 동원되었다.

북조선에서는 반대로 통일신라와 후삼국 시대를 매우 간단히 취급할 뿐 아니라 신라의 삼국통일을 부정적으로 평가했다. 신라의 통일에 대해 "신라 통치배들은 삼국을 통일하려는 지향을 가지고 있지 않았다. (…) 신라 통치배들의 배족행위는 김춘추(후에 태종)가 648년에 당나라에 건너가서 당나라와 련합하여 백제와 고구려를 멸망시키고 패강(대동강)을 계선으로 그 이남은 신라가 차지하고 그 이북은 당나라가 차지하기로 한 비밀협약을 맺은 데서 집중적으로 표현되었다"라고 보았다.[38]

김정일은 신라의 삼국통일에 대해 직접 비판했다. 김정일은 논문 「삼국통일 문제를 다시 검토할 데 대하여」를 통해 "신라는 당나라 침략자들과 결탁하여 백제와 고구려를 멸망시키기는 했으나 우리나라에 하나의 통일적인 주권국가를 세우지는 못했다"라고 하면서 신라는 영토 통일만 했을 뿐 민족의 통일에는 실패했다는 점을 지적했다. 또한 외세를 끌어들여 통일을 시도한 행위도 인정할 수 없다고 주장했다.[39] 반면 고구려의 정통성은 크게 부각했다. 고구려는 고조선의 정통을 계승했을 뿐 아니라 이민족의 침략으로부터 민족을 지켜 내는 투쟁의 주체였다고 설명했다. "기원전 82년에 진번, 임둔군을 몰아내고 기원전 75년경 압록강 유역에 있던 현도군을 몰아내는 반침략투쟁을 벌임으로써 점차 옛 땅을 되찾으면서 통합되어 나갔다"라고 말했다.[40] 백제와 신라사는 철저히 계급적 해석을 근거로 비판하고 특히 신라사는 외세에 의존한 반민족적 역사로 간주하는 반면, 고구려를 역사상 가장 강대하고 주체적이었던 역사로 서술했다.

주목할 만한 점은 북조선이 1991년 고구려의 정통성을 더욱 강조하기 위해 구려국의 존재를 새로 설정하며 역사 해석을 시도한 것이다.[41] 북한은 1991년 출간한 『조선전사 2』 개정판에서 고대국가로 기존에 주장해 온 고조선, 부여, 진국 외에 고구려에 선행한 국가로서 구

38 손영종·박영해·김용간, 『조선통사(상)』, p. 139.
39 조선로동당출판사, 『사상 리론의 영재』, pp. 277-284.
40 정두희, 「『조선통사』를 통해 본 북한의 역사인식」, p. 199.
41 이교덕, 『『조선전사』 해제』, p. 62.

려국의 존재를 설명하며 이를 15쪽에 걸쳐 해석했다. 또한 부여의 역사도 고대부여와 봉건부여(후부여)로 나누고 후부여의 존재를 새로 설정해, 고조선의 역사를 기원전 10세기 이전으로 소급하고 구려국의 건국 시기도 기원전 5세기 이전이라고 주장했다.

이런 고구려 중심의 역사인식은 고구려 정통성의 근원이 되는 부여의 역사를 부각하는 한편, 후기신라보다 고구려 유민이 세운 발해와 첫 통일국가를 세운 고려를 중시하는 경향으로 이어졌다. 기원전 219년 부여가 멸망한 후 한동안 부여는 고구려의 속국으로 존재하다가 2세기 초에 후부여로 독립한 것으로 보았다. 즉, 고구려가 구려와 부여를 계승한 나라로서 정통성을 갖고 있음을 강조한 것이다. 고려에 대해서도 김정일은 "동족의 나라들을 하나로 통합하려는 고구려의 지향은 10세기 초에 창건된 고려에 의하여 계승되었다. 고려는 신라가 차지하고 있던 대동강 이남 지역의 주민들은 물론, 멀리 북쪽에서 이주해 온 발해의 유민들까지도 하나의 주권 아래 통합했으며 광활한 고구려의 옛땅을 되찾기 위하여 힘찬 투쟁을 벌였다. 고려라는 이름도 고구려에서 유래한 것이다"라고 주장했다.[42] 조선은 부여, 고구려, 발해, 고려로 이어지는 역사를 잇고 있다고 주장해 조선의 민족 정통성과 역사적 정통성이 한층 부각되었다.

이와 같이 남북한이 소환한 민족은 단군이라는 하나의 뿌리에서 유래하지만 남한은 신라의 정통성을, 북조선은 고구려의 정통성을 잇고 있는 것으로 믿는다. 대한민국은 통일신라의 정통성을 이어받은 국가라는 점을 강조하고 신라의 정통성을 증명하는 삼한 정통론 같은 역사 해석을 부각하는 반면, 북조선은 부여와 고구려의 정통성을 잇고 있는 것으로 해석하며 조선민족의 정체성을 규명했다.

42 손영종·박영해·김용간, 『조선통사(상)』, pp. 187-188.

1980년대는 치열했던 남북 간 국가 경쟁이 소강상태에 접어들면서 민족 경쟁이 시작된 시기로, 이때 한국민족주의와 조선민족주의의 원형이 태동했다. 냉전기의 적대적이며 경쟁적인 민족국가 건설 과정에서 역사적 정통성과 국가의 정당성을 확보하려다 보니 한국과 조선은 각각 적대적 타자화와 자국 정체성 강화로 신라와 고구려를 자기 민족의 시원으로 만들었고, 그 결과 민족과 역사가 둘로 갈라졌다. 체제의 분단이 민족국가의 정체성을 완전히 다르게 갈라 놓았다.

제3부

탈냉전기, 한국과 조선

제7장

탈냉전의 정체성 위기

1. 88서울올림픽과 사회주의권의 붕괴

탈냉전기에 들어 한국과 조선의 국가성 강화와 국민의식의 성장으로 민족국가의 성격이 뚜렷해졌다. 1989년 유럽에서 촉발된 사회주의권 붕괴는 세계사의 흐름을 완전히 바꾸어 놓았으며 냉전의 최전선인 한반도에도 큰 변화를 가져왔다. 1985년 고르바초프(M. Gorbachëv)의 페레스트로이카와 글라스노스트에 의해 시작된 사회주의 체제 개혁과 개방은 급기야 소련은 물론 동유럽 사회주의 전체의 붕괴를 초래했다. 1989년에 이르러 6월 폴란드, 10월 헝가리에 상륙한 사회주의 개혁·개방 움직임은 11월 독일 베를린 장벽 붕괴, 12월 루마니아의 독재자 차우셰스쿠 처형 등 폭발적 혁명으로 이어졌고, 1990년과 1991년에는 체코슬로바키아와 유고슬라비아의 해체로 이어지면서 사회주의권 붕괴라는 역사적 사건으로 전개되었다. 1789년 프랑스혁명이 일어난 지 200년 만에 탈사회주의 혁명이라는 역사적 전환점을 맞은 것이다.

세계적으로 진행된 사회주의 개혁과 개방의 흐름은 한반도에도 영향을 미쳤다. 그 첫 번째 변화의 계기는 1988년 9월 개최된 서울올림픽이었다. 공산주의와 철저히 단절되어 있던 한국이 국제적으로 개방체제를 선포하고 세계로 발전해 나가는 전환적 사건이었기 때문이다.[1] 남한은 올림픽을 계기로 한국을 세계에 알리고 선진국으로 도약하는 기회를 잡고자 했으나, 뜻하지 않게 강대국의 패권정치에 휘말리면서 난관에 부닥쳤다. 자본주의 국가들은 1979년 구소련이 아프가니스탄을 무력으로 침공한 데 대한 보복으로 1980년 모스크바올림픽 참가를 거부했고, 이에 대한 보복으로 사회주의 국가들은 1984년 LA올림픽 참가를 거부했다. 1976년 몬트리올올림픽에서는 인종 차별 문제로 아프리카 국가들이 대거 불참하는 사태까지 벌어져 국제올림픽 경기는 강대국들의 이념 싸움이나 인종 갈등으로 심각한 정치 갈등에 휘말렸다. 그런데 이번에는 공교롭게도 공산주의 국가와 외교관계가 전혀 없을 뿐 아니라 미국의 동맹국으로서 냉전의 최전선에 있는 한국에서 올림픽 개최가 예정되어 있었다.

이러한 상황에서 1988년 2월 출범한 노태우 정부는 올림픽을 선진국 도약의 발판으로 삼기 위해 과감한 결단을 내렸다. 1988년 7월 7일, 이른바 '7·7선언'으로 불리는 '민족자존과 통일번영을 위한 특별선언'을 발표해, 북한을 포함한 모든 공산국가에 문호를 개방하고 외교관계를 개선하겠다는 '북방 정책'을 대내외에 천명했다. 정부는 고르바초프 등장 이후 "전반적인 신데탕트 시대의 개막이 예견되는 가운데 88서울올림픽이 동서간의 이념 분쟁을 종식시키고 새로운 화해 시대의 문을 열 결정적 계기"가 될 것으로 기대했다.[2]

이러한 배경을 바탕으로 한국 정부는 남북 상호 교류와 자유 왕래, 이산가족의 서신 왕래와 상호 방문, 남북한 교역 문호개방, 우방국

1 김병로, 「통일환경과 통일 담론의 지형변화: 정부 통일방안을 중심으로」, 『통일문제연구』 제26권 1호(2014), pp. 1-34.

2 통일원, 『1990 통일백서』(서울: 통일원, 1990), p. 48.

의 북한 교역 용인, 국제사회에서의 남북한 간 협조, 북한과 우방(미일)의 관계개선 협조 등 6개 항의 개방과 개선의지를 표명하며 불신과 대결의 남북관계를 신뢰와 협력 구조로 바꾸기 위한 정책 전환을 시도했다.[3] 즉각 전향적인 대북 외교시책을 발표(7. 16)하고 대북 비난방송을 중지(7. 19)하는가 하면, 북한·공산권 자료개방(9. 3)과 남북 간 교역을 허용하는 '대북 경제개방 조치'(10. 7)를 단행했다.[4] 이어 1989년 6월 12일 '남북교류협력에 관한 기본지침'을 제정하고, 1989년 7월 21일에는 관련 '세부 시행지침'을 마련했다. 1990년 8월에는 '남북교류협력에 관한 법률'과 '남북교류협력에 관한 법률 시행령', '남북협력 기금법' 등 일련의 관련 법령을 마련함으로써 남북교류협력이 법적 테두리 안에서 안정적으로 이루어질 수 있도록 제도적 기반을 구축했다.

흥미롭게도 북한과 공산권에 대한 남한의 개방은 세계적 냉전 종식의 결과로 취한 수동적 행위가 아니라 올림픽을 성공적으로 치르기 위한 주도적이고 능동적인 행동이었다. 아니, 오히려 서울올림픽이 동유럽과 세계적 탈냉전을 추동하는 사건이 되었다. 세계적 냉전이 아직 사라지기 전에 한국이 북한을 포함한 공산국가와 교류를 허용하고 외교관계를 수립한다는 것은 당시 정황상 상상할 수 없는 일이었다. 공산주의에 대한 두려움이 오랫동안 지배했던 터여서 자칫 이념 갈등에 휘말릴 수도 있는 민감한 주제였다. 이듬해 문익환 목사와 임수경 학생의 방북 사건에서 볼 수 있듯이 종교인의 어떤 노력이나 대학생의 열정만으로는 분단의 벽을 넘을 수 없었다. 국가보안법이 서슬 퍼렇게 살아있던 1988년 상황에서 북한과의 교류를 허용하고 북한의 대외관계개선을 지원하며 공산주의 국가와 관계를 개선한다는 것은 쉬운 결단이

3 통일원, 『1990 통일백서』, pp. 52-56.

4 통일원, 『1990 통일백서』, pp. 56-63.

아니었다. 그러나 올림픽이라는 스포츠 경기를 성공적으로 치르기 위해 정부가 그러한 결단을 내리는 데 반대하는 사람은 거의 없었다.

이 시기 정부가 북방 정책을 적극적으로 추진한 배경에는 1987년 6월 민주 항쟁 이후 시민사회 저변에서 형성된 변화에 대한 요구도 있었다. 당시 군부독재에 국민들의 비판이 거세게 일자 지지기반이 취약한 노태우 정부는 시민사회의 민주화 요구를 수용한다는 입장에서 공산주의를 향한 개방과 통일 논의를 허용한 것이다. 이러한 시민사회의 요구 중 하나로 1988년 2월 29일 '민족의 통일과 평화에 대한 한국 기독교회 선언'이 나왔는데, 이 선언은 정부의 북방 정책과 남북교류 정책에 큰 영향을 미쳤다.[5] 정부로서는 전 국민적 관심사로 부상한 올림픽을 성공적으로 치러 정권의 지지 기반을 확고히 하기 위해 시민사회의 요구를 수용할 필요가 있었다. 이러한 시대적 상황을 감안하더라도 '철의 장막', '죽의 장막'으로 베일에 가려져 있던 공산주의 국가에 선제적으로 문호를 개방한다는 발상은 당시 상황에서 가히 혁명적이었다. 결과적으로, 올림픽이라는 문화 스포츠 행사는 한국 정부의 대북 정책을 근본적으로 바꾸어 놓았으며 한국의 냉전적 통일 담론 지형에 일대 변혁을 일으켰다.

한소, 한중 수교

올림픽 경기를 성공적으로 치른 한국은 약속한 대로 북방 정책을 실천하기 위해 1989년 2월 북한에 고위급 회담을 제안하고, 1989년 2월 헝가리와의 수교를 시작으로 11월 폴란드, 12월 유고슬라비아, 1990년 3

5 이만열, 『한국 기독교와 민족통일운동』(서울: 한국기독교역사연구소, 2001), p. 413.

월 체코, 불가리아, 몽골, 9월 루마니아에 이르기까지 사회주의 여러 나라와 관계 정상화를 속속 추진했다. 그리고 마침내 1990년 9월 구소련, 1992년 8월 중국과 수교를 단행했다. 냉전기 이념 대결의 한 축을 지탱하던 소련과 중국이 북한의 반대를 뿌리치고 한국을 선택한 것이다.

소련과 중국이 한국과 수교를 단행한 사건은 북조선에 엄청난 충격을 주었다. '하나의 조선'을 표방하며 체제의 정당성을 견지해 오던 북조선으로서는 심각한 국가 정체성의 위기에 직면했다. 북한은 한국이 1973년 6·23선언을 통해 두 개의 코리아 정책의 필요성을 주장한 데 대해 '두 개의 조선'을 인정할 수 없다며 '하나의 조선' 정책을 견지해 왔는데, 소련과 중국이 한국과 수교를 단행하자 '두 개의 조선' 정책을 현실적으로 받아들이지 않을 수 없었다. 한국은 지속적인 경제성장으로 아시아의 네 마리 용으로 각광을 받으면서 소련과 동유럽, 중국에 매력적인 발전 모델을 보여 주었고, 사회주의 국가들도 경제발전을 위해 한국의 도움이 필요했다. 한국의 국력과 영향력이 그만큼 높아진 것이다.

한편 이 시기 소련과 동유럽 사회주의가 무너지고 중국에서도 천안문 사태가 발생하면서 정세가 혼란해지자 북한도 체제 유지를 위한 변화가 필요했다. 사회주의 국가들의 잇따른 해체와 내부 경제의 침체로 국가 정체성의 위기에 봉착한 북한은 이에 대응하는 대책을 강구했다. 커다란 방향은 '선군'과 '민족'을 소환하는 것이었다. 우선 다급한 불을 끄기 위해 '선군'을 동원했다. 대부분의 사회주의 국가들과 마찬가지로 1992년 4월 헌법개정을 통해 '집단지도체제'의 준비 작업을 서둘렀다.[6] 국방위원회라는 새로운 제도를 만들어, 형식적으로나마 권력

6 김병로, 「아시아 사회주의 체제의 발전과 민주화」, 『성균사회학』 2호(1997), pp. 49-88.

을 주석, 최고인민회의 상임위원회, 국방위원회라는 세 기구로 분산시켰다. 김일성에서 김정일에게 이어지는 권력 이양을 위해 형식적인 집단지도체제를 갖춘 것이다. 권력을 이양받은 김정일은 군대조직과 군사력에 체제의 운명을 맡기는 '선군정치'를 시작했다. 민주화되지 못한 북한의 군사정권은 탈냉전 이후 체제 위기에 직면하여 '고난의 행군'을 선포하는 준전시체제에 돌입했다. 민주화의 방향으로 변화하는 것이 아니라 오히려 반대 방향으로 정치체제를 강화했던 것이다.

대남전략도 기존의 혁명전략에서 대화·화해·협력으로 전환하고 미군 철수 등의 주장을 철회 또는 완화했다. 일체의 무력을 총지휘하는 국방위원회를 통해 체제를 이끌면서 남한에 대해 '불가침 협정' 체결을 추진했다. 북조선은 남북기본합의서(남북 사이 화해와 불가침 및 교류 협력에 관한 합의서) 제2장에 불가침에 관한 합의서를 넣어 1991년 12월 남북기본합의서에 포괄 타결함으로써 남한과 '불가침 협정'을 체결한 것으로 간주했다. 이 군사적 전과를 바탕으로 김정일은 1991년 12월 24일 조선인민군 최고사령관에 추대되었다. 김정일은 체제의 위기에 당면하여 만약에 있을지 모르는 미국으로부터의 군사적 공격을 방어하려면 최소한 남한의 개입을 차단해야 한다는 생각에 남북 간 불가침에 관한 확약이 필요하다고 여겼다.

한소 수교는 북조선이 유엔에 가입하는 결정적 계기가 되었다. 사회주의권이 붕괴되고 소련의 내부 사정도 혼란스러워 북한을 도울 수 없는 형편이었다. 소비에트 연방으로 묶여 있던 각 주들에서 독립운동이 전개되고 러시아 내에서도 군부 쿠데타가 일어나, 북한에 위기가 발생하더라도 군사적 지원을 할 수 없는 상황이었다. 중국도 천안문 사태로 혼란을 겪고 있어 실질적인 도움을 줄 형편이 아니었다. 따라서 북조선은 유엔이라는 국제기구로 들어가 제도권 안에서 소련과 중국의 도움을 받는 것이 당면한 위기를 극복하는 데 유리하다고 판단했다. 유엔에 들어가면 안전보장이사회의 제도를 통해 체제의 안전을 담보할 수 있는 장치를 갖게 되기 때문이다.

2. 남북한 유엔 동시 가입

남북한의 유엔 동시 가입은 국제사회에 한국과 조선의 국가적 면모를 인정받는 중요한 계기가 되었다. 1991년 9월 17일 제46차 유엔 총회에서 한국과 조선은 회원국으로 가입했다. 유엔 안전보장이사회는 1991년 8월 8일 결의 제702호로 대한민국과 조선민주주의인민공화국을 회원국으로 받아들이도록 유엔 총회에 권고했고, 1991년 9월 17일 유엔 총회가 가입안을 통과시킴으로써 한국과 조선은 유엔의 공식 회원이 되었다. 남북한의 유엔 동시 가입은 한반도에 두 개의 국가적 실체가 존재하는 현실을 인정한 조치라 할 수 있다.

남북한의 유엔 동시 가입에 대해서는 한반도의 영구 분단을 초래한다며 반대하는 논리도 없지 않았지만, 탈냉전과 동구권의 붕괴가 진행되던 상황에서 남북한은 큰 어려움 없이 유엔 회원국이 되었다. 유엔이 독립국가만 참가할 수 있는 국가 간 기구라는 점에서 남북은 대외적으로 한국과 조선이라는 독립국가로서 명실상부하게 인정받은 셈이었다. 실제로 한국과 조선이 국제사회에서 완전한 독립국가로 인정받고 있는지, 또 그에 걸맞은 국민의식이 형성되어 있는지와 별개로 유엔에 독립국으로 가입함으로써 한국과 조선은 더 이상 불완전한 국가가 아니라 단일국가로서 면모를 충분히 갖춘 독립국가임을 국제사회에 외교적으로 인정받는 계기가 되었다.

한국은 유엔 가입에 대해 1973년 '평화통일 외교 정책에 관한 특별선언'(6·23선언)에서 "북한의 유엔 가입에 반대하지 않는다"라고 우회적 표현을 함으로써 두 개의 코리아 정책이 필요함을 주장했다. 이후 1985년 10월 국무총리의 유엔 연설을 통해 남북한 유엔 가입을 재차 언급했고, 1987년 남북한 유엔 동시 가입 입장을 유엔에 정식 문서로 제출했다.

북조선은 이와 같은 한국의 입장에 대해 통일을 지연시키고 분열을 영구화하기 위한 두 개의 조선 정책이라며 비판했다. 1973년 9월 19일 김일성의 발언에서 6·23선언 이후 '하나의 조선' 정책을 더 강조하는 모습을 발견할 수 있다.

> 지금 남조선 당국자들과 미제와 일본 정부는 유엔에 《두개 조선》을 동시에 가입시키기 위한 책동을 벌리고 있습니다. 그리하여 《두개 조선》의 유엔 동시 가입 문제가 올해 유엔 총회에서 토의되게 되었습니다. (…) 《두개 조선》의 유엔 동시 가입안은 본래부터 조선의 영구분렬을 꾀하여 온 미제와 일본의 일부 반동들의 진의도를 공공연히 드러내 놓은 것입니다. (…) 《두개 조선》의 유엔 동시 가입안은 또한 유엔 총회에서 남조선으로부터의 미군 철거 문제를 토의하는 것을 막아 보려고 내놓은 것입니다. 이것이 그들이 추구하는 기본 목적입니다. (…) 《두개 조선》을 유엔에 동시 가입시키는 것은 절대로 조선민족을 위하여 유익한 것으로 될 수 없습니다. 우리는 《두개 조선》을 절대로 인정할 수 없습니다.[7]

7 김일성, 「일본 《이와나미》 서점 상무취체역 총편집장과 한 담화」(1973. 9. 19), 『김일성 저작집 28』(평양: 조선로동당출판사, 1984), pp. 509-511. 북한은 이후에도 '하나의 조선' 정책을 지속적으로 천명했다. "지금 북과 남이 대화에 림하는 립장과 자세에서는 근본적인 차이가 있습니다. 우리는 나라를 통일하여 하나의 조선으로 만들려는 립장이라면 남조선측은 미국의 《두개 조선》 정책에 추종하는 립장입니다. 남조선 당국자들이 《교차승인》이요, 《교차접촉》이요 하는 문제를 가지고 분렬주의자들과 맞장구를 치며 《두개 조선》의 《유엔 동시 가입》을 운운하는 것은 바로 그들이 미제의 《두개 조선》 정책에 추종하고 있다는

냉전기에는 남북한의 유엔 가입이 한반도의 영구 분단을 초래한다는 북조선의 주장이 어느 정도 설득력을 가졌다. 북조선이 완강하게 반대 의견을 표명하는 데다가 국제사회가 자유 진영과 공산 진영으로 대립하고 있어 북조선의 반대를 무릅쓰고 두 나라의 유엔 가입을 강행할 분위기가 아니었다. 그 때문에 하나의 국가의석으로 남북한이 유엔에 가입해야 한다는 당위성이 어느 정도 공감되었다.

그러나 사회주의권이 붕괴된 탈냉전 시점에서 남한 단독으로라도 유엔에 가입해야 할 명분이 충분했다. 한국 정부는 1991년 연초부터 유엔 가입의지를 거듭 표명했다.[8] 북조선 당국도 1991년 5월 27일 외교부 성명을 통해 유엔 가입을 신청하겠다고 발표하며 "우리가 유엔에 가입하기로 한 것은 남조선 당국자들의 책동으로 불가피하게 취하게 된 조치이다"라고 주장했다. 북조선의 유엔 가입 동기가 한국의 단독 가입의지를 저지할 수 없었기 때문이라는 해석이다. 이러한 북조선의 표면적인 이유가 어느 정도 타당한 것인가는 이견이 없지 않으나, 집요하게 주장하던 단일의석 유엔 가입 정책을 북한이 철회했다는 것은 당시 상황이 매우 급박했음을 짐작하기에 충분하다.

북조선이 '하나의 조선' 정책을 포기하고 유엔에 독립의석으로 가입한 결정적 계기는 소련과 중국이 한국과 수교를 단행한 사건 때문이었다. 북조선의 전통 우방이자 동맹인 소련이 고르바초프의 개방 정책

것을 말하여 주는 것입니다." 김일성, 「일본 정치 리론 잡지 《세까이》 편집국장이 제기한 질문에 대한 대답」(1985. 6. 9), 『김일성 저작집 39』(평양: 조선로동당출판사, 1993), p. 431.

8 노태우 대통령은 1991년 1월 8일 연두 기자회견에서, 1월 24일 외무부의 업무보고서에, 그리고 1991년 4월 19일에 개막된 유엔 아시아·태평양 경제사회이사회(ESCAP) 총회를 통해 연내 가입 의사를 거듭 표명했다. 왕임동, 「동시 유엔 가입이 남북한관계에 미친 영향」, 『조선대 사회과학연구』 제94권 1호(1994), p. 7.

을 적극화하여 진영을 넘어 자본주의 국가들과 적극적인 협력을 진행했고 한국과도 문화·체육 교류 등 접촉 면을 확대하자 북조선은 충격이 컸다. 중국도 등샤오핑(登小平)의 개혁·개방 정책에 힘입어 한국과 경제교류를 적극적으로 했고, 1992년 8월 한국과 수교를 단행했다. 중국의 정치적 상황은 대만과의 관계에서 '하나의 중국' 정책이 필요하여 명목상 북한의 '하나의 조선' 정책을 지지했으나, 실제로는 한국과의 경제·외교관계를 확대했다. 소련과 중국의 대한반도 정책 변화는 북한에 결정적인 영향을 주었다.

그런데 독립의석으로 유엔에 가입하는 것은 남북한을 국가 대 국가의 관계로 인정하는 셈이어서 문제가 없는 것은 아니었다. 자칫 국제사회에서 통일의 명분이 약화될 우려가 있기 때문이었다. 이러한 이유 때문에 남북한은 남북기본합의서에 '잠정적 특수관계'로 못 박은 것이었다. 남한은 "남북한이 다 함께 유엔에 가입하는 것은 통일이 될 때까지의 잠정적인 과도 조치이다. 남북한은 서로 실체를 인정하는 바탕 위에서 통일 지향적인 특수관계를 전제로 해 국제적으로 활약할 수 있을 것이다"라고 주장했다.[9] 북조선도 "민족 내부 문제인 우리나라의 통일 문제를 두 국가 간의 문제로 보고 국가들 사이의 발전관계의 일반적 도식을 우리나라 통일 문제에 그대로 적용하는 것이라든지, 서구라파식의 신뢰구축 방안이나 동서독식의 통일 과정을 모방하려는 것은 매우 비현실적인 것으로서 그것은 우리나라의 통일 문제를 해결하는 것이 아니라 오히려 분열을 지속시킬 뿐입니다"라고 강조했다.[10]

남북한은 두 개의 국가로 유엔에 가입하면서도 통일의 당위성을

9 국토통일원, 『유엔 가입 문제와 관련 남북한 실무대표 접촉 회의록』(서울: 국토통일원, 1990), p. 29; 제성호, 『남북한 특수관계론』(파주: 한울, 1995), p. 22.

10 국토통일원, 『남북대화』 51호(서울: 국토통일원, 1991), p. 125.

얻기 위한 방책으로 '분단국'으로서의 지위를 강조했다. 분단국(divided state)이란 원래 하나의 국가가 역사적 계기로 둘 이상의 국가로 나뉜 것을 의미하며, 미래에 하나의 국가를 이루어야 한다는 민족적 열망이 존재한다는 특징을 지닌다.[11] 이런 점에서 분단국은 통일을 미래 가치로 두지 않은 다른 국가들과의 관계와 다르다. 통일을 당장 실현해야 하는 당면 과제로 설정하지는 않더라도 민족의식에 근거하여 통일을 미래의 잠재적 가치로 공유하는 잠정적인 국가관계라고 할 수 있다. 전 세계 많은 나라가 남북한이 유엔에 독립의석으로 가입했지만 '코리아'는 하나의 민족이 두 개의 국가로 나뉜 것이므로 언젠가 통일해야 한다고 인식하는 경향이 강하다. 국제적으로 분단국의 지위를 인정받고 있는 셈이다.

남북한 유엔 가입으로 한국과 조선의 국가성은 이전과 질적으로 다르게 발전했다. 한국과 조선이 독립의석으로 유엔에 가입한 1991년 9월은 국제사회에서 코리아반도에 두 개의 국가가 있음을 승인받은 역사적인 순간이었다. 한반도 주변국들도 남북한의 평화적 공존 가능성이 제도화되었다는 점에서 동시 유엔 가입을 적극 지지했다. 북조선이 냉전기에 견지했던 '하나의 조선' 정책도 두 개의 코리아 정책으로 달라졌다. 물론 북조선은 2023년 현재 공개적으로 '하나의 조선' 정책을 표방하고 있으나, 현실적으로 두 개의 코리아를 인정하지 않을 수 없음을 받아들였다. 이러한 국제적 환경 변화로 북조선의 '하나의 조선' 정책은 심각한 위기에 봉착했다.

11 박명규, 「남북관계와 비대칭적 분단국 체제론」, 『통일과 평화』 창간호(2009), pp. 15-18.

3. 남북기본합의서 체결

남북교류협력법 제정과 남북기본합의서 체결 또한 남북한의 국가성에 큰 영향을 미쳤다. 남북기본합의서 체결로 서로 적대적 경쟁을 하던 남북관계에 획기적 변화가 생겼다. 1988년 12월 시작된 남북고위급회담이 결실을 맺어 1991년 12월 '남북 사이의 화해와 불가침 및 교류·협력에 관한 합의서'(남북기본합의서)를 채택했고 이듬해 2월 발효되었다. 북조선이 남한의 요구를 대부분 수용하면서 남북기본합의서를 채택한 배경에는 체제의 위기를 맞아 혹시라도 있을 수 있는 미국과 남한의 무력침공에 대비하여 '불가침'에 관한 확약을 받으려는 것이 있었다. 북조선은 줄곧 북미 간 평화협정을 맺고 남북 간에는 불가침 협정을 맺자고 주장해 왔다. 사회주의권의 붕괴로 정세가 불안정해지자 북조선이 취한 수세적인 대응책이었다.

남북기본합의서의 기본 취지는 상대의 실체를 인정하고 존중하는 바탕 위에서 남북한이 교류와 협력을 추진해 나가자는 것이었다. 이에 남북기본합의서에서 남북은 "상대방의 체제를 인정하고 존중"(제1조)하며 "상대방의 내부 문제에 간섭하지 아니"할 것(제2조)을 합의했다. 이로 인해 헌법조항과 형법, 국가보안법 등을 근거로 상대 체제를 부정하던 기존 남북관계의 성격이 근본적으로 달라졌다. 물론 남북기본합의서에 남북관계를 국가적 관계로 규정하지는 않았지만, 남북이 지니는 국가적 성격을 무시하는 것은 아니었다. 남북기본합의서 서문에서 "쌍방 사이의 관계가 나라와 나라 사이의 관계가 아닌 통일을 지향하는 과정에서 잠정적으로 형성되는 특수관계"라는 점을 언급하면서 통일을 위해 노력할 것을 다짐했다. 이는 남북관계에서 상대의 국가적 실체를 인정하되, 국제사회에서는 이것이 미래의 통일에 불리하게 작용할 수 있기에 가급적 민족관계를 강조해 나가자는 의미로 해석할 수 있다. 즉, 국제사회에서 잠정적으로 국가 대 국가의 관계를 행사하는 동시에 국제법상으로는 분단국이라는 특수 지위를 인정받아야 하는 상황에 놓인 것이다.[12]

냉전 반공주의와 국가보안법 체제에서는 북한을 반국가 단체로 간주하여 대화의 파트너로 인정하지 않았는데, 기본합의서에서는 상호 실체를 인정하고 대화 상대로 받아들인다고 선언했다. 이는 정전협정을 탈냉전 환경에 맞게 문서화한 것이다. "남과 북은 상대방을 파괴·전복하려는 일체 행위를 하지 아니한다"(제1조), "남과 북은 상대방에 대하여 무력을 사용하지 않으며 상대방을 무력으로 침략하지 아니한다"(제9조)라고 명시하고, 나아가 이러한 군사적 문제를 해결하기 위해 합의서 발효 후 3개월 안에 '남북군사공동위원회'를 구성·운영하여 군사적 신뢰조성과 군축 문제를 협의(제12조)하고 직통전화를 설치(제13조)하는 등 상호 불가침에 관한 여러 약속을 했다. 아울러 남한과 북조선은 1992년 5월 '남북군사공동위원회 구성 및 운영에 관한 합의서'를 채택했다. 이 합의서는 사실 제대로 지켜지지 않았으나, 남북관계의 성격이 근본적으로 달라졌음을 인식하고 이를 남북 간 합의문 형태로 발표했다는 점에서 남북관계의 역사에 매우 큰 의미를 지닌다.[13] 1972년 동서독 간에 체결된 '기본조약'에 비견할 만한 역사적 가치가 있다.

12 국제법상 분단국이란 주민 다수의 의사에 반하여 하나였던 국가에 두 개의 정치적 실체가 형성되어, 각 체제나 국제사회가 통일을 당연하다고 믿는 경우를 말한다. 유병화, 「남북기본합의서의 법적 성격」, 『고려대학교 법학논문집』 27집(1992), p. 68; 이해완, 「남북기본합의서의 법적 성격」, 남북나눔위원회 편, 『21세기 민족화해와 번영의 길』(서울: 크리스찬서적, 2000), p. 105.

13 북한은 남한과 '불가침합의서'를 체결할 필요를 느끼고는 교류협력을 원하는 남한의 주장을 적극 수용하여 기본합의서라는 형태로 타결했다. 즉, 북한에 필요한 불가침에 관한 부분을 제2장에 넣고 남한이 주장하는 교류협력을 제3장으로 넣어 전체를 '남북기본합의서'라는 형태로 타협했다.

한국은 세계적 탈사회주의 흐름을 타고 적극적인 변화를 시도해, 오랜 분단체제를 극복하고 통일된 한반도를 만들기 위한 비전을 제시했다. 1989년 노태우 정부는 남북한과 모든 디아스포라 한인이 하나의 민족공동체로 통일을 실현하자는 '한민족공동체 통일방안'을 제안했다. 이는 이미 1980년 북한이 제안한 '고려민주연방공화국 창립방안'에 대한 응답이기도 했다. 김영삼 정부는 1993년 이것을 다시 '민족공동체 통일방안'으로 정리하여 발표했다. 1972년 7·4남북공동성명에서 천명한 '자주·평화·민족대단결' 원칙을 '자주·평화·민주'로 통일 원칙을 재정립하고, 화해협력 → 남북연합 → 통일국가로 이행하는 3단계 점진적 통일방안을 제시한 것이다. 한민족공동체 통일방안의 핵심은 '남북연합'이라는 새로운 국가 형태의 제안이다. '같이 번영하는 공동체'를 의미하는 남북연합은 유럽연합(European Union)을 염두에 둔 새로운 국가공동체라 할 수 있다.[14]

한편 이 시기 남북한 정체성의 위기는 두 측면에서 동시에 야기되었다. 하나는 국가성의 강화로 민족국가의 성격이 크게 진전된 데서 오는 정체성 위기였다. 국제사회에서 유엔 가입국으로 두 국가의 위상과 면모가 달라졌고, 내부적으로도 구성원들의 정치공동체 의식이 국민과 인민으로 분리되어 성장했으며, 남한과 북조선의 의식이 아니라 한국과 조선의 국가 정체성 인식이 증가했다. 냉전기에는 남한과 북조선이 불완전한 민족국가로 인식된 데 비해, 탈냉전기에는 두 국가가 대외적으로 대한민국과 조선민주주의인민공화국으로서 인정받고 대내 국민의식도 형성되어 각각 완전한 민족국가로서 면모를 갖추었다.

다른 하나는 교류협력 체제의 형성으로 야기된 국가 정체성의 혼

14 통일노력60년발간위원회 편, 『통일노력 60년』(서울: 통일부, 2005), pp. 209-210.

란이었다. 냉전기에 두 국가가 적대적 공존으로 배타적 국가의식을 형성하고 있었다면, 이제는 교류협력 체제가 형성되어 협력적 공존체제로 상황이 바뀌었다. 남북 간에 기본합의서가 체결되고 남북교류협력법이 만들어지자 합법적인 왕래와 상호 교류를 추진할 수 있게 되었다. 적대적 대항체제로 존재하던 남한과 북조선은 상호 왕래와 교류의 시작으로 더 이상 적대성을 국가 정체성의 동인으로 삼을 수 없게 되었다. 국가 존재의 논리가 적대적 공존에서 협력적 공존으로 달라짐으로써 정체성의 위기가 형성되었다. 반공과 반제의 국가 정체성이 약화되고 교류와 협력, 공존이 새롭게 국가 정체성의 중요한 동인을 제공하는 변화가 생긴 것이다.

교류가 진행될수록 남북은 적대적 타자화를 기초로 건설해 온 정체성에 혼란을 겪을 수밖에 없었다. 교류가 없던 냉전기에는 간헐적 회담이나 왕래를 통해 상대의 변화를 파악하거나 수집한 정보를 바탕으로 서로의 장점을 차용하는 비교 효과가 작동했다. 그런데 남북이 직접 만나 교류하는 체제에서는 교류와 왕래가 서로에게 미치는 영향이 매우 컸다. 남북의 경제력 격차와 복지·생활 수준의 차이가 눈으로 확인되면서 북한은 특히 체제 유지에 타격을 입었다. 남한에 대한 호기심과 동경의식이 생겨났고, 이것이 북한 체제에 대한 불만과 비판으로 이어진 것이다. 이러한 과정은 결국 정치의식의 강화나 약화로 이어져 국가 정체성에 심대한 결과를 초래했다.

4. 한국과 조선의 국민의식 형성

이와 같은 환경 변화로 한국과 조선의 국가적 성격이 강화되었고, 그에 따라 국민의식도 성장하는 계기가 되었다. 유엔 가입과 남북기본합의서 체결, 남북교류협력법 제정 등의 상황 변화로 남한과 북조선의 국가 성격이 크게 달라졌다. 남북한은 분단 초기부터 '조선'과 '한국' 국호를 사용하며 국가의 형식적 틀을 갖추었고 정부(government)와 국가(state)로서의 기능을 수행했다. 하지만 국민의식이 그에 걸맞게 형성되지 못하여 명실상부한 민족국가로서의 특질을 갖지 못했다. 냉전기에는 남한과 북한이 독자성을 갖는 국가로 발전하지 못했고 '남한'과 '북조선' 의식이 지배적 관념이었다. 즉, 남북한을 독립국가가 아니라 분단체제의 한 부분으로 기능하는 불완전한 국가체제로 인식했던 것이다.

냉전기의 분단체제란 남한과 북조선이 독립적인 국가가 아니라, 하나의 '체제'에 묶여 기능한다고 보는 것이다. 이에 대해 백낙청 교수는 "한반도 남북 전체를 망라하는 이 현실이 '체제'로서의 어떤 성격을 띠지 않았는지" 성찰해야 한다고 주장했다.[15] 손호철은 분단체제를 "세계체제의 하위체제이면서 일정한 독자성을 갖는 남북한 체제의 독특한 결합"으로 보았다.[16] 남한과 북조선이 분단을 지속시키는 더 큰 체제에 편입되어 있으면서, 서로 간에는 특수한 관계를 유지하고 있는 현실을 보았던 것이다. 이 체제 안에서는 남한과 북조선이 독자적 국가로서 역량을 발휘하지 못하고 적대적 공존이라는 체제의 한 부분으로 기능했다. 따라서 분단체제가 유기적 자기 완결성을 갖고 움직임으로써 남한과 북조선만으로는 불완전한 체제이자 국가로 인식되었다.

분단체제 논리는 남한과 북조선의 독립정부 출범이 남북을 아우르는 통일국가로 수립되지 못하고 상대를 배제한 불완전한 반쪽 국가로 출발했다는 것이다. 그 때문에 통일은 완전한 근대 국민국가를 형성하기 위한 당연한 목표로 받아들여졌고, 남북한은 한국과 조선이 아닌

15 백낙청, 『분단체제 변혁의 공부길』(파주: 창작과비평사, 1994), p. 15.

16 손호철, 『해방 50년의 한국 정치』(서울: 새길, 1995), p. 294.

남한과 북조선으로 간주되었다. 하지만 탈냉전의 환경 변화로 남북은 한국과 조선으로 국가성이 강화되었고, 남북관계도 민족관계가 아닌 국가관계로 진전되었다. 적대적 공존체제로 존재하던 남한과 북조선이 한국과 조선으로서 협력관계를 추구하기 시작한 것이다. 남북대화와 교류협력법 제정 등 남북관계에 변화가 이루어지자 통일에 대한 국민적 기대가 높아지는 한편, 적대적 타자화로 반공과 반제에 익숙한 남북한 주민은 적지 않은 혼란에 직면했다. 남북대화에서는 여전히 민족관계를 바탕으로 협력과 통일 논의를 이어 갔지만, 대외관계나 대내 국민의식에서는 한국과 조선이라는 국가의식과 국민의식이 작동하기 시작한 것이다.

박명규 교수는 탈냉전 이후 변화된 남북관계의 형상을 '비대칭적 분단국 체제'라는 개념으로 분석하며 이론화 작업을 시도했다.[17] 남북관계가 적대성을 지속하면서도 탈냉전 이후 남북한의 국가성이 강화되고 관계의 비대칭성이 증대하고 있다는 사실에 유의하여 비대칭적 분단국 체제를 개념적으로 정리한 것이다. 남북한 간 국가성의 강화, 이질성과 비대칭성의 확대, 적대성의 잠재 등이 분단국 체제에서 질적으로 달라진 상호 작용의 특징으로 제시되었다. 한국은 북조선과 비교해 경제력과 국제적 지위 등 여러 부문에서 국가적 자긍심이 높아져, 남북 간 격차가 현저했다. 그뿐 아니라 냉전 시기 추구한 상이한 이념체제로 자본주의와 사회주의, 자유민주주의와 인민민주주의의 제도적 차이와 사회·문화 및 가치관의 차이도 확연했다.

1990년 전후로 진행된 이러한 변화는 1950년대 한국전쟁이 끼친 영향에 비유할 수 있을 만큼 남북관계에 결정적이었다. 한국전쟁을 계기로 남북한의 국가 건설 방향과 성격이 근본적으로 달라졌듯이, 탈냉

17 박명규, 「남북관계와 비대칭적 분단국 체제론」, pp. 3-28.

전의 국제 정세와 사건들은 남북이 이전과 전혀 다른 차원으로 발전하는 계기를 제공했다. 한국은 국제환경 변화에 적응하기 위해 세계화 담론을 적극 받아들여 편승전략을 취함으로써 경제력을 바탕으로 국제적 위상을 높여 나갔다. 그 부작용으로 1997년 말 국제금융기구(IMF)의 관리체제로 들어가 어려움을 겪었으나, 이것이 오히려 국민적 단결을 도모하는 계기가 되었다.

이러한 정책과 전략의 변화로 한국과 조선의 국가의식과 국민의식은 점차 강화되었다. 88서울올림픽을 치르면서 '대한민국'의 국가의식이 성장했고 민주화의 진전과 경제성장으로 국민의식도 진전되었다. 이후 2002년 한일 월드컵 개최를 통해 대한민국 의식이 한층 고조되었다. 북조선 역시 탈냉전 이후 조선과 공화국이라는 국가의식을 강화해 왔다. 북조선이 활용하는 민족 담론, 즉 조선민족이나 김일성민족도 실제로는 조선과 공화국이라는 국가의식을 강조하는 것이다.

경제성장과 민주화, 세계화 같은 큰 역사적 흐름 속에서 한국의 국가 정체성은 크게 변화했다. 이미 수백만의 외국인 노동자가 한국에 정착해서 살고 있고 정책적으로 다문화주의적인 개방성이 요구되면서, 고전적 의미의 민족국가의 틀에 중요한 변화가 생겼다. 자본과 노동, 물자와 정보의 빠른 이동과 교류로 인해 이전과 같은 민족국가의 절대적 지배력은 더 이상 가능하지 않다. 유럽은 국가 단위를 넘어서는 유럽공동체를 상당 수준까지 진전시켰고, 다른 지역에서도 지역화나 지역주의 시도들이 나타나고 있다. 그렇지 않은 경우에도 이미 문화나 경제, 생활의 차원에서는 국가 단위를 넘어서는 움직임이 활발하다.

한국과 조선이 속해 있는 동아시아의 경우에는 국가의 힘이 여전히 강하여 상당 시간 강력한 힘을 행사하고 주도적 역할을 수행하겠지만, 이미 경제 분야에서는 동아시아 역내의 상호 작용과 교류가 국가적인 규제나 틀을 넘어 자체 동력을 상당 부분 획득하고 있다. 기후나 범죄, 에너지 등의 문제에 대해 개별 국가 차원을 넘어 초국가적·다차원적 접근이 필요하다는 공감대가 널리 확산되고 있다. 이미 비정치 분야에서는 정부 이외의 연구기관, 대학, 민간단체, NGO, 국제기구 등의 역할이 매우 커지고, 이들을 아우르면서 현안을 다루어 가는 거버넌스의 재구성이 요구되고 있다.

남북관계에서도 직접적인 접촉과 교류가 이루어짐에 따라 분단체제하에서 작동했던 적대적 타자화의 기제는 그 위력이 훨씬 약해졌다. 반공과 반북의 정서를 동원하여 정치적 자원으로 활용하던 관행에도 변화가 요구되었다. 남한의 경우, 남북관계가 달라진 상황에서 북한 변수를 정치화하려는 시도는 자칫 잘못하면 역풍을 맞을 수도 있다. 남북간에 여전히 민족의식이 작동하고 국가 차원에서 통일 담론을 선점하기 위한 노력이 진행 중이어서 체제 경쟁은 지속되고 있으나 과거와 많이 달라졌기 때문이다. 한국과 조선은 불완전한 반쪽 나라이며 분단체제 안에서 한 묶음으로 작동한다는 냉전기의 관념에서 벗어나, 독립적이고 자율적인 나라로서 두 국가 간 정상적인 국가관계를 발전시켰다.

남북한은 국제사회에서 독립국가로 규정될 경우 통일의 당위성이 약화될 것을 우려하여 스스로 '분단국' 지위를 강조하며 국가성의 강조를 회피하는 경향이 있다. 남북 간에는 이를 특수관계로 표현하며 난처한 상황을 모면해 가고 있다. 하지만 남북한은 한국과 조선이라는 국가적 실체로 발전했고, 시간이 흐름에 따라 두 나라의 국가성은 점점 완결성을 갖게 되었다. 한국과 조선은 유엔의 독립국으로, 국제사회에서 두 국가로 인정받을 뿐 아니라 1980년대 후반에 형성된 민족국가의 성격이 1990년대와 2000년대를 지나면서 국가의식과 국민의식 강화로 이어져 명실상부한 민족국가로 자리매김했다.

이제는 국가의 성격을 갖고 있으면서 분단국이라는 특별한 관계에 있는 한국과 조선의 분단국 체제 패러다임에 대한 적극적 구상이 필요하다. 분단국 체제는 언어와 역사, 전통을 공유한 하나의 민족이 다른 국가체제를 형성하여 특수한 국가적 관계를 형성하고 있는 구조를 의미한다. 따라서 남북한을 국가적 관계로 본다고 해도 중국이나 일본, 미국과의 관계처럼 민족관계가 전혀 없는 국가적 관계로 간주할 수는 없다. 분단국 관계란 민족관계를 일정 부분 유지하면서 국가적 관계를 동시에 지닌 체제를 의미한다. 즉, 분단국 체제는 분단체제에서 남북연합 통일국가로 이행하는 과정에서 잠정적으로 형성되는 한국과 조선의 느슨한 국가관계라고 할 수 있다.

우리나라 역사에서도 이와 비슷한 남북국 체제가 근대 국가 형성 이전 통일신라와 발해 사이에 처음 형성되었다.[18] 신라와 발해는 전쟁을 치른 적대적 관계 시기도 있었지만 점차 교류협력을 추진하면서 특별한 관계를 유지했다. 당시에는 근대 국가의식이 없었기 때문에 오늘날의 국가관계와 달랐겠지만, 신라와 발해는 고려로 통일되기까지 잠정적인 특수관계를 유지했다. 이러한 역사적 관계를 '남북국 시대'라고 부른다면, 탈냉전 이후 남북관계는 '신남북국 시대'로 부를 수 있을 것이다. 신남북국 시대에 형성된 분단국 체제는 통일을 미래 가치로 보는 한국과 조선의 국가관계로 규정지을 수 있다.

이처럼 탈냉전기 남북한은 대한민국(한국)과 조선민주주의인민공화국(조선)으로 분단국 체제를 형성하고 있다. 국제사회에서 국가적 위상도 변화했고 남북관계도 이전과 달라졌다. 남북 간 상호 의식도, 한국과 조선 내의 국가의식과 민족의식도 달라졌다. 국가의식이 민족의식을 압도하는 현상이 진행되었으며, 민족의식이 약화되면서 통일의 당위성도 약화되었다. 과거에는 남한과 북한에 대해 하나의 민족이 둘로 나뉘어 완전한 민족국가를 이루지 못했다고 생각했으나, 이제는 남

18 유득공, 송기호 역, 『발해고』(서울: 홍익, 2021).

한과 북한이 아니라 한국과 조선이 완벽한 국가적 면모를 갖춘 것으로 인식하는 사람이 많아졌다. 단일 민족의 호칭을 공유하지 못한 채 국가 의식은 한층 커졌다. 분단국 체제에서 남북한이 국가 대 국가의 관계로 접근하며 어떻게 공통된 민족의식을 함께 만들어 갈 수 있겠는가 하는 것이 당면 과제라 할 수 있다.

5. 민족 담론의 전면 부상

군대의 소환과 민족의 전면 배치

사회주의 붕괴라는 대전환기에 북조선은 두 가지 면에서 정체성 위기에 정치적 대응을 시도했다. 하나는 사회주의 체제 유지를 위해 군대를 전격적으로 소환한 것이고, 다른 하나는 민족 담론을 사회 전면에 내세운 것이다. 동유럽 사회주의 국가들과 소련 사회주의 체제가 흔들리면서 북조선은 정권을 유지하는 가장 쉽고 확실한 방법으로 선군정치를 선택했다. 국가의 위기에 정권을 전복할 수 있는 군대를 철저히 통제하고, 동시에 군대조직을 경제건설에 동원함으로써 체제 붕괴를 막겠다는 생각이었다.

북조선이 공식적으로 내세웠던 선군정치는 '고난의 행군' 시기를 지나 김정일 정권이 출범한 1998년 이후 공식화되었다. 이후 북조선은 점차적으로 근원을 소급해 올라가 1995년, 더 나아가 1960년에 선군정치가 시작되었다고도 주장한다. 북한은 "지금까지는 사회주의 사회발전에서 노동 계급의 지위와 역할의 중요성이 강조되어 왔으나, 오늘 우리 혁명에서는 인민군대가 주력군, 기둥으로 되고 있으며, 노동 계급도 인민군대의 혁명적 군인정신과 조직성, 규율성을 따라 배우고 있다"

라며 '혁명의 주력군'은 노동 계급이 아니라 인민군대라는 점을 새롭게 강조했다.[19] 또한 "군대는 노동자, 농민을 비롯한 근로인민대중 가운데서도 가장 우수한 핵심분자들로 조직되며 그것으로 하여 혁명에서 중요한 정치적 역량으로 된다"라고 주장했다. 따라서 군대를 혁명의 핵심역량으로, 군대의 지위와 역할을 사회주의 사회발전의 관건으로 보는 사상 이론은 사회주의 사상 이론 발전사에서 특기할 대발견이라고 주장했다.

이후 북조선은 2002년 핵 문제로 미국과 첨예하게 대립하기 시작하면서 선군정치의 효용성을 정당화해 나갔다. 이 시기부터 북조선은 미국에 대항하는 핵무기 개발을 공개적으로 천명하고, 이를 뒷받침하는 선군정치를 전면에 내세웠다. 북조선 정권을 '군사정권'으로 규정하는 관점에서 보면 북조선에서 선군정치가 등장한 것이 특이한 현상은 아니다. 남한에서는 1980년대 민주화 운동을 통해 군사독재정권이 제도적으로 종식되고 문민정부가 정착된 반면, 북조선에서는 민주화가 진전되지 못하고 오히려 군대의 역할과 영향력이 강화되었던 것이다. 김정일은 공식적으로 자신의 통치 구호를 '선군정치'로 내걸었고 김일성의 주체사상과 쌍벽을 이루는 '선군사상'을 업적으로 부각시켰다. 2009년 9월 북조선 개정헌법은 선군사상이 주체사상과 함께 북한의 국가 이데올로기로 확립되었음을 천명한다. 즉, "조선민주주의인민공화국은 사람 중심의 세계관이며 인민대중의 자주성을 실현하기 위한 혁명사상인 주체사상, 선군사상을 자기 활동의 지도적 지침으로 삼는다"(제3조)라고 나타나 있다.

전환기에 북조선이 취한 또 다른 변화는 민족 담론을 전면에 내세

19 「사회주의 사회에서 혁명군대의 주도적인 지위와 역할」, 『로동신문』(2002. 11. 11).

우며 강조하기 시작한 것이다. 냉전기에는 이념과 체제의 대결에 함몰되어 민족에 관심을 주의 깊게 기울이지 못했으나, 이데올로기의 위력이 약화되자 민족이 수면 위로 떠올랐으며, 이는 1980년대 후반 '조선민족제일주의'를 내세우면서 사회주의 문화건설에서 민족문화에 대한 중요성을 강조하는 것으로 이어졌다. 북조선은 우리 고유의 민속 명절을 공산주의 생활양식에 어긋난다는 이유로 배격해 왔으나, 1988년부터 민족 고유의 명절을 부활시켰다. 1988년 추석을 공휴일로 지정한 데 이어 1989년에는 음력설과 한식, 단오도 공휴일로 인정했다. 또한 1970년대에 허무주의와 복고주의를 표현했다는 이유로 혹독한 비판 대상이 되었던 개화기 근대문학사를 복원하고, 일제 치하에서 온 국민이 함께 불렀던 흘러간 가요를 모아 책자로 펴내기도 했다.

대중적으로는 보천보전자악단을 결성하여 민족주의를 고양하는 노래를 널리 보급했다. 김정일이 직접 작사했다는 노래 〈내 나라 제일로 좋아〉는 이 시기에 가장 많이 불린 대표적인 노래였다. 이 노래는 이후 '국가제일주의'를 강조하는 김정은 시대에 다시 소환되어 불리고 있다. 민족을 강조하는 노래와 영화도 많이 제작되고 홍보되었는데, 민족과 계급의 두 요소가 병존하다 사회주의 이념이 해체되는 시점에 민족과 민족주의를 강조하는 방향으로 선회했다. 고조선과 고구려, 발해, 고려에 대한 연구와 유적 발굴에 총력을 기울이는 한편, 단군릉 발굴을 통해 우리 민족의 정통성이 고조선-부여-고구려-발해-고려-조선-공화국 조선으로 계승되고 있음을 부각했다. 나아가 북조선은 평양의 대동강이 인류 문명의 발상지라는 대동강 문화를 주장하기에 이른다.

이처럼 북조선이 민족문화를 재해석하고 강조하는 이면에는 전통가치를 활용하여 주민통합을 도모하려는 정치적 의도가 내포되어 있다. 충성과 효성이라는 전통적 가치를 흡수하여 사회통합에 이용하는 모습을 볼 수 있다. 즉, 지도자와 인민의 관계에서도 최고지도자를 '어버이'로, 당을 '어머니'로 의인화하고 충성과 효도 및 인정에 기초한 전통적 인간관계를 최대한 활용함으로써 개개인의 내면화를 강화하고 있다. 그뿐 아니라 기존의 집단주의 원칙에 '혁명적 의리'와 '동지애'라는 정서적 차원의 관계 규범을 정립함으로써 주민들의 단결을 도모하고 있다. 수령유일체제의 통치질서는 유교의 국가 가부장제와 부합하여 유교사상에 익숙한 조선 주민들이 자연스럽게 받아들일 수 있는 부분이다. 김정일의 통치 이념을 광폭정치, 인덕정치로 규정하는데, 이는 바로 유교의 통치 이념인 덕치주의에 토대를 둔다.

한민족공동체 통일방안

탈냉전의 정체성 위기에 대응하여 남한이 구상한 전략도 민족 담론이었다. 남북관계가 급변하고 남북의 국가성이 강화되면서 남한은 통일에 대한 문제의식에서 한민족공동체 통일방안을 내놓았다. 민족 담론으로 남북을 아우르며 한반도의 미래를 준비해야 한다는 의도에서였다. 대외적으로 공산권의 개혁·개방 물결이 거세지고 동서화해의 분위기가 만들어지는 등 세계질서의 재편 움직임이 형성되자, 통일 문제를 풀어 나가기 위해 남북관계와 대북 정책에도 능동적이고 탄력 있는 대처가 필요했다. 특히 88서울올림픽의 성공적 개최와 북방 정책의 활발한 추진으로 북한에 대한 자신감이 생겨, 보다 적극적이고 공세적인 통일 정책을 구상하려는 의지가 발동했다.[20]

사회주의권의 붕괴와 남북관계의 변화에 대응한 남한의 선택은 민족공동체였다. 탈냉전기의 새로운 통일 패러다임으로, 더불어 살아

20 통일원, 『1990 통일백서』, p. 72.

가는 '민족공동체(Korean Commonwealth)'를 제시한 것이다. 남한은 민족공동체가 민족을 하나로 묶고 있는 뿌리고 우리 민족이 재결합할 수밖에 없는 당위일 뿐 아니라, 그 자체로 통일의 실현을 가능케 하는 힘의 원천이라고 보았다.[21] 즉, 남북이 더불어 살아가는 민족공동체를 어떻게 건설해 나갈 것인가 고민하고, 같은 민족으로서 경제와 사회, 문화, 정보공동체를 형성하여 민족 사회의 통일을 이루는 과정에서 정치적 통합 여건이 성숙될 때 1민족 1국가의 단일민족국가를 완성해 나갈 수 있다는 구상이었다.

남한 정부가 민족 패러다임을 통일방안으로 제안한 것은 북조선의 연방제에 대응한 측면이 강했다. 정부는 민족공동체 방안을 북조선의 연방제와 대비하여 설명하면서, 연방제는 권력배분에 초점을 맞추고 계급과 집단을 중심으로 국가체제를 먼저 수립하려는 방안인데 비해 민족공동체 통일방안은 권력이나 계급보다 민족과 인간에 중심을 두고 국가보다 민족공동체 건설을 우선한다고 말했다.[22]

남한의 민족공동체 구상은 통일환경의 변화에 부응하고 내부적으로 형성된 통일 논의를 반영하여, 북조선을 대결 상대가 아니라 통일을 향한 민족공동체의 일원으로 포용해 나간다는 차원에서 마련된 방안이었다. 남한은 88서울올림픽을 앞두고 7·7선언과 유엔 총회 연설 등에서 이러한 입장을 천명했다. 7·7선언을 기초로 한 북방 정책을 성공적으로 추진하기 위해서는 민족공동체를 지향하는 통일 정책이 요구되었다.

이를 위해 남한은 '한민족'을 전면에 등장시켰다. '한민족'은 대한제국 시기에 창제되어 냉전기 동안 남한이 발전시킨 '대한'의 민족을

21 통일원, 『1994 통일백서』(서울: 통일원, 1994), p. 65.

22 통일원, 『1994 통일백서』, p. 66.

의미했다. 권위주의 정부 시기에 정권의 취약성을 만회하고 북조선과의 경쟁력을 높이기 위해 심화시킨 한민족 개념을 북한과의 통일 공론장에 내놓은 것이다. 88서울올림픽의 성공적 개최와 경제발전으로 자신감을 얻는 남한은 국가건설 동력의 주체인 한민족으로 디아스포라 한인과 북조선까지 포섭하는 새로운 국가 건설의 대안을 제시하고자 했다. 당시까지는 여전히 북조선과 대립적이며 경쟁적인 관계가 지배적이어서 '한민족'을 앞세워 북조선을 압도하려는 의지가 크게 발동했다. 이 통일방안을 고안했던 이홍구 전 국무총리는 원래 민족공동체라는 명칭을 선호했으나 "당시 냉전과 반공의 사회 분위기에서 대한민국의 주도적 역할을 표방하기 위해 '한'이라는 단어를 첨가하게 되었다"라고 설명했다.[23]

사실 통일방안으로 '한민족'공동체를 내놓을 당시 남한 정부는 북조선의 민족인식에 대해 제대로 알지 못했던 것 같다. 앞 장에서도 설명했듯이 이 시기 북조선은 이미 우리 민족을 한민족으로 간주하지 않고 조선민족으로 규정하고 있었다. 남한이 북한을 정말 민족으로 포용하고 통일을 제안하려 했다면, 적어도 북한이 한민족에 대해 어떻게 평가하고 있는가 검토했어야 할 것이다. 같은 맥락에서 국내에서는 한민족 명칭에 대한 문제 제기가 있었고, 남한 정부는 이후 1994년 한민족공동체 통일방안을 '민족공동체 통일방안'으로 수정했다. 명칭 변경 과정에서 북한의 입장을 고려하여 내부적으로 용어 사용에 대한 검토가 있었던 것으로 보인다. 1994년 민족공동체 통일방안을 설명하면서 명칭을 바꾼 이유에 대해 '한민족공동체 건설을 위한 3단계 통일방안'의 특징적 내용을 압축하여 '민족공동체 통일방안' 또는 '공동체 통일방안'

23 통일노력60년발간위원회 편, 『통일노력 60년』, p. 210.

으로 표현했다고 했다.[24] '한'을 떼어 낸 것이 아니라 약칭으로 표현한 것이라는 설명이다. '한'을 사용하지 않아 북한을 자극하지 않는 동시에 '한'을 완전히 떼어 낸 게 아니라는 해석으로 우리 국민을 설득하는 묘책이었다.

남한 정부는 한민족공동체 통일방안을 제시하기 전까지 사실상 북조선의 고려연방제에 제대로 대응하지 못하여 수세적 입장에 머물러 있었다. 하지만 88서울올림픽의 성공적 개최로 국제사회에서 위상이 높아진 데다, 사회주의 국가들이 흔들리면서 체제 경쟁에 대한 자신감이 한층 상승했다. 거기에 사회 내부적으로도 민족공동체에 대한 통합된 의견이 형성되어 자신감이 더욱 충만했다. 여야 모두의 지지를 받았을 뿐 아니라 각계각층의 의견은 물론 해외동포의 의견까지 수렴하여, 코리아민족이라는 하나의 공감대로 통일을 주도해 나간다는 확신을 가졌다. 그 배경에는 1980년대 이미 세계 10대 무역국으로 성장한 경제력과 사회 내부적으로 민주화의 진전, 88서울올림픽의 성공적인 개최를 통해 대외적 위상까지 높아진 데 대한 자신감과 긍지가 작동했다.

24 통일원, 『1994 통일백서』, p. 66.

제8장

조선민족제일주의와 단군
: 탈냉전기 조선의 반격

1. 조선민족제일주의

북조선은 1986년 '우리민족제일주의'를 강조하며 사회주의 계급 이론을 약화하는 대신 민족주의 개념을 전면적으로 앞세우며 이론적 변신을 모색했다. 냉전기에는 민족을 강조하지 않던 북조선이 사회주의 체제가 흔들리기 시작하던 1980년대 중반부터는 민족 담론을 소환했다. 김정일은 1986년 7월 15일 〈주체사상교양에서 제기되는 몇 가지 문제에 대하여〉에서 처음으로 '우리민족제일주의'를 주장하고 나섰다. 조선민족의 개념으로 새로운 민족 건설과 국가 건설을 시도한 것이다.

> 우리 공산주의자들이 민족주의자로 될 수는 없습니다. 공산주의자들은 참다운 애국주의자인 동시에 참다운 국제주의자입니다. 내가 우리민족제일주의를 주장하는 것은 자기 민족을 가장 귀중히 여기는 정신과 높은 민족적 자부심을 가지고 혁명과 건설을 자주적으로 해나가야 한다는 것입니다. 자기 민족을 깔보고 남을 맹목적으로 숭배하는 사람들은 자기 당과 인민에게 충실할 수 없으며 자기 나라 혁명에 대하여 주인다운 태도를 가질 수 없습니다.[1]

여기서 알 수 있듯이, 김정일이 1986년 '우리민족제일주의'를 처음 제기할 때는 일반 민족주의자가 주장하는 것과 달리 그 의미를 애국주의 정도로 사용했다. 의도적으로 민족주의라는 용어의 사용을 피하고 '민족제일주의'라는 용어를 사용함으로써 기존에 서방 세계에서 사용하던 민족주의와 차별화를 시도했다. 김정일은 '공산주의는 민족주의를 배격하고 국제주의를 추구한다'고 설명하며 민족에 대해 매우 신중한 태도를 취했다. 그러면서 민족제일주의는 자기 민족을 귀중히 여기는 정신과 높은 민족적 자부심을 가지고 혁명과 건설을 자주적으로 해나가기 위한 것으로 해석하여 민족주의를 사회주의와 연결하려 노력했다. 1986년만 해도 김정일은 우리민족제일주의를 매우 간략하게 언급했다.

하지만 1989년 12월 사회주의권의 붕괴가 가시화된 후 북한은 조선민족제일주의를 더 진지하게 검토했다. 사회주의권 붕괴가 시작된 시점에 김정일은 흔들리는 사회주의 체제를 민족의 자긍심을 동원하여 유지하려는 전략에서 '조선민족제일주의'를 더욱 강조하고 나섰다. 김정일이 주장한 조선민족제일주의는 공화국 조선이 혁명전통과 민족전통을 지니기 때문에 다른 나라보다 우월하다는 것이었다. 여기서 혁명전통은 20세기 가장 강력한 일본 제국주의와 미 제국주의를 상대로 한 전쟁에서 승리했다는 자부심이며, 민족전통은 반만년 역사를 통해 형성된 민족문화유산과 미풍양속 및 전통을 갖고 있다는 것이었다.

조선민족제일주의 정신을 높이 발양시키는 데서 혁명전통을 빛나게 계승

1 김정일, 「주체사상교양에서 제기되는 몇 가지 문제에 대하여」(조선로동당 중앙위원회 책임일군들과 한 담화, 1986. 7. 15), 『김정일 선집 8』(평양: 조선로동당출판사, 1998), p. 444.

하고 민족적 전통을 잘 살려 나가는 것이 중요합니다. (…) 항일의 혁명전통은 수령님의 령도 밑에 가장 어려운 조건에서 가장 숭고한 혁명정신이 발휘된 더없이 귀중한 전통이며 다방면적인 업적과 경험이 이룩된 가장 심오하고 풍부한 전통입니다. (…) 항일의 빛나는 혁명전통을 이어받아 미제 침략자들을 타승하고 우리식 사회주의를 건설하는 과정에 이룩된 풍부한 투쟁경험과 업적을 계승 발전시켜 나가는 것이 또한 중요합니다. (…) 우리 인민은 반만년의 유구한 력사를 내려오면서 우수한 민족적 전통을 이룩했습니다. 민족적 전통을 옳게 계승하는 것은 우리 인민의 고유한 민족성을 살려 나가는 데서 중요한 의의를 가집니다.[2]

조선민족주의 화두를 내건 데는 내부 결속을 도모하려는 목적과 경제적 동원, 통일 논의에서 선점하려는 목적이 동시에 작용했다. 우선 대내 결속 측면에서 조선민족을 수령과 주체사상으로 연결시켰다. 1989년 12월 28일 김정일은 연설을 통해 "우리민족제일주의는 이처럼 위대한 수령을 모시고 위대한 당의 영도를 받으며 위대한 주체사상을 지도사상으로 삼고 가장 우월한 사회주의 제도에서 사는 긍지와 자부심"이라며 조선민족의 사상과 이념을 명확히 드러냈다. 조선민족제일주의에 대한 방송 해설에서도 "민족의 위대성이 영토의 크기나 인구수에 의해 규정되는 것이 아니라 민족이 모시고 있는 수령의 위대성과 당의 영도의 현명성, 민족이 지닌 지도자상의 위대성과 사회제도의 우월성에 의해 규정되며 여기서도 수령의 위대성이 결정적 요인으로 된다"라고 주장했다.[3] 그리고 "우리 민족이 자기 민족을 세상에서 제일이

2 김정일, 「조선민족제일주의 정신을 높이 발양시키자」(조선로동당 중앙위원회 책임일군들 앞에서 한 연설, 1989. 12. 28), 『김정일 선집 9』(평양: 조선로동당 출판사, 1997), pp. 462-463.

라고 자랑할 수 있는 것은 인류가 처음으로 맞이한 위대한 수령 김일성 동지를 높이 모시고" 있기 때문이라고 설명했다.[4]

경제적 동원의 측면에서는 조선민족제일주의를 사회주의 건설의 실생활에 구현해 나가는 것이 중요하다고 강조하며, 민족의 우월한 정신을 발휘하여 경제발전에서 성과를 내도록 독려했다. 특히 자본주의 국가들이 "일부 과학기술과 경제 부문의 우세를 가지고 사회주의를 헐뜯고 있는 조건에서 과학기술과 경제건설 분야에서 전환을 일으키는 것이 매우 중요"하다고 했다. 아무리 사회주의 제도가 좋다고 선전해도 낙후된 경제를 빨리 발전시키지 않으면 "자본주의와의 대결에서 승리를 확고히 보장할 수 없으며 민족의 영예를 높이 떨칠 수 없다"라고 말했다.

그런가 하면 통일 논의에서 선점하려는 목적에서 문화사업을 진행하기도 했다. 1991년 김정일의 발의로 제작된 다부작 영화 〈민족과 운명〉은 우리민족제일주의 구호를 반영한 대표적인 프로젝트였다. 1992년 1부 최현덕편을 시작으로 50부작을 목표로 했으나, 2000년대 이를 다시 100부작으로 확대했다. 1~19부는 남한 고위직에 있다가 해외로 망명한 뒤 친북인사가 된 최홍희 등의 실존인물을, 20~25부는 귀화 일본인 여성들을, 26~36부는 노동자들을, 37~45부는 일제 때 카프 작가들을, 46~51부는 김일성 주석의 항일무장투쟁 동료 최현을, 52~57부는 북한체제의 사상적 귀감이 된 인물들을 각각 주인공으로 내세웠다. 이 영화는 기본적으로 남한에 대한 북조선의 상대적 우월성을 강조하는 내용으로 이루어졌다.

3 『평양방송』(1994. 2. 1); 전상인, 『북한 민족주의 연구』, p. 107.

4 김영진, 「당의 령도를 충성으로 받들어 나가는 것은 조선민족제일주의의 정신을 높이 발양시키기 위한 결정적 담보」, 『철학연구』 1호(1992), pp. 19-23.

그런데 〈민족과 운명〉의 소재로 남한을 다룬다는 점이 주목할 만하다. 이는 남한을 비롯한 서구의 문물과 정보 유입이 불가피한 상황에서 남한의 풍요로움을 정치적 부패와 빈익빈 부익부의 부정적 이미지로 연결시킴으로써 주민의식이 해이해지는 것을 막으려는 사회통합 전략이라고 할 수 있다. 특히 탈냉전 시대를 맞이하여 민족주의 감정을 불러일으키고 북한이 더 민족적이라는 점을 부각시킴으로써 국내외에서 북한의 정통성을 확보하려는 목적이 엿보인다. 한국의 다문화 사회에 대한 비판 수단으로 민족을 활용하는 측면도 눈여겨볼 대목이다.

> 우리 단일민족의 고유성과 우수성을 부정하는 것은 민족의 정신 무장해제를 설교하는 반역행위이다. 《다민족·다인종 사회》론을 제창해 나서는 남조선의 친미매국 세력은 민족관과 사회 력사발전에 대한 초보적인 리해조차 없는 것은 물론 한쪼박의 민족의 넋도 없는 얼간망둥이들이다.[5]

또한 흥미로운 것은 다음에서 우리 민족을 조선민족 외에도 고려민족으로 부르면서 통일 논의에서 선점하려는 의지가 엿보이는 대목이다. 해외에 거주하는 동포들을 포섭하고 남한주민을 통합하기 위한 전략이다. 통일과 관련하여 조선보다 고려를 더 중요하게 언급하는 것을 볼 때 남과 북의 공감대 형성을 위해 우리 민족의 정체성을 조선보다 고려와 일치시키고 있음을 알 수 있다. 북조선이 통일방안으로 고려연방제를 제안하고 있으므로 우리 민족을 조선민족 대신 고려민족으로 부르면서 민족의 자긍심을 고취하고자 한 것이다.

> 우리 인민들 속에서 조선민족제일주의, 고려민족제일주의 정신을 높이

5 「《다민족, 다인종 사회》론은 민주말살론」, 『로동신문』(2006. 4. 27).

발양시켜야 그들이 우리 수령이 제일이고 우리 당이 제일이며 우리식 사회주의가 제일이라는 크나큰 민족적 긍지와 자부심을 가질 수 있습니다. (…) 민족의 대단결로 조국통일을 이룩하기 위하여서도 고려민족제일주의 정신을 높이 발양시켜야 합니다. (…) 최근 년간에 해외에서 사는 동포들이 사회주의 조국의 품, 수령님의 품으로 많이 찾아오고 있는데 (…) 이것은 그들이 해외에서 오래동안 살고 있지만 심장 속에는 고려민족의 피가 흐르고 있다는 것을 말하여 줍니다.[6]

북조선의 이러한 민족주의 담론은 민족 정서로 남한을 포섭하려는 의도를 갖고 있으나 내적으로는 남한이 지향하는 정치체제와 차별화하려는 정치색채를 띠고 있다. 그 안에는 수령과 노동당, 사회주의가 제일이라는 정치적 의미가 담겨 있다. 대외적으로 우리 민족의 긍지와 자부심을 추켜세워 일본이나 중국과 다른 강점과 우수성이 있음을 주장하지만, 김일성민족을 뜻하는 조선민족을 말하며 사회주의 조선의 체제만을 부각한다. 결과적으로 한국을 민족의 범주에서 몰아내고 우리 민족을 김일성민족, 수령민족 등 조선의 정치 이념을 따르는 구성원만으로 한정하여 조선민족의 새로운 개념을 만들어 낸 것이다.[7]

북조선의 민족 담론에는 이데올로기의 응집력이 세계적으로 상실된 당시 상황에서 사회주의 이념이 아니라 역사적으로 형성된 민족 문제를 끄집어내어 정치적 정당성을 확보하려는 생존전략이 엿보인다. 세계적으로 계급주의와 사회주의가 세력을 잃고 있는 상황에서 민족

6 김정일, 「일심단결을 더욱 강화하며 조선민족제일주의 정신을 높이 발양시키자」(조선로동당 중앙위원회 책임일군들과 한 담화, 1992. 2. 4), 『김정일 선집 13』(평양: 조선로동당출판사, 1998), pp. 10-16.

7 강혜석, 「북한 민족주의론의 분화와 진동(1980-1997): 이중 통치의 부상과 정치적 계승을 중심으로」, 『아태연구』 제27권 1호(2020), pp. 51-83.

담론을 새로운 정치적 통합논리로 동원한 것이다. 국내에서는 그동안 계급주의를 근거로 반동 계급으로 도외시했던 모든 구성원을 통합 대상으로 포괄하려는 의도가 있었다. 따라서 국내 통합을 위해 광폭정치를 앞세워 반동 계급까지 포섭하는 군중 노선을 강화하고 나섰다. 이때 민족과 조선민족은 수령을 정점으로 하는 조선의 정치적 기반을 강화하고자 한 이념이었다. 이에, 조선의 정체성은 김정일 시기에 와서 더 분명해졌다.

2. 단군릉 발굴과 평양의 역사적 정통성 부각

단군릉 발굴보고서

조선은 민족주의 대반격을 위한 핵심 의제로 단군 역사를 복원하는 작업을 진행했다. 1993년 10월 「단군릉 발굴보고」를 통해 단군이 단순한 신화가 아니라 5,011년 전의 실존인물이라고 주장함으로써 남북 역사학계의 비상한 관심을 불러일으켰다. 유골 분석 결과 남자의 키가 약 170cm인 단군 부부가 생존했다는 자료를 제시했다.[8] 단군릉은 돌로 쌓은 고구려 양식의 돌칸 흙무덤으로 되어 있는데, 이에 대해 북한 사회과학원의 보고는 이 무덤이 고구려 시대에 복원되었을 것으로 추정했다.

조선은 1993년 이전까지 단군을 신화로 규정했다. 1993년에 단군릉이 발굴되고 그에 대한 과학적 논의가 이루어진 후에야 단군과 관련

8 사회과학원 력사편집실, 『단군과 고조선에 관한 연구론문집』(평양: 사회과학출판사, 1994).

된 민족의 역사성에 진지한 관심을 보였다. 이에 대해 "1990년대 초까지만 하여도 실재한 인물이 아닌 신화적 존재로, 전설적 설화의 주인공으로 알려져 왔다"라며 조선 스스로 이전에는 단군을 신화로 여겼음을 인정했다.[9] 『로동신문』은 "일제의 악랄한 민족문화 말살 책동으로 하여 지난 시기 단군과 고조선의 력사는 심히 왜곡되고 단군은 실재한 인물이 아니라 신화적인 존재로 치부되었"으나 "평양시 강동군에 있는 단군릉에서 단군의 유골이 발견되고 단군이 반만년 전에 실재한 인물이라는 것이 과학적으로 밝혀지게 되었다"라고 보도했다.[10]

조선은 1993년 10월 '단군릉 발굴보고' 이후 1년간 공사하여 1994개의 화강석으로 9개의 단을 쌓았고, 1994년 10월 11일 단군릉 재건을 완료했다. 단군은 민족의 원시조인 만큼 단군릉을 동명왕릉보다 더 크게 세우도록 지시했고, 먼 훗날에도 손색이 없도록 해야 한다며 대규모로 건설할 것을 계획했다.[11] 또한 "단군은 지금으로부터 반만년 전에 오늘의 평양에 수도를 정하고, 동방에서 처음으로 '조선'이라는 나라를 세운 우리 민족의 원시조이다"라고 밝혔다.[12] 그러면서 단군이 세운 조선이 고구려와 부여, 진국의 삼한은 물론 요동반도에 거주하던 예, 맥과 연해주 지역의 옥저까지 통치했다고 주장했다.[13] 봉건사가나 부르주아 민족주의 사가에 의해 이전까지 신화적·전설적 인물로 여겨져 온 단군이 실존인물이며 우리 민족의 원시조라고 정통성을 부여한 것이다.

단군릉 발굴보고서를 근거로 북한은 조선이 동방에서 가장 먼저

9 전대준·최인철, 『조선단대사(고조선사)』, p. 25.
10 황금석, 「우리 민족의 원시조: 단군」, 『로동신문』(2014. 8. 3).
11 황금석, 「우리 민족의 원시조; 단군」.
12 「北, 올해 단군릉 복원·재건 20주년... '민족의 원시조'」, 『통일뉴스』(2014. 8. 4).
13 오순희, 「고조선과 부여, 구려, 진국은 조선민족이 세운 고대국가」, 『력사과학』 2호(2004), p. 40.

국가문명 시대에 들어선 역사와 찬란한 문화를 가진 선진문명국이라고 주장하면서, 단군릉 발굴사업을 통해 조선민족의 원시조는 단군이며 전 인민은 단군민족임을 떳떳하게 자랑할 수 있게 되었다고 주장했다.

> 단군릉 발굴을 통하여 단군이 고조선의 건국시조로 확인되고 단군조선이 민족사상 첫 국가로 인정됨으로써 배달민족으로서의 우리 민족이 지녀온 민족적 긍지와 자부심이 다름 아닌 동방에서 제일 먼저 나라를 창건하고 민족 형성의 길을 마련해 준 민족의 원시조 단군에 그 뿌리를 둔 것이었다는 것이 뚜렷이 확증되었다.[14]

단군릉 앞에는 단군의 네 아들 부루, 부우, 부소, 부여를 상징하는 네 개의 큰 돌기둥이 서 있는데, 여기서 넷째 아들의 이름이 부여라는 사실이 흥미롭다. 네 아들은 각각 작은 민족 혹은 종족을 이루었을 가능성이 크므로, 부여는 단군의 넷째 아들이 세운 부족국가일 가능성이 높다. 따라서 조선은 단군 자손의 혈통을 따라 단군-부여-고구려-발해-고려-조선-공화국 조선으로 이어지는 민족 역사를 갖게 되며, 북한은 우리 민족의 역사를 이렇게 단순화하여 교육하는 여러 책자를 출간하고 있다.

단군릉 복원 이후 1994년 12월 처음으로 '단군제'를 거행하고 1996년까지 10월 3일에 '단군제'를 거행해 오다가, 1997년부터는 이날이 단군이 즉위한 날이라는 해석과 함께 공식적으로 '개천절' 행사를 개최해 오고 있다. 1997년 9월에는 '단군민족통일협의회'를 발족하여 남과 북, 해외인사들이 단군릉에서 개천절 행사를 진행했다. 이러한 사업을 통해 민족의 정통성 및 통일의 정당성이 고조선과 고구려, 발해,

14 공명성, 「단군과 배달민족」, 『민족문화유산』 제13권 1호(2004), p. 43.

고려의 맥을 잇는 조선에 있음을 드러내고자 했다.

단군릉 발굴을 준비하던 1993년 4월 7일 조선의 최고인민회의 제9기 5차 회의에서 김일성이 직접 작성했다는 「조국통일을 위한 전민족대단결 10대 강령」이 채택되었다. 여기서 김일성은 '민족대단결'에 의한 통일 원칙을 제시했다. 조선은 민족대단결론과 단군릉 발굴을 비롯한 민족전통 문화의 계승 발전을 통일 정책과 연결시켜 나갔다. 남조선과 통일을 염두에 두고 단군과 민족자원을 통일에 활용하려는 적극적인 민족공세를 시작했다.

또한 고려를 건국한 왕건의 업적을 부각하는 왕릉 개건사업도 추진했다.[15] 김일성은 1992년 5월 황해도 개풍군에 있는 고려 태조 왕건의 무덤을 방문하고 "왕건이 우리나라의 첫 통일국가를 세운 사람"이라며 왕릉의 증축공사를 지시했다. 조선은 우리나라 최초의 통일국가가 신라가 아니라 고려라고 주장하는데, 왕건릉의 개건사업까지 추진함으로써 최초의 통일국가로 간주되는 고려를 내세워 통일의 주체로서 정통성이 조선에 있음을 부각했다.[16] 이후 조선은 남북교류 과정에서 남북합동 개천절 행사를 이곳 단군릉에서 개최하고, 왕건릉과 동명왕릉 등 새로 개건한 지역의 정통성을 강조하며 조선 중심으로 남북이

15 김일성, 「구월산을 피서지로 꾸리며 고려 태조왕릉을 개건할 데 대하여」(구월산 피서지구 국토건설 총계획사판과 고려 태조왕릉 형성안을 보고 일군들과 한 담화, 1993. 1. 15), 『김일성 저작집 44』(평양: 조선로동당출판사, 1996), pp. 52-55.

16 1994년 1월 31일 왕건의 생일 1117돌을 기념하여 왕건릉을 완공한 개건식에서 개성시 인민위원회 위원장 림수만은 왕건릉 개건을 두고 "우리 민족이 국가시대, 문명 시대에 들어선 이후 동방의 강성대국 고구려와 발해를 이어 첫 통일국가인 고려에 이르는 민족사의 전통을 후손 만대에 물려줄 수 있는 또 하나의 귀중한 력사적 문화재보"라며 의미를 부여했다. 「첫 통일국가의 력사를 전하는 귀중한 민족문화유적」, 『로동신문』(1994. 2. 1).

연합하는 구도를 부각하고자 했다.

평양의 역사성과 성지화

북조선은 단군릉 발굴을 기점으로 30년 이상 고수해 온 고조선의 요동 중심설을 단번에 부정하고 평양 중심설을 주장했다.[17] 평양에서 단군릉이 발굴되고 단군의 유골이 발견됨으로써 고조선의 수도 왕검성이 평양임이 확증되었고, 평양은 조선민족의 혈통과 넋이 뿌리내린 발상지이자 중심지라고 주장했다.[18] 북조선은 단군이 오랜 원시 시대를 끝내고 문명 시대를 연 최초의 노예 소유 국가를 건국한 민족의 원시조이며, 고조선은 민족의 성지인 평양을 도읍지로 삼았던 국가임을 강조했다.

특별히 평양이 전 한반도의 수도로서 역사적 정당성을 갖고 있다는 사실을 부각했다. 북조선은 단군릉이 평양에 있음을 알리며 평양 외곽에 거대한 단군릉을 조성했다. 평양이 고조선의 수도였음을 선전하며 조선의 역사적·민족적 정통성이 북쪽에 있고 그리하여 그 정통성이 공화국 조선으로 이어지고 있음을 증명하고자 했다. 한국이 조선왕조 500년의 수도로 서울을 내세우고 서울이 우리나라 역사에서 오랫동안 중요한 지리적 거점이었음을 근거로 정통성을 주장하는 것에 대응하려는 전략임이 역력해 보인다.

북한은 평양이 역사적 정통성을 지닌 지역임을 부각하기 위해

17 허선혜, 「평양에 대한 북한의 인식과 태도: 민족문화유산에 나타난 평양 소재 문화재 기사를 중심으로」, 『서울도시연구』 제17권 4호(2016), p. 100.

18 최광호, 「평양은 단군이 나라의 창업을 이룩한 민족의 성지」, 『민족문화유산』 제23권 3호(2006), p. 15.

1950년대 중반부터 평양을 중심으로 유적발굴을 시작했다. 1974년 1월 고구려의 시조 동명왕릉을 과학적으로 고증하라는 김일성의 지시에 따라 역사학자들의 연구를 바탕으로 1989년에 개건공사를 시작하여 1993년 5월에 완공했다.[19] 김일성은 개인적으로 고려의 왕건보다 고구려의 동명왕을 더 높게 평가했다. "왕건이 후삼국과 발해 남부 지역을 통합하여 우리나라에 첫 통일국가를 세웠다고는 하지만 후삼국을 통합할 때 큰 전쟁을 한 것도 없고 자랑할 만한 공로를 세운 것도 없습니다." "결국 왕건이 고려라는 통일국가를 세운 것은 동명왕처럼 천지개벽을 하여 세운 것이 아닙니다. 그가 후기신라와 후백제를 내란으로 다 망할 때까지 기다렸다가 하나씩 하나씩 먹어 버린 것을 보면 기회를 잘 볼 줄 아는 사람"이라고 말했다.[20]

평양에 동명왕릉이 거대한 규모로 개건되면서 조선민족 최초의 국가인 고조선과 이의 계승국인 고구려의 핵심이 되는 시조왕의 능이 모두 평양에 위치하게 되었다. 고구려 시조의 왕릉인 동명왕릉은 단군릉 발굴 이후 평양이 고조선-고구려로 이어지는 단일민족 계승의 역사적 중심지가 되었다는 주장에 결정적으로 기여했다.[21] 이러한 문화유산은 조선 주민들을 조선민족제일주의 정신으로 교양하는 데 효과적으로 활용되고 있다.[22]

19 리의하 외, 「동명왕릉과 더불어 길이 전할 이야기」, 『민족문화유산』 제10권 2호(2003), p. 23.

20 김일성은 개인적으로 왕건을 동명왕보다 낮게 평가한다. 김일성, 「구월산을 피서지로 꾸리며 고려 태조왕릉을 개건할 데 대하여」(구월산 피서지구 국토건설총계획사판과 고려 태조왕릉 형성안을 보고 일군들과 한 담화, 1993. 1. 15), pp. 53-54.

21 허선혜, 「평양에 대한 북한의 인식과 태도: 민족문화유산에 나타난 평양 소재 문화재 기사를 중심으로」, p. 106.

22 김경찬, 「평양의 동명왕릉은 고구려 시조 동명성왕의 무덤」, 『민족문화유산』

북조선의 역사학자들은 단군릉이 평양의 강동 지역에서 발견된 점을 근거로 평양의 역사적 정통성을 찾는 데 심혈을 기울였다. 평양은 단군이 조선을 건국한 장소일 뿐 아니라 고구려가 국내성(집안)에서 수도를 옮긴 곳이고, 고려도 성사되지는 못했지만 여러 차례 천도를 시도한 지역이었다. 고려가 집권 초기부터 평양 복구사업을 적극 추진한 이유는 평양으로 수도를 옮기고 평양을 거점으로 국토의 통일을 이룩함으로써, 고조선이나 고구려와 같은 강국으로 도약하겠다는 생각 때문이었다.[23] 따라서 고인돌과 부락터 등 여러 유적이 발굴되었다는 내용을 열거하면서 평양이 고대문화의 중심지였다는 사실을 강조했다.[24]

북조선은 고대사 연구를 통해 고구려의 정통성을 지속적으로 강조해 왔다. 1950년대까지는 그러한 경향이 드러나지 않았으나 1960년대 전반 고조선에 대한 논의가 본격화되면서 고대사 연구도 활성화되었다. 이러한 논지는 1990년대 초 단군릉이 발견되기까지 유지되었고 이후 조선민족제일주의, 단군민족제일주의 등이 부상하면서 평양 중심의 역사인식으로 전환되었다. 평양이 단군의 출생지이자 고조선의 건국 도읍지이므로, 대동강 유역이 인류의 발상지라며 대동강 문명을 세계 5대 문명 중 하나라고 주장하기도 했다. 고구려사를 중심으로 한 삼국 시대의 서술 경향은 신라사를 중심으로 연구를 진행한 남한의 학계와 대비되었다. 특히 북측의 고구려사 연구자들은 북조선이 고조선의 계승국이라며 투쟁과 확장, 통일 지향적 성격, 선진문화의 창조와 전파 등을 강조했다.[25]

제36권 4호(2009), p. 14.

23 현명호, 「고조선의 성립과 수도 문제」, 『단군과 고조선에 관한 연구론문집』(평양: 사회과학출판사, 1994), p. 63.

24 석광준, 「평양은 고대문화의 중심지」, 『단군과 고조선에 관한 연구론문집』, pp. 74-82.

평양과 고구려에 대한 강조는 당연히 남한과 신라에 대한 비판을 전제로 한 것이었다. 김기남은 '남조선 위정자들'이 "신라 정통성을 유포시키면서 민족문화의 이질성을 억지로 날조 선전하고 있다"라고 비난하고, 고조선 중심의 고대사와 고구려 중심의 중세사 체계를 확립함으로써 조선(북한) 지역이 역사적 정통성의 중심임을 강력히 시사했다. 그는 특히 단군릉 발굴을 통해 "조선사람의 기원 문제, 우리 민족의 시원 문제가 빛나게 해명을 보게" 되었다고 설명하고 "산수수려한 평양은 인류의 발상지로, 민족문화의 중심지로, 조선민족의 성지로 온 세상에 이름 떨치게 되었다"라고 자랑했다.[26]

이러한 움직임은 2010년대 국가제일주의가 강조되면서 국가로서 조선에 관심을 두고 조선의 국호가 단군이 세운 조선에서부터 연유했다는 사실을 강조하는 것으로 이어졌다. 이전에도 단군이 처음 세운 조선을 조선왕조와 구분하기 위해 고조선으로 이름을 붙인 것이라는 설명은 있었다. 그런데 '국호' 문제를 구체적으로 언급하며 공화국 조선의 국호가 단군이 세운 나라 '조선'의 국호를 계승하고 있음을 강조한 것은 조금 더 진전된 국가의식을 반영한 것이다. 국가로서 조선을 사회주의라고만 생각하지 않고, 단군이 세운 우리 민족의 첫 국가인 조선의 국호를 계승하고 있다고 함으로써 '국가=조선'의 의미를 부여하고 있는 것이다. 이러한 역사적 유산이 조선 시대에도 국호로 계승되었고 공화국 조선까지 이어지고 있음을 열거하며 평양을 민족혈통 계승의 구심점으로 삼으려 하고 있다.[27]

25 문창로, 「북한의 고대사 인식과 연구경향」, 『한국학 논총』 통권29호(2007), pp. 167-224.

26 전상인, 『북한 민족주의 연구』, p. 122.

27 허선혜, 「평양에 대한 북한의 인식과 태도: 민족문화유산에 나타난 평양 소재 문화재 기사를 중심으로」, p. 106; 공명성, 「단군과 배달민족」, p. 42.

민족주의 관점에서 보면 우리 민족의 시원은 단군이고, 단군이 건국한 나라는 조선이다. 북조선이 '조선'이라는 국호를 사용하고 있으니 우리 민족과 나라의 근원을 (고)조선에서 찾는 것은 어쩌면 당연할 것이다. 한국과 정통성 경쟁을 하고 있는 북조선으로서는 사회주의 이념이 호소력을 잃어 가는 상황에서 민족적 감정과 민족주의 이념을 활용하여 한국과 대결을 벌여 볼 만하다고 판단했을 것이다. 한국은 우리나라와 민족의 정체성, 역사적 정통성을 단군에서 찾고 있다. 마찬가지로 북조선도 우리 민족의 정체성이 단군과 고조선에 있다고 보고, 조선민족과 조선의 역사성, 정통성을 단군에서 찾고 있다. 정치적으로 국가의 정통성을 남북 모두 '항일'에서 찾는 것과 같다. 단군릉 복원과 단군의 강조는 탈냉전 이후 흔들리는 사회주의 '조선'의 체제를 유지하기 위한 북조선의 전략적 기획이었다.

대동강 문화론

1998년 북조선은 대동강 문화론을 주장하고 나섰다. 이 시기부터 고조선의 중심지가 요녕성이 아니라 평양이라고 주장했다. 북조선은 평양시 상원군 흑우리에서 검은모루 유적을 발굴한 것을 계기로 평양이 인류 문명의 발상지 중 하나라는 사실을 선전했다. 이 유적이 1966년에 발견되었다고 주장하는데, 이러한 주장을 편 시기가 1990년대라는 점에서 대동강 문화론은 1986년 우리민족제일주의를 주장한 이후 계획적으로 만들어진 것으로 보인다. 북조선 역사학자들은 검은모루 유적을 약 100만 년 전의 구석기 시대 전기 유물로 평가하며, "우리 민족이 평양을 발상지로 하여 이 지역에서 먼저 기원했으며 평양을 중심으로 하여 민족의 단일성이 이루어졌다"라고 주장한다.[28]

이처럼 북조선은 원시 시대로 거슬러 올라가 조선민족의 근원을 밝히는 작업을 함으로써 문명 발생의 근거를 찾고자 했다.

> 우리 학계는 신석기 시대에 독자적인 문화를 창조한 우리 선조들을 우리 민족의 직접적인 옛 조상이라는 의미에서《조선 옛 류형 사람》이라고 명명했다. (…) 조선 옛 류형 사람들은 B.C. 4천년기 후반기인 청동기 시대에 들어와서도 같은 지역에서 그대로 정착생활을 하면서 신석기 문화를 계승한 독자적인 청동기문화를 창조했다. (…) 이 조선 옛 류형 사람들은 B.C. 30세기 초에 고조선이 성립된 후 그 첫 왕조인 단군조선의 단일한 주권 밑에서 조선민족을 이루게 되었다.[29]

조선 옛 유형 사람의 하나인 박달종족과 곰씨족, 범씨족으로 이루어진 종족이 대동강 유역에 살고 있었는데, 우수한 박달종족이 주변 종족을 통합하여 하나의 종족 연합을 이루었다는 것이다. 이 연합은 박달종족의 추장인 환웅이 다스렸는데, 그 뒤를 이은 추장인 단군이 원시 말기의 정치 조직을 보다 강력하고 폭넓게 발전시키고 권력기관으로 전환시켜 우리나라 역사상 첫 고대국가인 '조선'이라는 나라를 세웠다고 주장한다. 단군이 세운 조선을 후대 이씨조선과 구별하기 위하여 옛 조선이라는 의미에서 고조선이라 부른다. '조선(朝鮮)'이라는 국호는 '아침 해 빛나는 나라'라는 말이고, 단군도 '밝은 족 임금'이라는 의미이며 고조선을 세운 주민들의 명칭도 박달 족의 밝다는 뜻을 가지고 있다.

대동강 유역에서 원인 흔적을 발견한 이후 북한은 평양 일대가 인류문명의 발원지라는 역사체계를 구축하고 평양에 단군릉을 건립함으

28 허성철, 「평양을 중심으로 한 우리나라 원시사회」, 『민족문화유산』 제15권 3호 (2004), p. 14.

29 오순희, 「고조선과 부여, 구려, 진국은 조선민족이 세운 고대국가」, p. 39.

로써 평양성지론에 더욱 힘을 실었다.[30] 1993년부터 1994년에는 현지 조사사업을 진행하여 단군조선 시기 성터, 제단, 부락터 유적에 대한 발굴을 진행했다. 이러한 발굴 유적을 근거로 평양을 포함한 대동강 유역을 세계 최초의 고대문명 발상지로 표현했다.[31] 1995년부터 1997년에는 성곽과 고인돌 무덤을 발굴했고 이러한 업적을 바탕으로 BC 30세기 초 평양과 대동강 유역에서 최초의 고대국가인 단군조선이 성립되었다고 주장하며 이 문화를 1998년 '대동강 문화'로 공식화했다.[32]

> 평양을 중심으로 한 대동강 류역의 고대문화인 대동강 문화는 그 형성 시기에 있어서나 발전상에 있어서 세계 5대 문명의 하나로 당당한 자리를 차지하게 되였으며 혈연을 달리하는 주변 지역 여러 종족들의 사회발전에도 큰 영향을 미치게 되었다.[33]

북조선이 주장하는 대동강 문화의 핵심은 대동강 유역이 고대문명의 발상지이며, 이는 바로 단군조선의 문화라는 것이다.[34] 1990년대까지 발굴한 고고학적 유적과 문화인식을 평양성지론과 연결 짓고 단군의 실재 확인을 통해 대동강 문명론으로 완성했다.[35] 북조선은 "우리

30 허선혜, 「평양에 대한 북한의 인식과 태도: 민족문화유산에 나타난 평양 소재 문화재 기사를 중심으로」, p. 102.

31 박창식, 「대동강 류역의 고대부락 건축」, 『민족문화유산』 제6권 2호(2002), p. 43.

32 정봉찬, 「대동강 문화에 대하여」, 『민족문화유산』 제53권 1호(2014), p. 19.

33 전대준·최인철, 『조선단대사(고조선사)』, p. 38.

34 서일범, 「북한 고고학의 최근 동향과 《대동강문화론》」, 『백산학보』 53호(1999), p. 389.

35 조법종, 「북한의 '대동강 문화론'과 고조선 인식 검토」, 『선사와 고대』 43호(2015), p. 45.

조국의 반만 년의 유구한 력사와 찬란한 문화전통은 세계 5대 문명의 하나인 대동강 문화에 뿌리를 두고 있다"라고 주장한다.[36] 우리가 세계사에서 배우는 인류의 4대 문명 발상지인 중국의 황허 문명, 인도의 인더스강 문명, 서남아시아의 양강 문명(티그리스·유프라테스강), 이집트의 나일강 문명에 대동강 문화를 더하여 조선의 대동강 문화를 인류의 5대 문명 발상지 중 하나로 주장하는 것이다.

3. '하나의 조선': 상상의 공동체

북조선이 남조선을 국가로 인정하지 않는 인식은 코리아에 '하나의 조선'만이 존재한다는 주장에서 명확히 읽힌다. 북조선은 미국이 남조선을 무력으로 강점하고 나라를 분열시켜 '두 개의 조선'을 만들려는 정책을 획책한다고 비난했다.[37] 냉전기 북조선은 남조선 정권을 담당하는 주체를 '군사파쑈'로 규정하며 정상적인 국가로 인정하지 않았다. 국제환경이 변하면서 유엔에 독립의석으로 가입했음에도 그것은 불가피한 선택이었으며 '하나의 조선' 정책은 변함없다고 말했다. 김정일은 1989년 12월 '하나의 조선' 의식을 다음과 같이 피력했다. "나는 언제나 하나의 조선만을 생각하고 있습니다. 두 개의 조선은 순간도 생각해 본 적이 없습니다. 조선은 하나로 합쳐야 살고 둘로 갈라지면 살 수 없는 유기체와 같습니다. 조선은 둘이 아니라 영원히 하나입니다. 조선은 하나다, 이것은 나의 확고한 의지입니다."[38]

36 정봉찬, 「대동강 문화에 대하여」, p. 18.

37 김정일, 「민주주의 캄보쟈 주석이 제기한 질문에 대한 대답」(1985. 5. 2), 『김정일 선집 8』(평양: 조선로동당출판사, 1998), p. 220.

전 세계적으로는 사회주의 신념과 체제가 붕괴하면서 민족주의로 회귀하는 흐름이 형성되었는데, 이러한 현실에 대해 학계에서는 민족에 대한 비판적 시각이 지배적이었다. 그것은 서양의 Nation 개념이 민족으로 우리나라에 소개된 19세기 말과 맥락이 많이 달라졌기 때문이다. 19세기 말에는 전 세계적으로 국가 혹은 민족국가가 위력을 떨쳤다. 그러나 탈냉전 직후에는 민족국가를 중심으로 한 근대가 지나가고 초국적 연결과 전 지구적 관계성이 중시되어, 민족국가의 틀을 넘어서는 새로운 통합 양식의 흐름이 형성되었다. 따라서 민족국가를 다분히 억압적 실체로 보고 민족을 비판적 시각으로 바라보는 시점에서 민족 담론이 대두한 것이다. 그러다 보니 탈냉전기 이후에는 자연히 민족을 형성하는 역사적 과정에서 혈통이나 경제, 정치적 이해보다는 문화적이고 담론적인 상상성을 중시했다. 즉, 베네딕트 앤더슨이 주장하는 '상상의 공동체'로서 민족을 해석하는 담론이 주목을 받았다.

북조선과 같은 사회주의 국가들은 흔들리는 자국의 체제와 정권을 유지하기 위해 이념이 아닌 새로운 민족 담론을 강조하고 나섰다. 조선민족은 하나의 핏줄과 언어를 가지고 유구한 역사와 찬란한 문화를 일구어 낸 슬기로운 민족이라고 말하며 민족 이론의 변형과 활용을 시도했다. 체제의 정당성이 상실된 상황에서 남조선과의 통일 경쟁에 주도권을 잡을 수 있는 민족 담론을 개발한 것이다. 이처럼 북조선은 사회주의와 민족주의를 일치시키는 민족제일주의, 우리식 사회주의를 제시하여 사회주의 국제 정세의 변화에 따른 생존전략을 모색했다.

냉전기 한국과 조선의 관계는 남북관계 혹은 북남관계로 표현되며 한국과 조선의 국가성이 인정되지 않았다. 주된 이유는 남북분단과 전쟁 이후 적대적 국가 건설 과정이 국가의식 형성에 상당 부분 작

38 연합뉴스, 『2000 북한연감: 자료, 인명편』(서울: 연합뉴스, 1999), p. 436.

동했기 때문이다. 의도적으로 주입한 것은 아니었으나, 다른 나라라는 의식은 상대 체제를 비방하며 그 존재와 실체를 인정하지 않는 관행이 지속되면서 더욱 강화되었다. 국가 차원에서 진행된 이러한 정책에 일반대중은 지대한 영향을 받았다.

하지만 다른 한편에서는 같은 민족이라는 의식이 꾸준히 존재했다. 북조선에서는 1991년 유엔 회원국으로 가입하기 전까지 '하나의 조선'을 일관되게 주장했다. '조선은 하나'라는 구호는 남북의 국가성을 인정하지 않는 것이며 같은 민족임을 강조하는 의식을 대변한다. '하나의 조선' 의식은 휴전선 이남에 실재하는 한국을 국가로 인정하지 않고 남조선으로 규정하며 정치적 실체를 부인한다. 전 한반도를 조선으로 바라보며 남과 북에 두 개의 나라가 존재하는 것을 인정하지 않는 것이다. 유엔에 독립국으로 가입한 상황에서도 여전히 "조선은 하나다"라는 주장을 하려면 민족 담론을 동원하는 길밖에 없었다. 국제정세의 변화에 대응하기 위해 불가피하게 유엔에 가입했으므로, 현실적으로 나라는 달라졌으나 민족은 여전히 하나라는 담론으로 난관을 극복하려는 고육지책이다.

남한에서는 '하나의 한국' 정책이 북조선만큼 강력하지 않다. 북조선의 국가성을 인정하지 않고 괴뢰정권으로 폄훼하면서도 하나의 한국 정책을 드러내 놓고 주장하지는 않았다. 남한은 북조선을 상대로 '하나의 한국' 정책을 펴며 통일 문제를 주도적으로 끌고 갈 필요성을 느끼지 않았다. 북조선 정권을 상대로 통일 문제에 대해 논쟁할 만한 여유와 자신감이 결여되어 있었기 때문이다. 대신 남한은 '선건설 후통일' 정책을 선택했다. 즉, 북조선을 상대로 국가의 정통성과 민족 정체성 문제를 논쟁하기보다 '조국 근대화'의 기치 아래 경제발전과 국제적 위상을 일정 수준 확립한 후 그 성과를 바탕으로 통일 문제를 논의하는 전략을 추구한 것이다.

그 밑바탕에는 적대적 대립의식이 짙게 깔려 있어, 적대와 배제의식을 바탕으로 상대를 국가로 인정하지 않는 배타성이 존재했다. 남한과 북조선은 각기 자기 체제, 자기 나라의 국가 이념을 강조하면서 서로를 '괴뢰정권'으로 비난하고 상대의 체제와 국가를 인정하지 않았다. 미국과 소련이 앞장서서 세운 꼭두각시 정권이라고 비난하면서 국가성을 인정하지 않은 것이다. 그러한 정부의 주장에 많은 구성원이 영향을 받았고 그것을 내면화했다.

북조선이 '하나의 조선' 논리를 내세우며 남과 북의 국가성을 인정하지 않은 이유는 남과 북이 근대 국가로서 불완전하므로 코리아 전체를 통일해야만 온전한 국가라는 의식을 가졌기 때문이다. 이에, 북한은 통일의 당위성을 주장함으로써 국가의 정당성을 선점하려 했다. 그러나 이러한 하나의 조선 정책에도 불구하고 적대적인 남북 정책으로 다른 나라라는 의식이 발전했다.

따라서 같은 민족이라는 남북의 주장은 지극히 형식적이고 표리부동할 뿐이었다. 공식적으로는 같은 민족이라 주장하면서도 실제로는 자기 체제 중심으로 민족의 역사를 한민족과 조선민족으로 나누어 다르게 해석했기 때문이다. 냉전기 남북이 주장한 민족은 국가 주도적·국가 중심적 민족 연구를 진행된 결과 나온 것이었다. 그러다 보니 자기 체제 중심적 민족 해석으로 왜곡되었고, 같은 민족이라고 주장하면서도 실은 민족 정통성이 상대에게 없고 자기 체제에 있음을 정당화했다. 그 결과 민족에 대한 해석이 완전히 달라졌다. 같은 민족이라는 담론을 공유하면서도 민족의 내용은 확연히 달랐다.

남북이 다른 나라라는 의식은 한국과 조선의 유엔 가입으로 국제적 승인을 받으면서 가속화되었다. 다른 나라로 분단되는 현실을 막기 위해서는 민족주의로 남북의 결합을 시도해야 했다. 북조선의 가장 심각한 문제는 소련 및 중국과의 대외관계가 흔들리고 내부적으로 경제적 어려움이 가중되는 것이었다. 북조선은 주민의식의 변화를 최소화하며 이러한 대외관계의 고립을 타개하기 위해 경제특구 개발방식으로 대외개방 정책을 추구하고 있는데, 세계화에 대해 매우 우려하는 점을 고려하면 전면적인 개방은 여전히 쉽지 않다.[39] 아직도 대외개방 정책은 기존의 나선지구, 신의주, 개성, 금강산 등 4개의 국가급 경제특구를 활성화하고 남포와 원산, 청진, 백두산 등 23개의 도급 경제개발구를 통해 투자 유치를 진행하는 정도에 그치고 있다.

김정은 정권이 안고 있는 취약점은 국제사회로부터 고립이 점점 심화되고 있다는 것이다. 북조선의 경제는 일본과 남한, 미국 등 외부 세계가 제공하는 대규모 지원으로 유지되었는데, 2016년부터 미국과 유엔 등 국제사회의 대북제재가 강도 높게 진행되고 한국도 제재에 동참하고 있다. 북조선은 내부자원 동원 동력이 거의 소진되어 미국과 일본, 중국, 한국 등 외부 세계의 지원과 협력에 의존해야 하는 상황인데, 핵 문제로 인해 외부의 지원이 원활하지 않다. 2009년 10월 중국의 대북 관여 정책이 시작되고 2018년 이후 북중관계가 진전되면서 극단적 고립에서는 다소 벗어났으나, 코로나19와 지속되는 국제사회의 대북제재는 북조선에 큰 부담이 되고 있다.

북조선의 국제적 고립은 인권유린에 대한 국제사회의 관심이 커지고 있다는 점에서 더욱 심각하다. 2003년 유엔 인권위원회가 북한의 인권개선 결의안을 채택한 이후 미국, 일본, 유럽연합(EU) 등 국제사회는 북한의 정치범 수용소 폐지, 공개 처형 중단, 탈북자 송환 등 북한에 인권개선을 요구하고 있다. 국제사회의 이러한 북한 인권개선운동은

39 북한은 세계화를 "남조선의 경제와 시장을 외국의 독점 재벌들에게 내맡기는 매국행위"라고 규정하며 극히 부정적인 시각으로 바라보고 있다. 「조선중앙방송」(1995. 1. 6).

과거와 같은 정치적 공방 수준이 아니라 국제적 지지를 받는 광범위한 운동으로 전개되고 있다. 김정은 위원장은 스위스 베른의 국제학교에서 수학한 경험이 있어 국제사회가 요구하는 바를 충분히 인지하고 있을 것이다. 이런 상황에서 국제적 고립과 국제사회의 인권개선 요구는 김정은 정권에 심각한 부담이 되고 있다.

4. 조국과 민족

남북한 통일 논의에서 국가와 민족은 중심 주제다. 통일 논의에서는 국가 중심으로 통일 문제에 접근하는 국가우선주의 패러다임과 민족의 시각에서 접근하는 민족우선주의 패러다임이 대립하고 있다.[40] 남북한은 공히 국가와 민족을 모두 강조하지만, 한국과 조선을 두 개의 국가로 보느냐 하나의 국가로 보느냐의 차이가 있다. 국가우선주의 패러다임으로 보면 통일은 상대 국가를 병합하는 흡수통일을 의미한다. 이 시각은 체제 경쟁에서 승리한 어느 한쪽이 다른 한쪽을 흡수하는 방식으로 통일이 진행된다고 본다. 민족우선주의 패러다임은 남북한이 두 개의 국가가 아니라 하나의 국가이므로, 온전한 하나로 재결합하는 것으로 통일을 이해한다. 남한은 남북을 두 개의 국가로 보고, 북조선은 하나의 국가로 보며 '하나의 조선'을 계속 주장하고 있다. 물론 선언적으로 표방하는 것과 실제로 추구하는 것 사이에는 괴리가 있을 수 있다.

조국통일은 냉전기 통일 담론을 대표하는 구호다. 조국통일은 냉전기 남과 북, 남한과 북조선에서 공히 사용되었다. 조국통일이 담고

40 최완규, 「통일 담론의 두 가지 패러다임: 국가 담론인가 민족 담론인가?」, 박순성 편, 『통일 논쟁: 12가지 쟁점, 새로운 모색』(파주: 한울, 2015), pp. 21-42.

있는 의미는 다분히 국가적이다. 남과 북은 하나의 국가에서 분리되었다는 의미를 담고 있다. '조국'이라는 말은 자기의 국적이 속해 있는 나라를 일컫는 의미인데, 조상 때부터 대대로 살던 나라라는 역사적 의미를 부여하기도 한다. 타국에 살고 있는 사람이 자기가 태어난 나라를 모국이나 고국으로 부를 때의 의미와 비슷하다고 할 수 있다. 우리나라 사람이 흔히 사용하는 '우리나라'라는 말도 조국, 모국과 같은 역사적 의미를 담고 있다.

남과 북이 내세운 조국통일 구호는 한국과 조선을 조국으로 간주하고 각자의 조국을 중심으로 통일을 실현해야 한다는 다분히 정치적·이념적 색채가 담겨 있는 표현이다. 남한에서 조국통일이라 함은 국가보안법에서 북한을 나라로 인정하지 않는 시각이 반영되어 있으며, 한국의 국가 이념과 정체성에 근거하여 통일을 실현해야 한다는 의미일 것이다. 북조선이 말하는 조국통일도 '조선은 하나다'라는 입장에서 남조선은 미제의 식민지로 괴뢰정권이 통치하고 있어 인정할 수 없고 남조선을 미제로부터 해방시켜 조선으로 통일을 실현해야 한다는 의미일 것이다. 이런 점에서 조국통일은 남한과 북조선이 각기 자기 체제의 입장에서 상대의 국가성을 부정하며 국가 정체성을 드러내는 이념성이 강한 용어다.

탈냉전기 남한에서는 조국통일 대신 민족통일 담론이 확산됐다. 조국통일이 냉전기 남북의 체제 경쟁 담론으로 사용된 반면, 이념 대립이 상대적으로 약화된 탈냉전기에 들어 민족 담론이 확산하면서 조국통일 대신 민족통일이라는 용어가 활성화되었다. 국가적 통일이 어렵다는 판단하에 통일 담론을 국가에서 민족으로 전환한 것이다. 민족의 의미가 내면적으로 다르게 해석되고 있었음에도, 우리 민족은 하나라는 잠재의식을 동원하여 통일의 정당성을 확보하고 민족 정체성 확립을 주도하고자 했다.

물론 민족통일 담론도 세계화로 인한 한국 사회의 다문화성이 커지면서 수면 아래로 잠복했다. 탈냉전기 세계화와 정보화의 진전으로 한국은 급속도로 다문화 사회로 변화했다. 세계화와 국제 교류의 증가로 해외 노동자와 유학생이 유입되었고, 한국인들의 해외 진출도 크게 증가했다. 농촌의 인구 감소와 다문화 가족의 유입, 국제결혼의 증가 등으로 단일민족의식이 지배하던 한국 사회는 다문화·다민족 사회로 변화했다.

그러나 민족 담론에 대한 관심과 경계는 한국 사회 바깥으로부터 왔다. 민족 담론으로 남북 교류가 시작되고 통일의 움직임이 생겨나자 주변국의 우려와 경계가 커졌다. 특히 중국은 북한과 국경을 맞대고 있는 동북3성의 조선족이 한국과 조선의 민족주의에 영향을 받을 것을 우려하여 극도로 경계했다. 이에 중국은 동북 지역의 민족의식을 차단하고 중화인민의식을 강화하기 위해 조선족의 역사를 중국으로 편입하는 역사 동북공정을 대대적으로 전개했다. 중국은 코리아반도 양쪽에서 부상하는 민족 담론을 차단하기 위해 한국의 민족통일론을 경계했다. 중국과 수교를 한 지 얼마 안 된 한국으로서는 중국과의 외교관계 유지를 위해 민족통일 담론을 자제했다. 이처럼 대내외적 반격으로 한국에서 민족 담론은 수면 아래로 내려갔다.

북조선에서는 민족 강조가 남한보다 조금 더디게 나타났다. 사회주의가 민족을 중시하지 않았던 이념성에 기인한 것이기도 하나, 기본적으로는 적대적 분단체제에서 연유했다. 북조선은 '하나의 조선' 정책으로 남조선의 국가성을 인정하지 않았고 북조선이 조선반도 전체를 통치한다는 국가 정당성 의식을 바닥에 깔고 있었다. 남조선을 미제의 식민지로 규정하고 남조선 정권을 괴뢰정권, 미제의 하수인, 꼭두각시 정권으로 폄훼하며 국가성을 부정했다. 사회주의 체제가 세계적으로 위기를 맞은 시기에 국가의 정당성이 약화되자, 이러한 편향적 국가의식은 민족 담론을 끌어들였다. 하나의 조선은 곧 하나의 민족임을 강조했다. 그 하나의 민족이란 곧 조선민족을 의미했다. 그런 관점에서 조선민족의 역사성과 정통성에 대한 의미가 부각되었고, 조선민족제일주의가 부상하게 되었다. 기존에 주장해 오던 '하나의 조선' 논리가 북조선의 국가적 위상과 국력 약화로 더 이상 작동하지 않자, 조선은 국가 담론에서 민족 담론으로 전환하여 '하나의 조선' 논리의 정당성을 이어가고자 했다.

5. 우리국가제일주의

2012년 집권한 김정은은 우리민족제일주의 대신 우리국가제일주의를 주장하고 인민대중제일주의를 부각시키고 있다. 우리국가제일주의는 조선공화국 국민의식을 확립하겠다는 의미인데, 특히 김정일의 애국주의를 기치로 내걸고 공화국 조선의 국민의식을 고취하겠다는 것이다. 국가 행사나 학교 행사에서도 기존에 애창했던 〈김일성장군의 노래〉나 〈김정일장군의 노래〉 대신 〈애국가〉를 부르는 것으로 달라졌다. 개인에 대한 충성을 국가에 대한 충성으로 연결했던 관행을 탈피하여 국가의식과 국민의식을 강화하는 움직임이다. 국가로서 조선에 대한 자부심과 자존감을 높인다는 의미다.

우리국가제일주의에 담겨 있는 의미는 두 가지다. 하나는 '국가'제일주의이고 다른 하나는 '우리'국가제일주의다. 국가제일주의는 어떤 개인이나 집단 혹은 계급보다 국가가 우선이라는 의미다. 모든 구성원을 국가의 범주에 묶고 통합적 국민의식을 고취하려는 의도다. 김정일은 탈냉전기 흔들리는 체제를 유지하기 위해 군대를 혁명의 주체 세력으로 규정하는 '선군정치'를 단행했다. 선군정치는 어디까지나 사회주의 체제가 흔들리는 시기에 불가피하게 취한 임시방편이었다. 하지만 극단적으로 치우쳐 균형을 잃어버린 주체사상가들이 선군정치를 북한의 독창적인 정치제도로 만들어 버렸다. 김정은은 이렇게 편협해진 정치 이론과 체제를 국가주의로 확대하고자 했다.

'우리'국가는 공화국 조선 의식을 말한다. 근래에 북조선은 국호 조선에 대한 의미를 부쩍 강조하며 자긍심을 고양하고 있다. '조선'이라는 국호가 빛나는 아침, 태양의 나라라는 뜻을 담고 있는데, 그것은 우리나라 고대 역사에서 아사달이나 평양이 의미하는 바나 단군의 의미를 새겨 보면 쉽게 이해할 수 있다고 주장한다. 평양은 '아침 해가 솟는 벌'이란 뜻이고, 아사달은 아침의 산 혹은 태양이 뜨는 산이라는 뜻으로 둘 다 밝게 빛나는 아침, 태양이 솟는 나라라는 의미를 갖고 있다. 또 단군도 밝은 임금 혹은 박달임금이라는 뜻을 갖고 있다. 따라서 국호 조선은 평양과 아사달, 단군의 의미를 모두 갖고 있다고 주장한다. "이와 같이 국호 조선은 건국의 터전이 마련된 평양과 아사달이라는 지명, 단군이라는 군주 칭호, 박달이라는 종족명과 호상 깊은 련관을 가지고 있으며 그것들을 다 조선민족의 모체를 이룬 평양을 중심으로 한 넓은 지역 주민들의 고유한 신앙과 사상관념에 뿌리를 두고 있다"라고 말한다.[41]

이와 같이 단군이 처음으로 세운 조선이라는 국가와 국호를 해석하는 것은 냉전기 북한의 인식과 비교하면 완전히 달라진 모습이다. 냉전기에는 철저히 맑스주의 계급론의 관점에서 국가를 바라보았다. 고조선은 우리나라에서 처음으로 형성된 국가이고 국호가 '조선'이었다며, 그때의 국가는 착취 계급의 하나였으며 "인민들을 억압 착취하

41 전대준·최인철, 『조선단대사(고조선사)』, p. 42.

는 기능을 수행하는 권력기관이었다"라고 설명했다.[42] 냉전기에는 조선이라는 국호를 역사성이나 민족 혹은 국가의 정체성으로 연결 짓지 못했다.

탈냉전 이후 민족제일주의가 정착되고서야 북한은 비로소 조선의 역사적 정통성을 확보하기 위해 국호를 고조선과 관련짓는 작업을 진행했다. 조선민족의 기원을 단군에서 찾고 평양 지역의 역사성을 부각시킴으로써 점점 조선이라는 국가에 대한 관심을 높여 갔다. 조선을 국호와 관련지어 역사적 의미를 부여한 것은 북한이 조선의 국가의식과 국민의식을 주민에게 주입하려는 시도라 할 수 있다. 조선의 국가 정체성이 확고해지고 있음을 알 수 있다.

근대 민족국가로 발돋움하기 위해서는 민족을 정치 단위로 동원할 뿐 아니라 국가의식과 국민의식을 발전시켜야 했다. 이를 위해 북한은 인민대중제일주의 담론을 동원했다. 인민대중제일주의는 국가제일주의라는 동전의 다른 면으로, 이는 북조선이 작금의 흐름을 '국가제일주의 시대'로 규정하는 흐름과 관련 있다. 사실 북조선은 그동안 국가보다는 수령과 당, 군 등의 담론을 강조해 왔다. "짐이 곧 국가다"라는 담론처럼 전체주의·권위주의 체제에서 당과 수령, 군대가 국가와 동일시된 사회를 유지했다. 하지만 이제는 수령이나 당, 군 등 특정 요소가 아니라 이를 아우르는 조선 전체를 의미하는 국가의 필요성을 인식했다. 인민의 중요성과 시민사회의 중요성을 자각하고, 국민의식을 걱정하며 관리해야 할 필요성을 느끼게 되었다. 비로소 근대 민족국가 건설에 관심을 갖게 된 것이다. 김정은 위원장이 우리국가제일주의 구호를 들고 나오면서 인민대중제일주의 정치를 강조하는 것도 바로 이 때문이다. 북조선에서는 사회주의 국가의식을 지닌 인민, 즉 국민 정체성이

42 사회과학원 력사연구소, 『조선통사(상)』, p. 44.

그 어느 때보다 중요해졌다. 오랫동안 당과 군대를 앞세워 통치하다 보니 그러한 가치로부터 멀어진 일반 국민들이 많아졌고, 이들을 국민의식으로 통합해야 할 필요성이 커졌다. 민족(인민)을 기반으로 근대 국가를 건설하는 과정에서 비로소 국민 정체성에 관심을 갖게 된 것이다.

국가제일주의의 등장이 당(김일성), 군(김정일), 국가(김정은)의 구도를 맞추는 차원에서 선대와 차별화된 김정권의 브랜드가 필요했기 때문이라고 볼 수도 있고, 거대하게 구축된 당과 군대를 제압할 명분을 국가와 인민에서 찾을 수밖에 없었기 때문일 수도 있다. 그러나 이제 국민의 의식변화를 고려하지 않을 수 없는 시대를 맞았다. 이런 점에서 김정은 위원장이 2021년 8차 당대회에서 '인민대중제일주의정치'를 사회주의 기본 정치방식으로 정식화한 것도 큰 의미를 갖는다. 2020년 6월 2일 『로동신문』의 「근로자 공동사설」에서 "우리 당의 정치는 인민대중제일주의정치이다"라고 공식화했으며, 8차 당대회에서 인민대중제일주의정치를 당규약에 명문화하여 김정일의 선군정치와 대비되는 선민정치를 김정은 시대 브랜드로 만들었다. 당과 군보다 국가와 인민이라는 민족국가 시대에 걸맞은 언어를 사용한 것이다.

국민과 인민은 김정은이 추구하는 정상국가(normal state)와도 맥이 통한다. 사회주의 정상국가를 꿈꾸는 김정은의 열망은 2018년 3월 남한의 특사단이 평양을 방문해 김정은 위원장과 면담하는 자리에서도 명쾌하게 드러났다. 김정은 위원장은 대북특사단에 "(미국은 북한을) 정상국가로 대우해야 한다"라며 불편한 심기를 드러냈다. 북조선을 "보편적 국가로, 대화 상대로 대우해 주기를 바란다"라는 바람도 전했다.[43] 김정은 위원장에게 조선의 테러지원국 지정 해제와 대북제재 완화·해제 요구는 경제적 필요보다 불량국가 이미지를 탈피하고 정상국

43 한상준, 「美 향해 "정상국가 대우해달라"」, 『동아일보』(2018. 3. 8).

가로 진입하고자 하는 의미가 더 크다. 정상국가의 판단 기준을 딱히 정하기는 어렵겠으나, 국제사회의 동등한 일원으로 소통하고 교류할 수 있는 보통의 국가를 의미할 것이다. 북조선과 국제사회가 생각하는 개념이 꼭 같지는 않겠지만, 정상국가로 변화하려는 북조선의 움직임은 여러 곳에서 발견되었다.

국가제일주의는 김일성과 김정일의 초상화를 제거하고 국가의 공식적인 상징이나 당의 상징을 사용하는 조치를 취한 것과도 관련이 깊다. 2019년 노동당 전원회의부터 시작되어 2021년 8차 당대회에서도 공개적으로 드러났듯이 주석단 정면에 걸려 있던 김일성과 김정일의 초상화를 내리고 당 마크를 부각시키는 과단성 있는 조치를 취했다. 이러한 결정은 최고지도자만이 할 수 있다. 물론 김일성과 김정일에게 당 대표증을 수여하여 이들과 영원히 함께한다며 배려했지만, 북조선의 분위기에서 이 같은 결정은 결코 쉽지 않았을 것이다. 그럼에도 과감히 초상화를 없애고 당 마크를 부각시킨 것에도 북한이 중국·베트남 등 다른 사회주의 국가와 비슷한 정상국가라는 모습을 보여 주려는 의도가 역력하다.

주체사상의 내부 언어로 '김일성-김정일주의'의 사용을 자제하고 다시 주체사상으로 환원하는 움직임을 보이는 것도 국가제일주의와 무관하지 않다. 2021년 4월 27일 개최된 '김일성-김정일주의청년동맹' 10차 대회에서 청년동맹 명칭을 '사회주의애국청년동맹'으로 변경했다. 청년동맹의 명칭에서 '김일성-김정일주의'를 떼어 낸 것이다. 이 역시 북조선 사회에서 단행하기 쉽지 않은 것이다. 당 창건 기념일에 공화국기를 게양하고, 김정은의 연설 뒤에 국무위원회 마크를 보이도록 하는 조치나 인민 무력성을 국방성(2020. 11)으로 개칭한 것들도 같은 맥락이다. 당대회를 5년 주기로 열고 여러 회의를 정례적으로 개최하는 것도 정상국가화를 향한 조치라고 할 수 있다. 북조선은 이러한 일련의 조치를 “공화국의 지위가 급격히 높아지고 혁명이 새로운 단계에 올라서고 있는 현실에 상응하게 국가 사회제도를 더욱 공고 발전시켜 나갈 데 대한 과업”이라고 설명한다.[44]

국가제일주의 위상은 대외적 지위로 평가된다. 북조선이 세계적 수준으로 발전하고 도약하기를 바라는 것도 국제적 위상을 높이기 위해서다. 2018~2019년에는 중국, 미국, 러시아 등과 정상회담을 통해 국제적 지위를 향상하고자 했다. 8차 당대회 폐막식에서 사용한 〈인터나쇼날가(The Internatonal)〉는 사회주의 국제연대를 위한 변화로, 중국이나 베트남 등 여느 사회주의 국가와 다르지 않음을 보여 주려 한 것이었다. 〈인터나쇼날가〉는 전 세계 모든 사회주의 국가가 국제연대를 위해 부르는 노래로, 중국도 2022년 10월 제20차 당대회 폐막식 의례에서 사용했다. 따라서 모두 외부 세계에 조선이 극히 정상적인 사회주의 국가임을 보여 주려는 의도가 명백하다.

냉전기 북조선민족주의는 저항적 민족주의로 치달아 대외관계의 배타주의와 국제적 고립을 자초하는 한편 경제적 폐쇄를 가져왔으나, 탈냉전기 조선민족제일주의는 민족을 국가 전면에 배치하여 조선민족의 긍지를 높여 왔다. 하지만 민족주의로 남한과 경쟁하거나 통일을 추구하기 어려운 상황에서 북조선은 독자적인 민족국가 건설을 위해 우리국가제일주의 담론을 앞세워 국가의식을 강조하고 있다. 이때 ‘우리국가’는 공화국 조선을 의미하는 것으로, 공화국에 속한 조선민족을 단위로 민족국가 건설을 추동하기 위해 공화국 조선의 국가의식과 국민의식을 강화하려는 것이다.

44 「조선로동당 제8차 대회 4일 회의 진행」, 『로동신문』(2021. 1. 9).

제9장

한류의 부흥

1. 경제성장과 한류열풍

세계적 탈냉전 변화 속에서 한국과 조선의 국제적 위상은 극명하게 교차되었다. 1988년 서울올림픽 이후 세계적으로 알려지기 시작한 한국은 경제성장과 민주적 정치변화를 이룩하면서 일약 세계적 발전 모델로 떠올랐다. 사회주의권의 붕괴로 소련 및 중국과 수교가 이루어진 1990년과 1992년 이후에는 경제성과를 바탕으로 한국의 영향력이 중국의 조선족 사회와 러시아의 고려인 사회로 확대되었다. 1990년대 말부터 중국과 대만, 베트남 등 동아시아 국가들을 중심으로 한국의 경제와 문화에 대한 관심이 높아지면서 '한국바람'이라는 의미의 한자어 '한류(韓流)'라는 말이 회자되기도 했다.

한류는 문화 콘텐츠만이 아니라 관광과 무역에까지 영향을 미쳐 엄청난 경제적 효과를 가져왔으며, 아시아를 넘어 전 세계적으로 확산되었다.[1] 한국은 자동차와 핸드폰 등 IT 산업을 비롯하여 스포츠, 영화,

1 한국국제문화교류진흥원 편, 『2018 한류 파급 효과 연구』(서울: KOFICE, 2019).

음악, 드라마 등 이른바 한류문화를 세계에 전파하며 한민족의 자부심과 긍지를 드높였다. 한류와 한민족에 대한 긍지는 2002년 한일월드컵의 4강 진출을 계기로 대한민국 민족주의로 발전했다. 올림픽도 그랬지만 '월드컵 4강' 신화는 '하면 된다'는 특유의 단결력과 정신을 고양함으로써, 국민들에게 우리가 단결하면 폭발적인 힘을 발휘하는 민족이라는 자신감과 긍지를 심어 주었다. 한민족이라는 민족 정체성이 대한민국이라는 국가 정체성과 융합하여 대한민국 중심의 민족주의를 새롭게 형성한 것이다.

이러한 배경에는 한국의 경제성장이 강하게 작용했다. 한국은 한 세대 30년 만에 세계 최빈국에서 OECD 선진국 대열에 오른 기적의 나라로 주목받았다. 1960년 1인당 국민소득 79달러에서 1990년 6,608달러, 2000년 1만 2,260달러, 2010년 2만 3,083달러, 2021년 3만 5,000달러로 급성장했다.[2] 2021년 한국의 국내 총생산(GDP)은 1조 8,239억 달러로 전 세계 191개국 가운데 10위를 기록했다. 이러한 성공적인 경제발전으로 한국은 한강의 기적, 아시아의 네 마리 용, 신흥공업국(NICs) 등의 별칭을 얻으며 전 세계에서 개발도상국 경제발전의 성공적인 모델로 인정받았다.

한국의 자동차와 가전제품, 핸드폰 등 한국산 상품의 수요가 높아져 기아·현대 자동차와 삼성·LG전자는 베트남과 폴란드, 러시아 등 사회주의 국가와 동남아에서 특히 인기를 끌었다. 세계 여러 나라에서 한국 상품의 선호는 폭발적이었고, 기아·현대·삼성·LG 등 유수 기업들은 세계적으로 인정받는 브랜드로 자리 잡았다. 경제성장을 기반으로 한국의 문화와 스포츠는 엄청난 속도로 성장해, 드라마, 영화, 대중음악 등 문화상품의 수요는 '한류 열풍'을 일으켰다. 중국과 동남아를

2 KOSIS 국가통계포털, '국민계정', https://kosis.kr/index/index.do.

비롯하여 중앙아시아, 구공산주의권에 이르기까지 한국문화의 수요는 폭발적으로 늘어났으며, 축구와 골프, 체조, 스케이트 등 스포츠 분야에서도 두각을 나타내면서 세계적 이목을 집중시켰다. 이러한 경제적·문화적 성장으로 중국과 동남아시아, 구사회주의권 국가들에서는 한국어를 배우고 한국에 들어오려는 수많은 사람이 생겨나 국내 외국인 체류자 250만 시대가 열렸다.

한류의 영향으로 남북한이 함께하는 행사에서 해프닝이 발생하기도 했다. 한소 수교 이후 10여 년이 지난 2003년 연해주 블라디보스토크에서 민족행사가 개최되었는데, 사회를 보던 고려인 여성이 북측 대표를 소개하면서 '북한' 대표로 호명하여 한바탕 소동이 일어났다. 단상에 앉아 있던 북측 대표가 강력히 항의하는 바람에 행사가 잠시 중단되었다. 과거에는 당연히 '조선' 대표로 불렀을 터이나, 한류 열풍으로 고려인 사회에서도 북한을 한국식으로 호명하는 변화가 생겨난 것이다. 그만큼 한류의 영향은 막강해졌다.

한류의 경제·문화 성과는 북조선과 비교해 현저한 차이를 보인다. 북조선은 최근 30년 동안 경제침체로 세계적으로 내놓을 이렇다 할 경제·문화상품이 없다. 매스게임으로 불리는 집단체조가 해외에 자랑할 수 있는 유일한 문화상품이다. 연인원 10만 명이 동원되어 일사불란하게 진행하는 〈아리랑 공연〉은 신체훈련에 숙련된 학생들과 조직력이 있어야만 가능하다. 이러한 문화상품은 경제력이 뒷받침되어야 가능한데, 북조선의 경제는 1인당 GDP 1,300달러 정도로 매우 열악한 수준이다. 장기 경제침체로 200만 명이 제조업을 떠났고 식량부족을 메우기 위해 농업 인구가 30.7%에서 41.9%로 늘었다.[3]

3 제조업을 떠난 200만 노동자는 농업으로 131만 명, 서비스업으로 69만 명이 각각 옮겨 갔다. 1993년 43.9%에 달했던 제조업 인구는 2008년 37.5%로, 2014

한류 부흥의 이면에는 경제발전과 더불어 민주화의 진전도 큰 몫을 했다. 세계 여러 나라가 독재와 부패의 악순환에서 오랫동안 벗어나지 못하고 있는 반면, 한국은 짧은 시간 내에 민주주의를 성공적으로 정착시킴으로써 세계의 찬사를 받았다. 1987년 6월 민주화가 절정에 이른 뒤 1993년 2월 문민정부를 탄생시켰으며, 1998년 2월에는 수평적 정권교체를 이룸으로써 정치 민주화를 진전시켰다. 2003년에는 시민사회의 적극적 참여를 바탕으로 참여정부를 출범시켰고 촛불혁명으로 시민사회가 양적·질적으로 성장했다. 2008년 이후에는 보수 시민사회의 성장으로 역사 해석과 정치 이념의 지형에 새로운 변화가 일어났으며, 2022년 윤석열 정부로 그 흐름이 이어졌다. 민주화 운동으로 시작된 사회운동이 인권·환경·여성 등의 주제로 확대되었고 세계적 탈냉전과 국제화, 정보화의 흐름을 타고 자발적인 시민사회의 공간이 확장되었다.

년에는 26.9%로 감소한 반면, 같은 기간 동안 농업 인구는 30.7%에서 41.9%로, 서비스업 인구는 25.4%에서 31.3%로 각각 늘어났다. 제조업 인구가 17.0% 줄어든 대신 농업과 서비스업은 각각 11.1%, 5.9%로 증가했다. Central Bureau of Statistics of DPR Korea, *DPR Korea 2008 Population Census: National Report* (Pyongyang: Central Bureauof Statistics, 2009), pp. 193-195; Central Bureau of Statistics of DPRK and United Nations Population Fund, *Socio-Economic, Demographic and Health Survey 2014* (New York: United Nations Population Fund, 2015), p. 46; Government of DPRK, *DPRK Voluntary National Review on the Implementation of the 2030 Agenda for the Sustainable Development* (Pyongyang: Goverment of DPRK, 2021), p. 33.

2. 남북교류와 한국 효과

남북관계가 직접적인 교류협력 체제에 돌입한 탈냉전기에 한국의 경제와 문화가 급성장하면서 한국과 조선의 국가적 비대칭성이 현저히 커졌다. 그 결과 인적 왕래와 교류에서도 비대칭성이 심각해졌다. 남북교류에서 한국이 조선을 압도하여 조선에 미치는 영향력이 월등히 커진 것이다. 북조선은 외부 세계와의 접촉과 교류로 자본주의 사조가 유입되어 체제가 붕괴될 수 있다는 두려움으로 인해 남한의 문화에 방어적이며 소극적으로 대응하고 있다. 연간 수십만 명의 인적 왕래가 이루어지고 금강산·개성 관광이 시행되었을 때도 대부분 남한에서 북조선을 방문하는 일방적 교류였다. 문화교류에서도 북조선 쪽에서는 예술작품 전시회 정도만 할 뿐이며, 그 비대칭성이 심각하다. 남북한 간 비대칭성이 크고 북한의 경계심과 두려움이 심각한 상황에서 북조선이 교류에 소극적으로 임해 북쪽에서 남쪽을 방문하는 경우는 거의 없는 실정이다.

경제 부문에서는 개성공단과 같은 사업장에서 미시적으로 발생하는 한국 효과를 주목할 필요가 있다. 남북 간 경제협력과 교류가 확대되면서 작업방식이나 노무관리, 후생복지 등 여러 문제를 학습하며 배우는 기회가 생겼다. 그러나 모든 면에서 북조선이 한국의 영향을 받는 형태로 교류가 이루어졌다. 공동 작업 공간뿐 아니라 작업장 외에서도 한국의 경제적 풍요와 자유로운 분위기로 인해 북조선 노동자의 의식에 상당한 변화가 생겼다.

정치 영역에서는 한국효과가 북조선이 남한의 변화에 적극 대응하는 방식으로 나타났다. 냉전기에는 남한의 권력기관 임기가 4년이어서 북조선도 4년 임기로 맞추어 대응했다. 남한에서 1987년 헌법개정을 통해 5년 임기로 바꾸자, 북조선 역시 1992년 4월 9일 최고인민회의 제9기 3차 회의에서 헌법개정을 통해 정권기관의 임기를 5년으로 조정했다.[4] 남한이 12월 대선을 치르고 이듬해 2월 정부를 출범하면 북조선 역시 그해 4월 최고인민회의 개최를 통해 정권의 임기를 시작하는 형태로 남북정치 대응방식이 정착되었다. 예를 들면, 북한은 1997년 12월 대선에서 김대중 대통령이 당선된 것을 보고 남북교류에 대비한 정책을 준비하여 1998년 9월 김정일 정권을 출범했다. 당시 북조선은 1998년 3월 사회안전부에 이산가족 주소안내소를 설치하고 김대중 정부의 이산가족 교류에 대비했다. 이러한 패턴은 1992년, 1997년, 2002년, 2007년 남한의 대선 과정에서도 반복되었다. 2007년 이후에는 김정일 위원장의 사망(2011)과 김정은 정권의 등장, 2017년 이후에는 남한의 정치 일정이 1년 앞당겨지는 등 변화로 인해 기존 방식에 차질을 빚고 있으나, 정치 영역에서는 남한이 먼저 정치 일정을 진행하고 북조선이 그에 대응하는 정책과 조치를 취하는 방식으로 영향을 주고받고 있다.

남북한의 경쟁심이 가장 가시적으로 나타나는 분야는 외교일 것이다. 냉전기에는 남북한이 수교국의 수로 경쟁하고 유엔 등 국제사회에서 외교 각축전을 벌이며 치열한 경쟁을 전개했다. 탈냉전 이후 북한이 남한과 동시에 유엔에 가입하고 2000년 이후 유럽연합(EU) 등 18개국과 수교를 추진한 것도 한국의 외교를 따라잡기 위한 것으로, 대외관

4 북한은 1948년 9월 북한 헌법에서 최고인민회의 임기를 3년으로 규정했으나 실제로는 1기 9년, 2~5기 약 5년 주기를 유지했다. 그러나 1972년 12월 사회주의 헌법에서 임기를 4년으로 개정함으로써 남한의 정치적 변화에 대응하는 방식을 취했다. 북한이 최초 헌법에서 남한 헌법에 규정된 국회와 정부 임기 4년을 고려하지 않고 3년으로 정한 데는 아마 당시 북한 정권이 체제 우월감을 갖고 있던 터라 남한의 정치 상황에 대응할 필요가 없다고 판단했기 때문이 아닌가 생각된다. 남한은 1980년 대통령 임기를 7년으로 수정했다가 1987년 10월 29일 헌법개정을 통해 5년으로 조정했다.

계에서 평형을 유지하려는 시도로 보인다. 남북한의 수교국은 한국이 188개국, 조선이 161개국이며, 이 가운데 157개국은 남북한 동시 수교국이다. 조선은 탈냉전 이후 서방 세계와 외교관계를 확대하기 위해 2000년 1월 이탈리아와의 수교를 시작으로 호주, 필리핀, 영국, 독일 등 18개 국가와 새롭게 수교했다.

북한 인권 문제나 북핵 문제 등을 둘러싼 유엔에서의 표 대결 경쟁이나 식량지원 외교전에서 조선은 한국의 상황과 대조되어 국제사회로부터 심각한 압박을 받고 있다.[5] 국제 식량지원 문제도 외교 경쟁으로 나타나 조선이 영국과 프랑스, 러시아, 미국 등에 대북 식량지원을 호소한 데 대해, 한국 정부가 재외공관을 통해 이를 저지하는 외교활동을 벌이기도 했다.[6] 조선은 수교국의 수로 보나 유엔 등 국제사회에서의 영향으로 보나 더 이상 남한의 경쟁 상대가 되지 못하는 상황에서 한국의 움직임에 절대적으로 영향을 받게 되었다.

3. 한국민족주의의 발화

냉전기에는 우리 사회에서 대한민국과 한국이라는 명칭에 자긍심을

5 2011년 유엔 총회에서는 북한 인권 결의안 표결에서 찬성 112, 반대 16, 기권 55로 찬성이 압도적이었고, 2009년 6월의 유엔 안보리 대북제재 결의안도 만장일치로 통과되었다.

6 2011년 2월 유엔의 「북한 식량보고서」가 공개된 이후, 북한의 최태복 최고인민회의 의장은 2011년 3월 28~31일 영국을 방문하여 최근 북한을 강타한 최악의 한파와 2010년 수확량 부족으로 앞으로 두 달이 심각한 위기라며 식량지원을 요청했다. 그러자 한국 정부는 2011년 4월 3일 재외공관 등 외교 경로를 통해 북한이 식량을 군량미로 전용할 가능성이 크기 때문에 북한에 식량을 지원하려는 국가들에 신중을 기해 줄 것을 요청했다.

가지고 있는 사람이 많지 않았다. 한국이나 대한민국 대신 남한이라고 호칭하는 것이 일반적이었다. 남한은 명실상부한 근대 민족국가로 발돋움하기에 미흡한 결핍국가였다. 그러나 1990년대 한국 사회 내부에서도 새로운 변화가 진행되었다. 한국형 경제성장에 대한 자부심이 내부로 확산되고 정치적 민주화로 인한 체제 정당성도 크게 증대했다. 정보화와 미디어 산업의 발달로 문화 영역에 대한 관심도 높아졌다. 전 세계에 흩어져 있는 코리안 디아스포라의 존재가 부각되고 많은 외국인이 한국에 유입되었다.[7]

2000년대 들어 한국은 경제성장과 문화적 힘을 바탕으로 '완전한' 대한민국으로 발전했다. 국민국가의식이 발달하면서 민족적인 것과 국가적인 것의 차이를 인식하기 시작했다. 대한민국과 한국에 소속된 일원이라는 집단적 자부심이 생겨났으며, 세계화론조차 새로운 국가 비전으로 수용할 정도로 강한 국가적 자부심이 태동했다. 국민과 국가의식은 1990년대 싹트기 시작하여 2002년 한일월드컵을 계기로 폭발적으로 성장했다. 오랜 투쟁으로 성취한 민주화와 중진국으로 급성장한 한국의 경제력, 그리고 분단세대의 감수성 등이 집단적 자부심을 생성한 것이다.[8]

대한민국 의식이 구성원들 사이에 뚜렷하게 형성된 때는 2002년 한일월드컵 즈음으로 보인다. 박명규는 이러한 국민의식이 사회 구성원들에게 최초로 받아들여진 시기는 1987년 한국 사회가 민주화되고 시민적 자유가 제도적으로 확보된 이후라고 말한다. 경제성장의 효과

7 박명규, 「네이션과 민족: 개념사로 본 의미의 간격」, p. 38.

8 박명규, 「분단체제, 세계화, 평화민족주의」, 『시민과 세계』 8호(2006); 박명규, 「21세기 한반도와 평화민족주의」, 이병천·홍윤기·김호기 편, 『다시 대한민국을 묻는다』(파주: 한울, 2007), pp. 476-477.

와 탈냉전 분위기가 영향을 미쳐 '대한민국'이라는 국호가 대중의 슬로건이나 구호에 등장하고 스스로를 국민으로 의식하는 데 큰 거부감을 느끼지 않게 되었다고 본 것이다. 민주화와 경제발전에 힘입어 국민국가의식이 밑으로부터 자발적으로 형성되고, 이는 대한민국 국민으로서의 소속감과 긍지를 담지하는 시민적이고 정치적 차원의 의식으로 변화되었다. 국가적 억압에 대한 염려가 완전히 사라지지는 않았지만, 민주주의 경험과 경제적·물질적 성취감에 기초하여 한국에 대한 자부심과 정서, 지향들이 나타난 것이다.[9] '대한'의 기상과 임시정부의 항일정신, 해방 이후 한국의 경제성장과 탈냉전 문화발전을 기반으로 대한민국 민족주의가 확립되었다고 할 수 있다.

무엇보다 88서울올림픽 개최 후 경제성장을 이루고 민주주의가 심화되면서 한국인들은 과거의 콤플렉스에서 벗어나 대한민국이라는 국가에 대한 새로운 인식을 자각했다. 특히 2002년 한일월드컵 경기를 계기로 '대한민국' 국민의식으로 발전했다고 평가한다.

> 2002년 월드컵에서의 '대한민국' 열기와 미국에 대한 대중적 비판의식의 성장은 그러한 변화를 극적으로 보여 준 것이었다. 사실 이전까지 대중들이 자발적으로 대한민국이라는 국호를 연호하는 경우는 거의 없었고 대한민국의 일원이라는 정체성을 자랑스럽게 내놓는 경우도 거의 없었다. 2002년의 사건은 이러한 흐름을 사회적으로 확산시키는 중요한 전환점이었다고 할 수 있다. 여기에 2000년 남북정상회담과 뒤이은 남북교류의 진전이 북한에 대한 오랜 콤플렉스를 상당 부분 완화시켜 준 것도 큰 변수가 되었다.[10]

9 박명규, 「21세기 한반도와 평화민족주의」, pp. 466-477.
10 박명규, 『국민·인민·시민: 개념사로 본 한국의 정치 주체』, p. 117.

이러한 변화의 흐름을 지나치게 국수주의적으로 강조하는 경향도 일부 존재한다. 1948년 8월 15일을 대한민국 정부 수립으로 볼 것인가, 건국으로 볼 것인가의 현대사 논쟁이 바로 그것이다. 민족주의 시각에서는 해방 이후 현대사를 남북분단의 관점에서 보며, 건국이나 대한민국 체제 그 자체의 의미를 긍정적으로 평가하지 않는다. 반면, 국가주의적 시각에서는 대한민국이라는 국가 건설의 문명사적 의의를 강조하고, 국민 범주를 민족 범주보다 더 중시해야 한다고 강조한다. 대한민국 국민으로서 인식하기보다 한민족이라는 민족의 일원으로 자기를 인식하는 것은 잘못된 역사 해석이라고 비판한다.[11]

대한민국의 민족국가의식은 탈냉전 이후 경제발전과 '한류'의 세계적 진출과 밀접하게 연결되어 있다. 분단체제를 더 이상 불완전한 환경으로 보지 않고 지극히 "정상적인 삶의 조건으로 경험하고 살아온 젊은 세대의 감수성이 이러한 자부심을 구성하는 기본 질료가 된다."[12] 북한과의 체제 경쟁에서 승리했다는 생각은 한국을 분단국가가 아니라 자기 완결적인 독립국가라는 분위기를 조성했다.[13] 냉전기에는 대한민국의 국가 정체성을 강조하는 경향이 보수 세력의 전유물이었으나, 한국의 경제적 발전과 북조선의 경제난 및 체제 실패로 진보 세력도 자기 완결적이고 자족적인 대한민국의 국가성을 인정하는 양상으로 발전한 것이다.

강원택은 남북분단의 장기화로 대한민국의 국민이라는 정체성이 '한민족'의 일원이라는 민족 정체성과 분리되었다며 한국 사회에 존재

11 이영훈, 『대한민국 이야기』(서울: 기파랑, 2007), p. 34.
12 박명규, 「21세기 한반도와 평화민족주의」, pp. 467-487.
13 김동춘, 「시민운동과 민족, 민족주의」, 『시민과 세계』 1호(2002), p. 76; 이병수, 「통일과 평화의 길항관계: 통일 이념, 통일국가 형태, 민족성과 국가성」, 『시대와 철학』 제26권 1호(2015), p. 340.

하는 현상을 '대한민국 민족주의'로 설명한다.[14] 그에 따르면 2005년 한국인을 대상으로 진행한 설문조사에서 '남북한은 별개의 독립국가인가?'라는 질문에 79.4%가 '그렇다'고 대답했고, '북한 주민은 대한민국 국민인가 남인가?'라는 질문에 21.7%가 '남'이라고 응답했다.[15] 2010년 조사에서는 두 응답의 비중이 각각 80.4%, 44.4%로 늘어났다.[16]

대한민국 중심의 국민 정체성이 강화되면서 전통적인 민족 정체성을 대체하는 효과도 확대되었다. 냉전기에는 분단과 전쟁, 대외 종속과 정치적 정당성의 위기로 대한민국이나 국민에 대한 자부심이 낮았고 항상 민족에 더 많은 의미와 역사적 정당성을 부여했다.[17] 하지만 경제성장과 민주화가 이러한 콤플렉스로부터 벗어나게 해주었고, 민족에 대한 논의는 점차 국민에 대한 논의와 겹치면서 민족주의, 발전주의, 애국주의로 이어졌다. 대한민국에 대한 소속감과 정서적 동일시의 수준도 현저히 높아져 '대한민국 민족주의'라는 말이 등장하기에 이르렀다.[18] 대한민국은 한류 바람을 타고 국민국가로 변모했다.

14 강원택, 「한국사회의 국가 정체성과 민족 정체성의 변화」, 강원택·이내영 편, 『한국인, 우리는 누구인가? 여론조사를 통해 본 한국인의 정체성』(서울: 동아시아연구원, 2011), pp. 30-31.

15 강원택, 「한국인의 국가 정체성과 민족 정체성: 대한민국 민족주의」, 강원택 편, 『한국인의 국가 정체성과 한국 정치』(서울: 동아시아연구원, 2007), pp. 27-30.

16 강원택, 「한국사회의 국가 정체성과 민족 정체성의 변화」, pp. 20-25.

17 박명규, 「네이션과 민족: 개념사로 본 의미의 간격」, p. 38.

18 강원택, 「한국인의 국가 정체성과 민족 정체성: 대한민국 민족주의」, pp. 15-18; 「[한국인 그들은...] 상. 박정희 전 대통령, 경제·정치 발전 1위」, 『중앙일보』(2005. 10. 13).

4. 한민족의 세계화

한국과 조선은 민족주의의 세계화를 위해 노력을 기울이며 코리아민족주의로 가는 발걸음을 빠르게 내딛고 있다. 권위주의 시기에 시작된 '한국적' 민족의식은 한국성과 민족성이 결합된 것으로서 다분히 국가 주도적인 성격을 띠며 발전했다. 국가가 민족과 전통, 문화의 자원을 동원하여 국가 건설을 진행했다. 세계화·국제화 현상이 가속화되는 상황에서도 '세계 속의 한국', '문화의 선진화, 국제화'를 문화 정책의 주요 목표로 설정하며 세계화의 흐름 속에서 민족 건설을 진행하고자 했다.[19] 이런 점에서 88서울올림픽과 2002년 한일월드컵은 한국성과 세계성을 잇는 중요한 계기가 되었다.

2000년대 이후 국가 간 경쟁이 치열해지면서 한국의 국가 정체성을 새롭게 규명하려는 노력이 지속되었다. 한민족을 앞세운 한국민족주의 흐름은 경제발전과 문화발전을 기반으로 새로운 국가 정체성으로 발전하고 있다. '다이내믹 코리아(Dynamic Korea)', '스마트 코리아', '창조한국(Creative Korea)' 등은 코리아민족주의를 발전시켜 나가기 위한 여러 노력 가운데 하나다. 외형적 실체를 통해 문화의 역동성을 보여 주는 불국사와 첨성대 등의 건축물과 경제 및 수출을 통한 기업 활동의 역동성, 한국 축구에서 보여 준 '붉은 악마'와 응원문화 등은 다이내믹 코리아의 전형으로, 새로운 한국의 국가 정체성을 구성하는 요소라 할 수 있다.[20] 여기에는 세종의 한글 창제, 원효의 독창적 불교사상,

19 한국문화정책개발원, 『문화 정체성 확립을 위한 정책방향』(서울: 한국문화정책개발원, 2002).

20 김유경·김유신·박성현, 「국가 정체성(National Identity)의 정립을 위한 이론적 접근: Korean Dynamism의 철학적, 역사적 의미에 대한 고찰」, 『커뮤니케이션학 연구』 제18권 2호(2010), p. 14.

강감찬과 이순신 등 역사적 인물을 통해 창조되는 지적 다이너미즘도 포함된다. 이러한 요소들은 당연히 한국인의 내재적 정서와 가치, 감성적 의미를 함유하고 있다. '다양성 속의 단일성'으로 새로운 정통성을 수립해야 한다는 노력도 진행되었다.[21]

북조선도 김정은 시대에 들어 조선민족제일주의에서 국가제일주의로 탈바꿈하고 변화를 시도하고 있다. 그 일환으로 2009년 4월 헌법 개정을 통해 국가 목표에서 '공산주의'라는 용어를 삭제하고, 당규약에서도 공산주의 사회 건설이라는 표현을 주체사상과 자주성 실현 등의 내용으로 바꾸었다. 탈냉전기 세계적인 공산주의 체제 붕괴에 대응하기 위한 조치다. 또한 국제적 진출을 더욱 심화하며, "세계와 경쟁하라, 세계에 도전하라, 세계를 앞서 나가라!"라는 구호와 "자기 땅에 발을 붙이고 눈은 세계를 보라!"라는 구호를 내걸고 주민들의 국제적 교류를 독려하고 있다. "과학으로 비약하고 교육으로 미래를 담보하라"라는 구호는 과학과 교육을 발전시키기 위해 국제사회의 발전된 기술과 문물을 도입해야 한다는 조선식 국제화 담론이라 할 수 있다. 북조선의 국제화 강조는 두말할 것 없이 한국의 국제적 위상 및 한류와의 경쟁을 염두에 둔 행보다.

한편 2019년 1월 신년사에서 김정은 위원장은 6·12싱가포르북미정상회담을 평가하면서 "국제사회가 환영할만한 결과를 만들어 냈다"라고 하여 국제사회의 눈을 많이 의식하고 있음을 드러냈다. 2018년 9월 9일 '공화국' 창건 70주년을 계기로 국가에 대한 새로운 자부심을 표명했고, 이는 2019년 신년사에도 드러났다. 김정은 위원장은 "우리의 주동적이면서도 적극적인 노력에 의하여 (…) 공화국의 국제적 권위

21 서태열, 「세계화, 국가 정체성 그리고 지역 정체성과 사회과 교육」, 『사회과 교육』 제43권 4호(2004), pp. 5-29.

가 계속 높아가는 속에 우리 인민은 커다란 긍지와 자부심을 안고 영광스러운 조선민주주의인민공화국 창건 일흔 돐을 성대히 경축했다"라고 평가했다. 이는 마치 남한이 2002년 한일월드컵 대회를 통해 '대한민국'에 대한 국민들의 자부심이 높게 형성됨으로써 명실상부한 민족국가로서 대한민국의 정체성이 확립된 현상과 유사하다고 할 수 있다.

북조선은 유엔의 개발협력에도 적극 참여해, 2017~2021년 UN-DPRK Framework를 통해 SDG 목표를 제시했고, 2021년 7월에는 VNR보고서를 제출했다. 이를 위해 2017년 10월 중국 베이징, 2019년 10월 베트남 다낭, 2019년 러시아 블라디보스토크 등의 유엔 회의에 꾸준히 참여했다. 사회 내부적으로는 당전원회의나 당대회 단상 정면에 걸려 있던 김일성과 김정일의 초상화를 떼어 냄으로써 극도로 치우친 '주체'의 편향을 바로잡고자 했다. 청년동맹의 명칭에서 '김일성-김정일주의'를 떼어 내고 보편적인 '사회주의'라는 용어를 사용하면서 국가의 정상화를 시도했다. 비서국 체제를 복원하고 사회주의 국제연대를 상징하는 〈인터나쇼날가〉를 다시 소환했다.

이러한 모든 조치가 공화국 조선을 더 국제화하여 세계와 소통할 수 있는 코리아민족주의 건설을 위한 행보인 것이다. 조선은 그간 김일성과 김정일의 개인 통치자에 대한 우상화를 진행하다 보니 조선이라는 국가 정체성을 소홀히 했다. 수령이 곧 국가이고 국가는 곧 수령이라는 정치·사회화를 진행하는 과정에서 국민들의 사고는 전근대적 수준에 머물렀고, 근대 민족국가로서 공화국이라는 의식을 제대로 갖지 못했다. 이런 상황에서 '국가'와 '인민'에 대한 김정은의 강조는 조선의 국가성이 한층 강화된 시점에서 민족국가의식을 자연스럽게 형성하기 위한 것이며, 이는 곧 코리아민족주의로 나아가기 위한 디딤돌이 될 것이다.

북한 내 한류 확산: 한민족 세계화의 부대 효과

한류는 북조선에서도 상당한 관심을 끌고 있다. 서울대학교 통일평화연구원의 연례조사에 의하면, 2020년의 경우 북조선 내 남한방송이나 드라마, 음악, 영화 등 한류를 접촉한 경험이 있는가 묻는 질문에 '자주 접촉'한다는 응답은 43.1%, '한두 번' 접촉한 경험이 있다는 응답은 39.4%였다.[22] 한류를 경험해 보았다는 응답자의 92.5%는 '남한문화가 친숙했다'고 응답하기도 했다. 북조선 주민의 43%가 한류를 자주 접하며 남한문화를 친숙하게 학습하고 있다는 사실은 대단히 중요하다.

먼저 한류는 북조선의 정치의식을 약화시킬 가능성이 크다. 다른 나라와 달리 조선에서의 한류는 적대적인 체제 대결 구조에서 비공식적으로 이루어지는 것이어서 정치적 효과가 매우 크다. 북조선은 실제로 이러한 문제의 심각성을 인식하여 2020년 12월 한류의 확산을 차단하기 위해 '반동사상문화배격법'을 제정하여 단속을 강화하고 있다. 몇 년 전까지만 해도 김정은 자신도 한류에 호감을 갖고 있음을 피력했으나, 한류의 정치적 파장을 의식하자 '악성암', '변태적' 등으로 표현하며 한류에 대한 경계심을 드러냈다. 그만큼 한류가 사상의식과 문화에 미치는 부정적 효과가 크다는 사실을 보여 준다.

또한 한류는 남한문화를 친숙하게 접하게 함으로써 문화통합에 상당한 영향을 미치고 있다. 한류는 세계의 모든 코리아민족, 즉 조선족과 고려인, 재일동포와 재미동포 등 모든 코리안을 남한의 가치와 문화로 학습하도록 하는 효과를 가져왔다. 남한의 경제력을 바탕으로 급속히 성장한 한국문화는 이미 세계의 모든 코리안을 하나의 민족으로

22 김학재 외, 『북한 주민 통일의식 2020』(시흥: 서울대학교 통일평화연구원, 2020), p. 81.

통합했다. 현대적인 남한의 문화로 동질화되어 가고 있는 것이다. 이러한 남한문화가 북조선에까지 확산되고 있는데, 그 추세가 점점 강화되고 있다. 최근에는 남한에 거주하는 탈북민들을 통해 그 흐름이 더 빨라지고 있다. 북조선 주민의 한류 접촉은 조선민족의식에서 한민족의식으로 전환을 가능하게 할 결정적 변수가 될 수 있다. 물론 한류 접촉에는 남한에 대한 고정관념을 강화하는 부정적 효과도 없지는 않으나, 대체로 한국과 한국문화에 대한 호감을 증진함으로써 조선민족의식을 약화시키고 한민족의식을 강화하는 측면이 있다. 따라서 한류로부터 코리아민족주의의 가능성이 엿보인다.

5. 코리아민족주의

탈냉전기 세계화와 국제화가 진행되면서 코리아 민족주의는 새로운 단계로 발전하고 있다. 한국과 조선의 민족주의가 독자성을 가지는 한편 국제사회에서 하나의 민족으로 인정받는 글로벌 코리아민족주의로 발전해 나가고 있는 것이다. 한국과 조선의 민족주의는 차이점이 많지만, 한민족과 조선민족의 전통과 문화를 심화하는 방향으로 발전하고 있다는 공통점이 있다. 세계화의 추세 속에서 세계와 경쟁하고 세계에 한국을 잘 드러낼 수 있는 가장 한국적인 것, 가장 조선적이면서도 세계에 통용될 수 있는 문화와 전통 개발을 시도하고 있다.

탈냉전기에 형성된 한국민족주의는 대한민국 중심의 민족주의다. 해방 이후 이남에 건설된 대한민국의 정치적·이념적·체제 경쟁적 성격을 띠고 시작되었으며, 대한민국의 경제적·문화적 성과를 바탕으로 발전했다. 북조선의 상대가 되지 않을 정도로 남북 체제 경쟁에서 승리했다는 자긍심과 한민족이라는 자부심을 기반으로 형성된 국가·민족의식이다. 과거 냉전기 보수정부가 강조한 국가 이념과 국가 정체성의 맥락과 상통하는 부분이 있으나, 북조선의 정치적 실체를 인정하며 통일을 논의하고 추구한다는 점에서 맥을 달리한다. 물론 한국 중심적 시각에서 북한을 실재하는 '조선'으로 보지 못하고 '북한'으로 보는 경향에 머물러 있기는 하다. 이러한 한국민족주의는 한국의 경제성장을 바탕으로 세계적 영향력을 발휘하고 있는 한류에 힘입어 대한민국의 국가 정체성과 한민족의 저력을 강조한다.

조선민족주의는 '하나의 조선' 의식에 입각하여, 우리 민족이 단일민족이고 국가로서의 조선은 조국이며 그때의 국가는 하나라고 표현한다. 조선민족이 단군의 자손이라는 민족 공감대를 바탕으로 민족 공동체를 구성하려 하지만, 그때의 민족 공동체는 조선민족이며 국가도 조선이다. 그러니 국가로서의 조선은 여전히 불완전하다. 통일을 통해 하나의 국가를 만들어야만 비로소 완전해진다는 민족국가 관념을 갖고 있기 때문이다. 조선은 국가성과 국민의식을 인식하기 시작하여 세계적 진출과 국제적 위상 강화에 관심을 갖고 노력하고 있으나, 아직 한국을 흡인할 수 있는 문화적 콘텐츠를 형성하지 못하고 있다.

한국과 조선은 더 이상 냉전기 남북의 관계에 있지 않다. 한국과 조선의 민족국가적 성격은 완연하게 성숙하여 과거와 확연히 달라졌다. 국제적으로 국가성을 인정받을 뿐 아니라 남북 주민의 국가의식도 달라졌다. 남북관계는 확실히 국가 대 국가의 관계로 변화했다. 박명림은 한국의 시각에서 보는 한국 대 북한이나 북한의 시각에서 보는 조선 대 남조선의 관계를 넘어, 한국 대 조선이라는 한조관계로 승화시켜야 함을 지적한다.[23] 이제는 민족주의에 입각한 남북관계를 넘어 보편

23 박명림, 「통일보다 평화, 남과 북은 '국가 대 국가'로 만나야 한다」, 『한겨레신문』(2020. 6. 22).

주의를 토대로 한 한조관계로 전환해야 한다.

분단국 체제론에서도 이미 남북한의 국가성 강화로 탈냉전 이후 남북관계가 분단체제에서 분단국 체제로 이행했음을 지적했다. 분단체제론은 한반도가 남북으로 분단되어 불완전한 국가가 되었고, 서구에서 말하는 민족국가를 실현하기 위해서는 분단된 남과 북이 통일을 이루어 하나의 나라를 세워야만 근대 민족국가를 이룩한다는 것이다. 하지만 이러한 분단체제론의 시각은 21세기 변화된 한국과 조선의 현실과 동떨어져 있다. 한국 사회는 분단 80여 년 동안 냉전 지배담론이었던 '분단체제론'의 시각이 현저히 약화되고, 한국과 조선이 두 국가로서 작동하는 체제, 즉 '분단국 체제론'의 시각이 뚜렷이 형성되었다. 탈냉전 이후 한국과 조선의 국내외적 '국가성'이 한층 강화되어 냉전기에는 상상할 수조차 없을 정도로, 과거의 불완전한 민족국가와는 전혀 다른 형태로 달라졌다. 국제적으로는 한국과 조선이 두 개의 국가로 유엔에 가입했고, 남북 간에는 남북기본합의서 체결과 교류협력법 제정으로 상호 방문과 교류협력을 제도화했다. 한국과 조선에는 2024년 현재 한민족과 조선민족으로 민족·국민 정체성이 완연히 다르게 형성되어 있다.

한국과 조선은 분단된 민족국가에 머무르지 않고 '아시아 시민국가'로 도약해 가고 있다. 한국의 경제성장과 민주화의 저변에는 교육을 통해 만들어진 훈련된 인적 자원과 정신적 자원이 깔려 있다. 여기에 더하여 한류의 부흥으로 대한민국에 정신적 가치를 둔 수많은 아시아인과 세계인들이 생겼다. 우리는 그들의 소망과 소통하고 그 갈구함을 충족시키는 공동의 노력을 기울임으로써 '유라시아의 영혼'으로 우리를 진화시켜야 한다.[24] 세계가 고민하는 대체 에너지와 기후변화, 전염

24 홍윤기, 「지구화 국면의 세계화와 21세기 대한민국」, 이병천·홍윤기·김호기

병 등의 주제에 대해서도 함께 생각해 보며 코리아민족주의에 그 해법을 담아야 한다. 한반도에서 시작하여 남북한을 아우르고 아시아와 유럽을 망라하는 개방적 민족주의로 발전해야 한다.

냉전기에는 남과 북 모두 민족보다 정치 이념에 기반하여 국가 정체성 강화에 심혈을 기울였고, 탈냉전기에는 민족 담론으로 국가의 정통성을 보완하며 경쟁하고 있다. 조국통일 담론은 대표적인 냉전기 논리로, '같은 민족 같은 나라'라는 의식을 갖고 특히 '같은 민족'에 기초한 민족 정체성을 강조했다. '조국통일'의식은 상대의 국가적 실체를 인정하지 않고 통일을 통해 완전한 국가를 만들어야 한다는 논리이며, 남과 북의 배타적 국가의식의 발로에서 형성된 담론이다. 두 국가로 달라진 현실을 전혀 고려하지 않는 논리다. 반면 탈냉전기 민족통일 담론은 국가 중심적 해석을 비판하며, 정치체제나 정부는 다르지만 남과 북이 같은 민족이라는 민족의식에 입각한 통일을 실현해야 한다는 민족론을 강조한다. 하지만 현재의 민족통일 담론 역시 분단 80년 동안 한국과 조선에서 민족 담론이 어떻게 분열되었는지 제대로 인식하지 못한 상태에서 '상상의 공동체'에 머물러 있는 관념이다.

코리아민족주의는 한국과 조선을 완전한 독립국가이자 두 나라로 인식하며 그 국가를 하나로 묶을 수 있는 발전되고 세계화된 민족주의다. 남한이나 북조선 인식이 아니며 사우스코리아나 노스코리아로도 인식하지 않고, 한국(ROK)과 조선(DPRK)으로 인정하되, 이 둘을 통합하여 United Korea 의식을 담을 수 있는 글로벌 민족 담론을 의미한다. 남북을 한국과 조선의 자율적·독자적 국가로 인정하되, 국가 대 국가의 관계로 통일을 추구하는 민족주의다. 코리아민족주의의 단초는 한국이 발전시킨 한류와 같은 민족문화에서 발견할 수 있다. 코리아민족

편, 『다시 대한민국을 묻는다: 역사와 좌표』, p. 291.

주의가 아직 확연하게 드러났다고 말할 수는 없으나, 세계적 영향력을 발휘하고 있는 한류는 코리아민족주의의 하나로 간주하기에 충분하다. 이런 점에서 한국과 조선은 현재 코리아민족주의를 선점하기 위해 치열하게 경쟁하고 있는 상황이다.

제4부

통일기, 대한조선

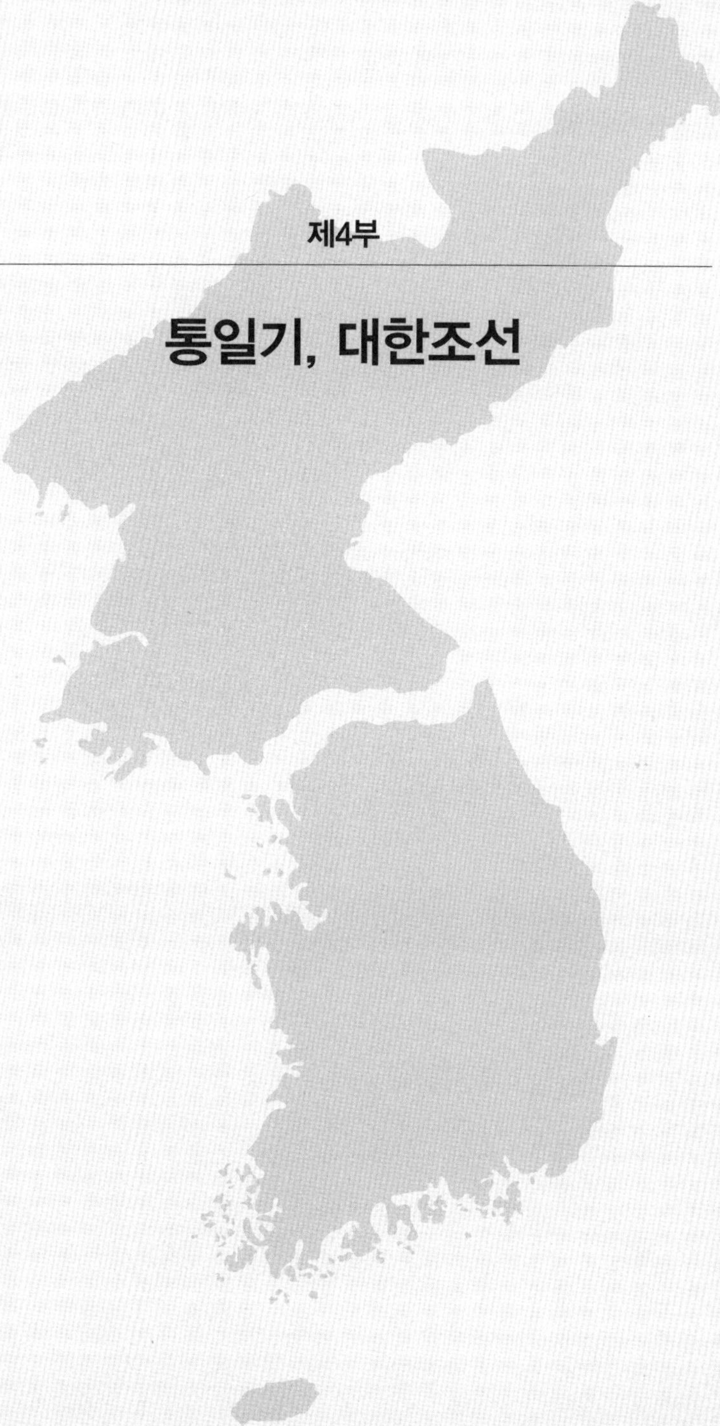

제10장 한국과 조선의 국가·민족의식 비교

1. 국가성 인식

우리나라 사람은 자기가 속한 집단을 부를 때 '나' 대신 '우리'라는 말을 즐겨 사용한다. 내가 살고 있는 나라도 '우리나라'다. 북한 사람도 자기 나라를 '우리나라'라고 부른다. 두 나라의 국가도 서로 '애국가'라고 칭한다. 남한 사람이 "대한 사람 대한으로 길이 보전하세"라고 부를 때, 북한 사람은 "몸과 맘 다 바쳐 이 조선 길이 받드세"라고 다짐한다. 남북 주민은 '애국가'를 부르고 태극기와 인민공화국기를 바라보며 '대한'과 '조선'의 국민임을 다짐한다. 민족도 마찬가지로 남북은 서로 '우리 민족'이라고 부르면서 한민족과 조선민족을 각각 다르게 떠올린다. '우리'라는 이름으로 남과 북이 하나임을 끊임없이 되뇌나 휴전선 이남과 이북은 서로 남이 된지 오래다. 남북 주민은 '우리'라는 말에 상대 나라와 민족을 얼마나 담고 있을까?

이를 살펴보기 위해 2020년 서울대학교 통일평화연구원은 연례 통일의식조사에서 '북한도 하나의 국가인가?'라는 질문을 하며 북한의 국가성을 물었다. 이에, 65.3%가 '그렇다'고 답했고 26.5%는 '반반/그저 그렇다', 8.0%는 '아니다'라고 답했다. 즉, 한국인의 65%는 북한의 국가성을 인정하는 반면 8%는 북한의 국가성을 인정하지 않았으며, 약 26%는 평가를 유보했다.[1] 북한을 하나의 국가로 인정하지 않는 8%의 응답자 가운데는 북한을 단순히 다른 나라로 인식하는 것을 넘어 국가보안법의 이적 집단으로 간주하여 국가가 아니라고 응답한 사람도 포함됐다. 그러나 그 비율은 8%에 부분적으로 포함된 것이어서 소수로 존재하는 정도였다. 한편, 2010년의 다른 조사에서는 '남북한은 별개의 독립국가인가?'라는 질문에 80.4%가 '그렇다'고 대답했고, '북한 주민은 대한민국 국민인가 남인가?'라는 질문에는 44.4%가 '남'이라고 응답했다.[2]

서울대학교 통일평화연구원의 연례조사에서 최근 4년 사이에 북한을 국가로 인정하는 의식은 57.9% → 58.8% → 61.2% → 65.3%로 미미하나마 증가 추세에 있었다. 남북한 동시 유엔 가입으로 두 국가는 국제사회에서 유엔 회원국으로 인정받으면서 국가성이 한층 강화되었다. 시간이 흐를수록 한국과 조선은 명실상부한 독립국가의 면모를 갖추게 되었고, 각 구성원 역시 대부분 자기 체제 내부에서만 통용되는 공통의 정서와 지향, 가치를 공유하게 되었다. 대한민국과 조선민주주의인민공화국은 대한과 조선의식으로 확연하게 분리되었으며 이제 한국과 조선에는 남북이 같은 나라라는 의식이 없다. 북한을 '다른 나라'로 인식하는 사람들이 대부분이다.

한 가지 관심을 더 기울여야 할 대목은 한국 사회 내 자율적 시민공간이 형성됨으로써 지역과 계층, 연령과 성별, 이념 성향별로 의식이 다르게 형성되었다는 점이다. 국가 담론과 시민사회 내 의식의 편차

1 김범수 외, 『2020 통일의식조사』(시흥: 서울대학교 통일평화연구원, 2021), p. 91.

2 강원택, 「한국사회의 국가 정체성과 민족 정체성의 변화」, pp. 20-25.

가 상당히 크게 존재했다. 북한을 국가로 인정하는 관념도 지역과 정치 성향에 따라 다르게 형성되어 있었다. 지역별로는 호남권(77.0%) 〉 수도권(71.5%) 〉 제주(62.0%) 〉 충청권(60.9%) 〉 영남권(53.0%) 〉 강원(42.9%) 순으로 호남과 수도권에서 북한을 국가로 인정하는 비율이 높고 영남권과 강원에서는 낮았다. 또한 진보(74.5%) 〉 중도(65.6%) 〉 보수(51.2%)에서 볼 수 있듯이, 진보적 정치 성향을 가진 사람은 북한의 국가성에 찬성한 반면, 보수적 정치 성향을 가진 사람들은 북한의 국가성을 부정하는 경향이 강했다.

탈냉전에 접어들어 한국과 조선의 국가성이 강화되고 국민의식이 증진됨에 따라 민족의식과 국민의식에도 변화가 발생했다. 민족국가라는 틀에 중요한 변화가 생겼고 특히 한국은 변화의 진행이 더 빨랐다. 이미 수백만의 외국인 노동자들이 한국 사회에 정착해서 살고 있고, 다문화주의적인 개방성이 정책적으로 요구되는 현실에서 고전적 의미에서의 '민족적인 것'을 강조하는 사고는 많이 약해졌다. 국민국가의 절대적인 주권과 국경의 엄중함에 기초한 근대국가 체제는 급속한 정보화와 세계화의 흐름 속에서 크게 달라졌다.

조선 사회 내부도 마찬가지다. 김정일 시대의 우리민족제일주의를 거쳐 김정은 시대에 들어 조선은 우리국가제일주의와 인민대중제일주의를 기치로 내걸고 국가적 자긍심을 한껏 고취하고 있다. 김정은 정권은 선군정치로부터 탈피하여 경제와 인민생활 향상을 목표로 하는 민족제일주의 선민정치로 전환했다. 특히 과거의 낡은 시설과 제도를 과학화하고 현대화하여 국제 경쟁력을 갖춘 체제로 발돋움하고자 했다. 기업소법과 농장법 등 시장개혁의 기본 틀을 마련하고 과거 공장·당위원회가 행사하던 권한을 비상설기구로 전환하는 대신, 지배인과 기사장이 기업 운영을 전적으로 책임지는 제도로 바꾸었다. 비록 성과는 크지 않았으나 경제개혁의 방향과 목표는 분명했다. "과학으로 비약하고 교육으로 미래를 담보하자!”라는 구호가 함축하듯 과학기술은 김정은 시대 핵심 키워드로 작동하고 있다.

최근 10년 동안 김정은 정권은 극단적 폐쇄주의, 고립주의로 치닫던 조선의 시스템을 정상화하고 경제를 과학화·현대화하며, 교육과 문화 등 여러 영역에서 국제 경쟁력을 갖추기 위한 체제의 변화를 추진했다.[3] 한국전쟁 이후 처음으로 미국과 역사적인 싱가포르 정상회담을 개최하고 중국, 러시아 및 한국과도 정상회담을 진행하여 외교 고립에서 벗어나 국제적 위상을 한층 높였다. 국제기구의 보고서 제출 의무를 이행하고 대외 관문인 순안국제공항에 걸렸던 김일성 초상화를 없애며 당전원회의와 당대회 단상에서도 김부자의 초상화를 제거하는 결의를 보였다. 청년동맹 명칭에도 김일성과 김정일 이름을 떼고 사회주의권의 애국가로 불리는 〈인터나쇼날가〉를 소환하여 사회주의 국제연대를 과시하면서 국제적 위상 강화를 추진했다.

2. 적대적 타자화

남북이 상대를 서로 어떤 존재로 보고 있는지 살펴보자. 상호 인식조사는 상대를 긍정의 대상으로 보는지, 부정의 대상으로 보는지 파악하려는 것이었다. 상호관계는 적대, 경계, 경쟁, 협력, 지원(포용)의 다섯 유형으로 상정했다. 다섯 유형은 적대와 포용 사이의 연속적 스펙트럼으로 이해할 수 있다. 즉, 가장 대립적이고 배타적인 관계를 ‘적대’라고

3 김병로, 「김정은 시대 북한의 사회변동」, 『김정은 시대 북한 사회문화변동』(서울대학교 통일평화연구원·한국문화관광연구원 공동학술회의, 2022. 5. 11), pp. 7-12.

한다면 가장 포용적이며 우호적인 관계는 '지원'으로 분류할 수 있고 '경계'와 '경쟁', '협력'은 '적대'로부터 '지원'으로 발전하는 사이에 놓여 있다고 할 수 있다.

남한 주민을 대상으로 한 2020년 7월 조사 결과를 보면, 북한을 '협력 대상'으로 보는 응답이 전체 응답자의 48.2%로 가장 많았고, '경계 대상'이라는 응답이 21.0%, '적대 대상'은 14.8%, '지원 대상' 응답은 11.9%, '경쟁 대상'은 4.0%로 나왔다. 즉, 협력과 지원의 대상으로 답한 응답은 60.1%, 적이자 경계 대상으로 답한 응답은 35.8%로 나타났다.[4] 냉전기 반공의식을 학습하며 북한을 적대적 타자로 각인하는 노력을 기울였으나, 탈냉전 이후에는 남북교류를 통해 같은 민족의식을 고취했다. 물론 교류 과정에서 예상치 않은 사건이 발생하여 남북 간 적대의식을 오히려 고조시키고 반감을 형성하는 경우도 없지 않았다. 하지만 교류와 왕래를 경험함으로써 동포애를 느끼고 서로 협력해야 한다는 긍정적인 의식도 함께 성장했다.

한편 북한 주민의 경우 2020년 조사에서 남조선을 어떤 대상으로 생각하느냐는 질문에 63.3%가 남조선을 '협력 대상'으로 인식한다고 답했으며, '지원 대상'은 5.5%, '협력과 지원의 대상'은 68.8%로 나타났다. 적이라는 응답은 18.3%, '경계 대상'이라는 응답은 7.3%로, '적이자 경계 대상'으로 보는 응답자는 25.6%였다. 북조선 주민의식조사는 탈북민을 대상으로 한 조사여서 적이자 경계 대상으로 답한 응답자의 비율이 낮을 가능성이 있으나 한국과 조선이 상대를 바라보는 의식 구조는 유사했다.[5] 남북에서 서로를 협력 대상으로 보는 비중은 60% 대를

4 김범수 외, 『2020 통일의식조사』, p. 335.

5 서울대학교 통일평화연구원의 연례조사는 탈북민을 대상으로 북조선 주민의식을 추정하는 데 따르는 편차를 줄이기 위해 북조선에서 최근 탈출한 사람,

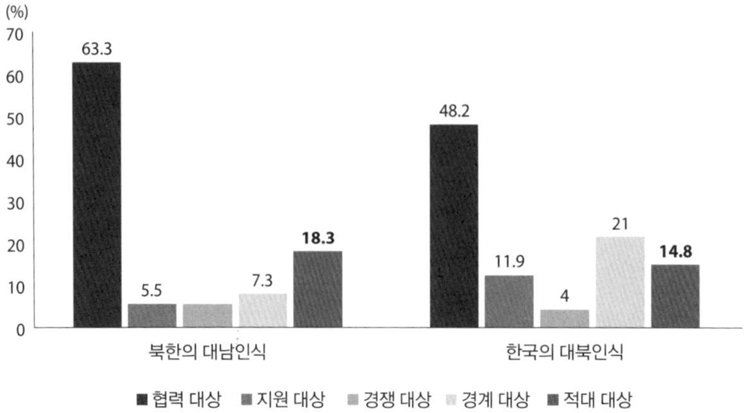

[그림 1] 남북의 상대 인식(2020. 7)

유지하고, 적이나 경계의 시각으로 보는 비중은 25~35%를 차지했다.[6]

상대를 적이나 경계 대상으로 인식하는지, 협력이나 지원 대상으로 인식하는지 살펴보면 흥미롭게도 남과 북이 대칭적 인식을 하고 있음을 알 수 있었다. 북측 주민의 상대 존재인식을 시계열로 살펴보면, 남측 주민의 인식과 비슷하게 남측이 협력 대상이라는 의식이 높아짐과 동시에 적대 대상이라는 의식도 동반 상승하는 양극화 현상이 발견됐다. 북한을 대변하는 표본수가 적어 요인별 통계 분석을 하기에는 엄밀성이 조금 떨어지나, 전반적으로 젊은 층이 남조선을 협력과 지원 대상보다 경계와 적대 대상으로 보는 경향이 높았다.[7]

즉 북한을 탈출하여 한국에 입국한지 1년 6개월 미만인 사람을 대상으로 조사를 실시했다.

6 김학재 외, 『북한 주민 통일의식 2020』, p. 78.

7 남측을 '협력 대상'이라고 보는 응답자 가운데 20대와 50대는 다른 연령층에 비해 적었다. 2017년 남측을 협력 대상으로 보는 응답자 중 20대와 50대는 각각 48.9%, 47.1%인데 비해, 30대와 40대는 각각 53.6%, 66.7%로 많았다. '적

이와 비슷한 경향은 남한에서도 발견됐다. 즉, 20~30대의 젊은 층에서 북한에 대한 부정적·비판적 의식이 강하게 형성되고 있었다. 시기별로 분명한 차이가 드러나지 않는 경우도 있으나 대체로 20~30대의 젊은 층이 60대 이상의 장년층과 비슷한 '적대적' 대북의식을 갖고 있는 것으로 나타났다. 반면 40~50대 연령층은 중간 정도의 위치를 차지했다. 이른바 '20대의 보수화' 혹은 'MZ 세대의 보수화'라는 특이한 경향이 형성되어 있는 것이다. 남북 모두 20~30대 젊은 층은 서로에 대한 부정적·회의적 의식을 갖고 있었다. 젊은 세대가 '한국'과 '조선'이라는 국가 정체성을 강하게 갖고 있기 때문으로 짐작되는데, 젊은 세대가 이처럼 부정적 인식을 더 많이 갖고 있다는 것은 통일이라는 측면에서 심각한 난제가 아닐 수 없다.

북한의 대남 무력도발에 대한 남한 주민의 안보 불안은 61.2%가 느끼는 것으로 조사되었다. 시계열로 보면 남한 주민의 북 무력도발 인식은 59.7%(2007년) → 63.6%(2009년) → 78.3%(2011년) → 66.0%(2013년) → 70.5%(2015년) → 70.6%(2017년) → 56.1%(2018년) → 50.8%(2019년) → 61.2%(2020년)로 변화했다. 2009년 북한의 2차 핵실험으로 11.4% 포인트 상승한 이후 천안함·연평도 사건으로 11.1% 포인트가 높아져 2011년 78.3%로 사상 최고치를 기록했고, 2018년 4·27남북정상회담으로 14.3% 포인트가 낮아진 56.1%를 기록했다. 남북관계가 안정적이던 2005년의 43%와 비교하면 높은 수준이나, 북한의 도발 가능성을 크게 우려했던 2011년의 78.3%에 비하면 2020년

대 대상' 응답자 중에서는 50대(47.1%)가 많고 20대(21.3%)와 40대(22.2%)가 비슷하며 30대(17.9%)가 가장 적어, 30대가 남측에 대한 적대의식이 가장 낮은 것으로 조사되었다. 그러나 '경계 대상' 응답자 중에서는 40대와 50대의 응답이 없는 반면, 20대(12.8%)와 30대(15.4%)의 응답은 있어, 젊은 층이 남측에 호의적이지 않음을 알 수 있었다.

61.2%는 아주 높은 수준은 아니다. 최근 남북관계의 경색과 미중 갈등, 러시아-우크라이나 전쟁 등으로 긴장이 고조됐으나 북한발 안보 불안 의식은 그다지 높아지지 않은 것도 흥미로운 대목이다. 김정은 정권이 남북·북미·북중·북러정상회담 등 일련의 외교대화에 나섬으로써 국제 네트워크가 작동할 것이라는 기대 때문으로 보인다.

북한 주민에게 동일한 방식으로 '북한에 거주할 당시 남한의 무력도발 가능성이 얼마나 있다고 생각하셨습니까?'라는 질문을 던진 결과, 44.5%만이 '있다'고 응답했다. 즉, 북한 주민도 남한 주민과 마찬가지로 상대의 무력도발 가능성을 우려하는 불안감을 갖고는 있으나, 상대적으로 남한의 무력도발 가능성을 낮게 평가했다. 남한의 무력도발 가능성이 '있다'고 응답한 사람은 2008년과 2009년에 각각 31.4%, 39.1%에서 2011년 61.1%로 급증했고, 이후 45.9%(2013년) → 63.7%(2014년) → 48.6%(2015년) → 56.3%(2018년) → 46.6%(2019년) → 44.5%(2020년)로 등락을 거듭했다. 상대 무력도발 가능성에 대한 남북 주민의 인식이 대칭을 이루고 있는 것이 특징이다. 즉, 상대의 무력도발 가능성 인식이 한쪽에서 고조되면 다른 쪽에서도 고조되고, 한쪽에서 낮아지면 상대 쪽에서도 낮아짐을 알 수 있다. 휴전선을 사이에 두고 남북이 서로 군사적으로 대치하고 있는 분단 상황을 여실히 반영하는 결과라 할 수 있다.

앞에서도 지적했듯이 남북 간 상호 안보 불안이나 상대 존재인식은 매우 유사하게 형성되어 있었다. '협력 대상'이라는 상대방에 대한 긍정적 인식은 2020년 남(48.2%)과 북(56.8%)에서 높은 비중을 차지했으나, 적대와 경계 대상으로 여기는 사람도 적지 않았다. 남한에서는 2020년 북한을 적대 대상과 경계 대상으로 보는 비중이 각각 21.0%, 14.8%였으며, 북한에서는 각각 7.3%, 18.3%였다. 2019년에는 남한을 경계와 적대 대상으로 보는 응답이 각각 11.2%, 30.2%였다. 남북 모두 상대를 경계 대상이자 적으로 보는 부정적 인식이 약 30~40%를 차지했다. 상대방을 '협력 대상'으로 인식하면서도 경계와 적대의 부정적 의식이 여전히 높은 비중을 차지하고 있으며, 이러한 상대 의식은 남북 주민 사이에 유사한 구조로 형성되어 있었다.

사회 · 경제적 변수에 따른 의식의 차이

남한의 경우, 2020년 조사에서 북한에 대한 인식이 지역·연령·종교·정치 성향에 따라 차이를 보였다. 우선 지역별 인식에서 통계적으로 유의미한 차이가 발견되었다. '협력 대상' 인식에서 호남권(57.7%)과 충청권(57.2%), 제주(54.8%)가 선두를 유지하고 수도권(49.1%)이 중간에 위치하며 강원(42.2%)과 영남권(38.6%)이 뒤쪽에 위치하는 양상을 보였다. 북한을 '지원 대상'으로 보는 인식에서는 호남권(25.4%)이 높고 '경계 대상' 인식에서는 영남권(30.8%)과 강원(31.1%)이 높았다.

연령별로도 통계적으로 유의미한 차이가 있었다. 북한 '협력 대상' 인식에서 2018년을 정점으로 2019년에 20~30대가 먼저 하락 반응을 보인 후, 2020년에는 40~60대까지 하락 반응을 보여 추가 하락을 견인했다. 2020년 남북관계 경색 국면에서 20~30대가 가장 민감하게 영향을 받았고 2020년 대북 협력인식에서 긍정적인 반응을 보이며 관망하던 40~60대가 지속된 남북 긴장 상황에 뒤늦게 영향을 받아 비판의식으로 돌아선 것으로 해석할 수 있다.

정치 성향에 따른 차이도 뚜렷했다. 진보 성향일수록 북한을 협력 대상으로 바라보는 반면, 보수 성향일수록 북한을 경계 대상과 적대 대상으로 인식하는 경향이 강했다. 2020년 북한 '협력 대상' 인식에서 '진보'는 61.5%로 높고 '보수'는 34.3%로 낮은 반면, '중도'는 45.3%로 중간에 위치했다. 반대로 '경계 대상'과 '적대 대상' 인식에서는 '진보'가 각각 10.0%, 10.5%로 낮은 반면, '보수'는 각각 33.4%, 20.7%로 높고 '중도'는 그사이에 위치했다.

전반적으로 한국의 대북의식은 세대와 지역, 교육과 종교, 소득과 계층, 정치 성향에 따라 차이가 확연했다. 그중에서도 세대·지역·이념에 따른 의식 분화는 매우 큰 폭으로 진행되었으며, 최근 10여 년의 추세로 볼 때 20~30대 젊은 층의 대북 협력의식은 약화되고 대북 적대의식이 높아졌다. 북한의 핵개발과 그로 인한 남북관계 경색 상황에 젊은 세대가 가장 민감하게 영향을 받고 있음을 짐작할 수 있다.

조선의 경우에는 대남인식의 세대별 차이는 뚜렷하게 발견되지 않았다. 다만 '고난의 행군세대'로 불리는 40대 연령층이 남조선을 협력 대상으로 인식하는 비중이 높고 적대 대상으로 인식하는 비중이 가장 낮았다. 즉, '고난의 행군' 시기에 10대 후반과 20대 초반의 청년기를 보냈던 사람들은 북조선 체제에 대한 비판의식이 다른 세대보다 강하며, 남조선에 적대감정이 약하고 협력의식이 강한 집단을 형성하고 있었다. 이른바 '고난의 행군세대 가설'을 증명해 주는 대목이다.[8]

3. 국민의식

남과 북의 구성원은 한국과 조선이라는 체제가 강조하는 정치의식과 민족의식을 뚜렷하게 갖고 있다. 2019년 조사를 보면 '한국인으로서 매우 자랑스럽다'가 18.6%, '다소 자랑스럽다'는 60.7%로 총 79.3%

8 김병로 외, 『김정은 집권 10년 북한 주민 통일의식』(시흥: 서울대학교 통일평화연구원, 2022), p. 141.

의 한국인이 자긍심을 갖고 있는 것으로 나타났다.[9] 2020년 다른 조사에서도 한민족의 역사에 대해 응답자 중 59.2%가 '자랑스럽게 생각한다'고 응답했고 '자랑스럽지도 부끄럽지도 않다'는 응답이 35.1%, '부끄럽게 생각한다'는 응답은 3.2%에 불과했다. 연령별로 비교하면 나이가 많은 세대일수록 한민족의 역사에 자긍심이 높은 것으로 나타났다. 60세 이상에서는 69.2%가 자긍심을 느낀다고 응답한 반면 18~29세는 46.7%에 불과하여 세대 간 큰 격차를 보였다.[10]

마찬가지로 조선 주민도 2020년 7월 조사에서 '주체사상에 대해 매우 큰 자부심을 갖고 있다'가 34.9%, '약간의 자부심을 갖고 있다'는 19.3%로 두 응답을 합하여 총 54.2%가 주체사상에 자부심을 갖고 있는 것으로 나타났다.[11] 2019년에는 61.2%가, 2018년에는 70.3%라는 높은 비율이 주체사상에 자부심을 느낀다고 답했다. 그중에서도 '매우 큰 자부심을 갖고 있다'고 답한 응답자는 30~40%로 비중이 매우 높았다. 한국인 18.6%만이 '매우 자랑스럽다'고 응답한 데 비하면 꽤 높은 편이다. 이를 통해 한국과 조선의 구성원 모두 국가와 체제에 높은 자부심을 갖고 있음을 알 수 있었다.

하지만 세대 간 국가의식은 남북 간에 상반되게 나타났다. 앞서 설명한 대로 남한 주민은 나이가 많은 세대일수록 한국에 대한 자부심이 강하고 젊은 층에서 약하게 형성되어 있는 반면, 북조선 주민은 연령이 낮을수록 주체사상 자부심이 강하고 연령이 높을수록 자부심이 약했다. 북한 주민의 경우 주체사상에 자부심을 느낀다고 답한 응

9 김학재 외, 『2019 통일의식조사』(시흥: 서울대학교 통일평화연구원, 2020), p. 465.

10 이내영, 「한국인의 역사인식과 정치 정체성」, 이숙종 외 편, 『2020 한국인의 정체성』(서울: 동아시아연구원, 2020), p. 4.

11 김학재 외, 『북한 주민 통일의식 2020』, p. 103.

답자는 20대가 61.9%로 가장 많고, 30대(60.5%) 〉 40대(58.8%) 〉 50대(56.2%) 〉 60대 이상(53.0%)의 순으로 나타났다.

최근 들어 남북 국가성의 강화로 민족과 국가에 관한 새로운 의식이 형성되고 있다. 북조선에서는 우리국가제일주의가 등장하여 공화국 조선에 대한 자긍심과 강조를 이어가고 있다. 한국도 대한민국의 국가적 위상을 한층 강조하고 있다. 조선과 한국은 민족 정체성을 넘어 국가 정체성으로 발전하고 있고, 민족국가로서 성격이 확연해지고 있다. 남북관계에서도 국가 위상이 달라지고 있다. 과거에는 남북의 공식회담에서 남측·북측 등의 지리적 명칭을 사용했으나, 2010년대 이후에는 대한민국과 조선민주주의인민공화국으로 호명하고 상대국 지도자의 공식 호칭을 부른다.

조선은 내부 주민에게 공식 이데올로기인 주체사상에 자부심을 갖도록 교육하는 한편, 지도자(수령)에 대한 끊임없는 충성을 강조하며 공화국 정체성을 유지한다. 서울대학교 통일평화연구원의 조사에 따르면, 2018년 김정은 지지도는 73.4%까지 상승했고 2020년에는 62.5%로 평가되었다.[12] 가장 눈에 띄는 것은 세대별 차이가 확연하다는 점이다. 지지율이 20대(71.1%) 〉 30대(68.9%) 〉 50대(57.2%) 〉 40대(55.6%) 〉 60대 이상(50.7%)으로 나타나 연령이 낮을수록 김정은 지지도가 높음을 알 수 있었다.[13] 젊은 청년층의 국가 정체성이 강함을 보여 주는 대목이다. 경제적 성과의 부진으로 경제 문제에 대한 불만과 사회질서에 대한 비판에도 불구하고 정치의식에서는 일정한 수준 이상의 결속을 유지하고 있었다.

사회 내부적으로 국가 정체성에 대한 집단별 차이가 존재한다는

12 김학재 외, 『북한 주민 통일의식 2020』, p. 107.

13 김학재 외, 『북한 주민 통일의식 2020』, p. 109.

사실은 독일의 경우에도 비슷했다. 동독의 미테 교수(Ingrid Mithe)는 동독인의 정체성 형성에 서독의 존재가 어떤 역할을 했는가를 분석했다.[14] 미테 교수에 의하면 서독은 동독인의 정체성 형성에 지대한 영향을 미쳤다. 동독인이 갖고 있는 정체성을 집단별로 분류해 보면 크게 세 부류 혹은 네 부류의 집단으로 나뉜다. 첫 번째는 공식 이데올로기를 그대로 받아들이는 집단, 두 번째는 체제를 반대하는 사람들 중 체제를 개혁하고자 하는 민주화 집단이다. 세 번째는 체제를 싫어하여 동독체제를 비판하고 서독체제를 선호하는 집단이다. 이들 가운데는 소극적으로 동독체제에 머물러 있는 사람도 있고, 기회가 있으면 더 적극적으로 동독을 탈출하여 서독으로 가는 사람들이 포함된다.

이 분석을 한반도 현실에 적용하면, 북조선 주민도 크게 세 부류 혹은 네 부류로 나눌 수 있다. 첫 번째 집단은 북조선의 공식 이데올로기를 그대로 받아들이는 사람들로, 앞선 조사에서 주체사상에 강한 자부심을 갖고 지도자를 열렬히 지지하는 집단이다. 이들은 북조선이 남조선보다 경제적으로 잘사는 것은 아니지만 도덕적 측면에서 우월하고 공동체성이 더 강해서 좋은 사회라고 생각한다. 두 번째 집단은 체제를 반대하거나 비판하는 사람들인데, 이 부류는 독일의 경우와 사정이 좀 다른 것 같다. 독일에서 두 번째 집단은 동독의 민주화 인사들이 동독을 떠나는 것을 반대하고, 동독을 민주화하여 서독보다 더 나은 사회로 만들어야 한다는 생각을 갖고 있었다. 한반도에 적용하면 북조선을 민주화하여 더 나은 체제로 바꾸고자 노력하는 사람들을 의미한다.

14 잉그리드 미테, 「지배문화적인 과정으로서의 독일통일: 출발, 과정 그리고 전망」, 『독일과 한국의 분단경험과 사회통합의 전망들』(동국대학교 SSK 연구단·코리아협의회 공동주최 토론회, 2015. 2. 4); 잉그리드 미테, 「동서독의 차이와 지배문화: 독일통일 30년의 재평가를 위한 제언」, 『경제와 사회』 125호(2020), pp. 162-188.

하지만 북조선에서는 그러한 생각을 갖고 있는 사람들이 많지 않고, 특정 세력으로 존재하지 않는다. 세 번째 부류는 북조선을 싫어하고 비판하면서 남조선을 좋아하는 사람들이다. 이들은 기회가 생기면 북조선을 탈출하여 남조선으로 가고자 한다.

북조선 주민의 정체성 형성에 남한의 존재가 어느 정도의 역할을 했는지 경험적으로 판단하기는 어렵다. 하지만 앞서 설명한 한류의 영향은 북한 주민의 정체성에 영향을 주는 요소라고 추측할 수 있다. 북조선 주민이 남조선을 경험할 수 있는 통로에는 탈북민을 통하는 것 혹은 한국의 음악과 영화 등을 담은 USB나 CD를 감상하는 것이 있다. 이러한 문화접촉은 북조선 체제를 싫어하고 남조선을 선망하는 의식을 강화한다. 주체사상 이념을 강하게 내면화하고 있는 집단에게는 자유분방한 한류문화가 오히려 남조선에 대한 부정적 이미지를 강화하는 역할을 할 가능성도 있다. 이런 점에서 남조선의 존재는 북조선 주민이 국가 정체성의 세 유형 혹은 네 유형을 형성하는 데 막대한 영향을 주고 있다.

남북한의 국민 정체성이 다르게 형성되어 있을 가능성을 시사하는 경험적 연구도 흥미롭다. 김병연·정승호·김성희의 연구에 의하면 북한 이탈 주민은 남한 주민에 비해 시민형 국민 정체성의 비중이 낮고 종족형 비중이 높은 것으로 분석되었다.[15] 종족적 요인이란 동일 조상의 후손이라는 혈연관계, 전통과 문화적 유산, 공동의 정치적 운명에 대한 집단적 기억 등 생득적 요인을 말하는데, 북조선은 국민 정체성을 구성하는 요소 가운데 종족적 요인이 상당히 강하다는 사실을 증명한 것이다. 반면 남한은 상대적으로 시민적 국민 정체성이 더 강했는데,

15 김병연·정승호·김성희, 「남한·북한 이탈 주민의 국민 정체성: 통독 사례와의 비교」, 『통일과 평화』 제13집 1호(2021), pp. 293-335.

시민적 정체성이란 정치제도와 법, 동일 언어 사용과 같이 사회의 구성원이 개인의 의지에 따라 후천적으로 선택할 수 있는 요인에서 만들어진다. 물론 남한도 독일과 같은 서구 사회와 비교하면 시민적 정체성보다 종족적 정체성이 강하나, 북조선과 비교하여 상대적으로 시민적 정체성이 강하게 나타났다.

한편, 북조선에서는 주민의식과 국가의 공식 담론이 세대와 시장경험, 문화접촉 정도에 따라 다르게 형성되어 있다. 특히 문화접촉으로 국가 정체성이 변하고 있는데, 이는 문화접촉 여부에 따라 의식의 차이가 생기고 있음을 보여 준다. 빈번한 문화접촉은 사상의식을 약화시키는 것으로 분석된다. 또 사상의식이 강한 사람일수록 남조선에 적대적인 반면, 중국과 러시아 등 사회주의 국가를 더 선호하는 경향이 있었다.[16]

4. 민족의식

남북한 주민의 민족에 대한 생각은 통일의식에 반영되어 드러났다. 통일의 필요성에 어느 정도 공감하는지, 통일이 필요하다면 그 이유가 '같은 민족'이기 때문인지를 묻는 질문에 대한 응답에서 대략의 흐름을 짐작할 수 있었다. 2020년 경우, 통일의 필요성을 묻는 질문에 남한 주민의 53.0%가 공감한 반면, 북조선 주민은 80.7%가 공감하여 남북 사이에 큰 차이가 있었다.[17] 남한 주민의 응답은 2009년에 55.8%, 2011

16 김병로 외, 『김정은 집권 10년 북한 주민 통일의식』, pp. 144-156.

17 김범수 외, 『2020 통일의식조사』, p. 33; 김학재 외, 『북한 주민 통일의식 2020』, p. 45.

년 53.7%, 2013년 54.8%, 2015년 51.0%, 2018년 59.7%로 약 55%가 공감했고, 북조선 주민은 2009년에 97%, 2011년 99.1%, 2013년 90.9%, 2015년 96.6%, 2018년 96.1%로 절대다수가 통일의 필요성에 공감했다.

통일이 필요한 이유에 대한 응답에서는 민족 관념이 더 명확하게 드러났다. 2020년의 조사에서 '같은 민족이기 때문에 통일을 해야 한다'는 의견에 남한 주민은 37.3%가, 북조선 주민은 45.0%가 동의했다. 이러한 결과는 북조선 주민이 민족주의를 남한보다 더 강하게 내면화하고 있는 현실을 반영한다. 하지만 2020년을 제외한 다른 시기에 같은 민족을 이유로 통일을 해야 한다고 답변한 북조선 응답자의 비중은 그다지 높지 않은 반면, '북한 주민이 잘 살 수 있도록'이라는 경제적 이유는 많았다. 2019년에도 '북한 주민이 잘 살 수 있도록'이라는 응답이 46.6%로 높게 나타났다. 북조선에서 통일을 기대하는 이유가 과거에는 민족주의 일색이었으나, 점차 경제적 필요와 같은 실용적 목적으로 전환되고 있음을 알 수 있다.

남한의 1990년대는 북조선과 비슷한 상황이었다. 당시에는 남한 주민의 91.6%가 통일의 필요성에 공감했고 그 이유로 다수가 '민족의 재결합'(59.0%)과 '이산가족 고통 해소'(11.0%) 등을 꼽아 민족과 동포라는 정서가 높은 공감대를 형성했다.[18] 그러나 2000년대 이후 통일의식 자체가 약화되자 통일의 이유도 '전쟁 발생 방지'(31.6%), '선진국이 되기 위해'(13.5%) 등 실리적인 내용으로 달라졌다.[19] 북조선 주민

18 최수영 외, 『1994년도 통일 문제 국민 여론조사 결과』(서울: 민족통일연구원, 1994), pp. 84-90.

19 정동준 외, 『2018 통일의식조사』(시흥: 서울대학교 통일평화연구원, 2019), p. 251. 1990년대에는 전쟁 방지(14.6%), 선진국 진입(14.2%) 등 실리적 이유는 비중이 높지 않았다.

이 80~90%의 높은 비율로 통일 필요성을 공감하는 것을 보면 남한의 1990년대 초와 비슷한 상황임을 짐작할 수 있다. 그 배경에는 같은 민족이며 동포라는 민족주의 정서와 당위론적 논리가 바탕에 깔려 있다.

북한에 대한 남한 주민의 인식을 알아보기 위해 '북한과 미국이 월드컵 경기를 한다면 어느 팀을 응원하겠는가?'라는 질문을 던졌다. 2021년의 경우 '북한 응원'이 43.6%, '미국 응원'은 17.6%, '양팀 모두 응원'은 16.8%, '양팀 모두 응원 안 함'은 22.0%로 북한을 응원하겠다는 응답이 가장 많았다. 북한을 응원하겠다는 응답은 2007년 80.8%에서 2017년 45.3%까지 지속적으로 하락하다, 2018년 남북정상회담 분위기 속에서 57.8%로 높아졌다. 하지만 다시 하락 추세로 접어들어 2021년 43.6%로 떨어졌다. 북한에 대한 민족의식이 지속적으로 하락하고 있음을 알 수 있다.

남한 국민의 북한에 대한 인지도를 알아보기 위해 선군정치, 주체사상, 천리마 운동, 고난의 행군, 장마당, 모란봉악단 등 여섯 가지 사건과 개념을 선정하여 질문했다. 그 결과 모란봉악단에 대한 인지도가 92.6%로 가장 높고, 천리마 운동(84.3%), 주체사상(83.4%), 고난의 행군(75.1%), 장마당(73.7%), 선군정치(65.0%) 순으로 나타났다. 2016년부터 조사 대상에 포함된 모란봉악단은 남한 주민들 사이에 가장 높은 인지도를 기록했다. 90% 이상의 많은 한국인이 모란봉악단을 알고 있는 것으로 조사되었다. 그러나 여섯 가지 주제에 대해 '잘 안다'는 응답자는 모란봉악단 10.9%, 주체사상 8.3%, 천리마 운동 8.2%, 장마당 7.3%, 고난의 행군 6.5%, 선군정치 2.7% 등에 불과하고, 대부분 '조금 안다'거나 '들어 본 적 있다'는 정도여서 북한에 관한 지식은 매우 피상적인 수준에 머물러 있었다.

조선 주민의 대남 인지도도 개성공단이 88.1%로 가장 높고, 5·18 민주화운동(85.3%), 세월호 사건(72.5%), 2002년 한일월드컵(64.2%), 88

서울올림픽(65.1%), 4·19혁명(73.4%), 촛불집회(60.6%) 순으로 나타나 남한 주민과 마찬가지로 높은 편이었다. 그러나 IMF외환위기(28.4%), 케이팝(28.5%) 등에 대해서는 인지도가 매우 낮았다. 남한 방송이나 음악, 영화, 드라마 등 남한문화를 경험해 본 비율이 82.5%로 높고 조사 대상자가 20~30대 젊은 연령층임에도 불구하고 케이팝에 대한 인지도가 낮은 것은 용어 자체를 잘 모르거나 장르에 관한 이질감으로 아직 조선 사회에 인기가 없어 잘 알려지지 않았을 가능성도 있다.[20] 또 5·18민주화운동이나 세월호 사건과 같이 부정적 사건들은 '매우 잘 안다'는 조선 주민이 25.7%, 26.6% 등으로 많았으나, 88서울올림픽이나 2002한일월드컵과 같이 긍정적 사건에 대해서는 '잘 안다'는 사람이 11.0%, 7.3%로 적었다.

2020년의 조사에서 남북 주민이 서로 느끼는 이질성은 남한 주민이 평균 77.4%, 북한 주민은 84.7%로 남북 모두 비교적 높게 나타났다. 선거방식에 차이가 크다는 인식은 남한 주민이 94.5%, 북한 주민이 97.2%로 모두 높고, 사회복지의 차이에 대해서도 남한 주민이 95.3%, 북한 주민이 93.6%로 모두 높았다. 언어 사용에 대해서도 남한 주민의 84.1%, 북한 주민의 92.7%가 이질성을 느끼는 것으로 응답했다. 반면, 생활풍습이나 가족 중시 문화, 돈을 중시하는 경향 등은 정치·사회제도에 비해 이질성이 크지 않았다.[21] 생활풍습에 대해서는 남한 주민의 78.1%, 북한 주민의 82.5%가 차이가 있다고 답했고, 가족 중시와 돈 중시 가치에 대해서는 남한 주민이 각각 51.0%, 61.1%, 북한 주민은 69.7%, 72.5%로 조금 낮았다. 전반적으로 남북 주민들은 제도와 문화, 관행에서 여전히 차이가 크다고 인식하고 있었다.

20 김학재 외, 『북한 주민 통일의식 2020』, p. 79.

21 김범수 외, 『2020 통일의식조사』, p. 108.

선거방식이나 사회복지, 언어 사용 등은 90% 이상이 심각한 이질감을 느끼고 있는 반면, 생활풍습에서는 80% 정도로, 돈 중시 및 가족 중시 문화에서는 60~70% 수준으로 이질감을 느끼고 있었다. 시계열로 보면 남북 모두에서 점진적으로 이질성이 해소되는 추세임을 알 수 있다. 남북 주민의 실제 교류와 접촉이 잦아지면 오히려 차이와 갈등을 더 느끼는 단계가 있을 것으로 예상되지만, 아직까지는 미디어와 탈북민을 통해 제한적인 교류가 진행되고 있어서 전반적으로 남북 이질성이 완화되는 추세다.

5. 주변국 인식

근대 국가 건설에서 국가와 국민 정체성의 구조를 파악하는 것은 대단히 중요하다. 그중에서 국제적 정체성을 파악하는 작업도 필요하다. 민족 정체성과 국가 정체성은 주변국과의 관계에서 형성되기 때문이다. 그런 점에서 한국과 조선의 민족·국가 정체성을 알아보려면 한국과 조선이 주변국과의 관계를 어떻게 형성하고 있는가를 파악해 보아야 한다.

한국과 조선의 구성원들이 생각하는 주변 선호국과 위협국은 분단 80여 년 동안 완연히 달라졌다. 대체로 한국의 국제적 정체성은 친미 집합의식이 증대한 반면, 조선의 국제적 정체성은 폐쇄적 정체성이 강하나 대체로 친중 집합의식이 형성되어 있다고 할 수 있다. 한국과 조선은 분단 시기 동안 여러 측면에서 이질화되었는데, 그 가운데 주변국과의 관계 맺기가 가장 확연하게 달라진 부분이 아닌가 생각된다. 한국은 미국과 군사적 동맹국가로, 미국과 뗄 수 없는 친미국가로 인식되어 있다. 반면 조선은 소련의 지원으로 국가 건설을 시작했으나 한국전

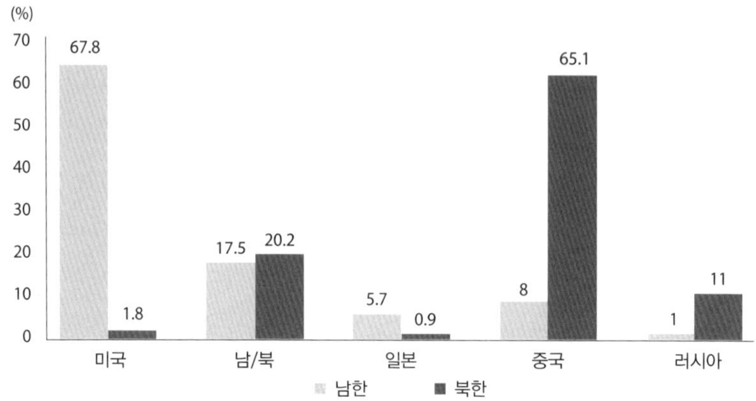

[그림 2] 남한과 북한의 주변국 선호도(2020. 7)

쟁 시기 중국의 지원으로 나라를 유지할 수 있었던 만큼, 중국과 혈맹국의 관계를 맺고 있다. 하지만 이 또한 일방적 혈맹이 아닌 역사적·정치적 경계의 대상이라는 이중성을 지닌다.

남한은 2020년 가장 친근한 국가로 미국(67.8%), 북한(17.5%)을 꼽은 반면, 북조선은 중국(65.1%), 남조선(20.2%), 러시아(11.0%)를 택했다. 남북한이 선호하는 주변국이 미국과 중국으로 확연하게 갈라져 있음은 매우 특이하다. 분단 후 약 80년이 되면서 남한은 미국을, 조선은 중국을 가장 선호하는 주변국 의식이 형성되었다. 이는 한국과 조선의 국가 정체성의 단면을 보여 주는 중요한 지표다. 분단 초기에는 미국과 소련이 남한과 북조선에 절대적인 영향을 미쳤는데, 약 80년이 지난 시점에서 북조선은 소련에서 중국으로 영향권이 바뀌었다.

시계열의 흐름으로 보면 북조선의 제1선호국으로 중국 선호도가 감소하고 남조선과 러시아가 부상하고 있는 것이 추세다. 2013년 북조선 주민의 중국 선호도는 82.0%였고 남조선 선호도는 12.8%에 불과했지만, 2020년에 중국 선호도는 65.1%로 낮아진 반면 남조선 선호도는

20.2%로 높아졌다. 장성택 처형 사건으로 북조선이 중국을 멀리하고 러시아에 밀착하면서 러시아 선호도도 높아졌다. 2012년만 해도 러시아를 제1선호국으로 선택한 사람들이 3.1%에 불과했으나 2020년에는 11%로 증가했다. 더욱 흥미로운 것은 사상의식이 투철한 사람일수록 중국보다 러시아를 선호한다는 사실이다. 김정은의 지지도를 높게 보는 사람 중에는 중국을 제1선호국으로 선택한 사람이 19.1%인데 비해, 러시아를 제1선호국으로 꼽은 사람은 27.1%나 됐다. 중국과 러시아의 선호도는 65% 대 11%로, 전반적인 중국 선호도가 압도적으로 높은 상황임을 감안하면 사상의식이 강한 사람일수록 중국보다 러시아 선호가 뚜렷함을 알 수 있다.

한반도 평화에 가장 위협적인 국가로 남한은 북한(40.8%), 중국(32.4%), 일본(18.3%)을 꼽았다. 남한 주민의식 안에는 북한이 가장 큰 위협이라는 불안이 강하게 자리잡고 있었다. 한반도에 위기가 조성되었던 2016년과 2017년에는 북한이 한반도 평화에 가장 큰 위협이라는 의견에 66.7%, 63.7%가 동의하여 북한 위협의식이 매우 큰 비중으로 높아졌으나, 남북정상회담이 열린 2018년에는 북한 위협의식이 32.8%로 내려가고 중국 위협감이 46.4%로 상승했다. 남북정상회담의 반사 효과라 할 수 있다.

북조선은 한반도 평화에 가장 위협적인 국가로 단연 미국(80.7%)을 꼽았으며 일본(7.3%)과 중국(6.4%)으로 응답한 사람은 매우 적었다. 북조선은 미국을 가장 위협적인 국가로 인식하며, 그러한 경향은 한반도에 위기감이 높아질수록 더 강해졌다. 2012년 66.1%, 2015년 64.4%였던 대미 위협국 인식은 한반도의 긴장이 높았던 2016년과 2017년에 84.1%, 75.8%로 높아졌고, 이후에도 2018년 81.6%, 2019년에 77.6%, 2020년에 80.7%로 상승세를 유지했다.

남한은 가장 친근한 국가로 북한보다 미국을 더 많이 선택했으나,

'북한과 미국이 월드컵 경기를 하면 어느 쪽을 응원하겠는가?'라는 질문에 북한(57.8%)을 응원하겠다는 사람이 미국(8.6%)을 응원하겠다는 사람에 비해 압도적으로 많았다.[22] 이러한 현상은 정치적 측면에서는 남한이 북한보다 미국을 선호하는 경향이 있으나, 정서적 측면에서는 민족의식이 여전히 자리 잡고 있음을 보여 준다. 이런 측면에서 남북 구성원들의 의식에는 여전히 민족의식이 자리 잡고 있고, 따라서 남북의 평화적 공존과 통일 과정에 민족의식이 긍정적으로 기여할 수 있을 것으로 생각된다.

변화의 추세로 보면 남한의 미국 선호도는 조사를 시작한 이래 지속적으로 상승하여 2015년 78.3%까지 올라갔으나, 이를 정점으로 감소 추세로 돌아섰다. 반면 북한에 대한 호감도는 2015년 8.1%에서 바닥을 치고 올라오는 형국으로, 2017년 11.3%, 2018년 19.1%로 상승했다. 일본과 중국에 대한 친근감은 전반적으로 하락 추세다. 동시에 남한은 미국을, 북한은 러시아를 다른 나라에 비해 통일에 조금 더 우호적인 나라로 보았으나, 남북한 모두 주변국이 통일을 원하지 않는다는 의견에 동의했다. 하지만 남북 주민 모두 주변국의 협조가 필요하다는 인식에는 공감했다. 남한은 미국 도움(92.6%), 중국 도움(81.2%)이 필요하다고 보고, 북한은 63.5%가 주변국 협조의 필요성을 인정했으며 중국의 도움이 가장 필요하다고 인식했다.

미국에 대한 북한 주민의식을 파악할 수 있는 단서로 최근 진행 중인 경제제재와 관련된 경험조사는 매우 흥미롭다. 서울대학교 통일평화연구원의 북한 주민의식조사에 따르면, 북한 주민은 미국의 경제제재가 외부인이 생각하는 것만큼 북조선에 영향을 미치지 못하는 것으로 인식하고 있었다. 전체적으로 볼 때 미국의 경제제재에 관한 부정

22 정동준 외, 『2018 통일의식조사』, p. 345.

적인 인식은 11.9%로 높은 편이 아니며, 지난 10년 기간 동안 10% 미만에 머물러 있었다. 북한 당국이 경제가 어려워진 이유를 미국의 제재 때문이라고 열을 올려 선전하는 것을 고려하면 의외의 결과다. 실제로 김정은 위원장은 2019년 2월 하노이 북미정상회담에서 유엔의 대북 경제제재 해제를 강력히 요구하며, 북한 경제에 미국의 제재가 실질적인 타격을 주고 있음을 보여 줬다. 그러나 주민들은 미국의 대북제재에도 끄떡없이 경제를 유지해 왔고 또 지탱할 수 있다는 북한 당국의 선전에 오랫동안 의식화되어 미국의 대북제재를 과소평가하는 것으로 보인다. 하지만 그럼에도 불구하고 미국의 경제제재 인식이 최근 몇 년간 꾸준히 늘고 있다는 점도 주의 깊게 지켜볼 대목이다. 미국의 대북제재 영향력이 크지 않다는 의식이 지배적이기는 하나, 지난 몇 년 동안 경제제재 인식은 6.8% → 9.2% → 7.8% → 11.9%로 지속적으로 늘고 있다. 2016년부터 미국의 대북제재가 행정 명령에서 법으로 시행되고 강도 높게 이루어지면서, 정권 차원만이 아니라 일반주민도 생활 현장에서 대북제재로 인한 어려움을 느끼고 있기 때문으로 보인다.

북조선의 주변국 선호도는 사상의식의 정도에 따라 확연한 차이가 있었다. 주체사상에 자부심이 강한 사람은 중국과 러시아를 선호하는 반면, 남한을 선호하는 경향은 비교적 낮았다. 반대로 주체사상에 자부심이 '전혀 없다'고 응답한 사람들은 선호하는 주변국으로 남한을 선택하는 경향이 있었으나, 중국이나 러시아를 선택하는 경향은 약했다.[23] 사상의식이 강한 사람들은 주로 젊은 청년들이었는데 한류를 접하면서 남조선을 선호하고 사상의식이 약해진 것으로 분석된다. 북조선 당국이 반동사상문화배격법과 청년교양보장법, 평양문화어보호법을 제정하며 사회통제를 강화하고 있는 이유다.

23 김병로 외, 『김정은 집권 10년 북한 주민 통일의식』, pp. 154-155.

제11장

통일과 정체성 갈등

1. 통일, 한국과 조선의 만남

탈분단과 교류협력을 진행하는 과정, 통일국가 형성 과정에서는 정체성 갈등이 예상된다. 남북한은 한국과 조선으로 분단되어 정치·경제·사회·문화 모든 영역에서 자본주의와 사회주의 체제를 발전시켜 왔다. 그 과정에서 1972년 7·4남북공동성명에서 시작하여 1985년 남북 이산가족 고향 방문과 예술단 공연, 1991년 남북고위급회담과 기본합의서 체결, 2000년 6·15공동선언, 2007년 10·4선언을 비롯하여 2018년 4·27판문점선언과 9·19평양공동선언 등 수많은 회담과 교류를 진행했다. 남북 간 경제협력과 사회·문화 교류는 물론 한반도 긴장완화를 위한 군사 문제 논의까지 폭넓은 교류와 협력을 진행했다.

2018년에 합의된 4·27판문점선언과 9·19평양공동선언만 보아도 남북관계가 지난 80년간 상당한 진전을 이룩한 것을 알 수 있다. 불행히도 개성의 남북공동연락사무소가 북한의 폭파로 현재 붕괴되어 있고 개성공단도 폐쇄되었으나, 정부 당국 차원에서는 고위급 회담채널과 실무위원회 등의 조직을 가동할 수 있는 경험을 축적했다. 남북 간 철도와 도로를 연결하고 남북 간 긴장완화를 위한 군사적 조치도 시행했다. 그 일환으로 비무장지대의 지뢰를 제거하고 시범적으로 GP도 철수했다. 적대 행위의 전면 중지, DMZ의 평화지대화도 추진하기로 합의했다. 과거에는 전혀 다루지 못했던 비핵화 문제도 한반도에서의 '완전한 비핵화'의 표현으로 합의하고, 평화체제를 위한 3자회담 내지 4자회담을 개최하자는 구체적인 제안까지 논의하는 수준에 이르렀다.

무엇보다 북미정상회담을 중재하여 역사적인 싱가포르 선언이 나온 것은 대단한 성과다. 싱가포르 정상회담은 한국전쟁 이후 북조선과 미국의 정상이 만나는 역사적인 첫 회담으로, 제네바합의에 이어 전쟁을 종식하고 한반도 평화를 실현하기 위한 의미 있는 합의를 했다. 한국전쟁 이후 지속되던 북미 간 적대관계를 종식하고 한반도 평화체제와 완전한 비핵화를 목표로 하는 새로운 관계 수립의지를 천명했다. 2019년 2월 '하노이의 굴욕'으로 북미관계가 다시 경색되었지만, 그간 축적된 관계의 경험은 유익한 자산으로 남아 있다.

돌아보면 88서울올림픽을 전환점으로 남북관계의 성격은 질적으로 달라졌다. 1988년 7·7선언으로 공산권에 대한 문호 개방을 천명하고, 1989년 북방 정책의 일환으로 남북교류협력법을 제정함으로써 국가보안법을 넘어선 남북교류협력 시대를 열었다. 1991년에는 남북기본합의서를 체결하여 평화와 통일을 향한 큰 걸음을 내딛었다. 2000년 역사적인 첫 남북정상회담을 계기로 인적 교류와 왕래가 봇물 터지듯 이루어져, 냉전기 40여 년 동안 1,151명에 불과한 인적 왕래가 1989년 이후 20년간 54만 명으로 늘어났다. 그러니 남북교류의 역사는 1989년 이후에 시작되었다고 보아야 할 것이다.

금강산 관광과 개성 관광을 통해서도 200만여 명이 북조선을 다녀왔고 평양 방문을 한 사람도 수십만 명에 이른다. 교류의 범위도 초기에는 이산가족 상봉이나 상징적인 예술공연, 스포츠 교류에 머물렀으나 점차 학술·교육·언론·종교·교통 등 다양한 분야로 확대되었다.

2010년대에는 남북관계 경색으로 교류가 활발하지 않았지만 개성 만월대 남북 공동 발굴조사와 겨레말 큰사전 공동 편찬사업이 지속되고, 학술·교육 분야에서 두만강포럼과 국제고려학회, 울란바토르 프로세스 미팅 등 국제회의를 진행하며 교류가 계속되었다.[1]

이와 같은 회담과 왕래, 교류는 남북 간 긴장과 불신을 완화하고 상호 이해를 높임으로써 적대감정 해소에 기여했을 뿐 아니라, 민족 공감대를 형성하여 통일과 평화의 길로 나아가는 데 긍정적인 영향을 미쳤다. 장관급 회담 등이 정례적으로 개최되고 적십자실무위원회, 경협공동위원회, 사회문화공동위원회 등 실무 분야 회담체가 제도화되어 대화와 교류의 안정적 틀도 만들었다. 이러한 대화의 틀을 통해 정치·군사와 이산가족 문제만이 아니라 이상기후로 인한 홍수피해, 산림훼손, 신종 전염병 등 재난·재해에도 공동으로 대처할 수 있는 단계까지 발전한 것은 큰 성과다.

하지만 예상치 않은 문제와 갈등도 생겨났다. 회담과 교류를 자주 하면 이해가 높아지고 협력이 증대하여 자연스럽게 공존과 통일로 이어질 수 있을 것으로 기대했으나, 회담과 교류가 진행될수록 마찰과 갈등도 발생하고 그로 인한 감정도 만만치 않게 쌓였다. 김영삼 정부 시절에는 대북 쌀지원을 하던 선박과 선원을 억류하는 사건이 발생하여 '쌀 주고 뺨 맞는다'는 감정이 폭발했다. 2007년에는 금강산 관광객이 피살되는 사건이 발생하여 북한에 대한 비난여론이 거세게 일었다. 사건의 자초지종을 들어 보면 양측의 주장이 모두 일리가 있게 마련이다. 접촉과 교류 과정에서 우발적인 사건·사고가 없을 수 없는데, 그럴 때마다 소통을 제대로 하지 못하여 원한과 적대의 감정이 쌓였다. 동서독

1 통일부, 『통일백서』(서울: 통일부, 2017), pp. 64-67; 통일부, 『통일백서』(서울: 통일부, 2018), pp. 70-76.

간에 오씨, 베씨 하며 감정싸움을 했던 것과 다를 바 없다.

갈등과 마찰은 앞으로 교류 과정에서 더 자주 발생할 가능성이 크다. 남북코리아의 통일은 이처럼 이질적인 한국과 조선이 만나는 사건이기 때문이다. 역사적 전통과 정치체제부터 사고방식과 생활양식에 이르기까지, 서로 다른 인간 공동체가 체제의 보호막 없이 부딪힘으로써 정치적 갈등과 경제적·사회적·심리적 갈등을 겪는 과정인 것이다. 통일이 언제, 어떤 방식으로 이루어질지 모르나, 한국과 조선이 만나는 과정에는 반드시 겪게 될 사회 문제와 갈등이 있을 것이다. 조선에는 유교 가치와 문화가 아직도 깊게 뿌리 박혀 있고, 한국전쟁의 막대한 피해로 인해 적대감과 집단 자폐적 집착, 김일성주의에 의한 종교국가적 성격이 자리 잡고 있다. 두 사회의 민족의식과 정서가 동력이 되어 하나의 체제로 통일을 이룬다 해도, 조선과 한국의 상이한 제도와 가치관은 통일 과정에서 남북 간에 심각한 갈등과 혼란을 야기할 것이다.

한국과 조선의 영토와 주권 문제, 남북기본합의서 등 기존의 합의문에 대한 입장, 국가보안법과 남북관계법 등 코리아의 주권과 영토에 대한 해석은 심각한 쟁점이 될 것이다. 남북교류가 진행되면서 한국과 조선의 국가 경계가 모호해지고 정체성의 혼란이 생겨난 것과 마찬가지로, 향후 통일을 지향하는 과정에서도 국가 및 민족 정체성과 관련된 다양한 갈등이 빚어질 것이다. 통일은 한국과 조선의 국가 경계를 허물고 새로운 국경을 형성하며, 국가 정체성을 새롭게 구성하는 과정이기 때문이다. 통일로 가는 과정에서 교류협력이 깊어질수록 한국과 조선의 정체성은 모호해질 것이다. '통일을 지향하는 과정에서 잠정적으로 형성된 특수관계'라는 남북관계의 성격은 사실상 남북 사회 안에서 상당히 달라져 문제를 어떻게 이해하고 통합해 나가야 하는지도 관건이다.

냉전기에는 한국과 조선의 국가 정체성이 확고하지 않았기 때문에 각국의 정체성을 내려놓고 제3의 국가 정체성을 새롭게 구성할 수 있을 것으로 기대했다. 하지만 두 나라의 국가 정체성이 확연해지면서 통일이라는 과제가 쉬운 주제가 아님을 인식하게 됐다. 그러한 어려움을 인식한 시민사회의 한쪽에서는 정체성 통합이 현실적으로 가능하지 않은 주제이므로, 당장은 통일보다 공존과 협력으로 방향을 선회하고 평화 담론으로 문제를 해결하고자 한다. 하지만 시민사회의 다른 쪽에서는 공존과 협력이 아니라, 대한민국의 정체성을 더 부각시켜 자유민주적 가치에 입각한 통일을 추구해야 한다고 주장한다. 조선의 국가성을 인정하지 않고 조선을 배제한 통일, 즉 한국으로의 흡수통일을 전제하는 것이다.

2. 영토와 국민의 범위

남북한이 자체 법률 규정에서 한국과 조선을 어떻게 해석하고 있는지 살펴보자. 특히 남북한은 헌법에서 영토 논의를 어떻게 진행하며, '우리나라' 안에 영토와 민족 구성원을 어떻게 포괄하는지 살펴보자. 남한의 헌법은 대한민국의 영토를 한반도 전체로 규정하고, 국가보안법에서 북한을 반국가 단체로 상정함으로써 한국이 코리아반도 전체를 관할한다고 주장한다. 북조선도 마찬가지로 조선로동당의 최종 목적을 공산주의 사회 건설로 규정하고 있어 역시 코리아반도 전체를 관할하는 것으로 주장한다. 북조선은 헌법에 영토 조항이 명확히 규정되어 있지 않다는 문제를 제기하며 2024년 1월 최고인민회의 제14기 10차 회의에서 주권의 관할 범위와 영토 규정을 명시하는 헌법개정을 조만간 단행하겠다고 선언했다.

하지만 법적 규정과 달리 남북회담에서는 남북의 통치권이 미치는 지역으로 한국과 조선을 한정하여 사용함을 볼 수 있다. 1991년 타결한 남북기본합의서에서는 남과 북의 정치적 실체를 인정했고, 실제 회담에서도 통치권이 미치는 국가 범주를 휴전선 이남과 이북으로 가정하고 협상을 진행했다. 따라서 법적 규정과 현실의 정치회담 사이에는 일정한 괴리가 존재한다.

한국 사회에서 국가 정체성에 대한 혼란은 기본적으로 조선과의 대화와 교류가 시작되면서 야기되었다. 국가보안법에 근거하여 북조선을 반국가 단체로 간주하던 냉전기 반공주의 정체성은 남북 왕래와 회담이 진행되자 흔들리기 시작했다. 남북교류협력법이 제정되고 남북기본합의서가 체결되자, 남북 지도자가 함께 만나 서로의 실체를 인정하고 유엔에 공식 가입하는 변화가 발생했다. 국가보안법 체제에서는 북한을 국가적 실체로 인정하지 않지만, 교류협력 체제에서는 북한을 상대로 교류를 허용하는 충돌이 일어난다. 2021년 7월 여론조사에서는 국가보안법을 폐지해야 한다는 의견과 유지해야 한다는 의견이 50% 대 50%로 팽팽히 맞섰고, 이러한 현실은 현재의 정체성 혼란을 반영한다.[2]

주지하다시피 1948년 제정된 국가보안법은 북한을 우리나라의 안전을 위태롭게 하는 집단, '정부를 참칭하는 반국가 단체'로 규정하고 북한을 국가로 인정하지 않는다. 하지만 국제적으로는 1991년 9월 남한(한국)과 북한(조선)이 유엔에 동시 가입하여 독립국으로 인정을 받았다. 남북 간에도 그해 12월 역사적인 '남북기본합의서'를 채택하여 서로의 정치적 실체를 인정하기로 합의했다. 그에 앞서 노태우 정부는 공

2 진보 정치 성향자는 59.7%가 국가보안법 폐지에 찬성하는 반면, 보수 정치 성향자는 59.3%가 폐지에 반대하는 입장이다. 김범수 외, 『2021 통일의식조사』 (시흥: 서울대학교 통일평화연구원, 2022), p. 391.

산주의 국가에 문호를 개방하는 이른바 7·7선언을 천명하고, 1989년 남북교류협력에 관한 법제화를 단행하여 법에 근거한 안정적인 남북교류를 시작했다. 남북교류협력법 제정과 남북기본합의서 채택을 계기로 남북관계는 법적·제도적 측면에서 기존의 적대관계를 협력적 공존관계로 만들어 갈 수 있는 기틀을 마련했다. 남북기본합의서와 남북교류협력법 등은 국가보안법에 의해 그리고 한국전쟁 이후, 상대를 적으로 규정하며 대결해 왔던 남북관계를 공존과 협력의 관계로 전환함으로써 반공을 국시로 한 우리 사회의 정체성을 흔들었다.

이러한 변화는 대한민국 유일주의나 조선공화국 유일주의 의식을 가진 사람들에게는 대혼란이었다. 대한민국 유일주의는 주로 한국의 보수층과 젊은 세대가 갖고 있는 의식이다. 국가보안법 프레임과 같이 북조선을 인정하지 않고 대한민국만이 유일한 국가임을 인식하는 보수적인 입장이나, '대한민국' 의식에 영향을 받은 새로운 세대의 입장이다. 새로운 세대가 갖고 있는 대한민국 유일주의는 과거 세대처럼 이념적으로 해방 이후의 한반도에서 '대한민국'이 유일한 합법정부라는 의식을 갖고 있는 것은 아니다. 그보다는 한국의 세계적 위상이 높아지고 한류가 새로운 문화 흐름을 형성하는 환경에서 대한민국을 완전한 나라로 인식하는 대한민국 유일주의가 상통한다.

이런 맥락에서 새로운 세대는 국가 개념으로 남과 북을 바라본다. 보수 국가주의 입장과 결은 조금 다르지만 대한민국을 유일한 우리나라로 생각한다는 점에서는 공감대를 형성한다. 하지만 북한을 반대하는 반북의식이 기성세대처럼 이념으로 무장한 반북이나 반공의식을 의미하진 않는다. 조금 더 말랑말랑한 반북이다. 북조선이 우리의 안보를 위협하고 힘들게 하면 북조선을 싫어한다. 그러나 2002년 월드컵이나 다른 스포츠 경기에서처럼 한국과 함께할 수 있다면 곧 친해진다. 친북과 반북이 가변적이며 유동적이다. 한국에 도움이 된다면 정상회담과 금강산 관광과 같은 인적 왕래를 찬성한다. 남북을 신속히 통일해야 한다는 의식보다 우리에게 필요하고 이익이 되면 교류하고 통일할 수 있다고 생각하는 것이다.

탈냉전 이후 남한과 북조선의 국가성이 강화됨으로써 한국 사회 내부에서는 '북한'이라는 실체를 두고 많은 논란과 논쟁이 있었다. 한국과 조선이 국가(國歌)와 국기(國旗)로 상징되는 국가 정체성을 강화하자 같은 민족이라는 전통적인 의식은 약화되었고, 교류와 왕래가 시작되면서 적대적 대상의식과 교류협력의 대상의식이 공존하는 형태로 바뀌었다. 그 안에서는 여전히 북조선을 협력의 대상으로 보아야 하는가, 우리의 안전을 위협하는 적으로 보아야 하는가에 대해 논란이 일었다.

한국 사회 내 이념 갈등을 심화시킨 결정적인 요인은 북조선이 이념 논쟁의 한복판에 직간접적으로 개입하고 있었다는 점이다. 북조선이 구조적으로 안고 있는 인권 문제는 국제사회의 관심사가 되었고, 특히 핵무기를 개발함으로써 한국에 심각한 안보의 위협을 가하는 존재로 부상했다. 북조선에 대한 한국인의 정서가 비판적으로 돌아선 계기는 아마도 북조선이 1차 핵실험을 단행한 2006년 10월일 것이다. 그전까지 한국인들의 대북인식은 매우 호의적이었다. 대한민국의 국가 정체성이 고조되었던 2002년 한일월드컵 시기에는 다수의 사람들이 북조선을 협력 대상으로 인식했고 20~30대 젊은 층의 북한 선호도는 미국 선호도보다 2배나 높았다. 하지만 2006년 10월 1차 핵실험 이후 비판적 인식이 급속도로 확산되었다.

국가 담론은 대한민국의 정체성을 대한민국 자체로 규정하려 하는 반면, 민족 담론은 대한민국을 북조선과의 관계 속에서 보려 한다. 즉, 국가 담론은 대한민국의 정체성 안에 북조선을 제외하고 대한민국의 독립적 민족국가를 수립하려 한다. 하지만 민족 담론은 대한민국을 분단체제의 한 부분으로 간주하여 북조선을 적극 포용하고 관계를 개선함으로써 근대 민족국가를 완성해 나가고자 한다. 국가 담론의 연장선에서 보수적 관점은 1948년 8월 대한민국의 등장을 건국 시기로 보려 하나, 진보적 민족 담론의 관점에서 대한민국은 상해 임시정부로부터 건국되었다. 1948년에는 단독정부 수립을 선포한 것일 뿐, 통일이 되어야 민족국가가 완성된다고 이해한다.

보수적 국가 담론은 북한을 이념 논쟁의 장으로 끌어들여 기성세대의 냉전 반공의식을 자극한다. 젊은 세대에게는 북한의 반인권·반인도적 측면을 폭로하고 반북의식을 고무함으로써 대한민국 정체성의 외연화를 시도한다. 즉, 북한을 적으로 간주하던 의식과 핵무기 개발 이후 조성된 반북정서를 결집하여, 대한민국의 정체성을 반공·반북으로 끌고 가려 한다. 박근혜 정부가 추진했던 역사교과서 국정화 논쟁에서도 1970년대 유신체제를 독재라고 비판한 데 대해 '대한민국이 북한 독재보다 못하다는 것이냐'며 대뜸 '북한'을 끌어들이는 방식으로 반북 정서를 소환하는 전형적인 예를 볼 수 있다. 진보의 여러 활동이나 우리 사회의 많은 문제를 '북한'과 관련지어 비판하는 종북 프레임을 작동하는 것이다. 반면 진보는 통일 담론을 부각하며 북한을 교류협력의 대상으로 개입하는 전략을 구사한다. 여기에 보수 역시 통일 담론에 적극적으로 대응하기 위해 통일 비전과 가치를 강조하지만, 방법론에 있어서는 교류협력 대신 북한을 압박하거나 배제하는 입장을 견지함으로써 북한을 매개로 각자의 정체성을 강화한다.

특히 탈북민의 유입과 정치적 개입으로 상황은 더욱 복잡해졌다. 탈북민은 대체로 북한체제에 비판적 입장을 취하므로 남북이 대립하는 정치 지형에서는 보수로 자리매김하게 된다. 남북의 분단과 대립 구조에서 탈북민은 남한의 보수 세력과 친화력을 갖기 마련이다. 이러한 정치 지형에서 보수 세력은 탈북민을 자신들의 지지 기반으로 확보하기 위해 정치 활동 공간을 제공하고 이들을 적극 활용하는 정책을 취한다. 탈북민의 정치 활동으로 국내의 정치 지형은 새로운 국면을 맞고 있다. 모든 탈북민이 한국의 정치 지형에서 보수적 활동을 하는 것은 아니지만, 상대적으로 보수 세력의 지원에 힘입어 보수 정치 활동에 적극적으로 참여하고 한국적 맥락에서 보수 세력의 입지를 강화하는 역할을 하기 때문이다. 탈북민의 유입과 비판적 대북 활동 및 보수 정치 활동으로 국내의 이념 갈등이 격화되는 경향이 있다.

3. 정치 이념 차이

제헌헌법에 규정된 한국의 국가 이념은 기본적으로 자유민주주의, 사회복지주의, 민족주의 이념을 근간으로 한다.[3] 자유민주주의는 대한민국이 "민주공화국으로서 주권이 국민에게 있고 모든 권력은 국민으로부터 나온다"라는 선언에 근거한다. 자유민주주의 국가 이념과 원칙은 1987년 10월 개정되기까지 일관되게 지속됐다. 경제 이념은 "사회 정의의 실현과 균형 있는 국민 경제의 발전"을 기하는 것으로 사회복지주의를 기본 원리로 한다.[4] 또한 민족주의는 "3·1운동으로 대한민국을 건립하여 세계에 선포한 위대한 독립정신을 계승"했다고 하는 점이나 "민족의 단결을 공고히" 한다는 점에서 드러난다.

하지만 이러한 국가 이념은 2차 헌법개정 이후 크고 작은 변화를 맞이했다. 이승만 정권 당시에는 반공주의가 강화되고, 국유기업과 공공기업의 확대로 국가의 경제개입을 강화하는 변화가 있었다. 전두환 정권에 들어서는 다시 기업 활동의 자유와 경제자유화 조치가 취해졌

3 허문영·이정우, 『통일한국의 정치체제』(서울: 통일연구원, 2010), pp. 42-44.
4 김영수, 『한국 헌법사』(서울: 학문사, 2000), p. 426.

다. 노태우 정부 시기에는 사회주의 몰락과 국제 정세의 변화를 반영하여 반공주의도 다소 완화되었다. 김영삼 정부는 민주화의 의미를 강조하며 문민정부로서 정통성을 세우는 방법으로 상해 임시정부의 전통 계승을 역설했다. 나아가 군사정권을 종식하고 민주화를 이룬 것을 역사적 의의로 부각하고자 했다. 김대중과 노무현 정부도 민주화와 통일에 대한 노력을 국가와 정권의 정통성과 연결했다. 1987년 이후에는 2024년 현재까지 큰 변화 없이 국가 이념이 이어져 오고 있다. 1987년 헌법 전문은 이러한 대한민국의 국가 이념을 명확히 보여 준다.

> 유구한 역사와 전통에 빛나는 우리 대한국민은 3·1운동으로 건립된 대한민국 임시정부의 법통과 불의에 항거한 4·19민주 이념을 계승하고, 조국의 민주개혁과 평화적 통일의 사명에 입각하여 정의·인도와 동포애로써 민족의 단결을 공고히 하고, 모든 사회적 폐습과 불의를 타파하며, 자율과 조화를 바탕으로 자유민주적 기본 질서를 더욱 확고히 하여 정치·경제·사회·문화의 모든 영역에 있어서 각인의 기회를 균등히 하고, 능력을 최고도로 발휘하게 하며, 자유와 권리에 따르는 책임과 의무를 완수하게 하여, 안으로는 국민생활의 균등한 향상을 기하고 밖으로는 항구적인 세계평화와 인류공영에 이바지함으로써 우리들과 우리들의 자손의 안전과 자유와 행복을 영원히 확보할 것을 다짐한다.

조선은 1948년 소련의 지원을 받아 정권을 수립했고 맑스-레닌주의를 통치 이념으로 삼았다. 1960년대 중반까지 맑스-레닌주의는 조선의 유일한 지도사상이자 정치 이념이었다. 하지만 1955년 12월 28일 주체를 국가 이념으로 제시한 후, 1956년 '경제에서의 자립', 1957년 '정치에서의 자주', 1962년 '국방에서의 자위', 1966년 '외교에서의 자주'를 이념으로 제시하면서 '주체'의 노선을 각 부문별로 구체화해 나갔다. 이와 같은 국가 이념은 1967년 12월 16일 최고인민회의 제4기 1차 회의에서 마침내 정치에서의 자주, 경제에서의 자립, 국방에서의 자위, 사상에서의 주체라는 조선의 정부 정강으로 발표되었다.[5] 자주-자립-자위-주체의 정부 정강은 조선 사회주의 혁명의 가장 높은 수준의 목표로 현재까지도 변함없이 견지되고 있으며, 자립적 민족 경제의 구축이라는 목표는 2020년대에도 '자력갱생'과 정면돌파의 기치 아래 변함없이 추구되고 있다.

그런가 하면 한국과 마찬가지로 조선도 항일전통을 국가 이념으로 표방하며 계승하고 있음을 강조한다. 이를 '항일혁명전통'으로 개념화하며, 김일성이 주도한 1930년대 만주 항일무장투쟁을 조선혁명 전통의 시원으로 본다. 김일성이 "악랄한 일제의 탄압과 토벌에도 불구하고 항일무장투쟁에서 소기의 성과를 거두며 끝까지 항복하지 않고 살아남은 유력한 한인 유격대 지도자"였다는 이야기가 신화와 전설로 민중들 사이에 회자되었다.[6] 대표적으로 거론되는 보천보 전투도 소수의 일본 경찰을 살해한 소규모 전투였으나, 조선민중에게는 큰 반향을 불러일으켜 대단한 사회적 파장을 가져왔다. 항일 빨치산의 유격대 전통은 조선 지배의 정당성을 확립해 준 역사적 배경이 되었다. 이런 점에서 조선의 정치 이념은 반일 민족해방투쟁의 계승을 강조하며 실제로는 그것을 창시한 김일성의 항일혁명전통을 계승·발전시키는 것이

5 김일성, 「국가 활동의 모든 분야에서 자주 · 자립 · 자위의 혁명정신을 더욱 철저히 구현하자」(조선민주주의공화국 최고인민회의 제4기 제1차 회의에서 발표한 조선민주주의인민공화국 정부 정강, 1967. 12. 16), pp. 481-548.

6 Dae-Sook Suh, *Kim Il Sung: The North Korean Leader* (New York: Columbia University Press, 1988); 김일 외, 『붉은 해발 아래 항일혁명 20년 2권』(평양: 조선로동당출판사, 1979); 스즈끼 마사유끼, 유영구 역, 『김정일과 수령제 사회주의』(서울: 중앙일보사, 1994).

주요한 목표가 되었다.

이상에서 논의한 남북한의 국가 이념은 모두 항일전통을 강조한다. 남북이 모두 '항일'에서 정통성을 찾는다는 점은 통일국가의 정체성을 형성하는 데 수렴되는 부분이다. 하지만 항일의 주체는 3·1독립운동의 정신을 잇는 대한민국 임시정부와 항일무장투쟁을 진행한 김일성으로 각기 다르게 본다. 조선은 상해 임시정부를 신랄하게 비판하고 이들의 독립투쟁을 부르주아 계급운동으로 평가절하한다. 3·1독립운동과 항일무장투쟁, 임시정부 지도자와 김일성 빨치산 집단 사이에 합일점을 찾기는 여간 어려운 일이 아니다.

심각한 문제는 한국의 자유민주주의와 조선의 인민민주주의가 어떻게 조화를 이룰 수 있는가 하는 부분이다. 중앙집권적 민주주의와 자유민주주의는 조화를 이루기 어렵다. 주체사상에 기반한 조선의 자립·자주·자위의 원칙도 한국의 경제와 외교, 국방 현실에 조화되기 어렵다. 사회복지주의와 민족주의는 어느 정도 타협점을 찾을 수 있을 것으로 보이나, 정치·외교·경제 영역에서는 심각한 정체성 갈등이 예상된다.

하지만 이 부분은 통일 시점까지 조선의 변화가 어떻게 진행되느냐에 따라 달라진다. 세계적으로 탈사회주의가 진행 중이고 중국과 베트남도 시장경제로 바뀌고 있다. 정치 영역에서도 복수정당제와 복수후보 경쟁체제를 허용하는 추세다. 조선에서도 탈사회주의 변화가 형성될 수 있다. 조선도 '혁신'을 구호로 내부제도를 개혁하고 있고 경제영역에서도 개혁을 단행하고 있다. 최근의 국제화 움직임까지 활성화된다면 정치·경제체제의 성격이 달라질 수 있다. 그 시기에 이르면 통일국가의 정체성 갈등 문제는 상당 부분 해소될 것이다.

4. 대립적 현안과 쟁점

가장 심각한 현안은 핵 문제와 관련된 부분이다. 한국은 북조선의 핵무기 개발이 국제적 합의를 위반한 불법적인 것이라며 조속히 핵무기를 폐기하는 비핵화 회담에 참여하라고 요구한다. 반면 조선은 핵무기 개발은 자위권 차원에서 진행된 것이며, 국제사회의 부당한 대북제재를 속히 해제하라고 맞선다. 조선은 2002년 10월 미국과의 대립이 격화되자 이후 4년 동안 핵무기를 개발, 2006년 10월 첫 핵실험을 감행하고 2017년 9월까지 6차 핵실험을 단행했다. 이에 대해 미국은 유엔의 대북제재 결의안으로 조선에 경제·군사제재를 가하는 한편, 더 위협적인 군사 무기를 과시하는 군사 훈련을 실시함으로써 대응했다.

이러한 대립이 진행되면서 2013년과 2017년에는 몇 차례의 위기 국면을 맞기도 했다. 2013년 3월 5일에는 조선인민군 최고사령부 대변인의 성명으로 정전협정 백지화를, 3월 8일에는 남북불가침합의서의 전면 폐기를 선언했다. 같은 해 3월 30일에는 정부·정당·단체 특별성명으로 남북관계가 전시 상황에 돌입했다고 천명했고, 4월 8일에는 개성공단의 북한 근로자를 일방적으로 철수시켜 10여 년간 유지되어 온 개성공단이 중단되었다.[7] 조선의 극단적 조치는 미국이 조선의 핵실험에 대한 압박으로 B-52와 F-22를 출격시키고 해상 레이더 기지를 파견하는 등의 군사적 조치에 맞서는 측면이 있었다. 2017년에도 핵실험에 이은 화성 15형 ICBM발사로 전쟁 위기 국면이 조성되었다.

조선은 한미연합 군사훈련의 중단도 요구하고 있다. 장기적으로는 한반도에서 미군의 완전한 철수를 목표하고 그러기 위해 한반도에서의 전쟁 종결과 평화협정 체결, 미국과의 관계 정상화를 원한다. 종

7 국방부, 『2014 국방백서』(서울: 국방부, 2014), pp. 21-22.

합하면 남북 간 쟁점이 될 의제는 평화협정 체결, 군사적 긴장완화와 신뢰구축, 한반도 비핵화 문제의 세 영역으로 발전해 왔다. 남북분단과 정전 상태를 종식하고 평화체제를 구축하는 데 핵심 과제는 평화협정, 남북 간 긴장완화와 신뢰구축임에도 불구하고 북핵 문제 때문에 한반도 비핵화가 가장 시급한 현안이 되어 있다.

한반도 평화체제의 관련 당사국은 당장 발등에 떨어진 비핵화의 불을 끄기에 여념이 없다. 현재 한반도 평화체제 논의에서 장애물은 바로 핵 문제 해결, 한반도 비핵화의 문제다. 가장 해결하기 어려운 과제이면서 이 문제를 간과하고 평화체제를 진전하기 어렵게 되어 있다. 과거 4자회담과 6자회담도 한반도 비핵화를 목표로 시작된 다자간 회담체였다. 그간 6자회담에서 합의된 '9·19평양공동선언', '2·13합의', '10·3합의'에 따르면, 핵시설 동결, 핵시설 불능화·신고, 핵폐기의 3단계 해법이 마련되었다. 또한 각 단계에 따라 조선이 취해야 할 조치와 미국 등 관련 5개국이 이행해야 할 조치가 맞물려 있었으며, 동시 행동 원칙으로 약속을 이행하도록 되어 있었다. 하지만 2019년 2월 북미양자협상에서는 북조선이 먼저 핵시설 명단을 제출해야 한다는 미국의 입장과 제재 해제를 요구하는 조선의 입장이 첨예하게 대립하며 합의점을 찾지 못했다.

2007년 10·3합의에서 비핵화를 위한 1단계 조치로 조선은 핵시설을 불능화하고 핵프로그램을 신고했고, 나머지 5개국은 100만 톤의 중유를 제공했다. 미국은 테러지원국 명단을 해제하기로 했다. 2008년 6월 북조선의 영변 핵시설 냉각탑 해체에 부응하여, 미국은 같은 해 10월 테러지원국 명단에서 조선을 해제했다. 그러나 불능화라는 개념이 '폐쇄·봉인'에 그치느냐, 또 신고 대상인 '현존 핵계획'에 고농축우라늄(HEU) 프로그램이 포함되느냐를 두고 의견 일치를 보지 못했다.[8] 이러한 갈등으로 조선에 대한 대적성국 교역법 적용 종료가 진행되지 않고,

100만 톤 상당의 중유지원 약속도 완결되지 못했다. 이러한 상황에서 2009년 5월 2차 핵실험으로 유엔의 대북제재 결의안 1874호가 채택되었고, 조선은 대북제재 결의안 철회를 대화의 전제조건으로 요구했다. 2019년 북미회담에서도 대북제재 해제 요구와 핵시설 리스트 제출 요구가 대립하면서 출구를 찾지 못했다.

두 번째로 부딪힐 의제는 군사적 긴장완화와 신뢰구축 문제다. 비핵화 문제가 다자회담을 통해 해결해야 할 문제라면 남북 간 군사적 긴장완화와 신뢰구축의 문제는 남북관계의 차원에서 주도적으로 해결할 수 있는 의제다. 현재 남북 간에는 「남북기본합의서」와 「한반도비핵화선언」이 있고, 4·27판문점선언과 9·19평양공동선언이 체결되어 있기 때문에 기존에 합의된 문서를 준수하면 된다. 남북기본합의서에는 남북군사공동위원회의 구성·운용 및 비무장지대의 평화적 이용, 단계적 군축 실현, 군사 직통전화의 설치·운영 등이 포함되어 있다.[9] 9·19판문점공동선언에는 "비무장지대를 비롯한 대치 지역에서의 군사적 적대관계 종식을 한반도 전 지역에서의 실질적인 전쟁 위험 제거와 근

8 불능화(disablement)는 동결(freeze)과 폐기(dismantlement)·해체(disassembly)의 중간 단계로 완전한 폐기도 아니고, 재가동이 불가능한 것도 아닌 중간 상태로 해석된다. 2007년 7월 김계관 외부성 부상은 신고 대상인 '현존 핵계획'을 '영변 핵시설'로 제한하고 이를 해체하는 대가로 경수로 지원을 요구했다.

9 남북기본합의서 제12조와 제13조에는 남북군사공동위원회 구성 및 운용, 대규모 부대이동과 군사연습 통보 및 통제, 비무장지대의 평화적 이용, 군 인사교류 및 정보교환, 대량살상무기와 공격능력 제거, 단계적 군축 실현, 군사 직통전화의 설치·운영 등이 포함되어 있다. 남북기본합의서의 불가침부속합의서는 수도권 안전보장지대 설정, 군사분계선 일대 무력증강 금지, 우발적 무력충돌 방지, 불가피한 침범 시 대피의 보장 등을 언급하고 있다. 두 차례의 남북정상회담에서는 국방장관회담의 개최, 불가침 의무 준수, 정전체제 종식 및 평화체제 구축 노력, 서해 평화협력 특별지대 설치, 문산-개성 간 철도 화물 수송 등이 다루어졌고, 두 차례의 국방장관회담에서는 DMZ에서의 군사역량 철거, 전쟁포로 송환 및 인도, 북핵 불능화 및 폐기 추진 등이 논의되었다.

본적인 적대관계 해소로 이어나가기로" 합의하고, 부속 합의서로 군사분야 합의문을 채택했다. 여기에는 4·27판문점선언에 명시된 비무장지대의 실질적 비무장화, 서해 평화수역 조성, 군사당국자회담 정례화 등을 구체적으로 이행하기 위한 후속 조치를 합의했다. 이 합의에 따라 비무장지대 안의 GP를 폭파하고 지뢰를 제거했으며, 군사분계선 5km 내의 포병 사격훈련과 연대급 이상 야외기동훈련이 전면 중지됐다. 해상에서는 포사격과 기동훈련을 중지하고 해안포와 함포의 포신 덮개 설치 및 포문폐쇄 조치를 취하기로 했다.

물론 여기에는 남북이 국내적으로 국가보안법과 조선로동당 규약 전문 및 형법의 정비와 같은 제도개혁의 문제도 포함된다. 개별 구성원들의 평화 지향적 의식 전환도 필요하다. 그러나 현재 남북은 천안함과 연평도 사건을 계기로 격돌하며 군사적 긴장과 감정이 쌓여 있다. 사과와 재발방지 약속 등에서도 아직 명쾌한 의사를 표명하지 않고 있다. 이런 측면에서 평화의 과제를 문서화하는 작업도 중요하지만, 합의한 내용을 어떻게 실천하는가 하는 문제가 더 중요함을 알 수 있다.

세 번째로 다툴 의제는 정전협정을 평화협정으로 대체하는 문제다. 정전협정에서 "휴전협정이 서명되고 발효된 이후 3개월 이내에 한반도 문제의 평화적 해결과 외국군 철수를 협의하기 위해 고위급 정치회담을 개최한다"라는 규정이 지켜지지 못한 데 대해 북한은 줄곧 미국과 남한을 비판했다. 처음에는 남북평화협정을 제의했으나, 남북 간에는 불가침 협정을 맺어야 하고 평화협정은 북미 간 체결해야 함을 주장했다.[10] 북조선의 불가침 합의 주장은 1992년 2월 「남북 사이의 화해와 불가침 및 교류·협력에 관한 합의서」(「남북기본합의서」)를 통해 관

10 조성렬, 「한반도 비핵화와 평화협정의 연계 배경과 전망: 북핵 문제의 포괄적 해법을 위한 시사점」(북한연구학회 춘계학술회의, 2010. 4. 9), pp. 67-82.

철된 것으로 이해된다. 따라서 조선은 남은 과제로 북미평화협정 체결을 주장하고 있다. 이에 대해 한국은 1990년 8월부터 남북평화협정 체결을 공식적으로 주장하고 있다.

평화협정 의제와 관련해서는 일반적으로 국경획정, 군축을 포함한 분쟁예방 및 해결방안, 포로 및 난민의 지위, 채무관계의 정리, 기존 조약의 적용 문제 등이 논의된다.[11] 따라서 남북평화협정에서도 전쟁 상태 종료 및 정전협정 대체, 비무장지대의 평화지대화, 해상경계선 획정, 유엔사령부의 해체와 주한미군의 지위 조정, 새로운 평화관리기구를 규정하는 내용이 포함되어야 하며, 남북의 주권, 영토보전, 정치적 독립의 내용도 담아야 한다. 평화협정 체결은 남북 이외에 관련국의 협의가 필요하므로 정전협정 당사국 간 4자회담이나 6자회담의 '한반도 평화포럼' 등의 논의가 필요하며, 한반도의 비핵화 및 북미 수교의 진전과 맞물려 이루어질 것이다. 조선과 미국은 2018년 6월 12일 한국전쟁 이후 처음으로 정상회담을 개최하여 비핵화와 평화체제 구축에 합의했으나, 평화협정 체결의 방법에 관하여는 아직 구체적인 논의가 이루어지지 않았다. 하지만 앞으로는 상징적 의미의 종전선언이나 평화선언을 해야 하는지, 평화협정이 체결되면 미군 철수를 해야 하는지 아니면 미군의 지위가 유엔 관할의 평화유지군으로 변경되어 평화협정의 이행을 보장하는 역할로 주둔하게 되는지 등에 대해 논란이 빚어질 것이다.

11 평화협정 사례와 관련하여 자세한 내용은 신범철, 「탈냉전기 평화협정 관행을 통해 본 한반도 평화협정에의 시사점」, 『서울 국제법연구』 제14권 2호(2007) 참조. '독일 문제의 최종 종결 조약'은 통일독일의 영역(제1조), 군축(제2·3·5조), 군사동맹 문제(제6조), 전승국의 권리와 책임 소멸(제7조) 등으로 구성되었다. 허문영 외, 『한반도 평화체제: 자료와 해제』(서울: 통일연구원, 2007), pp. 358-366 참조.

해상에 설정된 북방한계선(NLL) 문제도 남북 갈등의 요인이다. 1953년 7월 27일 체결한 정전협정에서는 해상분계선을 설정하지 못했다. 서해에 해상분계선이 없는 상황에서 1953년 8월 30일 클라크 유엔군사령관은 한국을 포함하여 유엔의 통제 아래 있는 배들의 북상을 저지하기 위해 NLL을 선포했다.[12] 조선은 이에 대해 유엔이 일방적으로 선언한 자의적 경계선이라고 거부하며 1999년과 2007년 자신들의 해상경계선을 제시했다. 이러한 갈등으로 1999년 서해교전과 2002년 연평해전, 2009년 11월 대청해전 등의 군사적 충돌이 발생했고 2010년 3월 천안함과 11월 연평도 피격사건으로 많은 인명 피해가 있었다.

정전협정에서 서해 해상분계선을 설정하지 않은 상태에서 NLL은 실질적 분계선으로서 역할을 해왔다. 1991년 남북기본합의서의 약속대로 남과 북이 해상분계선을 합의하기 전까지는 NLL이 해상분계선의 역할을 하는 것은 분명하다. 그러나 연평도 인근의 북방한계선 지역은 꽃게 어장이 다수 포진된 지역으로, 해마다 꽃게철인 6월이 되면 남북한 어선이 북방한계선을 침범하는 일이 잦아 현실적으로 군사적 충돌의 위험이 내재된 곳이다.

과거사 화해 문제

현재의 남북 갈등도 심각하지만 과거로부터 쌓인 감정의 문제는 더 심각하다. 한국전쟁의 화해 문제 역시 심각한 쟁점이다. 남북은 남한 82~85만 명, 북조선 120~130만 명이 살육당한 사건에 대해 지금까지

12 1953년에 클라크 유엔사령관이 NLL을 선포한 작전명령서는 현재 존재하지 않는 것으로 알려졌다. 클라크 사령관의 NLL 선포를 확인하는 문서인 '해군본부 작전기밀 제1235호'(3급 비밀)도 폐기되어 지금은 존재하지 않는다.

정부나 민간 차원의 논의를 한 번도 진행하지 않았다. 1950년 6월 25일 새벽 4시, 남과 북은 모두 상대방이 쳐들어왔다고 믿고 끔찍한 살육과 집단 학살이 서로 상대에 의해 저질러졌다고 믿는다. 남한의 국립현충원과 북조선의 애국렬사릉이 성역으로 되어 있는 상황에서 이 문제를 꺼내어 논의하기는 쉽지 않다.

화해를 위해서는 진실확인이 필요하고 법적 배상과 일정한 절차가 필요하다. 그러나 무엇보다 화해는 서로가 피해에 대한 사과를 하는 것에서 시작된다.[13] 사과를 하려면 진실확인을 뒤로 미루고, 서로 얼마나 많은 피해를 입었는가를 각자의 입장에서 말하고 경청하는 기회를 가져야 한다. 화해를 위해서는 '누가 먼저 전쟁을 일으켰는가'라는 방식이 아니라, '누가 어떤 피해를 입었는가'의 관점에서 접근해야 한다. 하지만 남북은 누가 먼저 전쟁을 일으켰는가를 주제로 끊임없이 진실확인을 하고 싶어 한다. 특히 북조선에서는 전쟁 피해자들이 성분 정책에 의해 상류층에 포진하고 있어, 전쟁 화해의 문제는 매우 어려운 쟁점이 될 것이다.

그뿐 아니라 남북 간에 발생한 여러 사건에 대해서도 진실확인과 논쟁이 이어질 것이다. 무장공비 남침과 청와대 습격사건, 북한의 판문점 도끼만행, KAL기 폭파, 버마 랭군사태, 연평해전과 대청해전, 금강산 사건, 천안함과 연평도 사건까지 우리의 기억 속에 떠오르는 굵직한 사건들만 해도 이만큼 된다. 남한 북파 공작원들의 활동으로 북조선도 많은 피해를 입었을 것으로 생각된다. 천안함 사건과 연평도 사건 당시 북한은 합동조사를 실시하자고 제안했는데, 이러한 사건 하나하나가 쉽게 해결될 수 없는 문제들이다. 이한영과 황장엽, 신상옥과 최은

13 "Reconciliation," *Stanford Encyclopedia of Philosophy*(Stanford: Stanford University, 2015), pp. 5-12. https://plato.stanford.edu/entries/reconciliation/.

희 사건 등에 대해서도 분단의 체제 경쟁을 두고 벌어졌던 납치였는지 혹은 망명이었는지를 두고 치열한 싸움이 전개될 것이다. 남북이 군사도발을 했다고 주장하는 내용들, 예를 들면 신무기 도입과 군사훈련 등에 대해서도 방어 목적과 공격 목적으로 나뉘어 서로 다른 해석을 하고 있어 해결이 어렵다.

1983년에 발생한 버마 랭군사태만 하더라도 남북한이 공개적으로 논쟁을 한 것은 아니지만, 정황상 이한영 탈북 사건과 밀접하게 관련되어 있다. 김정일 위원장의 처였던 성혜림의 언니 성혜랑의 수기에 따르면, 성혜랑의 아들 이한영(본명 리일남)의 '납치'에 대한 보복성 테러일 가능성이 높다. 당시 1982년 9월 실종된 이한영 사건에 대해 김정일 위원장은 자신의 가족을 건드렸다는 데 크게 분노했다. 김정일 위원장은 북조선의 모든 정보력을 동원하여 이한영을 찾아올 것을 지시했으나 실패하자, 남한 정보부에 의해 '납치'된 것으로 결론내리고 분개했다는 것이다.[14] 이러한 정황을 볼 때 북조선이 이한영 사건에 대한 보복으로 아웅산 테러사건을 자행했을 가능성이 높다.

이산가족과 납북자, 국군포로 등의 기존 사안은 나름대로 합의점을 찾아 남북 간에 대화와 협상을 진행했고, 비전향 장기수 등을 송환하기도 했다. 그런데 식량난 이후 발생한 탈북자 문제는 아직까지 남북 간에 다루지 못했고 첨예한 쟁점으로 남아 있다. 수년 전 발생한 중국의 북한식당 종업원 집단탈북 사건은 국제 적십자사가 개입하여 조사했으나 해결되지 않은 사안이다. 남한에서는 자발적 탈북이라고, 북조선은 남조선의 납치라고 주장하며 송환을 요구한다. 이처럼 탈북자 문제는 자발적 이주와 정치적 난민, 납치와 망명 등으로 다툴 소지가 있어 복잡하다.

14 성혜랑, 『등나무집』(서울: 지식나라, 2000), pp. 424-440.

5. 통일 과정의 갈등

남북의 국가제도와 이념이 다르므로 여기서 파생하는 구조적 갈등은 충분히 예상된다. 한국은 자본주의와 시장경제 체제로 되어 있어 노동이나 복지에서도 기본적으로 수요와 공급의 시장 원리가 작동한다. 반면 조선은 사회주의와 계획경제체제로 되어 있어 완전고용과 전민복지를 추구한다. 물론 북조선의 경제 현실은 완전고용과 거리가 멀고, 실질적인 실업률도 매우 높다. 공장이나 기업소가 실질적인 운영을 위해 필요한 노동력은 전체 노동 인구의 30~40% 정도에 불과하여 60~70%는 잠재적 실업자가 될 확률이 높다. 공장이나 기업소 바깥에서 사적 경제 활동을 하는 노동자까지 고용인력에 포함한다 해도, 실업률은 30~40%로 예상된다. 독일이 통일 이후 실업률이 40%(320만 명)에 이르렀음을 고려하면 북한도 그 상황을 벗어나기 어려울 것이다.

또한 남북은 현재 경제력 격차가 매우 크게 벌어져 있고 소유권의 형태도 달라, 통일 이후 자산 및 소득 격차로 인한 계층 간 불평등이 심화할 것이다. 남북의 경제 총량은 2023년 기준 50배의 차이가 나며 1인당 GDP로 보더라도 남한은 3만 5,000달러, 북조선은 1,300달러로 25배의 차이가 난다. 남북의 경제력 격차가 더 벌어진다면 통일 과정에서 북조선 주민은 계층의 급격한 하향 이동으로 심리적·경제적 타격을 크게 받을 것이다. 북조선 주민이 겪게 될 상대적 박탈감은 심각한 문제가 아닐 수 없다.

경제 문제는 한국과 조선이 지난 80년 가까이 구축해 온 발전전략의 문제와 긴밀히 관련되어 있어 양국 간에 치열하게 논쟁을 벌일 주제다. 과거 냉전기 이데올로기 논쟁이 치열했을 당시, 국가 발전 모델로 세계 자본주의 체제와 단절하고 자립적이며 폐쇄적인 전략을 추구해야 한다는 종속 이론과 해방신학이 세계를 휩쓸던 시절이 있었다. 북조선은 이런 이론에 최적의 사례로 간주되고, 초기의 성과는 동유럽과 전 세계의 이목을 집중시켰다. 제3세계 국가들은 식민지 지배로부터 해방되어 새로운 국가 건설을 시작하면서 자본주의 국가들과 다른 전략을 선택했다.

통일국가의 발전방향과 관련한 주제는 국가 정체성과 관련하여 뜨거운 쟁점이 될 것이 분명하다. 한국의 추격 발전은 세계적으로 독특한 '한국형' 국가 발전 성과를 보여 주었고, 그 경험을 세계에 수출하며 각광받았다. 경제적으로 실패한 북조선이지만 한국의 발전 모델에 대해서는 외부의 환경 변화에 취약한 모델이라고 비판하며 자립적 토대를 강화하는 방향으로 정책을 수정해야 한다고 요구할 것이다. 이러한 발전전략의 주제는 성장이냐 분배냐, 시장 원리에 맡겨 둬야 하느냐, 정부가 적절히 개입하고 관리해야 하느냐 등의 주제와 맞물려 치열한 논쟁이 예상된다.

남북의 경제력 격차와 생활상의 차이는 남북 주민들 간에 거리감을 느끼게 할 것이다. 특히 북조선 주민들과 같이 절대적 빈곤에서 상대적으로 빈부격차를 크게 느끼지 못하던 사람들은 엄청난 열등감과 좌절을 겪을 것이다. 또 사회주의 전민복지로 교육과 의료를 국가 관리에 의존하던 북조선 주민은 시장체제에 적응하기 쉽지 않아, 그로부터 발생하는 불만과 비판도 커질 것이다. 북조선 주민은 모든 것을 국가가 해주어야 한다는 사회주의 의식이 팽배해 있어, 남북 간 경제제도의 차이로 인한 감정이 부딪힐 것은 분명하다. '무상교육, 무상치료'를 입에 달고 살던 북조선 주민들이 남한의 시장체제에 적응하지 못할 때 남북 이념 대립과 갈등은 더 치열해질 것이다.

앞서 살펴보았듯이 남북 주민은 선거방식이나 생활수준, 역사인식, 언어 사용, 가치관 등에서 상당한 차이와 이질감을 느끼고 있다. 이러한 차이 때문에 남북이 통일 과정에서 느낄 문화적·심리적 갈등은 심각하다. 한국의 현대적·상업적 대중문화와 조선의 전통적·폐쇄적 주체문화가 만날 때 구성원들이 느낄 문화충격은 상상 이상이 될 것이다. 남한에 입국하여 살고 있는 탈북민은 경제생활에 대체로 만족하고 있으나, 남한의 생활 템포와 영어 위주의 언어 사용, 서구화된 낯선 생활양식, 체제의 차이 등으로 사회 적응에 큰 어려움을 겪고 있다. 남한 주민이 탈북민을 사업 동업자나 결혼 상대로 꺼리고 있음을 보면 문화적 거리와 이질감은 심각하다. 상상 이상으로 낙후되어 있고 유교적 권위주의 가치가 강하게 잔존하고 있는 북조선 사회를 만나는 남한 주민의 문화충격도 만만치 않을 것이다.

이러한 문화충격 가운데 심각하게 대립할 영역 중 하나가 바로 교육이다. 남과 북은 교육 이념과 목표가 완전히 다르다. 북조선은 사회주의와 민족주의 이념에 근거하여, 남한은 자유민주주의와 보편적 가치를 토대로 교육을 진행한다. 그뿐 아니라 역사 해석과 강조점도 다르기 때문에 타협점을 찾기 어렵다. 북조선은 우리나라를 단군-부여-고구려-발해-고려-조선에서 공화국 조선으로 이어지는 역사로 간주하는 반면, 남한은 단군-삼한-신라-고려-조선에서 한국으로 발전한 역사 해석을 하기 때문이다. 이와 같은 이념과 사상의 차이는 남북 간에 거대한 지역 갈등을 초래할 것이다.

개방에 대한 태도의 차이도 남북 간에 편차가 크다. 북조선은 최근 세계적 수준으로 발전하기를 희망하며 국제화를 추진하고 있어, 한국의 영어교육을 위시한 국제주의와 보편적 가치가 접맥될 수 있는 영역을 생성하고 있다. 하지만 여전히 주체사상에 입각하여 민족주의를 강조하고 조선민족, 우리 민족 등 민족 담론으로 일관하는 현실을 감안할 때, 교육방향과 내용은 상당한 마찰을 빚을 것으로 예상된다. 특히 미국에 대한 적대의식을 국가 정체성으로 확립해 온 조선은 미국에 대한 인식에서 남한과 심각한 견해 차이를 보일 것이다. 그로 인해 영어 사용 확대와 경제개방 문제 등 '세계화'에 대한 의식 차이가 발생할 것이며 남북 간 심각한 사회·문화적 갈등을 빚을 것이다.

대한민국과 조선민주주의인민공화국의 국가성이 지속적으로 강화되고 있어 통일 시점에는 이념과 사상 대립도 심화될 것이다. 한국의 국가 이념인 자유민주주의는 다양한 논의와 비판적 시각에도 불구하고 정치적 자유를 근간으로 시장경제 원리를 포함하고, 인류가 지향하는 보편적 가치로 정착되었다. 하지만 조선의 인민민주주의는 자유보다 평등 원칙을 강조하며 사회민주주의와 국가의 적극적 개입을 더 강조한다. 따라서 소유권 문제나 조세제도에서 사회주의 정책에 대한 의견 분쟁이 심각해질 것이며, 추대식 선거문화와 수령제(민주적 중앙집중제)에 익숙한 조선 주민들은 다원적 민주주의를 혼란으로 간주함으로써 정치적 가치가 대립할 것이다.

종교적 신앙으로 자리 잡은 조선의 김일성주의와 주체사상으로 인한 충돌도 심각할 것이다. 동유럽에서는 사회주의 이데올로기가 해체된 후, 이를 대체하여 배타적이고 극우적인 민족주의가 폭발적으로 분출됐다. 특히 청년층에서 극우 민족주의가 확산되었는데, 한반도에서는 민족주의가 극단화되지 않도록 청년층과 젊은 세대의 교육에 심혈을 기울여야 할 것이다.[15] 더불어 역사 해석과 민족 정체성의 문제로 인한 차이도 남북 간에 거대한 지역 갈등을 초래할 것이며, 정당 결성 등 정치 활동에서도 대립과 혼란이 야기될 것이다.

갈등의 기저에는 남북 간의 적대의식이 놓여 있다. 아직도 아물지 않은 한국전쟁의 상처가 깊게 남아 있기 때문이다. 남북은 전쟁으로부터 체제를 수호했고 또 해야 한다는 의식 때문에, 아직도 체제 정체성

15 김병로·이장로 편, 『체제 전환국의 경험과 북한 교육개혁방안』(파주: 한울, 2012).

의 상당 부분을 반공(남)·반제(북)의 가치에 의존하며 적대의식을 재생산한다. 전쟁으로 인한 적대감정의 분출은 정서의 영역에만 머무르지 않고 구조적 영역에도 내재되어 있다. 남북은 전쟁 피해자를 국가유공자로 우대하는 보훈제도를 적용해 왔다. 한국의 국립현충원과 조선의 혁명렬사릉, 애국렬사릉의 문제까지 정체성 논쟁에 개입하면 국가 정체성을 완전히 흔드는 혼란이 조성될 수 있다. 남북의 전쟁 피해자들은 개인적인 감정을 넘어서 국가 정체성까지 담보하는 사람들로, 한국전쟁으로 구성된 구조와 제도의 영역으로 들어가면 통일 이후 전쟁의 유산을 제거하는 데 치열한 다툼과 저항이 벌어질 가능성이 매우 높다.

앞서 열거한 여러 갈등은 사회주의와 자본주의 이념·가치 논쟁으로 비화되면 해결하기 매우 어렵게 된다. 자유와 평등 논의에서도 한국은 자유의 가치를, 조선은 평등의 가치를 더 선호하고, 시장 원리와 국가 개입에 대한 논란이 발생할 수 있다. 교육 영역에서도 공공 교육 혹은 사적 교육을 확대해야 하느냐의 주제 등이 불거지면, 기본 가치에 대한 남북의 시각 차이가 커서 갈등을 수습하기 매우 어려울 것이다. 이러한 의제들이 국가 정체성을 구성하는 중요한 소재들로 대두할 것이다.

이념적 스팩트럼의 확대로 인한 정치적 혼란의 문제는 사회주의를 추종하는 북조선의 정치인들이 조직적으로 활동할 때 매우 심각한 상황으로 발전할 것이다. 정치권에서는 이런 쟁점들을 한국과 조선의 국가 정체성 논쟁으로 확대할 것이다. 북조선에서는 공산주의 내지 사회주의 이념을 근간으로 하는 정당 결성을 통해 재집권을 시도할 것이며, 남북 간의 정치적 갈등과 극도의 사회적 혼란을 야기할 것이다. 동유럽의 경험에 비추어 볼 때 구사회주의 정당들은 대부분 민족주의 정당으로 탈바꿈하여 재집권에 성공했다. 남한 내 정당의 민주적 연합과 연대의 기술이 부족한 상태에서 사회주의 정치 세력이 확대된다면, 사회통합 시 극심한 정치적 혼란이 발생할 것은 자명하다.

제12장

통일국가의 국호 논쟁

1. 통일과 국호

남북이 통일 문제를 직접 논의하는 단계에 이르면 통일국가의 국호를 두고 사활을 건 정체성 투쟁이 진행될 것이다. 한국은 한국대로 그간 쌓아 온 대한민국의 경제발전과 정치제도, 문화자산을 지키기 위해 정체성을 포기하지 않을 것이며, 조선은 조선대로 역사성과 민족 정통성을 주장하며 자존심을 건 투쟁을 전개할 것이다. 아직까지는 통일국가의 명칭을 진지하게 논의하지 않았지만, 국호 문제는 남북대화에서 보이지 않게 긴장하며 관심을 갖고 있는 사안이다.

남북대화에서 통일 문제를 논의할 때마다 현재의 대립관계에서 남북관계를 어떻게 발전시켜 나갈 것인가 하는 주제는 빠지지 않았다. 7·4남북공동성명이나 남북기본합의서, 6·15공동선언 등 남북회담과 공동선언문에서도 이러한 통일의 원칙과 정신이 꾸준히 논의되어 왔다. '자주·평화·민족대단결'의 통일 원칙과 "통일을 지향하는 과정에서 잠정적으로 형성되는 특수관계"인 남북관계를 발전시켜 통일을 이룩하자는 의지와 열망을 표명해 왔다.

그런데 통일 논의에서 원칙과 정신의 천명보다 더 민감하고 중대한 주제는 원칙과 정신을 구체적으로 담아내는 그릇으로서 통일방식과 통일국가의 정체성을 드러내는 국호 문제다. 통일방식에 대해서는 6·15남북공동선언에서 남측의 연합제와 북측의 연방제에 관한 초보적인 논의가 진행되었으나, 이후 더 이상 다루어지지 않았다. 통일국가의 명칭은 남북 간에 아직 진지하게 논의된 적이 없다. 오히려 남북대화에서 나라의 공식 이름을 호명하는 것조차 꺼리며, 남북으로 호칭하기로 합의한 이래 한국과 조선이라는 국호 사용을 금기시하고 있다. 국제적으로 두 국가로 오해되지 않도록 외교적인 배려를 하자는 입장에서 남북이 두 국명의 공식화를 자제하고 있다고 하나, 그만큼 내부적으로도 민감한 정치적 주제이기 때문일 것이다.

국호는 국가 정체성을 담는 나라 이름으로 중요한 의미를 지닌다. 지금까지 살펴본 바와 같이 국호 대한민국에는 민족 정체성을 규정하는 '대한'(大韓)과 정치체제의 성격을 규정하는 '민국'(民國)이 포함되어 있다. 조선도 마찬가지다. 민족 정체성을 규정하는 '조선'과 정체를 규정하는 '민주주의인민공화국'이 함께 연결되어 있다. 남북이 통일을 논의하면 국호 문제를 구체적으로 다루지 않을 수 없을 것이다. 이는 남북이 지난 80년 가까이 축적해 온 한국과 조선의 정체성을 변경하는 것이어서, 그 과정은 한국과 조선을 넘어 통일된 나라의 국가 정체성을 새롭게 규정하는 매우 중대한 계기가 될 것이다.

코리아의 경우 국호 문제는 나라를 호명하는 우리말 명칭이 다르기 때문에 심각하다. 영어로는 한국이나 조선이 Korea라는 국명을 공유하므로 큰 문제가 없지만, 우리말 국명은 한국과 조선으로 달라 문제가 생긴다. 독일의 경우에는 '도이칠란트(Deutschland)'라는 독일어를 동독과 서독이 공유하고 있었기에 통일 과정에서 갈등의 소지를 줄일 수 있었다. 정치 상황이 변하여 정체를 포기하자 동독과 서독은 민족 정체성을 규정하는 도이칠란트를 자연스럽게 공유할 수 있었다.

중국의 경우도 우리와 다르다. 중국과 대만은 중화인민공화국과 중화민국(대만)이라는 국명을 사용하고 있어, 정치체제 문제를 예외로 하면 둘 다 '중국'이라는 국명을 공유할 수 있다. 2001년 10월 29일 장쩌민(江澤民) 주석은 통일에 도움이 된다면 중화인민공화국의 국명을 중국으로 바꿀 용의가 있다고 말하기도 했다. 정치체제는 인민공화국과 민국으로 대립하나 민족 정체성은 중화민족을 공유하고 있는 것이다.

그러나 코리아의 경우에는 남북이 한국과 조선이라는 전혀 다른 국호를 사용하고 있어 사정이 다르다. 통일 과정에서 정치 상황이 변하여 북한이 사회주의 정체를 담은 인민공화국을 포기한다 하더라도, 국호 안에 들어 있는 조선이라는 민족 정체성까지 버리진 않을 것이기 때문이다. 이런 점에서 코리아의 경우 통일 과정에서 국호 문제가 대단히 중요하고 심각한 주제가 된다. 국가 정체성과 민족 정체성, 역사 정체성 등 나라의 모든 것을 담고 있는 국호는 통일 논의에서 결정적이라 할 수 있다. 조선과 한국은 역사적으로 민족 정통성 투쟁을 진행해 왔고, 여기에는 자민족 중심의 역사 해석과 정치적·이념적 의미가 결합되어 있어 갈등의 여지가 크다. 한국과 조선은 분단 체제하에서 역사적으로 형성·발전된 정체성 논의를 짚어 보며 구체적으로 통일을 준비할 필요가 있다.

2. 남과 북의 통일방안에서 제안된 국호

대한민국의 통일방안에서 제안된 국호

남한은 1948년 8월 대한민국으로 국호를 정한 이후 통일방안이나 단체 이름에서 한(韓)이라는 명칭을 줄곧 사용했다. 유엔 감시하의 남북 자유총선거 통일방안을 제안할 당시 이승만 정부는 통일국가의 명칭과 같은 구체적인 내용을 제시하지 않았으나, 대한민국이 자유선거에 의해 수립된 한반도 내의 유일한 합법정부라는 전제를 하고 있었다. 따라서 자유총선거에 입각한 통일정부를 수립한다 해도 국호는 대한민국을 사용할 것이었다. 재야 세력에서도 대한민국의 국가 정체성을 드러내는 '한'을 전제로 하고 있었다. 혁신계 재야 세력이 발표한 통일방안 역시도 민간과 정부가 함께하고 정부 간 구성되는 기구로 '한'을 전제로 한 '전한(全韓)위원회'를 제안했다. 마찬가지로 학생운동에서도 '한'을 전제로 했다. 외세의 간섭을 배제하고 외세와 결탁한 반혁명 세력을 제거하며 민족자주 세력의 총집결을 강조하면서도 '남북한'의 문화교류와 서신왕래, 경제교류 및 학생회담 추진을 제안한 데서, 남북 구성원을 '한'으로 호명한 것을 볼 수 있다.

그러나 당시 국내에서는 한국이나 조선이라는 호칭보다 남북정권기관, 남북학생회담, 남북교류협력기구 등 지리적 개념인 '남북'을 더 빈번하게 사용했다. 반면 북조선은 '남북학생회담' 등 '남북'이라는 지리적 개념을 사용하기는 했으나, 서술형 문장에서는 '남조선'이라는 명칭을 더 많이 사용했다. 즉, "오늘 남조선 인민들 속에서 조국의 자주적인 통일을 실현하기 위한 거족적인 투쟁이 그 어느 때보다도 고조되고 있다," "우리는 남조선 학생대표들을 언제든지 반갑게 맞이할 것이며……" 등에서 잘 나타나듯 '조선'이라는 호칭을 전제했다.[1]

장면 정부는 정치적으로 불안정한 가운데 멸공을 표방하고 북의 남북연방제에 대한 경각심을 환기시키며 별다른 제안을 하지 않았다. 학생들은 정치적 이념 분단을 극복하기 위해 중립화 통일을 주장하기

1 양영식, 『통일 정책론: 이승만 정부로부터 김영삼 정부까지』, p. 108.

도 했으나 국호에 대해서는 언급하지 않았다.[2] 박정희 정부도 통일 국호로 특별히 제안한 것은 없으나, '선건설 후통일', '실력 배양을 통한 승공통일론'을 내세움으로써 대한민국과 한국을 통일 국호로 상정했다. 1970년 8월 15일 광복절 25주년 경축사나 6·23선언에서도 한국적 관점으로 통일을 바라보며, 통일의 걸림돌은 "민족반역집단이 북한 땅에 도사리고 있기 때문"이고 북이 무력도발과 무장공비 남파로 무력적화를 기도하고 있기 때문이라며 신랄히 비난했다. 7·4남북공동성명에서는 "남과 북은 다음과 같은 문제들에 완전한 일치를 보았다"라며 '쌍방', '남북적십자', '남북 사이', '조국통일 원칙', '남북조절위원회', '온겨레', '온 민족' 등의 용어를 사용하면서 민족 정체성 문제를 비켜나갔다. 남북을 대표한 인물에 대해서도 "서로 상부의 뜻을 받들어 이후락 김영주 1972년 7월 4일"로 표기하며 국가 정체성 문제를 비껴갈 수 있었다.[3]

전두환 정부 역시 통일 국호에 대한 특별한 제안을 하지 않았으며 남북한, 북한 등의 표현으로 일관했다. 1981년 1월 12일 신년 국정연설에서 "남북한 당국의 최고책임자가 번갈아 상호 방문할 것을 엄숙히 제의하는 바이다. 본인은 북한의 '김일성 주석'이 아무런 부담과 조건 없이……"라고 하여 남북한, 북한으로 남북을 호명하고 있음을 볼 수 있다. '민족화합 민주통일방안'(1982. 1. 22)에서도 민족통일협의회 구성과 통일헌법, 총선거, 통일국회, 통일정부 구성 등을 제안했으나 통일국가의 명칭에 대해서는 함구했다.

노태우 정부에 이르러 7·7선언과 한민족공동체 통일방안을 발표했는데, 7·7선언은 '북한', '북한측' 등의 표현을 담고 있어 이전과 크게

2 양영식, 『통일 정책론: 이승만 정부로부터 김영삼 정부까지』, p. 91.

3 양영식, 『통일 정책론: 이승만 정부로부터 김영삼 정부까지』, pp. 169-170.

다르지 않았다. 하지만 한민족공동체 통일방안에는 드디어 '한민족'이라는 민족 정체성이 등장했다. 그러나 이 시기에 사용한 '한민족'이 하나의 민족을 의미하는 한 민족인지, 우리 민족의 정체성을 지칭하는 한(韓)민족인지는 불분명하다. 당시 일반인과 다수의 전문가들은 한(韓)민족으로 이해했으나, 전문가들 사이에서는 하나의 민족이라는 의미로 한 민족을 인식하기도 했다. 당시 이홍구 통일부 장관은 북한과의 대결 상황에서 한국의 주도성을 대내외에 드러낼 수 있는 한(韓)민족을 부각시킬 필요가 있었고 그렇기에 한(韓)을 의도적으로 삽입했다고 설명했다.

김영삼 정부에 이르러 1994년 8월 15일 8·15경축사에서는 '한민족'의 '한'자를 뺀 '민족공동체 통일방안'을 제시했다. 김영삼 정부는 "한러·한중 국교 정상화 이후 남한의 국력이 신장되면서 자연스럽게 '한' 자를 뺄 수" 있었다고 주장했다.[4] 그러나 공식적으로 '한'을 삭제하는 데 부담이 적지 않을 것으로 우려하여 공식 명칭은 '한민족공동체 건설을 위한 3단계 통일방안'으로 '한'을 그대로 두되, 약칭을 '민족공동체 통일방안'으로 사용하기로 함으로써 민감한 명칭 문제를 피해 갔다. 이후 자연스럽게 김영삼 정부의 통일방안은 '민족공동체 통일방안'으로 규정되었고, 통일국가의 국호에 대해서는 김대중 정부부터 현재 윤석열 정부에 이르기까지 별다른 제안을 하지 않고 있다.

한국은 통일방안을 제시하면서 국호를 특정하지 않았다. 한국이 통일국가의 명칭을 제안하지 않는 이유를 공개적으로 설명하지는 않았으나, 대한민국이라는 국호를 기정사실화하고 있는 것으로 추론할 수 있다. 여기에는 '대한'민국이 지니고 있는 세계적 위상과 프리미엄을 고려하여, 통일 이후에도 당연히 '대한'을 국호로 사용해야 한다는

4 통일노력60년발간위원회 편, 『통일노력 60년』, p. 210.

의지가 깔려 있다. 국내의 정치적 시각에서 봐도 제3의 국호를 대안으로 제시할 경우 대한민국의 국가 정체성 상실을 우려하는 국민들이 많을 것이어서, 자칫 국내에 정치적 혼란이 야기될 수도 있다. 정치 지도자들은 정치적 위험부담을 지지 않으려는 입장에서 통일국가의 명칭을 공개적으로 말하기 어려운 점이 있을 것이다.

조선민주주의인민공화국의 통일방안에서 제안된 국호

북조선은 조선을 통일국가의 국호로 전제한다. 1954년 4월 27일 통일방안을 제시하며 북조선은 두 정부를 조선민주주의인민공화국 정부와 대한민국 정부로 표기했지만, '전조선위원회' 구성을 제안한 데서는 '조선'이라는 국호를 사용했다.[5] 남북을 아우르는 민족을 조선으로 호명한 것이다. 하지만 김일성은 1960년 8월 14일 8·15해방 15주년 경축대회에서 연방제 방식의 통일을 제안하면서 통일국가의 국가 정체성 혹은 민족 정체성을 드러내지 않는 '남북연방제'를 제안했다. 문제의 소지가 있는 조선과 한국을 드러내지 않고 지리적 개념인 남북으로 표현한 것이다. 당시 남북 상황을 고려할 때 워낙 남쪽에서 한(韓)을 강조하고 있던 터라, 섣불리 국호 문제로 갈등을 야기하지 않으려는 신중함이 묻어난다. 그러나 제안의 서술방식을 보면 통일국가가 '조선'임을 분명히 밝히고 있다. 즉, "남조선 당국이 자유로운 남북 총선거를 받아들일 수 없다면 과도기적 조치로서 남북조선의 '연방제'를 제안한다"라는 문장에서 우리 민족 전체를 아울러 조선으로 호칭하고 있음을 볼 수 있다.[6]

북조선은 사회 단체와 학생회담에서도 통일기구의 명칭을 조선으

5 양영식, 『통일 정책론: 이승만 정부로부터 김영삼 정부까지』, p. 18.

6 양영식, 『통일 정책론: 이승만 정부로부터 김영삼 정부까지』, pp. 46-47.

로 호명했다. 1961년 5월 13일 결성대회에서 조국평화통일위원회는 "남북 간의 접촉화 협상은 남북조선의 정부 당국이나 조선민주주의 인민공화국 최고인민회의와 '대한민국 국회' 간에도 필요하며, 정당, 사회 단체, 실업계, 교육, 문화예술, 체육계와 혹은 개별인사들 간에도 절실히 요구된다"(제2항)라고 하여 조선을 전제로 했다.[7] 남북학생회담에서도 북측의 학생 단체는 남측에 보낸 서한에 남한을 '남조선'으로 호명했다.

조선이 통일방안에서 국호를 구체적으로 제안한 것은 남북회담을 위해 남측 대표단이 평양을 방문했던 1972년 5월 3일의 일이었다. 당시 북측 대표단은 "련방국가의 국호는 세계에 널리 알려져 있는 고려라고 이름을 살려 고려련방공화국이라고 하는 것이 좋을 것"이라고 제안했다.[8] 통일국가의 명칭과 관련하여 북측이 언급한 최초의 발언이었다.

> 북과 남 사이의 정치적 합작을 실현하는 데서 남북련방제를 실시하는 것이 합리적이라고 생각합니다. 우리가 생각하는 남북련방제는 지금 남에 존재하고 있는 정치제도와 북에 존재하고 있는 정치제도를 당분간 그대로 두고 하나의 통일국가를 만들자는 것입니다. 북과 남의 각 정당, 사회

7 양영식, 『통일 정책론: 이승만 정부로부터 김영삼 정부까지』, p. 115. '북남 불가침조약' 체결 제의 및 '북남 경제위원회' 설치 제의(1963. 12. 9), '조선 문제의 평화적 조정을 위한 유관국회의 소집' 제의(1965. 7. 21), '북남조선 제정당·사회 단체 대표 연석회의 소집' 제의(1966. 7. 8), '과도적 대책으로서의 남북연방제' 실시 및 '북남 평화협정' 체결 제의(1954. 4. 26-6. 15, 1960. 8. 14, 1974. 3. 14), '외세 간섭 없이 민주주의적 기초 위에서 남북조선 총선거 실시로 통일 실현'(1969. 10. 8) 등에서 조선을 전제로 제안한 것을 볼 수 있다.

8 김일성, 「조국통일의 3대 원칙에 대하여」(북과 남 사이의 고위급 정상회담에 참가한 남조선측 대표들과 한 담화, 1972. 5. 3, 11. 3), 『김일성 저작집 27』(평양: 조선로동당출판사, 1984), p. 191.

단체 대표들과 각계각층 대표들, 저명한 인사들이 광범히 모여 최고민족회의를 조직하고 거기에서 민족의 발전을 위한 중요한 문제들을 공동으로 토의하여 결정하며 대외적으로 하나의 국호를 가지고 활동하면 련방제가 될 것입니다. 련방국가의 국호는 세계에 널리 알려져 있는 고려라고 이름을 살려 고려련방공화국이라고 하는 것이 좋을 것입니다. 남북련방제가 실시되면 북과 남 사이의 련계와 합작이 모든 분야에 걸쳐 전면적으로 실현될 것이며 우리 민족의 대외적 권위도 높아지게 될 것입니다.[9]

연방제 제안과 관련하여 북조선이 북남연방제라 하지 않고 남북연방제라는 용어를 줄곧 사용한 점은 흥미롭다. 1972년 남북회담 당시 남북조절위원회, 남북적십자회담, 남북련방제 등 '북남' 대신 '남북'이라는 용어를 사용하며 남한과 일본 등에 대외적 친밀감을 보여 주었다.

우리는 평화적 조국통일을 하루빨리 앞당기기 위하여 당면하게 남북련방제를 실시하는 것이 필요하다고 인정합니다. 우리가 주장하는 남북련방제는 남북의 현 정치제도를 그대로 두고 조선민주주의인민공화국 정부와 《대한민국 정부》의 대표들로 구성되는 최고민족회의를 조직하여 남북 사이에 제기되는 정치·경제·군사·문화적 문제들을 해결함으로써 민족적 단합을 이룩하자는 것입니다. 남북 사이에 제도상 차이는 있지만 남북 쌍방이 서로 자기의 사회제도를 상대방에게 강요하지 않는 원칙을 견지한다면 남북련방제를 실시하지 못할 조건이 없습니다. 남북련방제가 실시되면 남북 사이에 보다 광범한 접촉과 래왕이 실현될 것이며 경제·문화 교류도 더욱 원만히 실현할 수 있을 것입니다. 남북이 경제적으로 합작하

9 김일성, 「조국통일의 3대 원칙에 대하여」(북과 남 사이의 고위급 정상회담에 참가한 남조선측 대표들과 한 담화, 1972. 5. 3, 11. 3), pp. 191-192.

고 교류하면 공화국 북반부의 발전된 중공업과 풍부한 지하자원을 리용하여 남조선의 경제 형편을 빨리 개선할 수 있을 것이며 남북조선 인민들의 생활을 위하여 유익할 것입니다. 남북의 체육인들과 문화예술인들이 남북으로 서로 오고 가면서 체육경기와 예술공연을 하며 국제 체육경기들과 국제 예술축전들에 남북단일팀과 남북단일예술단을 구성하여 보낼 수도 있을 것입니다. 기자들도 자유로이 래왕하면서 취재 활동을 하며 평양과 서울에 기자 대표부나 신문사 지국을 두고 남북 사이에 신문, 잡지 같은 것을 교환하는 사업도 할 수 있을 것입니다. 이와 같이 남북련방제를 실시하고 남북 사이에 경제와 문화를 비롯한 모든 분야에서 광범한 교류와 래왕을 실현하게 되면 남북 사이의 불신과 랭랭한 감정은 가셔지고 서로 리해하고 신뢰하는 분위기가 조성될 것이며 민족적 단합이 쉽게 이루어지게 될 것입니다. 남북 간에 신뢰하는 분위기가 조성되고 민족적 단합이 이루어지면 어떠한 외세의 간섭도 없이 민주주의적 기초 우에서 남북총선거를 통하여 전조선적인 통일정부를 수립하는 방법으로 나라의 자주적 평화통일을 이룩할 수 있을 것입니다.[10]

이후 1973년 6월 23일 북조선은 '조국통일 5대강령'에서 단일 국호의 남북연방제를 실시(4항)하고 단일 국호에 의한 유엔 가입(5항)을 제안했다. 4항에서 국호와 관련하여 다음과 같이 설명한다.

남북련방제를 실시하는 경우 련방국가의 국호는 우리나라의 판도 우에 존재했던 통일국가로서 세계에 널리 알려진 고려라는 이름을 살려 고려

10 김일성, 「우리 당의 주체사상과 공화국 정부의 대내외 정책의 몇 가지 문제에 대하여」(일본 《마이니찌신붕》 기자들이 제기한 질문에 대한 답변, 1972. 9. 17), 『김일성 저작집 27』(평양: 조선로동당출판사, 1984), pp. 415-416.

련방국화국이라고 하는 것이 좋을 것입니다. 이것은 남북 쌍방에 다 같이 접수될 수 있는 좋은 국호로 될 것입니다.[11]

현실적으로 남북이 대립하고 있는 상황에서 남측이 사용하는 '한국'이나 북측이 사용하는 '조선'의 어느 한쪽으로 통일국호를 제안하는 것이 부적절하다고 판단한 것이다. 북조선은 "만일 련방국가의 국호를 조선민주주의 인민공화국이나《대한민국》으로 한다면 그것은 어느 한측의 주장을 다른 측에 강요하는 것으로 될 것입니다. 그러므로 우리는 평등한 원칙에서 쌍방이 다 접수할 수 있도록 련방국가의 국호를 고려련방공화국으로 하자고 했습니다"라며 배경 설명을 했다.[12]

1980년 10월 10일 북조선은 조선로동당 6차대회에서 '고려민주연방공화국 창립방안'을 보다 구체화한 형태로 제시했다. 국호와 관련하여 "련방국가의 국호는 이미 세계적으로 널리 알려진 우리나라 통일국가의 이름을 살리고 민주주의를 지향하는 북과 남이 공동한 정치 리념을 반영하여 고려민주연방공화국으로 하는 것이 좋을 것입니다"라고 하면서 '고려'라는 국호를 재차 제안했다.[13] 이후 최근까지 조선은 통일국호에 대한 이 입장을 견지하고 있다.

11 김일성, 「민족의 분렬을 방지하고 조국을 통일하자」(체스꼬슬로벤스꼬 사회주의 공화국 당 및 정부 대표단을 환영하는 평양시 군중대회에서 한 연설, 1973. 6. 25), 『김일성 저작집 28』(평양: 조선로동당출판사, 1984), p. 391; 김일성, 「조국통일 5대 방침에 대하여」(조선로동당 중앙위원회 정치위원회 확대회의에서 한 연설, 1973. 6. 25), 『김일성 저작집 28』(평양: 조선로동당출판사, 1984), p. 401.

12 김일성, 「일본《이와나미》서점 상무취체역 총편집장과 한 담화」(1973. 9. 19), p. 512.

13 김일성, 「조선로동당 제6차 대회에서 한 중앙위원회 사업총화보고」(1980. 10. 10), 『김일성 저작집 35』(평양: 조선로동당출판사, 1987), p. 347.

조선은 통일국가의 국호를 '고려'로 제안한 이유로 고려가 최초의 통일국가라는 점과 우리나라를 지칭하는 영어 명칭 Korea(코리아)가 고려에서 연유하기 때문이라는 점을 강조한다. 원래 서양 사람들이 고려를 Corea(꼬레아)라고 불렀는데, 일본이 일제강점기에 Japan이 알파벳 순서로 먼저 나오게 하기 위해 Corea를 Korea로 바꾸었다고 주장한다.[14]

요컨대, 남북의 통일 논의에서 조선이 제안한 고려(高麗) 외에 통일국가의 명칭에 관하여는 아직 진지하게 논의되지 않았다. 남북회담에서는 공식 국명을 부르는 대신 남과 북 혹은 남측, 북측 등 지리적 명칭 사용을 관행화하고 있다. 대외적으로 국제 행사에 단일 국호로 참가하는 스포츠 경기 같은 자리에서는 남북을 아울러 영문 국명인 '코리아(Korea)'로 통칭하며, 국가는 아리랑으로, 국기는 한반도기를 대신 사용하는 방법을 취한다.

3. 정체에 대한 논의

정체에 대해서는 통일방식으로 제안되는 연합제와 연방제의 문제, 그리고 민주, 인민, 공화국 등 용어에 관한 문제로 정리할 수 있다. 한국과 조선의 국호가 대한민국과 조선민주주의인민공화국이고, 한국은 헌법에 민주공화국으로 선언하고 있으므로 이런 몇 가지 점들을 짚어 보

14 북한 사회과학원 언어학연구소 안경상 실장은 일제가 우리나라의 영문표기 COREA를 JAPAN보다 앞에 오는 것을 방지하기 위해 첫 알파벳 C를 K로 바꿨다며 이를 바로잡아야 한다고 주장했다. 최선영, 「북, 국호 영문표기 시정 남북공조 주장」, 『연합뉴스』(2003. 1. 20).

면 좋을 것이다. 먼저 통일방식으로 남북은 서로 다른 방안을 제시한다. 한국 정부의 공식 통일방안인 민족공동체 통일방안은 화해협력 → 남북연합 → 통일국가로 이행하는 3단계 점진적 이행론에 근거한 통일방식을 추구한다. 1단계는 남북기본합의서, 2단계는 남북연합헌장, 3단계는 통일헌법이 법적 기초를 이룬다. 반면 조선은 낮은 단계의 연방제로 시작하여 높은 단계로 나아가는 연방제 통일방안을 제시한다.

크게 보면 한국은 연합제를, 조선은 연방제를 제시하여 연합제와 연방제로 대비된다. 연합제란 참여 당사국이 국가의 독립성과 자율성을 그대로 유지하면서 서로 협력하는 협의체 기구를 말한다. 국제적으로는 독립국가연합(CIS), 유럽연합(EU), 아세안(ASEAN)과 같은 기구들이 연합제 방식으로 협의체를 구성·운영하는 대표적인 예다. 연합제 기구에 속한 회원국은 외교와 군사권 등 주요한 국가 부문에서 각국의 독립성을 보유한다. 연합국가는 수뇌회의와 같은 상징적이고 형식적인 연합기구를 구성하여 운영한다.

반면 연방제는 연합제보다 중앙정부의 통제력이 강화된 형태의 체제 결합을 의미한다. 연합제에서 중앙기구는 단지 형식적인 수단에 불과하지만 연방제하에서는 중앙에서 국가의 여러 주요 부문을 통제한다. 중앙의 통제 수준이 어느 정도에 이르러야 연방제로 규정하느냐에 대해서는 학자마다 의견이 분분하나, 연방제가 되기 위해 최소한 중앙정부가 외교권과 군사권을 통제해야 한다는 데는 이견이 없다.

남북한이 통일방식을 논의하면서 '1민족-2국가'(남한), '1국가-2체제'(북한)를 주장하는 것도 바로 연합제와 연방제의 근본적인 차이에서 비롯된다. 그러나 2000년 6·15공동선언에서 북한은 기존의 연방제를 높은 단계와 낮은 단계로 구분하고, 낮은 단계의 연방제에서부터 통일 논의를 시작하자고 수정·제안했다. 조선의 낮은 단계 연방제가 지방정부에 외교권과 군사권까지도 일임하도록 한 것은 결국 한국의 연합제와 실질적으로 크게 다르지 않음을 보여 준다. 따라서 2000년 남북정상회담에서 남북의 지도자는 두 방안 간에 공통점이 있음을 공감하고 이 방향으로 논의를 지속하자며 6·15공동선언 제2항에 합의 내용을 명기했다.

둘째로 민주에 관해서는 한국의 자유민주와 조선의 인민민주가 대립한다. 한국은 '자유'를 국호에 넣어서 정체성을 분명히 해야 한다고 주장할 것이고, 조선은 '인민'을 넣어서 인민대중을 위한 정치를 해야 한다고 고집할 것이다. 조선의 김정은 위원장은 2012년 집권 이후 인민대중제일주의를 전면에 내세우고 있다. 인민대중제일주의는 김정은 시대 주체사상의 다른 표현으로 국가제일주의 시대를 맞아 조선의 국민 개념인 인민대중을 부쩍 강조한다. 김정은의 정치를 '인민대중제일주의정치'라고 공식화하고 있다. 따라서 현재 상태라면 조선이 '인민'을 포기하지 않을 가능성이 높다. 한국도 마찬가지로 '자유'민주주의를 통일국가의 이름에 넣자고 주장할 가능성이 높다.

하지만 한국과 조선은 '자유'와 '인민'을 서로 양보하고 공통 분모를 찾아 민주주의만을 표기하는 것으로 타협할 수 있다. 민주주의의 여러 형태가 있지만 사실 민주주의(democracy)는 Demos(민중)와 Kratos(지배)의 합성어로 '민중에 의한 지배'라는 어원을 갖고 있다. 물론 민주주의의 핵심 가치가 무엇인가를 따져 보면 '민중'을 어떻게 해석할 것이며, 어느 정도의 다수가 참여해야 민중 의사를 대변했다고 말할 수 있을지에 차이가 생긴다. 인민민주주의는 민중 절대다수의 의사를 반영해야 한다고 생각하는 반면, 자유민주주의는 다수결의 원칙을 기본으로 하되 절차상의 민주성을 더 강조한다. 이러한 논의를 거치면 '자유'와 '인민'을 떼고 공통 분모인 민주주의를 국호에 넣을 수 있겠다.

한편, '자유'와 '인민'에 대한 정체 논쟁은 시간이 지나면서 논란이 약화될 수 있다. 탈사회주의 혁명이 진행된 지 30년이 넘자 대부분의 사회주의 국가들은 체제 전환을 했다. 중국과 베트남, 쿠바, 조선만이 사회주의 체제를 유지하고 대부분 시장체제로 이동했다. 이들 나라에서도 사회주의 개념이 질적으로 달라지고 있다. 이념적으로 사회주의를 추구하나 그 세력이 점점 약해진다. 조선도 헌법에 공산주의를 삭제하고 사회주의만을 남겨 두었다. 시대적 변화에 적응하려는 노력을 하는 것이다. 최근 김정은 정권은 오히려 공산주의 담론을 소환하며 이념 강화를 다시 추구하려는 의도를 보이기도 하나, 큰 흐름에서는 이념을 약화하는 추세다.

셋째로 민주공화국이냐 인민공화국이냐의 견해 차이가 있다. 중국이 대만과의 통일방안으로 제시했듯이 국호에 정체를 명시하지 않고 '국'으로만 표시하는 방법도 있고, 남북이 공통으로 사용하는 '공화국'이라는 용어를 사용할 수도 있다. 중국은 중화인민공화국(중국)과 중화민국(대만)의 두 국호에서 앞 첫 글자와 맨 뒤의 나라 '국' 자를 공통 분모로 하여 어떠한 이념을 포함하지 않은 '중국'을 사용하자고 주장했다. 물론 중화인민공화국은 중화민국과 영토와 인구 면에서 현격한 차이가 있고 '하나의 중국' 정책을 조기에 실행하기 위해 중국이 파격적인 제안을 한 것이기는 하나, 실용성을 추구하는 중국다운 면모를 볼 수 있다. 과거 김대중 대통령은 '공화국 연합제'를 제안했다. 남북한 모두 공화국이라는 명칭을 사용하고 방식으로서 연합제가 상당한 공통점이 있으니, 남북이 공통으로 사용하는 공화국의 명칭을 사용하여 통일국가의 명칭을 두 공화국의 연합제로 제안한 것이다.

한국학중앙연구원 정구복 명예교수가 제안하듯 연방국가나 민주공화국을 붙이는 것도 방법이다.[15] 이런 면에서 통일국가의 정체는 수

15 정구복, 「우리나라 국호고: 한반도 통일 이후 국호 제정을 위한 기초 연구」, 『장서각』 29집(2013), pp. 308-329.

월하게 합의될 수 있다. 조선이 '인민'을 고집하지 않고 '민주공화국'이라는 남북의 공통된 정체를 사용할 수 있지 않을까 생각되기 때문이다. 남북이 공통적으로 공화국을 사용하니 이념 색깔이 담겨 있는 '민주'나 '인민'을 떼고 공화국으로 쓰는 것도 합의할 수 있는 방법이 될 것이다. 그런데 정치체를 공화국으로 합의한다 하더라도, 즉 조선의 정치적 정당성이 상실된다 하더라도 조선의 민족 정체성은 여전히 남는다. 북한은 조선민족이라는 정당성, 고구려 중심의 조선민족(한민족이 아니라)의 정당성을 믿고 있기 때문이다. 그런 점에서 민족 정체성을 규정하는 대한과 조선의 문제는 심도 있게 대비되어야 한다.

4. 통일국호 대한조선

지금까지 살펴본 바와 같이 코리아는 조선과 한국 사이에 끊임없는 민족 정체성 논쟁을 전개해 왔다. 1897년 조선의 고종이 나라 이름을 조선에서 대한제국으로 새로 정함으로써 우리 민족 정체성은 큰 변화를 이루었다. 1919년 대한민국 임시정부 수립 시까지 대한의 정체성은 별다른 논란이 없었던 것으로 보였다. 그러나 임시정부의 국민대표회의가 결렬되자 임시정부를 부정하는 청년 공산계열의 창조파들이 모여 1923년 조선공화국을 결성했고 대한과 조선의 정체성 논쟁이 점화되었다.

해방 이후 1948년 대한민국 정부 수립 당시 '대한민국' 국명이 압도적 다수로 채택되었으나 '조선' 국명도 소수 의견으로 제시되었다. 공산주의·사회주의자들은 조선공화국 또는 조선인민혁명군 등에서 '조선'이라는 국호를 사용하고, 1948년 북쪽 정부 수립 시에도 '조선'이라는 명칭을 사용했다. 이로써 남북은 '대한'과 '조선'을 두고 민족과 국가의 정체성·정통성 투쟁을 본격화했다.

한국과 조선의 국가·민족 정체성이 확고하지 않았던 냉전기에는 국제적으로 냉전 이데올로기가 강하게 자리잡고 있던 터라, 자본주의와 공산주의 대립이 압도하여 민족 정체성의 대립이 잘 드러나지 않았다. 그러나 한반도 내부에서는 역사학계를 필두로 고구려를 중심으로 역사를 해석하는 조선과 신라를 중심으로 역사를 해석하는 한국이 첨예하게 대립함으로써 정통성 확보를 두고 치열한 투쟁이 있었다. 탈냉전 이후 조선은 보다 전면적으로 조선의 정통성을 주장하려는 목적으로 단군릉을 개건하고 조선민족제일주의를 앞세워 민족 정통성과 뿌리가 조선에 있음을 공개적으로 강조했다. 조선의 정치체제 특성을 반영하여 김일성을 필두로 김일성민족이라는 언어도 사용했으나, 현재는 김일성민족을 태양민족, 조선민족과 연결하며 조선의 정통성 투쟁을 전개하고 있다.

통일국가의 이름은 민족과 역사 정통성 문제를 수반한다. 통일 과정에서 한국과 조선은 각자의 업적과 역사 해석으로부터 정통성과 정당성을 주장하며 많은 논란과 토론을 맞이할 것이다. 조선의 국력이 약해지는 가운데 남북은 통일 문제를 직접 논의하는 단계로 발전하여 통일국가의 국호를 두고 사활을 건 투쟁이 전개될 것으로 예상되는바, 이에 대한 준비가 필요하다. 2000년 6·15남북정상회담 이후에는 비록 선언적이기는 하지만 정부 차원에서 통일 논의가 언급되었고, 2018년 두 차례의 남북정상회담에서도 통일 문제가 화두로 떠올랐다. 비핵화, 평화협정, 북미관계 정상화 등 정치·외교 문제가 어느 정도 매듭을 짓고 나면 통일 논의도 진행될 것이며, 이 과정에는 필연적으로 민족과 국가의 정체성과 정통성 확립을 위한 국호 논쟁이 뒤따를 것이다.

탈냉전 직후 1990년대에는 한국과 조선을 넘어 제3의 국호를 찾아야 한다는 입장이 유력하게 제시되었다. 국호는 쌍방의 합의를 추구해야 하며 한쪽을 표상하는 국호는 기피해야 한다는 입장에서 통일국가의 명칭을 '고려'로 하는 것이 타당하다는 주장이 대세를 이루었다. 탈냉전 초기에는 한국과 조선의 국제적 위상이 높지 않았고 아직 국가 정체성이 뚜렷이 형성되지 않았기 때문에, 자기 국호만을 고집하던 냉전기의 관행에서 벗어나야 한다는 취지에서 제3의 대안으로 고려를 선호했다.

그러나 탈냉전 이후 30년이 지난 2024년에 한국과 조선의 국가성은 어느 때보다 강화되었고 명실상부한 민족국가로 간주하기에 부족함이 없게 되었다. 1948년에는 서로 다른 이념과 체제를 지향하는 정부로 출발했지만, 냉전 45년과 탈냉전 34년을 거치면서 두 정부는 국가적 실체로 발돋움했다. 역사 해석을 각자 체제 중심으로 내림으로써 한민족과 조선민족의 역사는 확연히 분리되었다. 그뿐 아니라 한국과 조선은 서로 다른 국가의식을 형성했다. 80년의 세월이 흐르는 동안 남북 구성원은 한국과 조선의 국가성과 민족성을 충분히 학습하여 민족국가로서의 완연한 면모를 갖추었다. 무엇보다 국제사회에서 한국이 차지하는 경제·문화·정치적 입지는 대단히 높아졌으며, 그 결과 한국과 조선의 세계적 위상이 달라졌다.

통일코리아의 국호는 30년 전과 같을 수 없다. 무엇보다 탈냉전 30년 동안 한국이 쌓은 국제적 위상과 가치를 감안하면 대한민국의 국호를 버리고 제3의 대안을 택하는 것은 쉽지 않다. 국민의 정서를 고려해서도 현실적으로 가능할 것 같지 않다. 남북이 한국과 조선으로 대립하며 자기 국호를 주장하고 있다고 하여 고려(高麗)라는 제3의 대안을 채택한다면, 한국이 지난 80년간 쌓아온 국가 이미지나 자산은 상실되고 만다. 고종이 대한을 새 국호로 제정했을 당시의 근대화 정신이나, 일제강점기 임시정부를 거치며 항일독립의지의 표상으로서 관통된 대한이라는 국호, 더욱이 지난 80년 가까이 발전시켜 온 산업화와 민주화, 국제적 위상 등을 담을 수 있는 그릇으로서 대한은 당분간 유지되는 것이 좋을 것이다. 이런 점에서 한국이나 대한이 들어가는 국호를 제정하는 것은 여러 면에서 합리적이며 타당하다.

마찬가지로 통일 국호에는 조선의 가치도 충분히 반영되어야 한다. 조선은 우리 민족사에 오랫동안 사용됐던 국호이고 대중 친화적인 명칭이다. 대중적 정당성을 갖고 있는 조선이라는 국호가 북조선과의 이념 갈등 때문에 버려진다는 것은 민족 자산의 크나큰 손실이다. 조선이 발전시킨 우리 민족의 기원과 조선민족의 역사성을 연구하고 조선을 활용하는 것이 좋을 것이다. 그뿐 아니라 통일 과정에서 북조선 주민을 끌어 안고 통일 이후 사회통합을 도모하려면 조선이라는 국호를 버려서는 안 된다. '조선'은 민족제일주의나 문화적 자산만이 아니라 고난의 행군 같은 분단의 아픔을 고스란히 담고 있는데, 그러한 부분까지도 유산으로 받아들이는 자세가 필요하다. 조선의 구성원이 함께 겪어 온 모든 경험을 고려해야만 통일국가의 통합이 가능할 것이기 때문이다.

한편으로 조선의 구성원을 포용하고 분단의 아픈 과거를 기억하면서, 다른 한편으로는 세계적 선진국으로 발돋움한 대한민국의 명성을 자산으로 활용하려면 '대한조선(大韓朝鮮)'이라는 통합 국호를 사용할 필요가 있다. 특히 남북이 협상으로 통일을 진행할 경우, 자기 국호를 포기하지 않으려는 의지가 강할수록 양측의 주장을 모두 수용하는 방향으로 국호를 결정할 수밖에 없다. 정구복 교수는 대한민국과 조선이라는 이름 중 한 글자를 따서 '한조' 또는 '조한'으로 하자는 제안을 했다.[16] 같은 고민이 담겨 있는 제안이다. 지도부 차원에서 북조선이

16 정구복, 「우리나라 국호고: 한반도 통일 이후 국호 제정을 위한 기초 연구」, pp. 308-329.

조선을 포기하고 고려라는 제3의 대안을 제시한다 하더라도, 이제는 주민들이 조선을 포기하지 않을 수 있다. 남한 국민의 정서를 고려하면 한국을 포기하는 것은 더더욱 어렵다. 그렇다면 대한과 조선을 함께 사용하는 대안밖에 없지 않을까 한다. 양측의 입장을 감안할 때 조선과 한국을 아우르는 '대한조선'이 가장 타당한 국명이라 생각한다.

남북의 국호를 아울러 사용하는 이유는 남북이 구축한 국가 업적과 상징을 버리지 않고 그것을 의식화한 구성원들을 포용하기 위한 것이다. 물론 이것은 과도기적 조치이며, 통일국가 형성 이후 전체 구성원의 자발적 결의에 따라 국호를 언제든지 대한민국이나 조선 혹은 고려로 개칭할 수 있을 것이다. '대한조선'으로 남북 구성원이 함께 통일국가를 경험한 이후 또 다른 차원으로 국가발전을 도모할 시점에 구성원의 합의에 의해 고려와 같은 제3의 국호를 사용하는 것도 가능할 것이다. 그런 의미에서 '대한조선'의 국호 제안은 잠정적이다. 그러나 남북이 당장 통일 단계에 들어가 국호를 결정해야 한다면, 그것은 잠정적이나마 최종 형태로 제안되어야 한다.

종장

남북한 정통성 경쟁의 미래

1. 요약과 결론

남북한의 근대국가 형성 과정은 남북의 민족국가 형성을 향한 경쟁 혹은 투쟁의 과정이라 할 수 있다. 분단 체제하에서 한반도의 남북은 불완전한 나라로 출발했으나, 탈냉전 이후 국가성이 강화되어 완연한 두 독립국가로 변화했다. 태동기에는 '대한'과 '조선' 명칭의 역사적 정통성을 어디서 찾아 계승하느냐의 문제로 경쟁의 초점이 맞춰졌다. 남한은 대한제국의 역사적 전통과 일제강점기 대한민국 임시정부의 법통을 계승하고, 국제연합의 승인을 받은 사실, 조선왕조 500년 동안 중심부였던 서울을 점유하고 있었던 배경 등을 정통성의 원천으로 삼았다. 반면 북한은 대한의 역사성을 거부하고 임시정부의 편협한 지도력을 비판하며 대한의 정통성을 부정했다. 대신 공산주의 항일혁명의 전통과 조선에 대한 대중적 지지를 바탕으로 일제 잔재 청산을 단행함으로써 조선의 명분을 축적했다.

냉전기 남북한의 정치체제는 정치와 경제를 포함한 사회 모든 영역에 심대한 영향을 미치며 대립적 제도와 가치를 확산했다. 자본주의와 사회주의, 자유민주주의와 인민민주주의, 시장경제와 계획경제를 필두로 법제, 발전전략, 교육 정책 등에서 미국과 소련의 모델을 받아들여 적극적인 경쟁을 시작했다. 한국전쟁은 이러한 경쟁을 적대적 체제로 고착화했다. 전쟁을 계기로 남북한은 반공과 반제·반미주의로 '적대적 타자화'를 시도했으며, 이후 등장한 군사정부는 상호 실체와 이념을 극단적으로 부정하는 배타적 민족주의를 한층 강화했다. 특히 북한은 전쟁 피해자를 사회 계급화하며 반제·반미주의를 공고히 구축하는 데 동원했다. 무엇보다 남북한은 전쟁으로 파괴된 산업을 복구하고 경제건설을 일으키기 위해 '추격'과 '주체'라는 상반된 발전전략을 추진했다. 상반된 발전전략은 당시 국제사회의 뜨거운 관심을 모았다. 어느 전략이 성공하느냐에 따라 전 세계 체제 진영의 운명이 좌우될 수 있는 중요한 선택이었다.

1970년대 냉전기 데탕트 상황에 들어선 남북의 두 권위주의 정권은 체제의 정당성 강화를 위해 경제건설을 전면적으로 추진하는 한편, 주체적 민족 해석을 시도함으로써 민족의 분리를 본격화했다. 남한은 삼국통일을 이룬 신라와 이를 주도한 화랑도 정신을 부각한 반면, 북조선은 고구려의 기상과 계급적 영웅성을 부각함으로써 민족 정통성이 각각 남쪽과 북쪽에 있음을 과시했다. 그 결과 한족과 맥족, 신라와 고구려로 민족 해석이 완전히 달라졌다. 이후 1980년대 신권위주의 체제하에서 북한은 고려를 기치로 한 연방제 통일을 제안하며 정통성을 선점하려 했다. 하지만 남한의 경제성장과 민주화의 진전으로 계급주의와 주체 이론에 기반한 제도와 이념이 약화됨으로써 민족 정통성의 명분이 극도로 취약해졌다.

탈냉전기 남북한은 한국과 조선의 국가성이 강화되고 국민의식이 성장하여 명실상부한 민족국가로 전환되었다. 국제 정세의 변화로 공산권의 대한국 수교 및 남북한 동시 유엔 가입이 이루어지고, 대외적으로 국가성을 인정받았으며, 남북기본합의서 체결로 남북이 직접 교류·

왕래하는 새로운 교류협력체제가 형성되었다. 공산권과의 교류와 남북의 교류협력은 냉전기 반공과 반제의 정당성 기반을 약화시켰으며, 경제성과와 민주주의에 대한 새로운 정당성의 요구를 생성했다.

이념의 정당성이 약화되고 남북의 국가성이 강화되자 남북은 민족 담론을 국가의 전면으로 소환하여 본격적인 민족 경쟁을 벌였다. 조선은 조선민족제일주의와 단군, 대동강 문화론으로 대반격을 시도했다. 조선민족의 혈통적 우수성과 평양의 역사성을 부각함으로써 정통성이 '조선'으로 계승되고 있음을 증명하려는 인정 투쟁을 전개한 것이다. 반면, 한국은 한민족을 통일 주체로 등장시키고 경제성장을 바탕으로 한류의 부흥과 세계화를 실현함으로써 '한국'의 우월성을 입증하고자 했다. 그 결과 민주화와 경제발전을 기반으로 세계적 수준의 한류문화를 창조했고, 국가 정당성의 토대를 확고히 마련했다.

세계의 여러 나라에서 종교 분파와 조상은 같으나 서로 다른 전통을 유지하는 경우가 있듯이, 남북한도 단군조선의 같은 뿌리에서 나왔으나 정치적 경쟁 구도의 격화로 서로 다른 역사와 민족전통을 부각, 발전시켰다. 해방 이후 분단국가로 출발하여 지난 80년 동안 국가 건설 과정에서 국가의 정치 이념과 경제제도가 달라졌을 뿐 아니라, 민족자원을 차별적으로 동원하여 민족의 정체성도 달라졌다. 대외관계에서도 미국과 중국이 남북에 절대적 영향을 미치는 환경으로 달라져, 이제 남북한은 한국과 조선이라는 완연히 다른 두 나라로 굳어졌다. 아직 법적으로는 전 국토를 자국의 영토로 주장하고 헌법에도 그렇게 규정하고 있으나 한국과 조선의 외연은 선명해졌다.

앞으로 다가올 21세기 후반은 한국과 조선이 통일을 향하여 치열한 정통성 경쟁을 진행하는 시기가 될 것이다. 한국과 조선으로 달라진 남북한의 정체성이 이념과 외교, 경제와 교육, 역사와 문화 등 여러 면에서 충돌하며 갈등을 일으킬 것은 자명하다. 정체성의 갈등과 투쟁은 핵 문제와 인권 문제, 빈곤 문제 등 정치적으로 민감하고 복잡한 주제와 얽혀 있어 단숨에 결판을 내기는 쉽지 않다. 특히 통일국가의 정체성을 좌우하는 국호 결정에서는 사활을 건 투쟁이 예상된다. 갈등을 극복하고 통합적 민족국가를 건설하기 위해서는 민주적 연합과 연대의 기술, 평화와 협력의 지략이 필요하다. 무엇보다 그간 남북이 구축해 온 한국과 조선의 정체성과 현실을 인정하여, 과도기적으로 양국의 국호를 대한조선으로 병기하는 것은 공존과 평화의 출발점이 될 것이다.

2. 성찰적 논의

정치와 경제, 외교 등 여러 영역에서의 남북 간 제도 경쟁은 일단락된 듯 보이나, 안으로 들어가면 경쟁은 여전히 지속되고 있으며 갈등과 논란이 잠복해 있다. 남북이 공히 정통성의 근원으로 삼는 항일의 가치는 남북이 여전히 경쟁하는 주제다. 하지만 이제는 남북 모두 항일의 가치를 넘어서는 탈식민 가치를 어떻게 창조해야 할지 고민해 보아야 한다. 세계화가 보편적 추세인 21세기에는 외교적 자주와 경제적 자립을 어느 정도 유지해야 하는지, 반공주의와 반제·반미주의를 대체할 새로운 글로벌 가치를 어떻게 만들어 낼 수 있을지, 통일코리아의 핵심 동력이 될 민주주의를 어떻게 발전시키며 민족과 전통자원은 어떻게 융합하고 발전시켜 나가야 할지 모두 쉽지 않은 주제들이다. 남북은 공존과 통합을 위해 경쟁적인 가치와 자원을 어떻게 동원하고 활용할지 면밀히 검토하고 성찰해 볼 필요가 있다.

항일과 탈식민

남북은 식민통치를 겪은 제3세계 국가의 경험을 공유하고 있어 자주와 독립의 가치를 체득하고 있다. 이를 바탕으로 남북 모두 '항일'과 '독립'의 가치를 중시하며 국가의 정통성을 '항일'에서 찾는다. 항일과 독립의 주제는 일본과의 관계 발전이나 경제발전전략의 문제와 맞닿아 있어 국내 정치에서 여전히 강력한 힘을 발휘하고 있다. 남북은 이러한 자원을 민족국가 건설에 지속적으로 동원하고 있어 남북 경쟁이 완전히 끝났다고 말할 수 없다.

남한은 정부 출범부터 '3·1운동 독립정신 계승'을 선포했으며 이를 현재까지 일관되게 유지하고 있다. 정부 수립 당시 '대한민국' 국호가 압도적 다수로 채택될 수 있었던 것도 바로 '대한'의 항일전통 때문이었다. 그러나 남한은 항일의 정신과 전통을 잇는다는 선언에도 불구하고 일제 잔재 청산과 같은 실질적인 조치를 단행하지 않았다. 또 일반대중에게 더 알려진 조선이라는 국호를 북한과 좌익이 채택했다는 이유로 사용을 금지하고 의도적으로 회피했다. 이런 점에서 남한의 항일 정통성은 취약점이 많다.

하지만 탈냉전기에 이를 슬기롭게 극복해 나간 성과도 있다. 특히 냉전기에 일본을 추종하며 진행해 오던 추격발전전략도, 탈냉전 이후에는 중국과 경제관계 확대를 통해 일본 의존도를 낮추고 자체 기술발전을 추진함으로써 극복하고자 했으며, 이를 통해 경제 부문에서 지속 성장의 기반을 갖출 수 있었다. 그 결과 근래 일제 강제징용 문제를 둘러싸고 발생한 일본과의 무역 분쟁에 성공적으로 대처할 수 있었다. 한국이 일본에 경제적 독립성을 강화하며 새로운 '항일독립'의 정통성을 만들어 가고 있는 것은 상당히 성공적인 업적으로 평가할 수 있다. 이러한 부분적 성공에도 불구하고 일본군 위안부 문제와 독도 문제, 역사교과서 왜곡 등 역사적으로 쌓아 온 여러 갈등을 만족스럽게 해결하기는 쉽지 않을 것이다.

조선도 마찬가지로 일제로부터 독립을 쟁취하려는 항일혁명전통을 강조한다. 항일독립운동을 '혁명'으로 승화시켜 정통성의 근원으로 삼고, 일제의 잔재 청산을 철저하고 광범위하게 추진함으로써 항일전통을 정통성의 긍지로 삼는다. 항일전통에 있어서는 조선이 더 많은 정당성을 차지하는 것으로 보인다. 하지만 조선은 항일혁명전통을 김일성의 항일무장투쟁으로 일색화함으로써 정당성의 기반을 편협하게 했다. 또한 북한은 경제발전을 위해 2002년 10월 일본과 수교를 추진했는데, 일본과 수교를 단행할 경우 항일혁명전통은 취약해질 가능성이 있다. 침체된 경제를 활성화하기 위해 일본과의 수교와 경제협력이 불가피한데, 북한은 일본으로부터 식민지 배상금을 받는다는 논리로 취약성을 극복하려 한다.

일본과의 협력은 과거사와 깊이 얽혀 있을 뿐 아니라, 한일 양국의 주제를 넘어 한미 동맹과 북한 핵미사일 문제까지 관련되어 있는 복잡한 주제다. 냉전기 남한은 한일관계에서 경제성장과 안보의 필요성을 공유하며, 과거사 문제를 가능한 한 최소화하려는 방향으로 관리했다. 이런 맥락에서 냉전기에는 북한의 대남 군사도발에 대응하기 위해 한미일 안보협력이 어느 정도 이루어졌다. 하지만 탈냉전기에는 한국의 외교 지평이 중국·러시아 등 공산권으로 확대되고 북핵 문제가 불거지면서 대북전략을 둘러싼 이견과 갈등이 표면화되었다. 특히 북한 핵 문제를 다루기 위한 6자회담이 진행되고 미중 패권경쟁이 가속화되면서 한일 양국의 이해관계는 더 복잡해졌다. 대북 정책에 공조하기 위해 한일군사정보포괄보호협정(GSOMIA)을 체결했지만, 대북 강경입장을 견지하는 일본과 북한의 변화를 유도하려는 한국 사이에는 상당한 괴리가 존재한다. 대중 정책과 대미 정책에서도 미국과 동맹일체를 추구하려는 일본과 미중 사이에서 위험분산전략을 추구하는 한국 간에 커다란 간극이 존재한다.

갈등이 엄존하는 상황에서 남북 모두 역사적 경험에 근거한 반일 정서에 국민통합과 동원을 의존하려 한다. 남한은 국내 정치 상황이 어려울수록 국민적 지지를 확보하는 데 편리한 '일본 때리기' 정책에 유혹받기 쉽고, 북한도 마찬가지로 미국과 일본을 정치적으로 활용한다. 정치적 위기를 맞을 때마다 항일자원을 동원하여 손쉽게 지지율을 올리고 결속을 도모하고자 하는 유혹을 받는 것은 오늘날에도 항일전통 확립이 여전히 중요한 정책적 과제임을 말해 준다.

일본과의 관계를 개선해야 할 필요성이 커지는 상황에서 남북 모두 항일의 주제를 어떻게 다루어야 할지 고민이 크다. 분명한 것은 항일에 의존하면 정치적 결속은 가능할지 모르나, 발전과 번영의 미래로 나아가기는 어렵다. 다행히 역사 문제로 인한 갈등이 여전히 존재하는 상황에도 일본을 방문하는 한국인 관광객 수는 2012년 204만 명에서 2018년 754만 명으로 증가했고 인적 교류가 확대됐다. MZ세대를 중심으로 일본문화에 대한 젊은 세대의 우호적 인식도 높아지고 있다. 한국과 일본은 민주주의와 시장경제라는 가치를 공유하고, 사회발전의 측면에서도 고령화와 세대 문제 등 함께 고민하고 풀어가야 할 공통 주제들이 많다. 이러한 문제를 풀기 위해 한국과 조선 모두 머리를 맞대어 항일의 가치를 넘어서는 탈식민 가치의 창조를 적극 모색할 필요가 있다.

무엇보다 우리는 미래세대의 관점에서 글로벌 차원으로 시야를 확장해야 한다. 기성세대는 역사적 경험 때문에 항일을 넘어서는 탈식민 사유를 하기 어려운 측면이 있다. 하지만 MZ세대를 중심으로 한 젊은 세대는 일본과 대등한 인식하에 서로의 문화를 향유할 수 있는 사고를 갖고 있다. 글로벌 차원으로 시야를 넓히면 에너지와 기후변화,

신종 전염병 등 여러 주제를 함께 논의하며 협력을 구가할 수 있다. 남북은 거듭되는 한일관계의 교착과 북일 수교 실패의 경험을 함께 나누며, 미래세대를 위해 일본과의 관계를 재정립하는 계기를 발전시켜 나갈 필요가 있다. 지난날 한국과 조선이 집착했던 항일의 역사적 의미를 동원하되, 저항적 항일에 머무르지 않고 포용의 탈식민 가치를 창출하는 데로 나아감으로써 공존과 통합의 가능성을 새롭게 열어가야 한다.

신냉전 국제질서 속에서 자립과 민족주의

국가 정당성에 영향을 미치는 제도와 이념은 다분히 경제적 성과로 입증된다. 이런 점에서 남북한의 국가 정당성은 가장 먼저 경제발전으로부터 확보된다고 할 수 있다. 한국전쟁 직후 구축된 남한의 추격 모델과 북조선의 주체 모델은 완전히 상반된 국가 발전전략이다. 당시 제3세계가 채택할 수 있는 발전전략은 남한의 추격 모델처럼 세계 자본주의 체제에 편입되어 선진 자본주의 국가와 관계를 밀착하는 가운데 선진국의 경험을 배우는 방식이나, 북조선의 주체 모델처럼 세계 자본주의 체제와 단절하고 자립적인 발전방식을 추구하는 것이었다. 남한은 일본의 경험을 차용하는 추격발전을 선택했고, 북조선은 종속 이론이 주장하는 자립적 주체발전전략을 선택하여 경쟁했다. 사회주의권의 붕괴로 북조선의 주체발전전략은 실패로 귀결되고 남한의 추격발전전략은 성공을 거두어 세계 10위의 경제대국을 이루었다. 이러한 경제적 성과로 한국의 국가 정당성은 조선을 압도하며 한국의 정통성을 확립했다.

하지만 식민통치의 역사적 경험을 갖고 있는 한국과 조선에는 자주와 자립에 대한 국민적 정서가 여전히 존재한다. 특히 조선은 만성적 경제침체에도 불구하고 '자력갱생'을 다시 추구하고, 자주·자립·자위에 입각한 주체사상 국가 이데올로기로 국가 정당성을 강화해 나가고 있다. 특히 최근 전 세계적으로 미중 갈등이 고조되고 신냉전 국제질서가 확산되면서 에너지와 식량은 물론 반도체와 IT 등 첨단기술산업에서도 자국보호주의가 위력을 떨치고 있다. 하지만 국가주의가 맹위를 떨치고 있는 2020년대 한국의 에너지 대외 의존도는 98%이고, 식량 자급률은 23%밖에 되지 않는 상황이며, 많은 국민이 불안감을 갖고 있다. 중국이나 일본의 무역보복에 취약한 경제 구조를 갖고 있어 자립 구조의 확립이 필요한 상황이다.

세계화가 보편적 추세인 국제사회에서 외교적 자주 노선과 경제적 자립을 어느 정도로 유지해야 하는가는 끊임없는 논쟁의 주제다. 이 둘 사이에서 한반도 실정에 맞는 균형점을 찾는 일은 쉽지 않다. 국제협력이 대세인 21세기에 한반도의 정치·문화적 특수성을 고려한 통일국가의 정체성을 확립하는 일과 보편 가치에 기초한 국제협력을 증진하는 일 사이에서 어떻게 균형을 잡아야 할 것인가는 대단히 중요한 과제다. 국제협력을 증진하되 코리아의 정체성을 유지하고, 자국보호주의에 대비하여 교육 등 사회의 대외개방과 대외 경제 의존도를 어느 정도로 유지하며 자립성을 높여야 할지 진지하게 고민해야 한다.

또한 미중 패권경쟁의 격화로 신냉전의 대립적 국제질서가 지배하는 현실에서 남북관계도 극도로 악화된 상황에 있다. 탈냉전 직후 한국이 공산주의권과 수교를 단행한 것과 달리, 북한은 미국·일본과 국교를 수립할 기회를 상실했다. 다행히 2018년 6월 북한은 미국과 정상회담을 단행하여 적대관계를 청산하고 새로운 평화체제 수립을 공개적으로 선언했으나, 이는 2019년 2월 하노이에서 좌절되고 말았다. 최근 러시아와 우크라이나 전쟁과 북한의 핵무장으로 남북협력은 더욱 어려워졌다. 북한은 한국과 미국에 '대적 투쟁'을 공개적으로 선언했고, 핵선제 공격 가능성도 시사했다. 이에 대해 한국은 북한의 비핵화를 위해 노력을 기울였으나, 최근에는 북한의 비핵화가 단기적으로 어렵다고 판단하고 미국의 확장 억제력을 바탕으로 '공포의 균형'을 유지하는 쪽으로 방향을 선회했다. 북한과의 협력보다 일본과의 군사협력과 한미 동맹을 강화함으로써 신냉전 국제질서에 대응하겠다는 전략을 구사하는 것이다. 따라서 민족주의는 심각한 난관에 부닥쳐 있다.

이러한 국면에서 어떤 대안으로 통합국가의 정당성과 정체성을 확보할 수 있을지 고민이 커진다. 한반도 평화협정 체결 과정에는 미국과 중국이 정전협정 당사자 자격으로 참여할 터고, 미국과 중국을 만족시킬 통일국가를 실현하려면 반공과 반제를 대체하는 새로운 가치와 정체성이 필요하다. 한국이 선택할 수 있는 대안은 주변국의 원심력을 약화시키면서 남북의 구심력을 강화하는 종축외교를 확대하는 것이다.[1] 문재인 정부에서 신남방 정책과 신북방 정책을 추진한 것도 그 때문이다. 미중 대립이 당분간 지속될 것으로 예상되는 상황에서 한국이 틈새를 파고들 수 있는 길은 한편으로 아세안(ASEAN)과 인도와의 협력을 강화하고, 다른 한편으로는 북한과 러시아 및 중앙아시아 국가들과 협력을 확대하는 것이다.

신냉전의 대립적 국제질서에서 생존의 길을 찾으려면 평화의 복합 구상과 전략이 필요하다.[2] 즉 힘으로 평화를 유지하면서 외교적 대화와 협상으로 관계개선을 도모하는 평화조성을 시도하고, 그것을 실질적으로 담보하는 평화구축을 동시에 추진해야 한다. 안보 문제에서는 미국의 확장 억제력의 도움을 받거나 첨단무기로 선제 공격을 하는 등 준비를 하면서 킬체인(Kill-Chain)과 KAMD, KMPR 등 3축체제를

1 윤영관, 『외교의 시대』(서울: 미지북스, 2015).

2 김병로, 『한반도發 평화학: 통일이 평화를 만나다』(서울: 박영사, 2021), pp. 213-232.

구축하는 것도 필연적이다. 하지만 거기에만 올인해서는 안 된다. 외교 협상과 대화를 시작해야 한다. 중국의 쌍중단과 쌍궤병행, 러시아의 평화협정과 관계 정상화 우선 대안을 포함하여 핵동결과 감축을 어떻게 할 것인가를 고민해야 한다. 이것은 미국의 이해관계와 직결되어 있어 쉽지 않다. 그렇지만 분명한 것은 평화는 힘으로 지켜야 하고 지키는 데서 시작하지만, 거기서 끝나면 파멸이다. 외교대화와 협상을 통해 관계개선에 기초한 평화를 조성하고, 그것을 실질적으로 담보하는 평화구축을 추진해야 한다. 단선적 해법을 넘어선 평화의 복합적 사유와 전략이 필요하다. 트럼프 전 대통령처럼 주한미군을 철수하려 한다면 무엇을 준비해야 할지도 생각해야 한다. 이 과정에서 경제협력과 문화교류를 어떻게 연계하여 활용할 것인지, 3차원의 입체적 문제해결을 시도해야 한다.

조선은 신냉전의 국제 정세 속에서 사회주의 국제연대를 추구하고 사회주의 체제에 대한 정당성을 주장한다. 이러한 흐름을 타고 조선은 평등의 가치를 앞세우며 사회주의를 대안으로 주장할 가능성이 높다. 여러 문제를 노정하고 있는 후기 자본주의 체제에 대한 대안으로 사회주의를 주장하거나, 적어도 서로 다른 체제의 공존을 표방하고 나설 개연성이 크다. 중립국가를 선포하며 가치와 노선을 중립화하자는 의견도 있으나, 앞으로는 중립화를 넘어 세계가 공감하고 세계를 선도하는 새로운 글로벌 가치를 모색해야 할 것이다. 사회주의와 자본주의의 체제를 어떻게 융합하고 넘어서야 하는지는 지금부터 숙고해야 할 주제다.

극우 포퓰리즘과 민주주의

남한에서는 정치 민주화가 성공적으로 진행되어 자유민주주의 가치가

인민민주주의를 압도하는 상황이 되었다. 동유럽 공산주의 체제가 붕괴되자, 정치적으로 인민민주주의와 중앙집권적 민주주의의 정당성은 약화되고 공산주의 '독재'정치제도는 경직성의 문제를 드러냈다. 중국과 베트남과 같은 공산주의 국가들은 다원주의 정당과 복수후보 경쟁 등 자유민주주의 가치를 도입하고 있으며, 세계의 정치제도는 민주화되는 추세에 있다. 조선도 민주화의 방향으로 변화해야 하는 상황이다. 따라서 정치 민주주의 측면에서 한국의 국가 정당성은 조선에 비해 월등하다.

하지만 전쟁의 위기 속에서 독재와 권위주의 심리는 여전히 작동한다. 탈사회주의 혁명 과정에서 드러난 극우 포퓰리즘이나 코로나19의 전세계적 팬데믹 상황에서 서구 민주주의 국가가 보여준 난맥은 자유민주주의에 대한 회의론을 촉발했다. 극우·극좌 포퓰리즘은 현대 사회의 병리적 현상으로 간주되며, 나아가 민주주의의 내재적 한계에 대한 심각한 도전으로 인식되기도 한다. 자유민주주의가 절차적 민주성을 중시하다 보니, 다수의 의사를 결집하지 못하는 분파성을 띠는 것도 사실이다. 국가의 통제가 적절히 개입한 나라에서 오히려 전 세계적 위기를 극복한 경험은 자유민주주의가 만능의 보검이 아니라는 성찰의 계기가 되었다.

조선은 여전히 공산당 독재를 확고히 견지하고, 그것이 자유민주주의보다 우월한 제도임을 주장한다. 조선은 식민통치와 전쟁의 역사적 경험을 바탕으로 수령제를 정치제도로 정착시켰고, 상명하복의 유일지도체계를 주체적 통치방법으로 정당화했다. 한국의 식민통치와 전쟁의 역사, 북한과의 대립 상황 역시 사람들에게 영향을 미쳐, 민주화를 혼란으로 여기며 권위주의 통치를 선호하는 경향을 생성했다. 전쟁 위기가 상존하는 한반도에서는 평화체제 수립으로 남북 간에 전쟁 위기가 사라지기 전까지 민주주의 가치는 계속 도전을 받을 것이다.

현재 조선에서 사회주의 이데올로기가 급격히 해체된다면, 극우 민족주의(조선민족제일주의)가 사회주의 이데올로기를 대체할 가능성이 높다. 사회주의를 대체하며 급성장하게 될 배타적 민족주의, 극우 민족주의를 어떻게 열린 민족주의, 혹은 국제사회와 소통하는 민족주의로 이어 나갈 것인가 하는 문제를 고민해야 한다. 동유럽 탈사회주의 혁명 과정에는 청소년과 젊은 층 사이에 극우 민족주의 현상이 확산되었는데, 이러한 민족주의가 민족 간 갈등이나 혼란을 야기하지 않도록 청소년과 젊은 세대의 민주주의 교육에 심혈을 기울일 필요가 있다. '조선'에 대한 집착과 '한국'의 가치에 대한 저항이 치열할 것인바, 둘 사이에서 민주적 절차와 방식으로 공존을 인정하며 통일코리아의 국가와 민족, 역사와 사상의 정체성을 만들어 나가야 한다.

권위주의 타파와 민주화는 통일기에 해결하기 힘든 주제가 될 것이다. 수령 1인 독재를 몇 세대 거쳐 온 조선은 민주주의를 혼란으로 생각하고 있어 의식변화를 도모하는 데 많은 어려움이 있다. 조선은 지난 80년 동안 극단적인 권위주의 사회로 전락했고, 이에 발전과 변화를 위한 혁신과 개방이 절실히 필요한 상황이다. 조선에 비해 한국의 경제력이 월등히 앞선 상황에서 통일 과정에는 한국이 더 적극적이고 건설적인 역할을 해야 한다. 이러한 현실을 감안하면 조선은 중기적으로 국제화(globalization)를 통해 국제사회와 소통을 증대함으로써 공존과 민주주의 가치를 학습하는 기회를 가질 필요가 있다.[3] 이는 북한이 국제사회의 규범에 맞게 행동할 수 있도록 국제교류 경험과 기회를 제공하고, 이를 통해 인적자원 역량 강화를 지원하는 정책을 말한다. 김정은 정권도 발전과 혁신을 위해 국제적 진출을 희망하고 있다. 따라서 향후 10~20년 동안 북한의 경제·학술·문화·외교 국제 네트워크를 확

3 박명규 외, 『북한 국제화 2017』(시흥: 서울대학교 통일평화연구원, 2013).

장함으로써 국제사회에 편입할 수 있도록 적극 지원할 필요가 있다.

한국에서는 북한 인권개선 등 보편 가치를 통일·대북 정책에 접목해야 한다는 요구가 커지고, 한계 상황에 이른 한국의 발전 동력의 확보 차원에서 북한과 협력이 필요하다는 현실적 요구도 나온다. 하지만 북한 문제는 단기간에 풀기 어려운 주제다. 남북관계의 밑바닥에 깔려 있는 반북의식과 북한 문제를 향한 피로감도 심각하다. 한국에서는 북한에 대한 두려움과 적대감이 여전히 위력을 발휘하고, 남북에서 국립현충원과 애국렬사릉은 여전히 국가 정통성을 부여하는 중요한 자원으로 작동한다. 특히 조선에서는 반제·반미정서가 여전히 맹위를 떨치고 있어, 조선이 세계화 추세에 어떻게 대처할 것인지는 예측하기 어렵다.

따라서 한국은 남북 문제를 선도할 필요가 있으며, 조선의 개방과 국제화를 통해 민주주의 가치와 규범을 증진할 필요가 있다. 한국 사회 내부적으로 고착화되는 극우주의도 시급히 극복해야 하며, 그 요구에 많은 사람이 공감하고 있다. 형식적 제도를 넘어 의식과 일상에까지 민주주의를 확산해야 할 필요도 안고 있다. 다른 가치를 용인하고 다른 가치와 공존하는 민주적 역량은 미래 통일코리아에 가장 필요한 가치다. 통일코리아의 핵심 가치이자 동력이 될 민주주의를 어떻게 발전시키고 정착시켜 나갈 수 있을지 깊이 고민해야 한다.

지구화 시대의 민족문화와 전통

분단 초기에는 이념과 체제 경쟁이 치열하여 민족과 역사를 동원하는 정체성 강화에 상대적으로 소홀했다. 남북은 세계적 냉전체제의 최전선에 위치하여 자본주의와 사회주의 대항체제의 성격을 띠었다. 따라서 이념 대결에 압도됐고, 민족과 전통에 대한 관심보다는 체제의 정당성을 어떻게 수립하느냐에 매몰되었다. 이념으로 분단된 국가 정체성의 확립이 워낙 중요하고 민감한 주제였기 때문에 남한과 북조선은 경제성과를 도출하는 데 더 힘을 쏟았다. 사회주의와 자본주의, 인민민주주의와 자유민주주의 간의 이념적·정치적 경쟁이 가장 중요한 시기였으며, 우리 민족을 한국으로 호명하든 조선으로 호명하든, 그것은 그리 큰 문제가 되지 않았다. 권위주의 정권은 비로소 정권의 정당성을 확보하려는 차원에서 역사와 민족자원을 동원한 국가 건설을 본격화했다.

하지만 민족전통 논쟁은 해결하기 어려운 끝없는 싸움이 될 가능성이 높다. 경제제도의 성과는 객관적 지표를 사용하여 평가할 수 있지만, 민족 문제는 주관적 해석이 작용하는 부분이 많아 우월성을 입증하기 어렵다. 한민족의 우수성이 경제성장과 정치발전, 문화융성으로 실증되었으나, 우리 민족의 주류가 한민족이며 그 원천이 삼한과 신라에 있는지, 부여와 고구려에 있는지 확증하는 일은 쉽지 않다. 문화예술과 스포츠에서 두각을 나타내는 것을 조선민족의 혈통적 우수성이라 주장하며 민족자원을 동원하는 것은 묵인할 수 있다 하더라도, 제국주의로부터 자주성을 지키고 군사력 강화를 통해 자력으로 자존심을 지킨 데서 조선민족의 우수성과 체제의 정당성을 주장하는 것은 증명하기 쉽지 않다.

민족 담론이 맹위를 떨친 2000년대 이후 한국은 경제성장을 바탕으로 한류의 부흥을 일으켰고 2002년 한일월드컵을 계기로 한국민족주의가 정착되었다. 남한은 88서울올림픽을 기회로 국제적 위상이 상승하여 민족 담론으로 통일 공세를 취했으며, 경제성장과 민주화의 진전으로 국가의 정당성에서 조선을 완전히 압도했다. 경제력과 민주주의를 기반으로 하는 한류는 한반도를 넘어 세계 문화로 성장했으며 조선에까지도 맹위를 떨쳤다. 조선 내 한류의 확산으로 한민족의 세계화가 문화적 통일의 가능성으로 이어지고 있다는 사실은 예상치 않은 결과다. 이제 한국은 과거의 편협한 배타적 민족주의를 넘어 세계와 소통할 수 있는 코리아민족주의로 발전하고 있으며, 한민족의 세계화가 진행되고 있다. 세계와 소통 가능한 보편 문화의 형성이 지구화 시대에 통일코리아를 견인하는 유력한 자원이 될 것이다.

유사한 맥락에서 조선도 김정은 집권 이후 2010년대에 민족 담론을 세계화하기 위한 글로벌 코리아 전략을 추진하기 시작했다. 민족 담론이 수그러들고 국가 담론이 재부상했으며, 우리국가제일주의의 기치 아래 세계와 경쟁을 독려하며 글로벌 코리아로 국제사회에 진출을 시도했다. 특히 조선은 핵 보유국이라는 강국의 위상과 자부심을 바탕으로 사회주의 국제연대와 제3세계와의 교류를 진행하며 주체와 집단주의, 현대화한 전통문화 등을 중심으로 한 '조류(朝流)'의 확산을 희망한다. 한국과 비교할 때 조선식 세계화 담론과 글로벌 코리아 가치인 조류는 아직은 턱없이 미약한 상태에 있지만, 세계적 수준으로 도약하겠다는 조선식 국제화가 진행 중이다. 앞으로 조선의 국제적 위상이 어떻게 발전해 나갈지 관심을 갖고 지켜 볼 필요가 있다.

민족과 전통의 활용을 둘러싼 한국과 조선의 경쟁은 쉽게 끝나지 않을 것이다. 오래전부터 조선은 민족과 전통을 현대적 형태로 발전시켰고, 한국도 전통을 활용한 현대적 한류를 세계적으로 확산하고 있어 나름의 경쟁력을 갖고 있다. 한국과 조선이 공유하는 민족의식이 비록 옅어지고 있다 하더라도, 역사적 경험과 문화적 전통, 가치관을 공유하는 부분이 적지 않으므로 미래 통합과 공존의 차원에서 상호 경쟁과 협력을 도모할 필요가 있다. 한국은 특히 한류문화의 확산 과정에서 세계 보편 가치와 소통 가능한 민족문화전통을 성공적으로 발전시킨 경험이 있다. 조선도 나름대로 문화에 긍지와 자부심이 있으므로 양국의 경쟁과 협력을 기대해 볼 만하다. 이런 점에서 민족문화와 전통에 정당성을 기대는 전략은 여전히 효력이 남아 있다. 초현대문화가 보편적으로 향유되는 세계화 시대에 통일코리아에서 민족과 전통자원을 어떻게 융합하고 발전시켜 나갈지 지혜를 모아야 할 것이다.

3. 전망과 기대

정체성의 분화

남북에 형성된 국가 정체성을 들여다보면 여러 층위와 집단 간에 다른 의식을 형성하고 있음을 볼 수 있다. 일반화한 관념은 여러 형태로 분화되어 존재한다. 국민의식이 다층적으로 형성되어 있다는 사실은 상황을 복잡하게 하면서도, 미래의 통일과 통합에 긍정적 가능성을 열어준다. 한국과 조선의 민족·국가 정체성의 차이가 통일과 통합에 심대한 장애물임은 분명하나, 남북에 존재하는 긍정적 부분을 조합하면 장애를 극복할 수 있다. 국가 수준에서의 남북 간 국가·민족 경쟁을 넘어, 시민사회 내부를 들여다보면 시민사회와 국가 간의 논의에는 상당한 차이가 있고 각 집단 간에도 의식의 차이가 존재한다. 북한 사회는 남한에 비해 상대적으로 단순하고 자율적 시민사회의 공간이 부재하지만, 집단과 세대, 계층 간에 의식 차이가 없는 것은 아니다. 반면 한국 사회에는 진보와 보수 이념이 크게 갈라져 있고 세대와 계층, 젠더 간에도 상당한 차이가 있다.

통일 미래를 준비하기 위해서는 남북 사회 안에 형성될 다원적 국민의식을 정확히 진단할 필요가 있다. 한국은 사회 내부적으로 자율적 시민사회 공간이 확대되면서 국가와 민족의식이 보수와 진보로 확연하게 분화되었다. 진보는 조선을 민족 범주에 포함하여 통일한반도를 구성할 대상으로 인식하는 반면, 보수는 조선을 인정하지 않으며 그에 동조하는 세력도 통일한반도의 구성원에서 제외한다. 보수는 한국 내

진보 집단조차 민족에서 제외하는 듯한 배타주의적 태도를 보이고 있어 보수의 민족 범주는 대단히 좁혀져 있다.

한국 사회의 이념 지형은 대체로 진보 28%, 중도 49%, 보수 27%로 형성되어 있다. 진보와 보수를 가르는 기준에는 국가보안법이나 대북지원과 같은 북한 관련 이슈가 중심을 차지한다. 과거 권위주의 체제 아래서는 민주와 반민주 집단이 대립했고, 권위주의 정권을 교체하려는 시도는 북한의 '적화통일'의 아류로 간주하여 억압됐다. 이처럼 냉전기에는 반공 이데올로기가 권위주의 정권을 정당화하는 기제로 활용되었으나, 탈냉전기에 들어 사회주의 국가와의 수교, 남북교류협력법 등이 실행되면서 북한관이 크게 변화했다. 2022년의 경우 북한을 '협력 대상'으로 보는 사람이 47.9%이며 '적대 대상'은 13.6%, '경계 대상'은 17.7% 등의 의식 지형을 형성했다.

조선은 국가 담론을 국민이 거의 그대로 받아들이는 사회여서 남한만큼 사회 집단 간의 의식 차이가 크지 않다. 그럼에도 세대·지역·계층·성별·이념 간 여러 차이가 존재하는 것은 사실이다. 반제·반미주의에 입각하여 국민을 교육하고 홍보했을 터이나, 다른 한편에서 민족주의 의식을 고취해 왔기 때문에 여러 의식이 혼재돼 있는 것은 자연스럽다. 정권이 남조선을 적대적 대상으로 타자화하고 대립각을 세우는 것과는 달리, 오랫동안 통일을 함께 이루어야 하는 같은 민족으로 학습을 해온 결과라 할 수 있다. 그 결과 2020년 남조선을 '협력 대상'으로 보는 조선 사람은 63%로 많았으며, '적이나 경계 대상'으로 보아야 한다는 사람은 각각 18.3%와 7.3%로 적었다. 절대다수가 남조선을 적대적 타자로 보지 않는다는 사실은 대단히 중요하다.

세대별 차이 또한 뚜렷하게 형성되어 있다. 젊은 세대는 기성세대에 비해 주체사상과 지도자에 대한 지지 등 체제 정체성이 더 강하며, 남한을 향한 적대의식과 경계의식은 더 높다. 남한 선호도는 40대 연령층에서 가장 높은데, 이 세대는 '고난의 행군세대'로 부를 수 있는 집단이다. 가치관 형성에 민감한 청소년기에 집단 아사 등 대규모 식량난을 경험하고 사회 해체의 경험을 했기에, 북한체제에 대한 비판의식이 강하고 남한 선호도는 상대적으로 높은 편이다. 남한문화에 대한 선호도는 젊은 세대에서 매우 높다. 특히 한류에 자주 접촉하는 비율은 평균 43%를 기록하는데, 젊은 층의 선호가 뚜렷하다. 젊은이들이 한류에 접촉함으로써 사상의식이 해이해진다고 판단하여 '반동사상문화배격법'과 '청년교양보장법'을 제정할 만큼, 청년들이 한류에 심취하는 경향이 크고 이에 정치적 영향을 받고 있다.

성별 간 의식 차이도 존재한다. 여성이 남성보다 남한과 같은 개방적 문화에 더 빨리 적응하고 권위주의 의식에서 빨리 벗어난다. 남성 탈북민이 한국 생활에 제대로 적응하지 못하는 이유도 성별 간 의식 차이 때문이다. 여성의 권리가 신장된 한국문화에 적응하지 못하여 적응에 실패한 탈북 남성이 많다는 사실은 남녀 사이에 국가의식의 차이가 존재할 가능성을 보여 준다. 이런 면에서 남한 사회에 대한 선호와 남한 중심 가치로의 통일에 찬성하는 여성 비율이 높은 것은 예상할 수 있는 결과다.

한국과 조선의 의식 구조가 정부가 의도한 것처럼 단일하지 않으며 이념과 세대, 계층, 지역, 젠더에 따라 다층적으로 분화되어 있다는 것은 미래 통합의 관점에서 매우 긍정적이다. 서로 다른 나라로 인식하면서도 '하나의 조국'으로 인식하는가 하면, 상대에 대한 시각도 적과 동포, 경계와 협력의 상반된 의식이 공존한다. '같은 민족'으로 남북을 바라보는 사람이 있는가 하면, 민족의 관점에서 보지 않는 사람도 많다. 이처럼 복합적이고 다원적인 남북의 의식이 통일 과정에서 어떤 결과를 초래할지 예단하기 쉽지 않으나, 남북에 존재하는 민족의식과 협력의식이 통일의 긍정적 동력으로 활용될 가능성은 여전히 남아 있다.

정통성 경쟁의 창조적 긴장과 시너지

한국과 조선이 명실상부한 민족국가로 발돋움하고 있는 상황에서 통일의 당위성은 점점 희박해져 간다. 한국에서는 43%만이 통일의 필요성에 공감하고 있어 통일의 동력이 많이 상실되었다. 통일이 필요하다고 생각하는 사람 중에도, 그 이유로 '같은 민족이기 때문'이 아니라 '전쟁 방지'나 '선진국 도약' 등 현실적·실용적 이유를 꼽는 사람이 많아졌다. 조선에서는 85%가 통일 필요성에 공감하고 있어 상당히 고무적이나, 안을 들여다보면 남한과 다르지 않다. 통일을 해야 하는 이유에 대해 '같은 민족이기 때문'이라는 응답은 이제 소수에 불과하다. 대신 '더 잘살기 위해'라는 경제적 이유가 가장 많아졌다. 민족주의가 아니라 경제적으로 잘살기 위해 통일의 필요에 공감하는 북한 주민이 부쩍 많아졌다.

이러한 의식의 기저에 상대에 대한 어떤 생각이 깔려 있는지 정확하게 판단해 볼 필요가 있다. 남북의 일반주민은 상호 협력의식이 높으나, 집권층에 대해서는 상호 적대의식이 상당히 심각한 수준으로 존재한다. 남북한이 오랫동안 반공과 반제를 체제의 정당성으로 구축해 왔기 때문이다. 반공을 국시로 형성한 이승만 정부와 5·16군사정변으로 들어선 박정희 정권, 전두환 정권에 이르기까지 반공은 국가의 중요한 이데올로기였다. 그러한 관행이 여전히 존재하고 있어 교류협력 체제로 남북관계가 달라졌음에도 반공과 반북주의는 심화되고 있다.

조선은 더 심각하다. 반미·반제의식과 적대의식이 사회 계급으로 구조화되어 있어 단기간에 이를 해체하기는 불가능하다. 전쟁 피해자들이 상류 기득권을 형성하고 있는 상황에서 반미·반제의식은 남북 간 교류협력을 증진한다 해도 쉽게 바뀌지 않는다. 오히려 교류협력 과정에서 갈등과 마찰이 발생할 우려가 있어 기존의 적대의식을 강화할 가능성이 크다.

민족 개념도 달라졌다. 한국 국민과 조선 인민은 국가를 생각하는 내용이 완전히 다르다. 단군의 후손이라는 큰 틀에서는 동일 민족의식을 갖고 있다. 같은 언어로 자유롭게 소통할 수 있는 장점도 있다. 하지만 단군 이후의 역사는 남방계와 북방계 민족으로 확연히 다른 것으로 인식한다. 남북은 단군의 자손임은 공유하나 이후 다른 부족국가의 전통을 잇는다고 주장한다. 부여와 진국, 발해와 신라 등으로 정통성을 각각 다르게 잇는 것으로 생각한다. 조선민족제일주의의 핵심은 북조선이 경제력에서 정당성을 상실하자, 단군을 선점하여 민족 담론으로 우위를 점하려는 목적에서 전개한 전략이라는 것이다. '조선 민족'을 '우리 민족'이라 하면서 우리 민족의 범주를 어떻게 정하는가는 정확하지 않다. 우리 민족은 단군을 시조로 하는 남북 코리아 구성원 전체를 상정하는 단어겠으나, 북조선의 사회주의·계급주의 관점으로 역사와 민족을 보지 않는 사람들은 어떻게 간주하는지 알 수 없다. 넓게 보아 관념적으로는 코리아반도 남쪽 지역에서 흥왕한 진국과 삼한, 한민족을 포함한다 하더라도, 실제로 그 민족의 다수가 형성하는 대한민국 구성원은 어떻게 간주하는지는 확인해 보아야 한다.

그런 의미에서 조선이 추진하는 우리국가제일주의는 보다 명확하다. 즉, '우리 국가'인 조선공화국을 '그들'인 대한민국 혹은 남조선과 분리하는 것이다. 민족과 국가 정체성은 '우리'와 '그들'을 분리하여 타자화하고 자기 정체성은 강화함으로 형성된다. '우리 국가'는 당연히 조선공화국을 의미하고 대한민국과 남조선은 '다른 나라'가 되었으므로 우리와 그들은 완전히 분리된다.

이렇게 현실이 달라졌음에도 한국과 조선은 여전히 '같은 민족', '하나의 민족'임을 주장한다. 남북이 만나 대화하는 자리마다 '우리는 하나다'라는 구호를 외치며 감성을 공유한다. 혈통과 언어, 역사와 문화는 분명히 남북이 공유하고 그 실체도 확실히 존재한다. 하지만 한국과 조선은 민족을 해석하는 방식과 내용이 완전히 달라 공유할 수 있는 부분이 많지 않다.

차이와 다름에도 불구하고 남북이 그것을 두고 여전히 대화를 할 수 있다는 점에서 남과 북은 민족의식을 공유한다고 할 수 있다. 비록 그것이 상상의 공동체로 존재한다 하더라도 끊임없이 토론할 수 있다는 것 자체가 같은 민족의 가능성을 열어 준다. 신라의 삼국통일에 대해 한국과 조선이 다르게 해석하고 부여와 고구려, 발해의 역사를 다른 시각으로 해석한다 하더라도, 신라와 고구려, 발해를 주제로 토론이 가능하다. 정치 이념과 민족의 이질화에도 불구하고 역사와 문화, 혈통과 언어를 소재로 대화할 수 있는 여지가 있다는 것은 고무적이다. 이 주제를 두고 중국이나 일본과 대화를 할 때와는 전혀 다른 공감대를 가질 수 있기 때문이다. 관점이나 해석이 완전히 같지는 않으나 그것을 주제로 토론할 수 있는 정도의 역사의식을 공유하고 있다는 점에서 남북은 광의의 '같은 민족'임에는 틀림없다.

물론 현실에서 한국은 북한보다 미국을 훨씬 더 가까운 나라로 인식하고, 조선 역시 남조선보다 중국을 더 선호하는 상황이다. 이러한 감정의 이동은 한국과 조선의 관계를 어떻게 발전시키느냐에 따라 충분히 가능하다. 또 조선 주민은 중국을 가장 선호하는 국가로 꼽고 한국인의 절대다수는 미국을 가장 선호하는 국가로 꼽는다. 이런 상황에서 중국과 미국에 대해 각각 어떻게 조화롭게 외교관계를 맺어야 할지, 중립국을 표방해야 하는 것인지 등은 통일국가의 정체성 형성에 영향을 미칠 변수다. 이러한 의식은 중국 및 미국과의 경제관계와 외교관계, 문화교류 등의 진전에 따라 달라질 것이어서 사회 전반의 변화와 맞물려 있다. 따라서 통합국가 건설 과정에서 국가와 민족 정체성을 어떻게 확립할 것인가를 지금부터 진지하게 논의하고 준비해야 한다.

어떻게 이상과 현실 사이 간극을 좁히고 이를 공감대로 채워 나갈지는 한국이 감당해야 할 몫이다. 역사가 늘 그랬듯이 도전과 갈등에 어떻게 대응하고 통합해 나가느냐에 따라 새로운 창조와 도약의 기회가 마련될 것이다. 한국의 경제력과 민주적 역량은 세계적 수준으로 올라와 있고, 한국문화는 아시아를 넘어 유럽까지 전 세계에 영향을 미치고 있다. 이제 남은 것은 조선이다. 다행히 조선에도 한류가 확산되고 있고 청년들의 관심도가 높다. 조선과 어떻게 소통하며 공존하는 문화를 만들 수 있을까. 한국과 조선의 문화를 융합한 새로운 글로벌 한류를 만든다면 통일의 미래는 머지않다. 한민족과 조선민족의 융합을 실현함으로써, 우리 시대에는 130년 전 고종이 열강의 거센 압박 속에서도 '대한'민족을 재발견하고 나라를 일으키며 염원했던 21세기 코리아 민족국가의 열망을 이루기를 기대한다.

참고문헌

강만길. 2018.『조선 민족혁명당과 통일전선』. 파주: 창비.

강원택. 2007.「한국인의 국가 정체성과 민족 정체성: 대한민국 민족주의」. 강원택 편.『한국인의 국가 정체성과 한국 정치』. 서울: 동아시아연구원.

_____. 2011.「한국사회의 국가 정체성과 민족 정체성의 변화」. 강원택·이내영 편.『한국인, 우리는 누구인가? 여론조사를 통해 본 한국인의 정체성』. 서울: 동아시아연구원.

강응천. 2019.『국호로 보는 분단의 역사』. 파주: 동녘.

강창일. 1993.「일본에서는 한, 조선, 고려가 어떻게 사용되었나」.『역사비평』통권23호.

강혜석. 2020.「북한 민족주의론의 분화와 진동(1980-1997): 이중 통치의 부상과 정치적 계승을 중심으로」.『아태연구』제27권 1호.

고지수. 2002.「북의 국립현충원 혁명렬사릉과 애국렬사릉」.『민족21』통권16호.

공명성. 2004.「단군과 배달민족」.『민족문화유산』제13권 1호.

과학백과사전종합출판사. 1989.『위대한 수령 김일성 동지의《세기와 더불어》학습 사전 1』. 평양: 과학백과사전종합출판사.

과학백과사전출판사. 1982.『백과전서』제1권. 평양: 과학백과사전출판사.

_____. 2004.『조선말 대사전』. 평양: 과학백과사전출판사.

과학력사사전출판사. 1982.『위대한 수령 김일성 동지의 로작 용어사전』. 평양: 과학력사사전출판사.

구갑우. 2018.「한반도 민족 개념의 분단사」. 구갑우·이하나·홍지석.『한(조선)반도 개념의 분단사: 문학예술편 1』. 서울: 사회평론아카데미.

국가기록원. '정부 수립과 유엔'. https://theme.archives.go.kr/next/unKorea/ establishment.do.

국가정보원. 2010.『북한 법령집 上』. 서울: 국가정보원.

국가통계포털. "국민계정." KOSIS 국가통계포털. https://kosis.kr/index/index.do.

국방군사연구소. 1998.『건군 50년사』. 서울: 국방군사연구소.

국방부. 2014.『2014 국방백서』. 서울: 국방부.

국방일보. 2013.「한반도의 38도선 분할」,『국방일보』(4. 23).

국사편찬위원회. 1995.『고종실록』36권. 고종 34년(1897) 10월 11일.

_____. 1995. 『고종실록』 36권. 고종 34년(1897) 10월 13일.
국사편찬위원회 편. 2005. 『대한민국 임시정부 자료집 2: 임시의정원 I』. 과천: 국사편찬위원회.
국토통일원. 1988. 『남북대화백서』. 서울: 국토통일원.
_____. 1990. 『유엔 가입 문제와 관련 남북한 실무대표 접촉 회의록』. 서울: 국토통일원.
_____. 1991. 『남북대화』 51호. 서울: 국토통일원.
권오영. 1990. 「원시 시대의 인식체계」. 안병우·도진순 편. 『북한의 한국사 인식 I』. 파주: 한길사.
권오헌. 2010. 「역사적 인물의 영웅화와 기념의 문화정치: 1960~1970년대를 중심으로」. 고려대학교 박사학위 논문.
기미야 다다시. 2008. 『박정희 정부의 선택: 1960년대 수출지향형 공업화와 냉전체제』. 서울: 후마니타스.
김경원·임현진. 1995. 『세계화의 도전과 한국의 대응』. 파주: 나남.
김경찬. 2009. 「평양의 동명왕릉은 고구려 시조 동명성왕의 무덤」. 『민족문화유산』 제36권 4호.
김동노. 2010. 「박정희 시대 전통의 재창조와 통치체제의 확립」. 『동방학지』 150호.
김동춘. 2002. 「시민운동과 민족, 민족주의」. 『시민과 세계』 1호.
김명섭. 2011a. 「대한제국의 역사적 종점에 관한 재검토」. 『한국정치외교사 논총』 제32집 2호.
_____. 2011b. 「한국의 국제적 탄생과 성장」. 남성욱 외. 『한국의 외교안보와 통일 70년』. 성남: 한국학중앙연구원출판부.
_____. 2016. 「조선과 한국: 두 지정학적 관념의 연속과 분화」. 『한국정치연구』 제25권 1호.
김민·한봉서. 1985. 『주체사상총서 9』. 평양: 사회과학출판사.
김범수. 2019. 「북한 주민은 '우리 국민'인가?」. 『통일과평화』 제11집 2호.
김범수 외. 2021. 『2020 통일의식조사』. 시흥: 서울대학교 통일평화연구원.
_____. 2022. 『2021 통일의식조사』. 시흥: 서울대학교 통일평화연구원.
김병로. 1992. 「남북한 사회 경제 발전 모델의 비교(Ⅱ)」, 『北韓硏究』 제3권 2호.
_____. 1993. 『김일성 저작 해제』. 서울: 민족통일연구원.
_____. 1997. 「아시아 사회주의 체제의 발전과 민주화」. 『성균사회학』 2호.
_____. 1999. 『북한의 지역자립체제』. 서울: 통일연구원.
_____. 2000. 「한국전쟁의 인적 손실과 북한 계급정책의 변화」. 『통일정책연구』 제9권 1호.
_____. 2013. 「분단체제와 분단효과: 남북관계의 상호작용 방식과 영향 분석」. 『통일문제연구』 제25권 1호.
_____. 2014. 「통일환경과 통일 담론의 지형변화: 정부 통일방안을 중심으로」. 『통일문제연구』 제26권 1호.

_____. 2016. 『북한, 조선으로 다시 읽다: 북녘에 실재하는 감춰진 사회의 심층분석』. 서울: 서울대학교출판문화원.
_____. 2017. 『다시 통일을 꿈꾸다: 한반도 미래 전략과 '평화연합' 구상』. 서울: 모시는사람들.
_____. 2021. 『한반도發 평화학: 통일이 평화를 만나다』. 서울: 박영사.
_____. 2022. 「김정은 시대 북한의 사회변동」. 『김정은 시대 북한 사회문화변동』(서울대학교 통일평화연구원·한국문화관광연구원 공동학술회의, 5. 11).
김병로 외. 2022. 『김정은 집권 10년 북한 주민 통일의식』. 시흥: 서울대학교 통일평화연구원.
김병로·이장로 편. 2012. 『체제 전환국의 경험과 북한 교육개혁방안』. 파주: 한울.
김병로·전재성·박인휘. 2018. 『한국형 발전 모델의 대외관계사』. 고양: 인간사랑.
김병연·정승호·김성희. 2021. 「남한·북한 이탈 주민의 국민 정체성: 통독 사례와의 비교」. 『통일과 평화』 제13집 1호.
김병호·오상순. 2001. 「중국 내에서의 조선족 사회의 위치」. 김강일·허명철. 『문화우세와 발전전략』. 옌지: 연변인민출판사.
김삼웅. 1999. 『한 권으로 보는 해방 후 정치사 100장면』. 서울: 가람기획.
김상기. 1959. 『우리나라 역사』. 서울: 장왕사.
김석형. 1960. 「8·15해방 후 조선 력사학계가 걸어온 길」. 『력사과학』 6호.
김선호. 2020. 『조선인민군: 북한 무력의 형성과 유일체제의 기원』. 서울: 한양대학교출판부.
김성보. 2009. 「남북국가 수립기 인민과 국민 개념의 분화」. 『한국사연구』 제144권.
김성환 외. 1984. 『1960년대』. 서울: 거름.
김소영. 2010. 「대한제국기 '국민' 형성론과 통합론 연구」. 고려대학교 박사학위 논문.
김영수. 2000. 『한국 헌법사』. 서울: 학문사.
김영진. 1992. 「당의 령도를 충성으로 받들어 나가는 것은 조선민족제일주의 정신을 높이 발양시키기 위한 결정적 담보」. 『철학연구』 1호.
김영호. 2014. 「대한민국 정부 승인과 외교 기반 구축」. 김용직 편저. 『대한민국 정부 수립과 국가체제 구축』. 서울: 대한민국역사박물관.
김유경·김유신·박성현. 2010. 「국가 정체성(National Identity)의 정립을 위한 이론적 접근: Korean Dynamism의 철학적, 역사적 의미에 대한 고찰」. 『커뮤니케이션학 연구』 제18권 2호.
김인걸 외. 1998. 『한국 현대사 강의』. 파주: 돌베개.
김일 외. 1979. 『붉은 해발 아래 항일혁명 20년 2권』. 평양: 조선로동당출판사.
김일성. 1948. 「반동적 남조선 단독정부 선거를 반대하고 조선의 통일과 자주독립을 쟁취하기 위하여」(북조선 민전중앙위원회 제25차 회의에서 한 연설, 3. 9). 『김일성 저작집 4』. 평양: 조선로동당출판사(1979).
_____. 1949. 「조국통일 민주주의 전선 결성에 대하여」(조선로동당 중앙위원회 제6차 회의

에서 한 보고, 6. 11). 『김일성 저작집 5』. 평양: 조선로동당출판사(1980).

_____. 1955.「사상사업에서 교조주의와 형식주의를 퇴치하고 주체를 확립할 데 대하여」(12. 28). 『김일성 저작집 9』. 평양: 조선로동당출판사(1980).

_____. 1957.「사회주의 진영의 통일과 국제 공산주의 운동의 새로운 단계」(조선로동당 중앙위원회 확대전원회의에서 한 보고, 12. 5). 『김일성 저작집 11』. 평양: 조선로동당출판사(1981).

_____. 1958.「건설의 질을 높이기 위하여」(평양시 건설자회의에서 한 연설, 12. 25). 『김일성 저작집 12』. 평양: 조선로동당출판사(1981).

_____. 1961.「조선로동당 제4차 대회에서 한 중앙위원회 사업총화보고」(9. 11). 『김일성 저작집 15』. 평양: 조선로동당출판사(1981).

_____. 1966.「현 정세와 우리 당의 과업」(조선로동당 대표자회에서 한 보고, 10. 5). 『김일성 저작집 20』. 평양: 조선로동당출판사(1982).

_____. 1967.「국가 활동의 모든 분야에서 자주 · 자립 · 자위의 혁명정신을 더욱 철저히 구현하자」(조선민주주의공화국 최고인민회의 제4기 제1차 회의에서 발표한 조선민주주의인민공화국 정부 정강, 12. 16). 『김일성 저작집 21』. 평양: 조선로동당출판사(1983).

_____. 1968.「조선민주주의인민공화국은 우리 인민의 자유와 독립의 기치이며 사회주의, 공산주의 건설의 강력한 무기이다」(조선민주주의인민공화국 창건 스무돐 기념 경축대회에서 한 보고, 9. 7). 『김일성 저작집 22』. 평양: 조선로동당출판사(1983).

_____. 1969.「사회주의 경제의 몇 가지 리론 문제에 관하여」(3. 1). 『김일성 저작집 23』. 평양: 조선로동당출판사(1983).

_____. 1972a.「조국통일의 3대 원칙에 대하여」(북과 남 사이의 고위급 정상회담에 참가한 남조선측 대표들과 한 담화, 5. 3, 11. 3). 『김일성 저작집 27』. 평양: 조선로동당출판사(1984).

_____. 1972b.「우리 당의 주체사상과 공화국 정부의 대내외 정책의 몇 가지 문제에 대하여」(일본《마이니찌신붕》기자들이 제기한 질문에 대한 답변, 9. 17). 『김일성 저작집 27』. 평양: 조선로동당출판사(1984).

_____. 1973a.「민족의 분렬을 방지하고 조국을 통일하자」(체스꼬슬로벤스꼬 사회주의 공화국 당 및 정부 대표단을 환영하는 평양시 군중대회에서 한 연설, 6. 25). 『김일성 저작집 28』. 평양: 조선로동당출판사(1984).

_____. 1973b.「조국통일 5대 방침에 대하여」(조선로동당 중앙위원회 정치위원회 확대회의에서 한 연설, 6. 25). 『김일성 저작집 28』. 평양: 조선로동당출판사(1984).

_____. 1973c.「일본《이와나미》서점 상무취체역 총편집장과 한 담화」(9. 19). 『김일성 저작집 28』. 평양: 조선로동당출판사(1984).

_____. 1974.「우리나라의 정세와 재일본 조선청년동맹의 과업에 대하여」(9. 24). 『김일성 저

작집 29』. 평양: 조선로동당출판사(1985).
_____. 1977.「총련지부와 분회를 강화하며 각계각층 군중과의 사업을 잘할 데 대하여」(9. 12).『김일성 저작집 32』. 평양: 조선로동당출판사(1986).
_____. 1980.「조선로동당 제6차 대회에서 한 중앙위원회 사업총화보고」(10. 10).『김일성 저작집 35』. 평양: 조선로동당출판사(1987).
_____. 1983.「주체사상을 구현하기 위한 조선 인민의 투쟁에 대하여」(6. 30).『김일성 저작집 38』. 평양: 조선로동당출판사(1992).
_____. 1984a.「남남협조와 대외 경제사업을 강화하며 무역사업을 더욱 발전시킬 데 대하여」(조선민주주의 인민공화국 최고인민회의 결정, 1. 26).『김일성 저작집 38』. 평양: 조선로동당출판사(1992).
_____. 1984b.「독립채산제를 바로 실시하는 데서 나서는 몇 가지 문제에 대하여」(정무원 상무회의에서 한 연설, 11. 13).『김일성 저작집 38』. 평양: 조선로동당출판사(1992).
_____. 1985.「일본 정치 리론잡지《세까이》편집국장이 제기한 질문에 대한 대답」(6. 9).『김일성 저작집 39』. 평양: 조선로동당출판사(1993).
_____. 1993.「구월산을 피서지로 꾸리며 고려 태조왕릉을 개건할 데 대하여」(구월산 피서지구 국토건설 총계획사판과 고려 태조왕릉 형성안을 보고 일군들과 한 담화, 1. 15).『김일성 저작집 44』. 평양: 조선로동당출판사(1996).
김일성종합대학 력사연구소 편. 1963.『조선의 명인(하)』. 평양: 조선청년사.
김재웅. 2018.『북한체제의 기원: 인민 위의 계급, 계급 위의 국가』. 고양: 역사비평사.
김정일. 1985a.「사회주의 건설에서 군의 지위와 역할」.『근로자』 3월호.
_____. 1985b.「민주주의 캄보쟈 주석이 제기한 질문에 대한 대답」(5. 2).『김정일 선집 8』. 평양: 조선로동당출판사(1998).
_____. 1986.「주체사상교양에서 제기되는 몇 가지 문제에 대하여」(조선로동당 중앙위원회 책임일군들과 한 담화, 7. 15).『김정일 선집 8』. 평양: 조선로동당출판사(1998).
_____. 1989.「조선민족제일주의 정신을 높이 발양시키자」(조선로동당 중앙위원회 책임일군들 앞에서 한 연설, 12. 28).『김정일 선집 9』. 평양: 조선로동당출판사(1997).
_____. 1992.「일심단결을 더욱 강화하며 조선민족제일주의 정신을 높이 발양시키자」(조선로동당 중앙위원회 책임일군들과 한 담화, 2. 4).『김정일 선집 13』. 평양: 조선로동당출판사(1998).
김종균. 2006.「독재정권기의 민족주의와 디자인에서의 '한국성'」.『디자인학연구』 제19권 5호.
김진환. 2009.「남북 군사관계 60년」. 이화여자대학교 통일학연구원 편.『남북관계사: 갈등과 화해의 60년』. 서울: 이화여자대학교출판부.
김태윤. 2022.「전후 복구 시기 '수도' 평양의 탄생과 상징 공간의 조성(1953~1956)」.『도시

연구: 역사·사회·문화』 29호.
김학재 외. 2020.『2019 통일의식조사』. 시흥: 서울대학교 통일평화연구원.
_____. 2021.『북한 주민 통일의식 2020』. 시흥: 서울대학교 통일평화연구원.
김학준. 2008.『북한의 역사 제2권: 미소냉전과 소련군정 아래서의 조선민주주의 인민공화국 건국 1946년 1월~1948년 9월』. 서울: 서울대학교출판부.
김한길. 1983.『현대 조선력사』. 평양: 사회과학원 력사연구소.
김한종. 2001.『역사왜곡과 우리의 역사교육』. 서울: 책세상.
김혜수. 1997.「해방 후 통일국가 수립운동과 국가 상징의 제정 과정: 국호, 국기, 국가, 국경일 제정을 중심으로」.『國史館論叢』 75집.
남원진. 2006.「남/북한의 민족, 민족주의, 민족문학론 연구」.『통일 정책연구』 제15권 1호.
남재철. 2019.「漢文學을 통해 되돌아보는 三韓統一의 역사(I): 高麗 시대까지의 漢詩에 나타난 三韓과 三韓統一의 의미를 중심으로」.『韓國漢文學研究』 76집.
노태돈. 1992.「한국 민족의 형성 시기에 대한 검토」.『역사비평』 통권21호.
대한민국국회. 1948.「국회의사속기록」 8호(6. 10). 국회전자도서관『국회의사속기록』 제1권.
_____. 1948.「제헌국회속기록」 21호(6. 30). 국회전자도서관『국회의사속기록』 제1권.
_____. 1948.「국회의사속기록」 22호(7. 1). 국회전자도서관『국회의사속기록』 제1권.
도진순. 1990.「1920년대 민족해방운동사 인식의 추이와 쟁점」. 안병우·도진순 편.『북한의 한국사 인식 Ⅱ』. 서울: 한길사.
독립기념관 20년사 편찬위원회 편. 2007.『독립기념관 20년사』. 천안: 독립기념관.
동아일보. 1946.「정치 자유를 요구, 계급 독재는 절대 반대, 군정청여론국조사」.『동아일보』(8. 13).
두산백과. 2023.「인민혁명당 사건」. http://terms.naver.com/entry.nhn?docId=1136220&cid=40942&categoryId=31778.
로동신문. 1984.「동유럽 방문 후 무역확대 필요성 재천명」.『로동신문』(7. 10).
_____. 2006.「《다민족, 다인종사회》론은 민족말살론」,『로동신문』(4. 27)
_____. 2021.「조선로동당 제8차 대회 4일 회의 진행」,『로동신문』(1. 9).
류승주. 2022.「북한의 민족문화전통과 항일혁명전통 수립(1945~1967)」. 한양대학교 박사학위 논문.
리갑기 편저. 1960.『조선력사 설화집』. 평양: 국립문학예술서적출판사.
리경제. 1991.「독립채산제를 바로 실시하는 것은 공장, 기업소들에서 재정관리를 개선하기 위한 중요 방도」.『근로자』 8월호.
리규린. 1985.「정론: 민족의 징표」.『남조선 문제』 10월호.
_____. 1986.「친애하는 지도자 김정일 동지께서 독창적으로 밝히신 민족의 개념에 대한 리해」.『사회과학』 2호.

리의하 외. 2003. 「동명왕릉과 더불어 길이 전할 이야기」. 『민족문화유산』 제10권 2호.
문동석. 2003. 「초등 역사 교과서에 나타난 민족주의에 대한 비판적 고찰」. 『사회과 교육』 제42권 1호.
문창로. 2007. 「북한의 고대사 인식과 연구경향」. 『한국학 논총』 통권29호.
미국 의회조사국. 1997. 「북한의 국제적 승인에 관련된 법적 분석」. 『전략연구』 제4권 2호.
박광용. 1992. 「대단군민족주의의 전개와 양면성」. 『역사비평』 통권21호.
_____. 1993. 「우리나라 이름에 담긴 역사 계승의식: 한·조선·고려관」. 『역사비평』 통권21호.
박명규. 2006. 「분단체제, 세계화, 평화민족주의」. 『시민과 세계』 8호.
_____. 2007. 「21세기 한반도와 평화민족주의」. 이병천·홍윤기·김호기 편. 『다시 대한민국을 묻는다』. 파주: 한울.
_____. 2009a. 「네이션과 민족: 개념사로 본 의미의 간격」. 『東方學志』 147집.
_____. 2009b. 『국민·인민·시민: 개념사로 본 한국의 정치 주체』. 서울: 소화.
_____. 2009c. 「남북관계와 비대칭적 분단국체제론」. 『통일과 평화』 창간호.
박명규 외. 2013. 『북한 국제화 2017』. 시흥: 서울대학교 통일평화연구원.
박명림. 2009. 「한국의 국가 건설과 국민 형성의 역사적 이론적 고찰: 거시 역사적 해석과 미시 분석적 접근의 결합을 중심으로」. 서울대학교 통일평화연구소 편. 『민족공동체의 현실과 전망: 분단, 디아스포라, 정체성의 사회사』. 시흥: 서울대학교 통일평화연구원.
_____. 2020. 「통일보다 평화, 남과 북은 '국가 대 국가'로 만나야 한다」. 『한겨레신문』(6. 22).
박명수. 2019. 「윌슨의 민족자결주의가 대한민국 임시헌장에 미친 영향: 기독교적 민주주의 국가 건설」. 『성경과 신학』 91집.
박순성 편. 2015. 『통일 논쟁: 12가지 쟁점, 새로운 모색』. 파주: 한울.
박시형. 1962. 「발해사연구를 위하여」. 『력사과학』 1호.
박영규. 1996. 『한 권으로 읽는 조선왕조실록』. 파주: 들녘.
박정희. 1967. 『조국 근대화의 지표: 박정희 대통령 주요 연설문집』. 서울: 고려서책.
_____. 1971. 『민족의 저력』. 서울: 광명출판사.
박찬석. 2011. 「남북한 정통성 논쟁과 국가 정체성 교육」. 『도덕 윤리과 교육』 33호.
박찬승. 2013. 『대한민국은 민주공화국이다: 헌법 제1조 성립의 역사』. 파주: 돌베개.
박창식. 2002. 「대동강 류역의 고대 부락 건축」. 『민족문화유산』 제6권 2호.
박창욱. 1993. 「중국에서는 한, 조선, 고려가 어떻게 사용되었나」. 『역사비평』 통권23호.
박태균. 2005. 『한국전쟁』. 서울: 책과함께.
_____. 2007. 『원형과 변용: 한국 경제개발 계획의 기원』. 서울: 서울대학교출판부.
박혁·정의현. 2019. 「왜 '대한민국'인가?: 국호 '대한민국'의 의미와 유래」. 『이슈브리핑』 9호.
박현채. 1993. 「통일조국의 국호를 제안한다: 최초의 민족통일국가였던 '고려'를 국호로」. 『역사비평』 통권23호.

박효종. 1991.「남북한 체제의 경쟁적 현대화」. 이용필 편저.『남북분단과 사상적 갈등』. 고양: 인간사랑.
백낙청. 1994.『분단체제 변혁의 공부길』. 파주: 창작과비평사.
백동현. 2010.『대한제국기 민족 담론과 국가 구상』. 서울: 고려대학교 민족문화연구원.
베네딕트 앤더슨. 윤형숙 역. 2003.『상상의 공동체: 민족주의의 기원과 전파에 대한 성찰』. 파주: 나남.
빅터 차. 김용순 역. 2016.『불가사의한 국가: 북한의 과거와 미래』. 서울: 아산정책연구원.
사회과학원 력사연구소. 1977.『조선통사(상)』. 평양: 과학백과사전출판사.
_____. 1979.『조선전사 5: 중세편 발해 및 후기신라사』. 평양: 과학백과사전출판사.
_____. 1980.『조선전사 13: 근대편 1』. 평양: 사회과학원 력사연구소.
_____. 1981.『조선전사 26』. 평양: 과학백과사전출판사.
_____. 1991.『조선전사 2: 고대편』. 평양: 과학백과사전종합출판사.
_____. 1991.『조선전사 13: 근대편 1』. 평양: 과학백과사전종합출판사.
사회과학원 력사편집실. 1994.『단군과 고조선에 관한 연구론문집』. 평양: 사회과학출판사.
사회과학원 력사연구소. 1980.『조선전사 15』. 평양: 과학백과사전출판사.
사회과학원 철학연구소. 1985.『철학사전』. 평양: 사회과학출판사.
사회과학출판사. 1970.『정치용어사전』. 평양: 사회과학출판사.
_____. 1973.『정치사전』. 평양: 사회과학출판사.
_____. 1992.『조선말 대사전 1』. 평양: 사회과학출판사.
_____. 1992.『조선말 대사전 2』. 평양: 사회과학출판사.
삼균학회 편. 1979.『소앙선생 문집(하)』. 서울: 횃불사.
서굉일. 2003.「영문 국호 Corea-Korea 문제의 현 단계 연구 내용과 과제」. 통일연대 학술연구 특별위원회 창립총회 발표문(4. 25). http://www.dongponews.net/news/articleView.html?idxno=688.
서동만. 2005.『북조선 사회주의 체제 성립사 1945-1961』. 서울: 선인.
서일범. 1999.「북한 고고학의 최근 동향과《대동강문화론》」.『백산학보』53호.
서중석. 1992.『한국 현대 민족운동연구: 해방 후 민족국가 건설운동과 통일전선』. 고양: 역사비평사.
_____. 2006.「국내 독립운동 세력의 해방 후 국가 건설 방향: 여운형의 인민공화국, 인민당, 신탁통치 관련 문제를 중심으로」.『대동문화연구』56집.
서태열. 2004.「세계화, 국가 정체성 그리고 지역 정체성과 사회과 교육」.『사회과 교육』제43권 4호.
서영희. 2003.『대한제국 정치사연구』. 서울: 서울대학교출판부.
_____. 2012.『일제 침략과 대한제국의 종말: 러일전쟁에서 한일병합까지』. 고양: 역사비평사.

서희경. 2010.「남북한 헌법제정 과정 비교: 1947-1948」. 이철순 외.『남북한 정부 수립 과정 비교: 1945-1948』. 고양: 인간사랑.

석광준. 1994.「평양은 고대문화의 중심지」.『단군과 고조선에 관한 연구론문집』. 평양: 사회과학출판사.

선즈화. 김동길·김민철·김규범 역. 2017.『최후의 천조: 모택동·김일성 시대의 중국과 북한』. 서울: 선인.

성혜랑. 2000.『등나무집』. 서울: 지식나라.

손영종·박영해·김용간. 1991a.『조선통사(상)』. 평양: 과학백과사전종합출판사.

_____. 1991b.『조선통사(하)』. 평양: 사회과학출판사.

손호철. 1995.『해방 50년의 한국 정치』. 서울: 새길.

송호근. 2011.『인민의 탄생: 공론장의 구조변동』. 서울: 민음사.

_____. 2013.『시민의 탄생: 조선의 근대와 공론장의 지각변동』. 서울: 민음사.

스즈끼 마사유끼. 유영구 역. 1994.『김정일과 수령제 사회주의』. 서울: 중앙일보사.

스칼라피노·이정식. 한홍구 역. 1987.『한국 공산주의 운동사 Ⅲ』. 파주: 돌베개.

신명호. 2014.『고종과 메이지의 시대』. 고양: 역사의아침.

신범철. 2007.「탈냉전기 평화협정 관행을 통해 본 한반도 평화협정에의 시사점」.『서울 국제법연구』 제14권 2호.

신채호.「동양주의에 대한 비평」, 최원식·백영서 편. 1997.『동아시아인의 '동양'인식: 19-20세기』. 서울: 문학과지성사.

신효숙. 2003.『소련군정기 북한의 교육』. 서울: 교육과학사.

안병욱. 2010.「한국 민주화 운동에 대한 평가와 인식의 전환을 위하여」.『역사와 현실』 77호.

앙드레 슈미드. 정여울 역. 2007.『제국 그 사이의 한국』. 서울: 휴머니스트.

양승태. 2010.『대한민국이란 무엇인가』. 서울: 이화여자대학교출판부.

양영식. 1997.『통일 정책론: 이승만 정부로부터 김영삼 정부까지』. 서울: 박영사.

여운홍. 1967.『夢陽 呂運亨』. 서울: 靑廈閣.

역사문제연구소 편. 1988.「좌담: 북한에서는 우리 역사를 어떻게 보는가」,『역사비평』 통권 5호.

연갑수·주진오·도면회. 2016.『한국 근대사 1: 국민국가 수립운동과 좌절』. 서울: 푸른역사.

연합뉴스. 1999.『2000 북한연감: 자료,인명편』. 서울: 연합뉴스.

오명석. 1998.「1960~70년대의 문화 정책과 민족 문화 담론」.『비교문화연구』 4호.

오순희. 2004.「고조선과 부여, 구려, 진국은 조선민족이 세운 고대국가」.『력사과학』 2호.

오천석. 1975.『외로운 성주』. 서울: 광명출판사.

와닌 유리 와실리비치. 1994.「러시아 대외정책 문서보관소 소장 해방 직후 한국관계 자료들」.『역사비평』 통권26호.

와다 하루키. 서동만·남기정 역. 2002.『북조선: 유격대 국가에서 정규군 국가로』. 파주: 돌베개.
_____. 남기정 역. 2014.『와다 하루끼의 북한 현대사』. 파주: 창비.
왕임동. 1994.「동시 유엔 가입이 남북한관계에 미친 영향」.『조선대 사회과학연구』제94권 1호.
우상렬. 2013.「조선의 '천리마 운동'과 한국의 '새마을 운동' 비교 연구시론: 중국의 '대약진운동'을 곁들여」.『통일인문학논총』55집.
유득공. 송기호 역. 2021.『발해고』. 서울: 홍익.
유병화. 1992.「남북기본합의서의 법적 성격」.『고려대학교 법학논문집』27집.
유완식·김태서. 1975.『북한 30년사』. 서울: 현대경제일보사.
윤대원. 2011.『데라우치 마사다케통감의 강제병합 공작과 '한국병합'의 불법성』. 서울: 소명출판.
윤병석. 2011.『대한과 조선의 위상』. 서울: 선인.
윤영관. 1996.『전환기 국제 정치 경제와 한국』. 서울: 민음사.
_____. 2015.『외교의 시대』. 서울: 미지북스.
이교덕. 1994.『『조선전사』해제』. 서울: 민족통일연구원.
이기백. 1999.『한국사신론』. 서울: 일조각.
이나미. 2011.『한국의 보수와 수구』. 서울: 지성사.
이내영. 2020.「한국인의 역사인식과 정치 정체성」. 이숙종 외 편.『2020 한국인의 정체성』. 서울: 동아시아연구원.
이만열. 2001.『한국 기독교와 민족통일운동』. 서울: 한국기독교역사연구소.
이병수. 2015.「통일과 평화의 길항관계: 통일 이념, 통일국가 형태, 민족성과 국가성」.『시대와 철학』제26권 1호.
이병천. 1989.『북한학계의 한국 근대사 논쟁』. 서울: 창작과비평사.
이선민. 2013.『'대한민국' 국호의 탄생』. 파주: 나남.
이성무. 1998.『조선왕조사 제2권: 숙종에서 순종까지』. 고양: 동방미디어.
이숙종 외 편. 2020.『2020 한국인의 정체성』. 서울: 동아시아연구원.
이영훈. 2007.『대한민국 이야기』. 서울: 기파랑.
이완범. 2008.「국호 '대한민국'의 명명」.『황해문화』통권60호.
이이화. 2004.「국호로 본 조선과 한국의 정체성(上)」.『경향신문』(8. 4).
_____. 2004.「국호로 본 조선과 한국의 정체성(下)」.『경향신문』(8. 11).
이정훈. 2001.「피의 보복전을 부른 공작의 세계」.『신동아』통권496호.
이종석. 1993.「조선노동당의 지도사상과 구조변화에 관한 연구: 주체사상과 유일지도체계를 중심으로」. 성균관대학교 박사학위 논문.

_____. 1995. 『현대 북한의 이해: 사상, 체제, 지도자』. 고양: 역사비평사.

_____. 1998. 『분단 시대의 통일학』. 파주: 한울아카데미.

이종판. 2007. 「한국전쟁 당시 일본의 역할에 관한 연구: 일본의 대미협력 활동을 중심으로」. 한양대학교 박사학위 논문.

이철순 외. 2010. 『남북한 정부 수립 과정 비교: 1945-1948』. 고양: 인간사랑.

이태진. 2000. 『고종 시대의 재조명』. 파주: 태학사.

이태진 외. 2005. 『고종황제 역사청문회』. 서울: 푸른역사.

이항동. 1994. 『북한 정치와 발전전략』. 서울: 대영문화사.

이해완. 2000. 「남북기본합의서의 법적 성격」. 남북나눔위원회 편. 『21세기 민족화해와 번영의 길』. 서울: 크리스챤서적.

이화여자대학교 통일학연구원 편. 2009. 『남북관계사: 갈등과 화해의 60년』. 서울: 이화여자대학교출판부.

이휘성. 2019. 「'조선민주주의인민공화국' 북한 국호는 김일성이 제정하지 않았다」. http://blog.naver.com/PostView.nhn?blogId=olivemana&logNo=220092675022.

임대식. 1993. 「일제 시기·해방 후 나라 이름에 반영된 좌우 갈등: 우 '대한'·좌 '조선'과 '남'대한·북 '조선'의 대립과 통일」. 『역사비평』 통권23호.

임상석. 2010. 「조선학/한국학의 통국가적 구성: 1910년대, 국역의 양상과 한문고전의 형성-최남선의 활동을 중심으로」. 『사이間SAI』 제8권.

임영태. 1999. 『대한민국 50년사: 유신정부에서 국민의 정부 탄생까지』. 파주: 들녘.

임종일. 1993. 『연표로 보는 제3공화국』. 서울: 영언문화사.

임지현. 1991. 「사회주의 민족 이론과 소련의 민족문화 정책: 민족어 정책의 변천사를 중심으로」. 『中蘇研究』 제15권 1호.

잉그리드 미테. 2015. 「지배문화적인 과정으로서의 독일통일: 출발, 과정 그리고 전망」. 『독일과 한국의 분단경험과 사회통합의 전망들』(동국대 SSK 연구단·코리아협의회 공동주최 토론회, 2. 4).

_____. 2020. 「동서독의 차이와 지배문화: 독일통일 30년의 재평가를 위한 제언」. 『경제와 사회』 125호.

위키백과. 2022. '정통주의', https://ko.wikipedia.org/wiki/정통주의.

장명봉 편. 2006. 『최신 북한법령집』. 서울: 북한법연구회.

전국역사교사모임. 2002. 『살아있는 한국사 교과서 2』. 서울: 휴머니스트.

전대준·최인철. 2010. 『조선단대사(고조선사)』. 평양: 과학백과사전출판사.

전상인. 1993. 「民族主義 形成과 展開過程에 관한 一考」. 『統一研究論叢』 제2권 1호.

_____. 1994. 『북한 민족주의 연구』. 서울: 민족통일연구원.

_____. 2015. 『북한, 도시로 읽다』. 서울: 통일부 통일교육원.

전재성. 2015.「분단 70년의 국제환경, 대내구조, 남북 관계의 조명」.『통일정책연구』 제24권 1호.
전쟁기념사업회. 1990.『한국전쟁사 제1권: 요약통사』. 서울: 행림출판사.
전현준 외. 1992.『北韓의 權力엘리트 硏究』. 서울: 민족통일연구원.
전호태. 1990.「삼국 시대에 대한 인식」. 안병우·도진순 편.『북한의 한국사 인식 Ⅰ』. 파주: 한길사.
정구복. 2013.「우리나라 국호고: 한반도 통일 이후 국호 제정을 위한 기초연구」.『장서각』 29집.
정근식. 2016.「북한에서의 소련형 대학의 이식과 희석화」.『소련형 대학의 형성과 해체: 북한의 대학을 이해하는 하나의 시각』(서울대학교 아시아연구소·통일평화연구원 공동주최 학술회의, 10. 28).
정도전. 한영우 역. 2014.『조선경국전』. 서울: 사단법인 올재.
정동준 외. 2019.『2018 통일의식조사』. 시흥: 서울대학교 통일평화연구원.
정두희. 1994.「『조선통사』를 통해 본 북한의 역사인식」.『서강인문논총』 3호.
정봉찬. 2014.「대동강 문화에 대하여」.『민족문화유산』 제53권 1호.
정옥자. 2008.「훼손된 국가 정통성 되살아났나」.『동아일보』(4. 24).
정용욱. 1989.「남북한 역사학계의 민족해방운동사 인식의 특징」. 정용욱 외.『남북한 역사인식 비교 강의(근현대편)』. 서울: 일송정.
정창현. 1989.「항일무장투쟁사 연구」. 정용욱 외.『남북한 역사인식 비교 강의: 근현대사편』. 서울: 일송정.
제성호. 1995.『남북한 특수관계론』. 파주: 한울.
조동호. 2013.「경제: 서울보다 경제력 집중이 심한 도시, 평양」. 조동호 편.『평양이 서울에게 서울이 평양에게』. 서울: 동아시아연구원.
조법종. 2015.「북한의 '대동강 문화론'과 고조선 인식 검토」.『선사와 고대』 43호.
조선로동당 중앙위원회 당력사연구소. 1979.『조선로동당략사』. 평양: 조선로동당출판사.
조선로동당출판사. 1986.『사상 리론의 영재』. 평양: 조선로동당출판사.
조선인권연구협회. 2014.『조선인권연구협회보고서』(9. 13).
조선일보. 1947.「조선신문기자회, 임시정부 政體에 대한 여론조사」,『朝鮮日報』(7. 6).
조선중앙통신사. 1991.『조선중앙년감 1991』. 평양: 조선중앙통신사.
조성곤. 1999.「표지 이야기: 북파 공작원 실종·사망 7726명!」.『한겨레21』 269호.
조성렬. 2010.「한반도 비핵화와 평화협정의 연계 배경과 전망: 북핵 문제의 포괄적 해법을 위한 시사점」(북한연구학회 춘계학술회의, 4. 9).
조영광. 2019.「해방 후 첫 관인 교과서『국사교본』의 한국고대사 서술 분석」.『한국민족문화』 제70권.

조용중. 1990. 『미군정하의 한국 정치현장』. 파주: 나남.
조은희. 2009a. 「남북한 박물관 건립을 통한 국가정통성 확립」. 『북한연구학회보』 제13권 1호.
_____. 2009b. 「남북한 정통성 만들기 역사와 비교」. 『통일과 평화』 창간호.
조용중. 1990. 『미군정하의 한국 정치현장』. 파주: 나남.
조한범 외. 2006. 『해외 자료로 본 북한체제의 형성과 발전』. 서울: 선인.
주용설. 1991. 「기업관리의 합리화와 경영 활동에 대한 과학적 분석」. 『근로자』 9월호.
중앙일보. 2005. 「[한국인그들은...] 상. 박정희 전 대통령, 경제 · 정치 발전 1위」 『중앙일보』(10. 13).
채효영. 2010. 「박정희 정권의 민족 정체성과 민족기록화 사업: 《구국위업편》, 《전승편》을 중심으로」. 『동아시아문화와예술』 통권8호.
최길산. 1986. 「우리 당이 밝힌 민족 문제에 관한 리론」. 『남조선 문제』 2월호.
최광승. 2012. 「박정희의 경주고도 개발사업」. 『한국학』 제35권 1호.
_____. 2014. 「유신체제기 박정희 정권의 애국적 국민 생산 프로젝트: 화랑도와 화랑교육원을 중심으로」. 『한국학연구』 제33권 33호.
최광식. 2021. 『'삼국유사' 읽기』. 서울: 세창미디어.
최광호. 2006. 「평양은 단군이 나라의 창업을 이룩한 민족의 성지」. 『민족문화유산』 제23권 3호.
최기환. 2003. 『민족과 선군정치』. 평양: 평양출판사.
최남선. 이영화 역. 2013. 『조선상식문답』. 서울: 경인문화사.
최선영. 2003. 「북, 국호 영문표기 시정 남북 공조 주장」. 『연합뉴스』(1. 20).
최수영 외. 1994. 『1994년도 통일 문제 국민 여론조사 결과』. 서울: 민족통일연구원.
최완규. 2015. 「통일 담론의 두 가지 패러다임: 국가 담론인가 민족 담론인가?」. 북한연구학회 기획. 박순성 편. 『통일 논쟁: 12가지 쟁점, 새로운 모색』. 파주: 한울.
최진영. 2015. 『발해 국호 연구: 당조가 인정한 발해의 고구려 계승 묵인과 부인』. 서울: 서강대학교출판부.
통일노력60년발간위원회 편. 2005. 『통일노력 60년』. 서울: 통일부.
통일뉴스. 「北, 올해 단군릉 복원 · 개건 20주년... '민족의 원시조'」. 『통일뉴스』(8. 4)
통일부. 1999. 『통일부 30년사: 평화·화해·협력의 발자취 1969-1999』. 서울: 통일부.
_____. 2017. 『통일백서』. 서울: 통일부.
_____. 2018. 『통일백서』. 서울: 통일부.
통일원. 1990. 『1990 통일백서』. 서울: 통일원.
_____. 1994. 『1994 통일백서』. 서울: 통일원.
한국국제문화교류진흥원 편. 2019. 『2018 한류 파급 효과 연구』. 서울: KOFICE.

한국문화예술진흥원 편. 1985.『문화예술진흥백서 1981-1985』. 서울: 한국문화예술진흥원.
한국문화정책개발원. 2002.『문화 정체성 확립을 위한 정책방향』. 서울: 한국문화정책개발원.
한국민족문화대백과사전. 2019. '조선 공화국'. http://100. daum. net/encyclopedia/view/14XXE0051925.
_____. 2020. '대한국 국제'. https://100.daum.net/encyclopedia/view/14XXE0014933.
한상준. 2018.「美 항해 "정상국가 대우해달라"」.『동아일보』(3. 8).
한상진 편저. 1984.『제3세계 정치체제와 관료적 권위주의: 종속적 발전에 따른 정치 사회변동』. 파주: 한울.
한영우. 1973.『정도전 사상의 연구』. 서울: 서울대학교 한국문화연구소.
_____. 1993.「통일조국의 국호를 제안한다: 전 세계적으로 알려진 '코리아'를 쓰자」.『역사비평』 통권23호.
한양대학교 아테지역연구센터. 1989.「소련공산당 민족 정책 강령 초안」.『中蘇硏究』 제13권 3호.
한용원. 2010.「남북한 군대의 창설과정 비교: 1945-1948」. 이철순 외.『남북한 정부 수립 과정 비교: 1945-1948』. 서울: 인간사랑.
한인섭. 2009.「대한민국은 민주공화제로 함: 대한민국 임시헌장(1919. 4. 11) 제정의 역사적 의의」.『서울대학교 法學』 제50권 3호.
한창균. 1994.「북한의 구석기 문화연구 30년」. 김정배 편.『북한의 고대사연구와 성과』. 서울: 대륙연구소.
허문영 외. 2007.『한반도 평화체제: 자료와 해제』. 서울: 통일연구원.
허문영·이정우. 2010.『통일한국의 정치체제』. 서울: 통일연구원.
허선혜. 2016.「평양에 대한 북한의 인식과 태도: 민족문화유산에 나타난 평양 소재 문화재 기사를 중심으로」.『서울도시연구』 제17권 4호.
허성철. 2004.「평양을 중심으로 한 우리나라 원시사회」.『민족문화유산』 제15권 3호.
허열. 2004.「건국 과정에서의 국호 논쟁에 대한 분석」.『한국민족문화』 제24권.
현명호. 1994.「고조선의 성립과 수도 문제」.『단군과 고조선에 관한 연구론문집』. 평양: 사회과학출판사.
홍석률. 2012.『분단의 히스테리』. 파주: 창비.
홍윤기. 2007.「지구화 국면의 세계화와 21세기 대한민국」. 이병천·홍윤기·김호기 편.『다시 대한민국을 묻는다: 역사와 좌표』. 파주: 한울.
황금석. 2014.「우리 민족의 원시조-단군」.『로동신문』(8. 3)
황태연. 2016.『대한민국 국호의 유래와 민국의 의미』. 파주: 청계.

Armstrong, C. K. 2003. *The North Korean Revolution 1945-1950*. Ithaca: Cornell University

Press.

______. 2013. *Tyranny of the Weak: North Korea and the World 1950-1992*. Ithaca: Cornell University Press.

Central Bureau of Statistics of DPR Korea. 2009. *DPR Korea 2008 Population Census: National Report*. Pyongyang: Central Bureau of Statistics.

Central Bureau of Statistics of DPRK and United Nations Population Fund. 2015. *Socio-Economic, Demographic and Health Survey 2014*. New York: United Nations Population Fund.

Cole, D. C. and Princeton, N. L. 1971. *Korean Development: The Interplay of Politics and Economics*. Cambridge: Harvard University Press.

Demick, B. 2009. *Nothing To Envy: Ordinary Lives in North Korea*. New York: Spiegel & Grau.

Government of DPRK. 2021. *DPRK Voluntary National Review on the Implementation of the 2030 Agenda for the Sustainable Development*. Pyongyang: Government of DPRK.

Hintze, O. 1964. "The Emergence of the Democratic Nation-State." *The Development of the Modern State*. Edited by H. Lubasz. New York: The MacMillan Company.

Horowitz, I. L. 1972. *Three Worlds of Development*. Oxford: Oxford University Press.

Huntington, S. P. 1968. *Political Order in Changing Societies*. New Haven: Yale University Press.

Kihl, Young-Whan. 1984. *Politics and Policies in Divided Korea: Regimes in Contest*. Boulder: Westview Press.

Kim, Bumsoo. 2019. "Are North Korean Compatriots "Korean"? The Trifurcation of Ethnic Nationalism in South Korea during the Syngman Rhee Era(1948-60)." *Journal of Korean Studies* 24(1): 149-171.

Kim, Byoung-Lo. 1992. *Two Koreas in Development*. New Brunswick: Transaction Publishers.

Kim, S. 2016. "Education in the Two Koreas: Analysis of Educational Policy Transfer." Oxford University Ph.D. Dissertation.

Lankov, A. 2007. *North of the DMZ: Essays on Daily Life in North Korea*. Jefferson: McFarland and Co.

Lankov, A. 2013. *The Real North Korea: Life and Politics in the Failed Stalinist Utopia*. Oxford: Oxford University Press.

Lee, Hy-Sang. 1988. "North Korea's Closed Economy: The Hidden Opening." *Asian Survey* 28(12): 1264-1279.

Lim, Hyun-Chin. 1985. *Dependent Development in Korea 1963-1979*. Seoul: Seoul National University Press.

Löwy, M. 1976. "Marxist and the National Question," *New Left Review* 96: 81-100.

Marx, K and Engels, F. 1978. "Manifesto of the Communist Party." *The Marx-Engels Reader.* Edited by R. C. Tucker. New York: W. W. Norton & Company.

Michell, A. 1988. *From a Developing to a Newly Industrialized Country: The Republic of Korea, 1961-82.* Geneva: International Labour Office.

Oberdorfer, D. 1997. *The Two Koreas: A Contemporary History.* New York: Basic Books.

Petri, P. A. 1988. "Korea's Export Niche: Origins and Prospects." *World Development* 16(1): 47-63.

Porter, B. D. 1994. *War and the Rise of the State: The Military Foundations of Modern Politics.* Florence: Free Press.

Przeworski, A. 1991. *Democracy and the Market: Political and Economic Reforms in Eastern Europe and Latin America.* Cambridge: Cambridge University Press.

Schmid, A. 2002. *Korea Between Empires 1895-1919.* New York: Columbia University Press.

Shin, Gi-Wook and Robinson, M. 1999. *Colonial Modernity in Korea.* Cambridge: Harvard University Press.

Smith, A. D. 1986. *The Ethnic Origins of Nations.* Hoboken: Blackwell Publishers.

Standford University. 2015. "Reconciliation." *Stanford Encyclopedia of Philosophy.* https://plato.stanford.edu/entries/reconciliation.

Suh, Dae-Sook. 1988. *Kim Il Sung: The North Korean Leader.* New York: Columbia University Press.

Weber, M. 1970. *From Max Weber: Essays in Sociology.* Edited and translated by Gerth, H. H. and Wright Mills, C. London: Routledge.

Wrong, D. H. 1979. *Power: Its Forms, Bases and Uses.* New York: Harper and Row Publishers.

Yack, B. 2012. *Nationalism and the Moral Psychology of Community.* Chicago: The University of Chicago Press.

찾아보기

ㅇ